金景芳全集

第十册

上海古籍出版社

附　録

目　録

小傳

金景芳 ………………………《中國大百科全書》編輯部（4859）

金景芳教授傳略 ……………………………………… 呂文郁（4860）

書評

當代《易》學專著七種內容提要（節選）…………… 趙儷生（4869）

做人與治學的完美結合

　　——讀金老《知止老人論學》……………… 張岂之（4871）

展現金老學術思想的軌迹

　　——讀《知止老人論學》…………………… 詹子慶（4873）

《學易四種》序 ……………………………………… 呂紹綱（4878）

《知止老人論學》序 ………………………………… 呂紹綱（4884）

評《中國奴隸社會史》……………………………… 呂紹綱（4887）

讀《學易四種》與《周易講座》

　　——介紹金景芳先生兩部《易》學專著 ……… 徐志銳（4899）

金景芳教授的《古史論集》…………… 呂文郁　謝維揚（4903）

金景芳教授《論井田制度》一書評介 ……………… 呂文郁（4920）

20 世紀中國史學的一面鏡子

　　——金景芳先生近著《知止老人論學》評介 … 常金倉（4925）

《知止老人論學》中的金景芳先生 ………………… 常金倉（4929）

我的古史觀

　　——重讀金老名著《中國古代史分期商榷》… 宮長爲（4933）

立言廣大　措意精微
　　——讀金景芳教授《〈周易·繫辭〉新編詳解》
　　………………………………………… 林忠軍(4942)
讀《周易全解》………………………… 廖名春　梁韋弦(4949)
辯證法精神的新探索
　　——評《〈周易·繫辭傳〉新編詳解》………… 廖名春(4954)
金景芳先生及其《〈尚書·虞夏書〉新解》
　　………… 林沄　詹子慶　陳光崇　鄒逸麟　郭守信(4958)
讀《〈尚書·虞夏書〉新解》之《禹貢》篇一得 ……… 鄒逸麟(4964)
一部難得的好書
　　——《尚書·虞夏書新解》評介 …………… 郭守信(4968)
從《〈尚書·虞夏書〉新解》看金景芳先生對《尚書》研究的貢獻
　　…………………………………………… 郭守信(4972)
從《〈尚書·虞夏書〉新解》看金景芳先生對傳統文化研究的貢獻
　　…………………………………………… 張　樹(4981)

學術評價
《金景芳師傳學者文庫》總序 ………………… 李學勤(4991)
金老與中國思想史研究 ………………………… 張豈之(4994)
在《金景芳學案》首發式上的發言 …………… 詹子慶(4997)
金景芳先生與孔子研究 ………………………… 呂紹綱(4999)
金景芳先生談傳統文化 ………………………… 呂紹綱(5009)
我師金景芳先生的學術精神 …………………… 呂紹綱(5026)
吾師金景芳教授的學術道路和品格 …………… 王治功(5041)
歷史學家金景芳的治學道路 …………………… 呂紹綱(5055)
守先待後,薪火常傳
　　——金景芳與馬一浮的學術淵源 … 呂紹綱　朱翔非(5065)
金景芳教授學術思想述要 ……………………… 呂文郁(5080)

金景芳學術成就記略 …………………… 呂文郁（5089）

金景芳與中國古代史研究 ………………… 呂文郁（5096）

金老晚年的學術追求 ……………………… 呂文郁（5109）

論金景芳先生的易學思想及其學術地位 ………… 康學偉（5117）

金景芳的易學 　　　　　　　　梁韋弦　康學偉（5132）

金景芳：研究《周易》權威………………… 廖　一（5144）

無徵不信　知止不殆

　　——記金景芳先生的學術道路 ……………… 常金倉（5149）

金景芳：給馬王堆一個説法………………… 楊永泉（5152）

回憶與紀念

老驥伏櫪　壯心猶存

　　——記吉林大學老教授金景芳培養研究生的事迹

　　………………………… 吉林大學研究生院（5159）

教書育人、潛心治學的一生

　　——深切懷念金景芳教授 ……………… 吉林大學（5163）

祝賀金景芳先生九五壽辰 ………………… 張岱年（5166）

紀念金景芳教授誕辰一百周年 …………… 張岱年（5174）

金曉村教授九五壽言 ……………………… 羅繼祖（5175）

在金景芳老師啓導下

　　——讀《老子》札記片斷 ……………… 張松如（5177）

記金景芳先生 ……………………………… 吴榮曾（5189）

自强不息，不知老之將至

　　——記在金老周邊的一些感受 ………… 朱日耀（5192）

金景芳教授“九五”華誕慶祝會暨國際儒學研討會在長春舉行

　　………………………………………… 呂紹綱（5195）

記金老最後三年半 ………………………… 呂紹綱（5198）

金老舊事 …………………………………… 呂紹綱（5201）

懷念金景芳老師 ……………………………………… 劉煥曾(5208)

布衣傲王侯

　　——我的老師金景芳先生 ……………………… 宋德金(5214)

悠悠四十載,帷下憶師恩 ……………………………… 陳恩林(5221)

跟易學大師金景芳教授學《易》 …………………… 李衡眉(5231)

生有嚴師催我行 ……………………………………… 于永玉(5242)

"哲"字新解及其應用

　　——爲金老師九五大壽而作 ………………… 李金聲(5245)

高山仰止,大氣磅礴

　　——賀金景芳先生九五大壽 ………………… 李紹庚(5259)

國學大師,一代師表 ………………………………… 曹德本(5262)

金老教我做學問 ……………………………………… 吕文郁(5264)

師恩如海 ……………………………………………… 孫曉春(5267)

在紀念金景芳教授誕辰一百周年大會上的講話 … 劉忠樹(5271)

學習金老的時代精神

　　——在"紀念金景芳教授百年誕辰學術研討會"

　　開幕式上的講話 …………………………… 劉德斌(5274)

金曉邨與金静庵先生交誼述略 …………………… 梁啓政(5277)

履迹而行

　　——記金景芳 ……………………………… 黄耀河(5286)

回憶老師金景芳先生 ……………………………… 郭鴻林(5301)

我的老師金景芳教授 ……………………………… 許兆昌(5305)

景行行止　高山仰止 ……………………………… 王　雅(5309)

更向儒林續逸篇

　　——記著名史學家金景芳先生 ……………… 朱紅林(5320)

懷念我的老師金景芳先生 ………………………… 朱紅林(5329)

悼念金景芳教授 ……… 吉林大學金景芳教授治喪委員會(5335)

金景芳教授逝世後各界發送的唁電、悼詞、挽聯選録

……………………………………………（5339）

在金景芳教授塑像揭幕儀式上的講話 ……………… 申晨星（5352）

金景芳師塑像建造之由來 …………………………… 陳恩林（5354）

附:應邀參加金景芳教授塑像揭幕儀式人員名單………… （5357）

附:金景芳教授塑像揭幕儀式活動日程………………… （5360）

在金景芳先生銅像落成揭幕式上的發言

……………………………… 韓東育　舒大剛（5361）

賀　信 ………………………… 李學勤　孟世凱等（5366）

小　傳

金景芳(小傳)

金景芳(1902—2001)中國著名歷史學家、文獻學家。遼寧義縣人。師範學校畢業後曾先後做過小學和中學教師。日本侵占東北後隻身逃亡到關內。1940 年入四川樂山復性書院師事馬一浮先生。1941 年受聘於流亡在四川三臺的東北大學中文系。1954 年 1 月調到東北人民大學(後更名爲吉林大學)歷史系工作。先後任歷史系教授、吉林大學圖書館館長、歷史系主任、吉林大學社會科學學術委員會副主任委員、古籍研究所教授、博士生導師。兼任國家古籍整理出版規劃小組顧問、中國孔子基金會副會長、顧問、中國先秦史學會副理事長、顧問、國際儒學聯合會顧問等職。

金景芳先生沒有上過大學,依靠刻苦自學而成名。他讀書遍及經史百家。早年曾潛心於經學研究,到東北人民大學工作後則轉攻史學,走的是"由經學入史學"之路。他的學術興趣相當廣泛,在易學研究、孔子研究、古代社會制度研究、古代思想文化研究、馬克思主義史學理論研究、古代典籍研究方面,都卓有建樹。

金景芳先生的治學特點是善於獨立思考,在學術上不迷信,不盲從,堅持說自己的話,走自己的路,從不依草附木,隨波逐流。他敢於堅持真理,勇於向權威挑戰,表現出唯真理是從的理論勇氣。

主要著作有:《易通》、《古史論集》、《論井田制度》、《中國奴隸社會史》、《孔子新傳》(合著)、《金景芳古史論集》、《學易四種》、《周易講座》、《周易全解》(合著)、《〈周易·繫辭傳〉新編詳解》、《知止老人論學》、《〈尚書·虞夏書〉新解》(合著)等十六部。另有學術論文一百餘篇。

(《中國大百科全書》詞條)

金景芳教授傳略

呂文郁

　　先生姓金，名景芳，字曉邨。遼寧義縣人。1902 年 6 月 3 日（清光緒二十八年農曆四月二十七日）出生於貧苦農民家庭。1923年畢業於遼寧省立第四師範學校，此後曾做過家庭教師，教過初級小學、高級小學、初級中學。1929 年，遼寧省教育廳爲刷新教育，決定通過考試委任縣教育局局長。先生經初試、復試、口試，以總成績第一名被錄取，旋即被委任爲遼寧省通遼縣（今内蒙古自治區哲里木盟通遼市）教育局局長。1931 年，被調到遼寧省教育廳，任第二科第一股股長兼第四科第二股股長。"九一八"事變後，先生又回到學校教書。由於瀋陽淪陷，市内公私圖書流散頗多，舊書價格異常便宜，先生此時以廉價購得大批古籍，課餘時間潛心攻讀，學問長進很快。

　　日本侵略者統治東三省，先生在精神上感到極度壓抑苦悶。1936 年，先生隻身逃出東北，輾轉於陝西、江蘇、安徽、湖北、湖南、四川等地。在西安時，親身經歷了震驚中外的西安事變。後來在流亡於關内的東北中學教書。當時的東北中學校址在鄂豫兩省交界的雞公山。1938 年夏因徐州戰事吃緊，東北中學經武漢遷至湖南邵陽桃花坪，不久又從桃花坪經貴州遷至四川威遠縣静寧寺。在遷校途中，先生購得博子東翻譯的列寧所著《唯物論與經驗批判論》，書後附録中有列寧著《談談辯證法問題》，讀後大受啓發，遂於寒假期間撰成《易通》一書。該書是較早用唯物辯證法指導易學研究的著作，也是先生的成名之作，曾獲教育部著作發明及美術獎勵三等獎，並於 1945 年由商務印書館正式出版。

1940 年 9 月，先生入四川樂山復性書院學習。復性書院的主講人是被梁漱溟稱爲"千年國粹，一代儒宗"的馬一浮先生。在書院讀書期間，先生讀了大量的經學著述。1941 年，先生撰寫了《春秋釋要》一文。馬先生閱後，大爲贊賞，并親筆爲先生手鈔本題詞云："曉邨以半年之力，盡讀'三傳'，約其掌録，以爲是書。其於先儒之説，取捨頗爲不苟。而據《史記》'主魯'、'親周'，以糾何氏'黜周'、'王魯'之誤；謂'三世'、'内外'特以遠近詳略而異，不可並爲一談，皆其所自得。豈所謂'箴膏肓'、'起廢疾'者耶?"馬先生從不輕易贊許他人，而對《春秋釋要》一文卻評價頗高，可見對先生期望甚殷。

1941 年 11 月，經著名學者金毓黻先生介紹，先生到流亡於四川三臺的東北大學任文書組主任，半年後兼任中文系講師，不久被聘爲中文系專任講師。1945 年 7 月被聘爲中文系副教授。是年 8 月，日本帝國主義投降，舉國歡騰。先生又回到闊別十年的東北老家。十年逃亡生活，顛沛流離，歷盡艱辛，先生飽嘗了國破家亡的深重災難。1947 年，東北大學遷回瀋陽，先生仍在東北大學任教，並晉升爲東北大學教授。後因東北解放戰爭，東北大學一度遷往北平。1949 年北平和平解放，先生隨東北大學又回到瀋陽。不久先生被分配到東北文物管理處任研究員，後又調至東北圖書館任研究員兼研究組組長。

1954 年 1 月，經先生早年的學生、時任東北人民政府副主席的顧卓新介紹，先生到長春的東北人民大學（1958 年更名爲吉林大學）歷史系任教。先生在東北大學時主要教中文，學術興趣在經學。現在調到東北人民大學歷史系工作，必須從頭學起。爲了勝任教學和科研工作，先生一方面刻苦學習馬克思主義理論，閱讀了大量馬克思主義經典著作；一方面又花大氣力閱讀、研究歷史文獻,努力開拓新的研究領域。先生幾年裏陸續發表了《易論》、《論宗法制度》、《老子的年代和思想》、《中國奴隸社會的階級結構》、《也談關於老子哲學的兩個問題》、《論孔子學説的仁和禮》、《關於荀子的幾個問題》、《也談關於孔子的評價問題》、《釋"二南"、"初吉"、"三飡"、"麟止"》、《井田制的發生和發展》等重要論文。先生步入史學論壇雖然較晚,但這一系列重要文章的陸續發表,充分顯示了先生在中國古代典章制度、中國古代思想文化、中國古代歷史文獻等研究領域的廣闊視野和雄厚實力。"文化大革命"發生之前,先生已經成爲蜚聲海内外的著名歷史學家和文獻學家。

十年動亂結束後,先生已年過七旬,但卻精神振奮,幹勁倍增,似乎重新焕發了學術青春。1978年,先生招收了"文化大革命"後的第一批碩士研究生。1981年,先生被國務院學位委員會聘爲首批博士生導師,開始招收博士研究生。先生在教學之餘,勤奮寫作。一篇篇有重大影響的學術論文相繼發表,一部部凝結着先生心血和汗水的學術著作陸續問世。1979年,《歷史研究》雜志在第2、3兩期連續刊載了先生的《中國古代史分期商榷》一文。文章列舉大量歷史事實,批駁了在史學界有深遠影響的郭沫若的古史分期説,闡述了自己對古史分期問題的基本觀點。這篇文章在學術界引起極大震動,對於打破學術研究的禁區,真正實現"百家争鳴"起到了推動作用。1980年,先生又在《中國社會科學》雜志第4期發表了《論中國奴隸社會的階級和階級鬥争》一文。文章對史學界極爲流行的把奴隸社會的階級和階級鬥争等同於資本主義社會的階級和階級鬥争的錯誤觀點提出了尖鋭批評,並指出這種錯誤的始作俑者是斯大林。先生的這篇文章在古史研究的重大理論問題上起到了正本清源的作用。八十年代初,先生的《古史論集》、《論井田制度》和《中國奴隸社會史》等著作接連在齊魯書社和上海人民出版社出版。其中《中國奴隸社會史》一書是先生多年研究中國古代史的總結性著作。該書剛一問世即受到學術界的廣泛注意。

很多學者指出，這是一部具有鮮明特色、自成體系的史學著作。出版後被國家教委指定爲高等院校文科選用教材，現已再版多次。八十年代後期和九十年代初，先生又出版了《學易四種》、《周易講座》、《周易全解》、《孔子新傳》、《金景芳古史論集》、《金景芳學術自傳》等著作，先生在學術界的影響與日俱增。

先生出身貧寒，未讀過大學，初師畢業後即從事教育工作，先後教過初小、高小、初中、高中、大學本科生、碩士研究生、博士研究生。先生靠頑强自學而成名。在長期的教學和科研實踐中，真正做到了"學而不厭，誨人不倦"。先生讀書善於獨立思考，越難讀的書越肯於鑽研。做學問不迷信權威，敢於堅持自己的學術觀點，勇於向學術權威們挑戰，從而形成了自己獨特的學術風格和學術思想體系。

1992 年 5 月，先生應邀到北京出席第三屆全國古籍整理出版規劃會議。會議進行期間，適逢先生九十一歲生日。國家古籍小組組長匡亞明教授於 5 月 29 日（農曆四月二十七日）先生生日這天，特地在香山飯店設宴爲先生祝壽，國家古籍小組副組長周林、王子野、劉杲及著名學者張岱年、胡厚宣、周紹良、馮其庸等出席作陪。匡亞明教授在祝辭中説："昔人祝壽，常用'福如東海長流水，壽比南山不老松'做壽聯，現在我略加改動，變爲'學如東海長流水，壽比南山不老松'，以此作爲獻給金老的祝壽辭。祝金老健康長壽，爲國家的學術事業做出更大的貢獻。"1994 年 10 月，先生到北京參加孔子誕辰二千五百四十五周年紀念暨國際儒學研討會。先生與北京大學的張岱年教授、復旦大學的蔡尚思教授作爲中國大陸地區與會者代表，受到國家主席江澤民的接見，並合影留念。

1996 年 8 月，吉林大學召開了"慶祝金景芳教授九五華誕暨國際儒學討論會"，並出版了《金景芳教授九五誕辰紀念文集》。爲大會發來賀信、賀電或爲《文集》題詞的有前國務院副總理、國際儒學聯合會會長谷牧，國際儒聯常務副會長宮達非，國家古籍小組組

長匡亞明,中國海峽兩岸關係協會會長汪道涵,中華孔子學會會長
張岱年教授,臺灣著名科學家吳大猷先生,知名人士蔣緯國先生、
孔德成先生,著名學者嚴靈峰教授、周何教授,韓國孟子學會會長
趙駿河教授,韓國忠南大學洪瑀欽教授,吉林大學原黨委書記胡紹
祖,吉林大學校長劉中樹教授,蘭州大學趙儷生教授,復旦大學鄒
逸麟教授,清華大學中國思想文化研究所所長錢遜教授,西北大學
名譽校長張豈之教授等三十餘人。參加大會的有東方國際易學研
究院院長朱伯崑教授,中華書局總編輯、國家古籍小組秘書長傅璇
琮先生,臺灣歐洲文教基金會董事長朱高正博士,韓國東洋古典研
究所理事長曹皓哲博士,韓國嶺南大學教授李章佑先生一行二十
十餘人,臺灣景德書院山長施純德先生及夫人,吉林省社聯主席李
少庚先生,吉林省社會科學院孫乃民院長,以及吉林大學黨政主要
領導,各院、系、所代表,先生的友好、同事和學生共二百餘人。

　　先生到東北人民大學後,曾任校工會主席、東北人民大學圖書
館館長,歷史系主任。1956 年經丁則良介紹,加入中國民主同
盟,同年經劉耀、施蔭昌介紹,加入中國共產黨。"文化大革命"後,
任吉林大學歷史系名譽系主任,吉林大學古籍研究所顧問,中國先
秦史學會副理事長、顧問,中國孔子基金會副會長、顧問,吉林省史
學會名譽理事長、顧問,國際儒學聯合會顧問,東方國際易學研究
院(前美芝靈國際易學研究院)顧問,國家古籍整理出版規劃小組
顧問。

　　先生曾不止一次說過,我一生最感欣慰的有兩件事:一是寫作
了幾百萬字的學術作品,二是培養了一大批有用的人才。的確,到
目前爲止,先生已經出版了學術著作和論文集十四部,發表論文百
篇有餘。自先生從教以來,親聆先生教誨的學生多達數千人。
1978 年恢復研究生招考制度以來,先生親自指導並獲得學位的碩
士研究生共十六名,博士研究生共二十名,現在還有五名博士研究
生正在先生指導下攻讀學位。此外,由先生主辦的先秦文獻進修

班和《周易》研討班,共培養學員十六名。這些學生走上工作崗位後,很快成了教學、科研骨幹,有一批人在學術上頗有建樹,他們把先生的學術思想和治學方法傳播到全國各地。如今,先生已高壽九十有六,仍身心康健,著述不輟。最近,先生剛剛完成了新作《〈周易・繫辭傳〉新編詳解》。這是先生晚年在《易》學研究領域裏取得的重大突破,也是先生晚年對中華民族傳統思想文化研究做出的又一傑出貢獻。

（《〈周易・繫辭傳〉新編詳解》,遼海出版社,1998 年）

書　評

當代《易》學專著七種內容提要(節選)

趙儷生

金先生,遼寧義縣人,現已年近九十,《全解》之前,復有《易通》、《易説》等著述多種。

金先生不是象數也不是考據訓詁派,他有自己的特點。他的特點,根據我個人的概括和歸納,第一,他堅信《易傳》(即"十翼")是孔子本人的作品,這樣,他對《易傳》的信賴程度就比別人高得多。假如顧頡剛先生的特色是"疑古",那麼金先生是"信古"。第二,他要發揚《易》的"經"與"傳"自聯在一起的哲學思想。"聯在一起"這一點,與高亨的"經是經、傳是傳",截然兩途。"哲學思想"這一點,使他歸屬於"義理派",他千方百計想從《易》中挖掘出辯證法來。他對《易傳》(十翼)中的《易・繫辭》、《序卦》諸篇用力甚勤,體會也深。第三,他堅信六十四卦是有結構的,乾、坤二卦打頭,既濟、未濟二卦收尾,中間六十個卦也都一環扣一環。他的弟子呂紹綱同志在執筆寫書的過程中,也深深貫徹了這一點。金先生這個"有結構論",我是相信的;但具體來説,是不是每一個前頭的一卦必然和後頭一卦有着對立統一的關係,還要考慮。我們祇能説,很多個前頭一卦跟後頭一卦有聯繫,反映現實中興和衰、樂和哀、順和逆等相對的情節,但不是所有的前後兩卦之間都有這種聯繫。我深信,從前(從西周初到西周末葉)一定曾經有過那麼一位(或幾位)"高人"(即高明的人)(但不是孔子,要比孔子早些)對六十四卦進行過精密的組織和安排,現代人所覺察到六十四卦的結構就是那時尊定的;但從那以後,又經過了多次的改編、篡改和竄亂,原來情況會受到損傷和破壞，所以，現在我們見到的"結構"，已經不是完整的一環扣一環了。

這本書的可讀性也很強，因爲其中結合了歷史上和現實中人們的遭遇進行講解，所以容易使讀者因聯繫自己而感到親切。

（《社科縱橫》1991 年）

做人與治學的完美結合

——讀金老《知止老人論學》

張豈之

　　我國著名的古史專家、古文獻學家和思想史家金景芳先生,在九十六高齡時出版了他的第三部學術論文集——《知止老人論學》(東北師範大學出版社,1998 年)。

　　金老的高足呂紹綱先生在本書的《序》中説,很可能這是先生最後一部論文集,"帶有總結、集成之意,故用'知止'、'老人'題名"。"知止"取自《大學》首章:"大學之道,在明明德,在親民,在止於至善。知止而後有定……"在這裏所謂"知止"含有"完美"的意思,不斷追求完美的目標,而不是停止不前。金老孜孜不斷追求做人、治學的完美結合,這本書清晰而生動地表現出老人爲追求完美所走過的艱辛歷程、付出的巨大勞動,而且使我們看到金老在學術研究上的若干代表作。

　　在這本書裏,金老有一篇題名爲《創新與挑戰》的文章,扼要地敍述了他的學行志業。先生自幼穎慧,博聞强記,但家貧不能念大學,祇讀完初級師範本科,便開始了中小學的教學生涯。然先生並未因此消沉,而於教學之餘精研經史,終於以自學成名,並受聘爲東北大學教授。新中國建立後,任吉林大學歷史系、古籍所教授、先秦史博士生導師。金老的學風用"謹嚴"和"創新"這四個字可以作精確的概括。金老自己説:"從當前各校教學和研究先秦史的思想來看,應該説有兩種表現形式,一種是照本宣科,拾人牙慧;一種

是不斷創新,敢於向權威挑戰,我是向往後者。"(第2頁)

《知止老人論學》所選的論文都有代表性,足以表現金老的學術創新精神。例如,《周易》以及孔子思想,是他長期研究的兩個課題,在此書中也祇收入五六篇論文。關於中國古史分期,這是金老最有心得的研究課題,在書中收入三四篇論文。關於先秦古籍考辨,這是金老貢獻最多的領域,在書中祇收進兩三篇論文。由此可見,《知止老人論學》是金老畢生從事學問研究的精粹。在論文收集和整理過程中,固然有金先生弟子的協助,但是爲什麼這樣收、爲什麼祇收這些篇,都是由金老首肯的。

如果後學者想瞭解金老的治學途徑、成果和經驗,我作爲後學者之一,想向朋友們推薦金老的《知止老人論學》這本書。我再説一遍:這是金老做人與治學完美結合的代表作,會對我們有很大啓迪作用的。

　　　　　　　　　　　　　　　　　(《史學集刊》1998年第4期)

展現金老學術思想的軌迹
——讀《知止老人論學》

詹子慶

　　在東北師大出版社任職期間，我能爲金景芳教授出一部學術著作盡一份力，這也是我有生以來做的一件最有意義的事。提起這件事的由來，還得從金老的高足吕紹綱教授的倡議開始，一次他與我相談，説到金老年事已高，能否在我社爲金老出一部帶有總結性的論文集，我當即做了積極的回應，表示："金老是大家，出版社能爲金老出書，當然是求之不得的。"因此，我們一拍即合，拿到社内選題策劃小組上敲定，且把它列入我社 1997 年重點選題計劃，由包瑞峰當責編。經過一年緊張的編輯、校對、出版的流程作業，在即將付印前，郝景江社長決定用當時最優質的紙張印刷，要求裝幀簡樸大方，封面設計提供幾種方案請金老選定，最後終於在 1998 年 5 月出書。一本莊重質樸、内容精湛的《知止老人論學》呈送到金老面前，先生滿意，我們這些參與本書出版工作的後學也倍感慶幸，因爲這不僅是爲金老本人做了一件好事，而且也爲國家的文化積累做點添磚加瓦工作。是書出版後，我把它列入自己研究生的必讀書目，讓學生瞭解一代史學大師的治史經歷和學術思想軌迹，從中領悟先生的治史精神並吸取其知識營養，以便後學小子今後能擔負起文化傳承的重任。

　　金老著作等身，早在四十年代就有新意迭出的著作《易通》面世。五十至六十年代發表了《論宗法制度》、《中國奴隸社會的幾個問題》、《論孔子學説的仁和禮》和《井田制度的發生和發展》等重磅級論著，已顯露出大師級風範。尤以"文革"後，思想解放，先生的潛能全部釋放出來，一發而不可收，學術精品不斷問世，直到暮年之際，仍以旺盛的精力，筆耕不輟，正如紹綱兄在序文中所言："這一本《知止老人論學》，很可能是先生最後一部論文集，帶有總結、集成之意，故用'知止''老人'題名。"不過，呂兄還深情地預言："但我不信先生真的已老，學問還是要做。"果然這本書出版後，先生還有論著發表，真是做到了"一息尚存，戰鬥不已"。

金老生活在 20 世紀，與中國的命運繫之於一生。在 20 世紀前五十年，由於國運多舛，動亂不止，國難當頭，民不聊生，金老輾轉各地，備嘗艱辛，作爲一介書生，連擁有一張平静書桌的欲望都企及不得。即使如此，先生仍以其耿介之性格，一邊做人，一邊教書，積累了堅實的國學根基。家鄉解放不久，先生立即投身於新中國的文化教育事業。在建國後的五十年中，前二十五年，由於衆所周知的原因，金老的睿智才能未得充分發揮，然而，金老仍孜孜不倦地做學問，在學術上有不少創見，發表了很有獨到見解的曠世之作。而到三中全會後的二十餘年中，金老雖然已步入七十歲高齡，但精力超常旺盛，反而進入了寫作的高峰期，一篇篇雄文巨著相繼發表出版，成爲古史學界最活躍的學者之一。真是國家繁榮昌盛，迎來了科學的春天，這在金老身上亦得到了充分的體現。

金老在學術生涯中反映出的最寶貴的品質是，正如書中他自述的那樣"没有依草附木，隨波逐流。我説的是自己的話，走的是自己的道路"。這就是一位正直學者追求的信條，他不僅説到，而且做到，在自己的學術實踐中始終堅守説"自己的話"的承諾，絶無趨炎附勢、發半點違心之言。比如在古史分期論戰中，郭老、范老、翦老等學術權威的扛鼎大作影響深遠，尤其在"文革"中，郭老分期説又得到領袖的肯定，大有一錘定音之勢。但金老堅守獨立思考原則，對一些成説不迷信，不盲從。在"四人幫"粉碎不久，左傾思想尚未完全肅清的情況下，金老在全國性學術會議上多次陳述自己的不同見解，並於三中全會後不久，在《歷史研究》1979年第2、3期上連載發表了《中國古代史分期商榷——對郭老的分期説提出八點意見》的長篇大作。應該説金老發表這篇論文是要有學術勇氣的，在古史界引起了共鳴，猶如一石擊起千層浪，使本已沉悶下來的古史分期問題的討論又活躍起來。文中有針對性地提出八個問題，先破後立，有理有據，不偏不倚，説服力强，是"文革"後恢復優良學風的一篇具有示範性的史學論文。其實，金老這種優良學風，在他的早期學術活動中就有體現，當時，他爲自己立了如下"戒條"，即"不自欺欺人，不枉己徇人，不立異，不炫博，貴創，貴精，貴平實，貴客觀"。拿來律己，貫穿一生，真是令後學望其項背。幾十年過去了，在倡導學術規範的今天，這些"戒條"對鞭撻時弊、改進學風仍不失爲一服良劑。

眾所周知，在中國現代學術思潮中，疑古派曾做出過許多成績，產生過積極影響，但毋庸諱言，疑古派疑過了頭，使中國上古史出現了許多"空白"，有悖於歷史的真實。我們知道金老是不贊成疑古派一些觀點的，《論學》一書中寫道："我們古書上所有的三皇、五帝、五霸、七雄等等，基本上都是歷史上有客觀根據的概念，對歷史研究有重要參考價值，輕易地加以否定，我認爲是不對的。"基於這一認識，金老構建了自己的上古史體系，反映在以前出版的《中國奴隸社會史》一書中，另外，金老爲糾正疑古思潮的消極影響，又對"六藝"經典的成書年代和價值重新加以審視，大膽地提出自己的見解，極富啓發性。如對《尚書》的看法，他"認爲《今文尚書》二十九篇是真的。《古文尚書》二十五篇是僞的。但在《僞古文尚書》中，有從古籍中輯出的部分，則應認爲是真的"。金老在這裏提出了在歷史研究中對《僞古文尚書》也不要采取一概排斥的態度問題。以此推之，過去我們認爲的一些"僞書"，在某些簡帛佚籍發現後，重新審視的必要性又被提到日程上來。

　　金老不贊成疑古派的一些觀點，但也不盲目信古，而是站在20世紀新史學的前沿，努力學習馬列主義，學習運用唯物史觀，在掌握詳實史料的基礎上，進行辯證的分析，使理論和史料有機地結合，實事求是地描述歷史的進程，科學地揭示歷史的本質和規律，這就是金老追求的工作目標。《論學》書中反映金老一生孜孜以求學習馬列主義理論，如對馬克思主義的古代東方學説、對中國奴隸社會的階級和階級鬥爭問題、對中國古代思想的淵源問題以及對《周易》、《論語》、《老子》中辯證法思想的研究等等，無不用力甚勤，創獲良多。金老不僅重視古史中理論問題的探討，而且還精於史實考證，同樣作出斐然成績。金老自幼誦讀經書，後又嫻熟於漢學、宋學，對清乾嘉學説了如指掌。正因爲金老學習運用了唯物史觀和辯證法，在對經義的詮釋上，把它們放在一定的歷史環境背景下觀照，善於運用資料之間的比勘互證，使爭論不休的老大難問題在金老筆下渙然冰釋。如書中《釋"二南"、"初吉"、"三澮"、"麟止"》和《甲子鉤沈》皆屬於此類作品，讀了這些洋洋灑灑的文章，真叫人有頓開茅塞之感。通過以上分析，我們是否可作如下評價：金老既不是疑古派，也不是信古派，而是唯實派。

　　金老學養深厚，他對祖國的文化典籍如數家珍。《論學》一書處處反映出金老由於對祖國的傳統文化有至深至愛的感情，爲弘揚中華民族優秀的傳統文化而不懈奮鬥。金老在整理先秦典籍時，掌握批判繼承之間的關係恰到好處，他尤爲關注闡釋古人先進思想和優秀文化的原始含義，并力圖構架起歷史和現實的橋梁，分析其傳統文化的現代價值。有關這方面的突出事例就是金老對孔子及其思想的研究。孔學研究是金老學術生涯中的重要部分，在當今學術界可自成一派。金老研究孔學的特點是立足於排斥歷史上對孔子思想的演繹、歪曲、矯飾以及一些不實之詞，從而恢復孔子思想的本來面目。並從理清有關孔子思想研究資料這一基本功入手，拓寬孔子研究的領域。他站在時代的高度，實事求是地評價孔子及其思想，並進而提出孔子思想的超時代性問題，更發人深省。金老的孔子研究代表了 20 世紀後期中國學者的研究新水平。

　　偉哉！斯人已逝，然雄文巨著永存人間，其中這本《知止老人論學》就濃縮了金老治學的結晶，展現出先生學術思想的軌迹，從中吸取其知識和力量，激勵我們還要去奮發有爲。

　　（《金景芳教授百年誕辰紀念文集》吉林大學出版社，2002 年）

《學易四種》序

呂紹綱

我的老師金景芳先生弱齡嗜《易》，廣涉群書，而以王注程傳爲依歸。壯歲接受馬克思主義以爲指導，加深了對《易》的認識。解放以後，隨着馬克思主義理論修養漸深，更將《易》學研究建立在科學的基礎之上，形成了自己有特色的《易》學思想體系。於《易》可謂彬彬矣。

先生勤奮治《易》，六十多年不曾稍懈。解放後任教於吉林大學歷史系和古籍研究所，多次給博士生、碩士生、進修生系統講《易》。爲了總結平生積累的學《易》心得體會，目前正着手寫作《周易全解》。我作爲先生的助手，有幸四次聆聽先生系統講《易》，協助先生寫作《周易全解》，還多有機會聽取先生對我個人授《易》。爲了全面瞭解先生的《易》學思想，我們少不了常常把先生的舊作找來研讀。

先生《易》學舊作中主要的一種是《易通》。《易通》是先生治《易》的奠基作，也是成名作。1939年底寫於流亡在四川自流井靜寧寺的東北中學，1941年獲教育部學術獎勵，1945年由商務印書館出版，是我國較早用馬克思主義觀點系統研究《周易》的一部專著。它已經不是先生個人的東西，它是祖國《易》學寶庫中的一份珍貴財富，應當妥善保留，無令散佚，留傳給後代，然而這書印製於抗戰期間，書的質量極差，印數又少，現在在大圖書館已經不易尋到。我們能看到的，衹有先生自存的破舊的一本。此書若不及早重印，便有永遠被湮没的危險。我和二三師弟鼓吹再三，先生勉强答應重印。我們將先生的《易》學舊作選取四種，編成一個集子，名曰《易學四種》。先生説，他的東西都是自己學《易》的體會，稱不上《易》學，乃改名曰《學易四種》。

《學易四種》的另外三種，是解放後寫的三篇論文。它們寫於不同時期，都有一定的代表性，從中可以看出先生《易》學思想不斷前進的足迹。《易論》原分上下兩篇，發表於東北人民大學文科學報 1955 年第二期和 1956 年第一期。《説易》寫作較晚，發表於《史學月刊》1948 年第一期。《關於周易的作者問題》是尚未見刊的近作。這三篇是先生解放後學了更多的馬克思主義著作，在舊作《易通》的基礎上，經過繼續研究寫成的。每一篇對先前的觀點或有補充，或有糾正，或有發展，總之都有新的東西提出。

我跟先生學《易》，讀先生書，先生與他人不同的治《易》方法，令我感受最深。先生生於遼寧義縣鄉下，貧寒的家境，偏僻的居處，迫使他養成不怕艱難，勇於探索，不因循前人，不隨波逐流，喜歡獨立思考的習慣。人們都説《易》書難讀，他偏要讀。二三十年代疑古風大盛，民族虚無主義流行，他卻堅信古人的東西絶不可一概否定。他學《易》有自己的見解。他對把《周易》當作純粹卜筮之書，爲了占卜而治《易》的象數派《易》學不感興趣，他欣賞由王弼、程頤等人奠基的《易》學中的義理派，因爲他認爲義理派重視《周易》中蘊含的哲學思想是正確的。當他三十年代開始接觸馬克思主義哲學著作的時候，他驚奇地發現，《周易》蓍卦中的思想同馬克思主義所講的辯證法若合符節。從此，他接受了馬克思主義，更加深切地認清了《周易》這部偉大古典著作的價值，逐漸形成了自己獨特的治《易》方法。這方法若分析開來説，是這樣的：

一、先生對馬克思主義特別有感情、有興趣，他已經把對《周易》的研究同馬克思主義緊緊地連在一起了。《易通》寫於三十年代的國統區，書中竟有《周易與唯物辯證法》的專章，明確説辯證法的三大基本規律,《周易》中全有反映。以後發表的《易論》和《説易》諸文,更加熟練地把馬克思主義融會在其中。一些不容易講明白的問題,如《周易》作爲一種哲學,爲什麼要以卜筮爲形式,卜筮是一種原始宗教,它爲什麼會産生哲學,哲學既然已經産生,爲什麼與卜筮長期結合在一起,等等,都用馬克思主義做了合理的解釋,於是神秘莫測的《周易》也就没什麼神秘可言了。

二、先生確認《周易》是一部講哲學、講思想的書,卜筮不過是它的軀殼。對《周易》所有問題的研究,都以此爲出發點。《周易》究竟是一部什麼性質的書,這是《易》學研究中的一個根本問題。先生六十多年來對此問題始終保持着清醒的認識。從古至今,人們對《周易》的看法一直分爲兩派。《國語》、《左傳》言及卜筮時往往引用《周易》,漢人治《易》講"卦氣"、"納甲"、"爻辰",唐人李鼎祚編《周易集解》,清人惠棟作《易漢學》,張惠言作《虞氏易》,近人以殷墟甲骨卜辭比附《周易》,等等,都把《周易》視作純粹卜筮之書,他們研究《周易》的目的是爲了進行卜筮。依這一派的觀點治《易》,勢必把《易》學引上歧路。另一派認爲《周易》是講哲學講思想的書,卜筮衹是它的軀殼。一般認爲這一派肇始於王弼,發揚於程頤。其實這一派的觀點早在先秦時期就有了。《左傳》昭公二年載晉韓宣子訪問魯國,見到《易象》與《魯春秋》,讚嘆不已,認爲這表明周禮盡在魯國了。韓宣子把《易象》與周禮聯繫起來,顯然不認爲《易經》是單純的卜筮之書。後來《莊子》講"《易》以道陰陽",司馬遷說"《易》以道化","《易》本隱以之顯",《漢書·藝文志》於《六藝略》列《周易》,以及清代《四庫全書總目提要》説《易》"寓於卜筮",也都把《周易》看作是講思想的書。

先生繼承並發展了後一派的觀點。《易通》主要肯定了兩點。一、《易》"包括宇宙已往未來之全部現象",即《易傳》所謂"冒天下之道"。具體説,就是"天之道"與"民之故",即自然規律與社會規律。二、《易》不直接表達思想,《易》通過蓍與卦即象與數間接地把思想反映出來。易不可没有象數，但易之象因時因物而異，不應以《説卦》爲限，更非荀爽、虞翻所言之象。數是用以定爻的揲蓍之數，而與"河圖"、"洛書"無涉。《易論》進一步明確指出《周易》是未成熟的哲學。它反映了原始的、樸素的但實質上是正確的宇宙觀。《周易》主要是講矛盾的，它很象一部古代的矛盾論。它在哲學上的成就，可以同古希臘哲學家赫拉克里特相媲美。但是，《周易》的哲學由卜筮産生並以卜筮爲形式。《易論》改變了《易通》肯定伏犧作八卦的觀點，認爲筮先於卦産生。筮的産生不應早於夏，晚於周，最可能的時間是商代卜發展最盛時期。卦與蓍的關係是影與形的關係。卦依蓍的變化而創立。蓍有陰陽，卦便有陰陽。蓍有變化，卦便有變化。卦是筮的摹本，筮是宇宙發展變化的摹本。蓍包括數，卦包括爻和辭。蓍與卦合起來構成《易》。

至《説易》，認識有新發展。先生這時更加明確地肯定《周易》在形式上仍舊是卜筮之書，而實質上已變成一部蘊藏着深邃的哲學和社會政治思想的理論著作。《周易》照舊把蓍與卦視作"神物"，但這種神物之所以神，已不在於神物本身，而在於這個神物背後貯藏着關於"天之道"與"民之故"的高深的知識。道理與今日之電腦相似。作《易經》的人和作《易傳》的人都不相信蓍卦有靈，可以前知。他們肯定卜筮，利用蓍卦的用意在於以神道設教，作爲統治人民的工具。

三、先生始終認爲今本《周易》之《經》與《傳》思想一致，兩者密不可分。尤其重視《易傳》的意義和作用。先生以爲《易傳》的功績在於，它用哲學的語言代替《易經》的卜筮語言，把《周易》藏在神秘外衣後面的思想直接地表達出來，使之成爲真正意義上的哲學。先生確認《易傳》基本上是孔子所作，《周易》哲學其實是孔子哲學。研究《周易》應與研究孔子結合起來。

《易通》爲這一觀點奠定了基礎。第一，它説《易傳》即使不是孔子手編，也是孔子門人所輯。説《易傳》是孔子所作，未爲不可。

書中專門立有《周易與孔子》一章，詳細分析《周易》哲學與孔子哲學的一致性。第二，它强調《易經》的精義本來隱藏在蓍卦裏面，鮮爲人知，至孔子作《易傳》，用哲學的眼光加以推闡，《周易》的真面目才有可能被人認識。書中正是把《周易》經傳作爲一個渾然整體，而從《易傳》入手加以考察的。

《易論》與《説易》没有正面論述這個問題，但是它們對《周易》的一切分析，都是在肯定孔子作《易傳》，《易傳》釋《易經》的前提下展開的。《關於周易的作者問題》一文對《易傳》的作者問題提出四種情況。一部分是孔子以前就有的舊説，被孔子接受下來。一部分是後世好事者竄入的，與孔子無關。還有一部分是弟子在平日孔子講述時所作的記録，其思想應屬於孔子。除這三種情況外，其餘全是孔子所作。孔子所作的部分是大量的，主要的。

四、涉及到怎樣從歷史的角度看《周易》的問題，人們大多祇對卦爻辭中"高宗伐鬼方"之類的史料感興趣，常常拿來證成某一個具體的歷史結論，而先生則把注意力放在《周易》和周代歷史的宏觀對照研究上。

據《周禮·大卜》和《禮記·禮運》記載，古有《連山》、《歸藏》、《周易》三易。《連山》是夏易，首艮。首艮有何意義，今已無從徵考。《歸藏》即《坤乾》。《坤乾》是殷易。孔子説可用《坤乾》之義觀殷道，可見《坤乾》能夠反映殷代的意識形態和政治制度，不是一般卜筮之書。《周易》由《坤乾》直接發展而來。但二者有根本的區別。《坤乾》六十四卦以坤卦爲首，乾卦居次。《周易》則乾卦爲首，坤卦居次。

先生特別重視《坤乾》與《周易》二易的這個區別，認爲二者乾坤顛倒，絕非出於偶然，不是作《易》者的任意杜撰，它反映着殷周兩代的不同歷史特點。《坤乾》以坤卦爲首，反映"殷道親親"。《周易》以乾卦爲首，反映"周道尊尊"。"殷道親親"與"周道尊尊"的不同，集中表現在繼承制問題上。"殷道親親"，强調血緣關係，重母統,傳弟,說明殷代還有氏族社會的殘餘。"周道尊尊",強調政治關係,重父統,傳子,說明周代社會的階級統治已經完全確立。由"親親"變爲"尊尊",這是重大的歷史變革。這種交革明顯地反映在《周易》之中。

《周易》把《坤乾》首坤次乾的排列次序顛倒過來,變成首乾次坤,并且突出地強調天尊地卑、男尊女卑、君尊臣卑、父尊子卑、夫尊妻卑。這看來平常,其實不簡單,它深刻地反映了與殷代大不相同的周代的政治觀念和政治制度。

"親親"與"尊尊"之別是瞭解商周歷史變革的鑰匙。《周易》是研究"親親"變爲"尊尊"的周代意識形態和政治制度特點的重要文獻。它既然具有如此深刻的歷史內涵,就更加證明它不是單純的卜筮之書。從這個角度探討《周易》一書的歷史價值,除先生外,我至今尚未發現第二個人。

先生六十多年潛心研《易》,問題無論宏微巨細,無所不涉及,無所不思考。如今已積累了極其豐富的心得體會,有待整理成書,而長期形成的科學而自成體系的研《易》方法,尤爲學界所稱道。我上述諸點,不過略舉先生《易》學成果的大要而已,《學易四種》基本反映了先生《易》學思想的全貌。必須說明一點,先生的治《易》方法是由許多要點交織而成的一個體系,那末哪一點是主要的呢?先生自己常說,他欣賞孔夫子,但更信仰馬克思。因爲雖然孔夫子在古人中是對《周易》講得最爲明白的一個,然而衹是在有了馬克思以後,人們才有可能對《周易》有一個真正科學的認識。

　　　　　　1986 年 7 月呂紹綱謹識於吉林大學古籍研究所

　　(《學易四種》,吉林文史出版社,1987 年;《社會科學戰綫》1987 年第 1 期)

《知止老人論學》序

呂紹綱

　　金師曉邨先生治學勤奮是著名的，一輩子埋頭研究不止，過九十歲仍筆耕不輟。我們勸他擱筆休息養身，他總是答應到此爲止，以後不再寫。可是一有人約稿或讀書得間，便情緒盎然，照寫不誤。有時實在力不能支，也要指出路子由我執筆。總之腦子不停地想，有了想法定要寫出來，絕不放棄。幾年下來，二十多篇文章發表了。選些重要的，就有了《知止老人論學》這部文集。東北師範大學出版社總編輯詹子慶教授建議，不妨把老人家九十歲以前發表的文章，選幾篇有代表性的加進來，以期讀者能够瞭解金老學術的全貌。於是新文集中就有了幾篇舊作。雖是舊作，對照新文一并看，更可察覺先生學術進展中新意層出不窮。

　　先生生於前清光緒壬寅年（1902），年歲幾與世紀等。今世紀將盡，而先生形神强健依舊。先生一生輾轉南北，所爲事良多，概言之，不外一書字而已，或讀或教或著，志趣一在於書。而今高齡九十有六，耳目聰明固不比當年，而思考記憶能力，竟未見顯减。猶不服老之已至，竟日手不釋卷，卷不離心，樂亦書憂亦書，憂樂俱在書中，以至於心境恬淡若水，不愠不躁，無怨無悔。

　　先生天資穎異，博聞强記，年十五而志於學。六經典籍、諸子諸史、九流百家，無所不讀，尤長於孔孟、老莊、《易》與《春秋》。而立既過，抗日戰爭流亡途中偶得列寧《談談辯證法問題》一文，鬱結心中多年不得解的《周易》之謎，渙然冰釋，長久困蒙的心竅豁然洞

開。頓覺中國古書之外更有好書，隨即運用列寧關於辯證法的思
想迅速寫下《易通》一書。書名取"易通"，意謂《易》本難通，現在終
於通了。從此與馬列書結下不解之緣。建國時，先生四十有七，不
久進入知命之年，來吉林大學歷史系任教至今，馬列書不須臾離。
於是學問日積，思想日新，誠心敬業地爲國服務，堅定而未可移易。

　　傳統道德是先生修己的固有之根，馬列精神是先生立德立言
之不竭之源。二者融而會之，貫而通之，鑄就先生一身平凡而難能
的品格。先生於生計，衣粗食淡，温飽是足，不事奢華；於事業，自
强不息，奉獻而已，無意聞達；與人交，寬而栗，直而温，含容爲懷，
不求和氣而和氣自來；於學生，循循誘導而嚴格要求，鼓勵自成自
立而獎掖提携之，不期誠服而誠服自生，且中心悦；於學問，日以孜
孜，不懈以求，老來彌勤。成果可謂纍纍，嘔心瀝血之專著多種。
論文前此已兩次結集出版。

　　先生爲人所稱道的學術精神，已形成體系，諸特點相互聯繫着
融合着不可分割。約而言之，先生的學問一直在創新與挑戰中進
行。略爲展開説，則是馬克思主義理論與中國歷史實際相結合；文
獻材料與地下材料並重，以文獻材料爲主；於古人無論漢宋，於今
人不分權威白丁，唯真理是從；堅持獨立思考，不人云亦云，而己見
亦隨時修正，不斷提升；由經入史，經史貫通，思想史研究與社會史
研究緊密融合；以解決問題爲根本宗旨，不爲學問而學問，没有學
術價值的學問不做，於考據亦不無興趣，但祇是手段，絶不作爲目
的沉湎糾纏。

　　這一本《知止老人論學》，很可能是先生最後一部論文集，帶有
總結、集成之意，故用"知止"、"老人"題名。"老人"，不言而喻；"知
止"，取《大學》首章"大學之道，在明明德，在親民，在止於至善。知
止而後有定……"云云爲義。先生爲人做事治學，從來有一個至善
至美的準的在胸中，盡心盡責地追求着最優秀。這是先生以"知
止"名齋之誠心一面。《老子》有"知止不殆"句，《周易・艮・象傳》

有"時止則止"句,先生由之想到歲月遮不住,畢竟人已老,本文集一出,便是到了當止的時候。這是先生以"知止"名齋之虛心一面。但我不信先生真的已老,學問還是要做的。

　本文集收入文章 23 篇,涉及較廣,先生所耕耘的社會史、思想史、孔學、易學、儒學諸方面都有,都是精審、老到、拔萃之作。看得出,先生早年嶄露的才氣,老來益顯磅礴。餘且不論,祇看考據。先生向來不主張於考據斤斤計較,其實先生恰是考據高手。不考則已,考則抓住要害,精銳突破。《詩》的"二南",《書》的"五行"、"三正"、"五辰"、"天"、"帝"、"民不適有居",《禮》的"脲",《論語》的"克己復禮",《孟子》的"圭田無徵"、"夫婦有別",《荀子》的"居於砥石遷於商",以及馬王堆一號漢墓帛畫名稱問題,先生考證起來,理據之足,邏輯之密,見解之精,令人折服。一個結子解開,一大片問題爲之順暢。不以考據爲務,考據的效用卻精湛過人。

　此書出版不易。當今時行市場經濟,看重經濟效益,難銷售的學術書誰家願意出! 幸蒙東北師範大學出版社郝景江社長和詹子慶教授別具慧識,認準學術價值,慷慨承擔出版。先生感激之情難以言詞表達,我亦情動於中,幾至舞之蹈之。

　文章結集畢,先生囑作序。師命固難違,我亦樂爲之。

1997 年 3 月 3 日學生呂紹綱拜手謹識於吉林大學寓所

　(《知止老人論學》,東北師範大學出版社,1998 年)

評《中國奴隸社會史》

呂紹綱

金景芳同志著《中國奴隸社會史》，1983 年由上海人民出版社出版以後，在史學界引起很大反響。

本書最大的特點，是作者獨立思考，說自己的話，走自己的道路。郭沫若同志是我國馬克思主義歷史學的奠基人，他最早運用馬克思主義理論、方法研究中國古代史，確認中國與其他國家一樣也經歷過奴隸社會階段。這是郭沫若同志的重要貢獻。但是，史學要發展，金景芳同志對郭沫若同志的成果采取了承繼、突破、發展的態度，對有關中國奴隸社會的一系列問題提出了自己的新看法。

中國是什麼樣的奴隸社會呢？ 作者經過仔細研究之後發現，馬克思主義經典作家認爲歷史上有過兩種類型的奴隸制，一種是古典的勞動奴隸制，一種是東方的家庭奴隸制。兩種都是充分發展的奴隸制。他根據古代文獻記載，認定所謂井田制度就是馬克思、恩格斯講的"把土地分給單個家庭並定期實行重新分配"的"馬爾克"，即農村公社。古書上說的"庶人"就是農村公社的社員，是進行農業生產勞動的人，馬克思稱這類人爲"普遍奴隸"。中國不是希臘、羅馬那樣的大規模的奴隸勞動和土地私有制，而是小土地勞動和表現爲各級奴隸主多層次占有的土地國有制。井田制度即農村公社的存在，是中國奴隸社會爲"古代東方型"的一個鐵證。

作者把井田制度作爲中國奴隸社會的經濟基礎加以論述，貫穿於全書的始終。井田制度加上分封制度、宗法制度、禮治這四個方面構成中國奴隸社會進入全盛期以後從經濟基礎到上層建築的主要內容。井田制度破壞，逐漸爲土地私有制取代；分封制度破壞，逐漸爲郡縣制取代；宗法制度破壞，逐漸爲階級、政治關係的加強取代；講究親親尊尊的禮治破壞，逐漸爲"不別親疏，不殊貴賤"的法治取代。本書以這四個方面的綫索，論述中國奴隸社會從全盛到衰落乃至轉化爲封建社會的歷史。尤其是將井田制度的發展，解體，作爲中國奴隸社會向封建社會轉變的重要標誌。基於這樣的認識，書中將中國奴隸社會歷史的下限劃在井田制宣告徹底破壞的秦統一，而上限劃在夏后启殺益奪權。夏商周三代是中國奴隸社會發生、發展的時期，其間夏帶有過渡性質，商代完成了過渡，西周達到全盛；春秋是衰落時期，戰國是向封建社會轉變的時期。古人習用"三王"、"五霸"、"七雄"這些概念來描繪歷史演變的過程，這雖然沒有歷史唯物主義的科學認識，不可能將概念從具體上升到抽象的程度，但是古人至少能够從外部現象給歷史劃出完全不同的階段來。例如孔子將夏、商、西周的特點概括爲"禮樂征伐自天子出"，將春秋的特點概括爲"禮樂征伐自諸侯出"，劉向將戰國的特點概括爲"上無天子，下無方伯，力功爭强，勝者爲右"，本書將古人劃分的先秦文明歷史的三個階段與中國奴隸社會歷史的分期巧妙地統一起來。中國奴隸社會發生、發展時期恰與夏商西周相當；中國奴隸社會的衰落時期恰與春秋相當；中國奴隸社會向封建社會轉變的時期恰與戰國相當。

《中國奴隸社會史》對許多重要的歷史問題，經過獨立思考，提出了自己的看法。例如，《春秋》宣公十五年的"初稅畝"一語，郭沫若同志認爲十分重要，它等於魯國正式宣佈廢除井田制，承認土地私有的合法性，表明中國的地主階級第一次登上歷史舞臺。本書卻認爲"初稅畝"不過是魯國公室增加剝削的措施。由過去的"制公田，不稅夫"變爲現在的既制公田又稅夫。在公田上剝削一份，在私田上又剝削一份。僅僅是清人顧棟高説的"加賦"，根本没有什麽社會變革的意義。

又如，《左傳》襄公十一年的"三分公室"，昭公五年的"四分公室"，郭沫若同志把它們與"初税畝"聯繫起來，説"三分公室"表明季孫氏采用封建的剝削方法，"四分公室"表明魯三家都采用了封建的剝削方法，於是魯國形成了封建社會，它的政權已經是代表地主階級的了。作者仔細分析《左傳》記載的上下文語意，認爲"三分公室"、"四分公室"講的是魯國兵制的變化，並無它義。

又如，《詩·北山》之"溥天之下，莫非王土；率土之濱，莫非王臣"四句，郭沫若同志據以斷定當時"一切土地在名義上都屬於周王，周王把土地分賜給臣下，讓他們世代享用，但他們衹有享有權而無所有權"。本書用充分的材料證明《北山》詩講的是王權至高無上，不是土地所有制；並舉出了另外一些史料如《周語》"昔我先王之有天下也，規方千里以爲甸服，……其餘以均分公侯伯子男，使各有寧宇"；《左傳》襄公二十五年"且昔天子之地一圻，列國一同，自是以衰"，證明天子所有的土地衹是"規方千里"的"一圻"，其中還有公卿大夫的采地。"規方千里"之外的土地則屬於列國諸侯及卿大夫。就是説，"溥天之下"的土地並非屬於天子一人所有。有人著文説《中國奴隸社會史》否定了中國奴隸社會的土地國有制，這是誤解。土地國有私有，區別不在歸天子一人所有還是歸各級奴隸主多層次所有。土地國有的實質性特徵是地租與賦税的合一及轉讓方式是超經濟的分封、賞賜、侵奪而不是買賣。

理論受史實的檢驗，史實不可屈從理論，亦即實事求是，是《中國奴隸社會史》在治史方法上的一大特色。例如關於古代的階級與階級鬥爭問題，三十多年來一直流行的觀點是奴隸社會的階級鬥爭主要是奴隸反抗奴隸主的鬥爭，奴隸社會是奴隸的起義和革命推翻的。儘管這個理論與史實不符，卻很少有人懷疑它。《中國奴隸社會史》的作者本着探索與求實的精神，認爲中國奴隸社會的

奴隸與奴隸主是劃分成等級的，而且奴隸們起義反抗奴隸主的鬥
爭極其少見，奴隸革命則根本沒有，大量存在的倒是奴隸主階級内
部的鬥爭和奴隸主階級與地主階級之間的鬥爭。於是，他懷疑那
個流行理論的正確性，發現它與馬克思主義經典作家的論述大相
徑庭。馬克思、恩格斯説："在過去的各個歷史時代，我們幾乎到處
都可以看到社會完全劃分爲各個不同的等級，看到由各種社會地
位構成的多級的階梯。"又説："我們的時代，資産階級時代，卻有一
個特點：它使階級對立簡單化了。整個社會日益分裂爲兩大敵對
的陣營，分裂爲兩大相互直接對立的階級：資産階級和無産階
級。"①馬克思還説："即在古代的羅馬，階級鬥爭衹是在享有特權
的少數人内部進行，衹是在自由富人與自由窮人之間進行，而從事
生産的廣大民衆，即奴隸，則不過爲這些鬥士充當消極的舞臺臺
柱。"②恩格斯説："古代是沒有用勝利的起義來消滅奴隸制的事情
的。"③列寧説："我們知道，奴隸舉行過起義，進行過暴動，掀起過
内戰，但是他們始終未能造成自覺的多數，未能建立起領導鬥爭的
政黨，未能清楚地瞭解他們所要達到的目的，甚至在歷史上最革命
的時機，還是往往成爲統治階級手下的小卒。"④

　　關於奴隸社會階級與階級鬥爭的流行觀點是怎樣産生的呢？
作者尋根問底，發現錯誤出自解放初期印行的一本《社會發展簡
史》。《社會發展簡史》抄自前前蘇聯列昂節夫著的《政治經濟學初
學讀本》。列昂節夫的觀點則來自斯大林的一次講話："奴隸革命
把奴隸主消滅了，把奴隸主剥削勞動者的形式廢除了。"⑤顯然，斯
大林的論點是錯誤的。《中國奴隸社會史》依據文獻記載，記述了

①　《馬克思恩格斯選集》第 1 卷，人民出版社，1972 年，第 251 頁。
②　《馬克思恩格斯全集》第 16 卷，第 406 頁。
③　《馬克思恩格斯全集》第 21 卷，第 177 頁。
④　《列寧全集》第 29 卷，人民出版社，1956 年，第 442 頁。
⑤　《斯大林全集》第 13 卷，人民出版社，1956 年，第 215 頁。

中國奴隸社會的階級和階級鬥爭，諸如少康中興、成湯滅夏、武王伐紂、厲王奔彘、平王東遷、五霸紛爭、各國政權下移以及戰國變法等等奴隸主階級内部的鬥爭。但對於古代奴隸們的直接的反抗鬥爭則很少提起，更没有講奴隸怎樣通過革命推翻奴隸制度，因爲歷史本來如此。

　　有人不同意《中國奴隸社會史》的觀點，認爲"馬列主義關於階級鬥爭的概念是指歷史上壓迫階級和被壓迫階級，剥削階級與被剥削階級這兩大對抗階級的鬥爭，而不是階級社會中統治階級之間的内部鬥爭"。很明顯，這是忽略了馬克思主義關於前資本主義社會與資本主義社會之階級與階級鬥爭有區別的觀點。馬克思主義創始人祇是説歷史進入資産階級時代，社會才日益分裂爲兩大直接對立的階級即資産階級與無産階級，使階級對立與階級鬥爭簡單化了。他們從未説過奴隸社會、封建社會也分裂爲兩大直接對抗的階級。況且即使在資本主義社會，兩大階級直接對抗的狀態也不是一開始就出現，而是逐漸形成的。恩格斯在 1847 年説："因爲由於現代工業，由於運用機器，英國一切被壓迫階級已經匯合成爲一個具有共同利益的龐大階級，即無産階級；因爲對方陣營裏的一切壓迫階級也由此聯結成爲一個階級，即資産階級。這樣，鬥爭便簡單化了。"①恩格斯在 1886 年又説："從 1830 年起，在（英、法）這兩個國家裏，工人階級即無産階級，已被承認是爲爭奪統治而鬥爭的第三個戰士。當時關係已經非常簡單化。"②按照恩格斯的説法，在英法這兩個歐洲先進國家，兩大階級直接對立的形勢直到 1830 年才形成，中國古代怎麼會有兩大階級的直接對抗？

　　至於説到馬克思主義關於階級鬥爭概念包括不包括階級社會中統治階級内部鬥爭的問題，還是請看馬克思主義創始人的言論。

---

　　①　《馬克思恩格斯選集》第 1 卷，第 289 頁。
　　②　《馬克思恩格斯選集》第 4 卷，第 246 頁。

舉個關於近代的例子，"至少從 1815 年簽訂歐洲和約以來，在英國，誰都知道，土地貴族和資產階級這兩個階級爭奪統治的要求，是英國全部政治鬥爭的中心。"舉個關於古代的例子。"在關於羅馬共和國內部鬥爭的古代史料中，祗有阿庇安一人清楚明白地告訴我們，這一鬥爭歸根到底是爲什麼進行的，即爲土地所有權進行的。"這兩段話是恩格斯 1886 年在《費爾巴哈和德國古典哲學的終結》中講的。雖然是外國的事情，但是它從理論上肯定了統治階級內部存在階級鬥爭。

　　翻開《春秋》、《左傳》、《國語》、《戰國策》，統治階級內部的鬥爭比比皆是，而奴隸反抗奴隸主的鬥爭確實不甚顯著。奴隸總是在政治鬥爭中充當統治階級手下的小卒或者消極的舞臺臺柱。歷史本來就是如此。莫說古代的奴隸，就是近代無產階級也曾有這樣"不光彩"的經歷。1884 年恩格斯在論及德國問題時說："祗要被壓迫階級（在這裏就是無產階級）還沒有成熟到能夠自己解放自己，這個階級的大多數人就仍將承認現存的社會秩序是唯一可能的秩序，而在政治上成爲資本家階級的尾巴。"又說："雖然它在實質上是資產階級的危險敵人，但另一方面它仍然是資產階級的政治附庸。"①

　　《中國奴隸社會史》糾正了我國史學界長期存在的關於奴隸社會階級和階級鬥爭問題的一個錯誤理論，實事求是地論述和評價了中國奴隸社會的階級和階級鬥爭。不過我以爲，本書在解決古代社會階級與階級鬥爭問題中所使用的方法更耐人尋味。治史應以馬克思主義爲指導，論與史要結合。但是當出現理論與史實不一致的時候，怎麼辦呢？是讓史實屈從理論還是讓理論接受歷史實際的檢驗？我想，選擇後者是明智的。

　　《中國奴隸社會史》反映了作者多年來運用馬克思主義理論解

---

　　①　《馬克思恩格斯選集》第 4 卷，第 169、178 頁。

決中國古史難題所取得的成果。井田制問題,古人没講清楚,近人自胡適起多有人否定井田制的存在。郭沫若同志雖然承認井田制存在,但他講的井田制卻離開了文獻的記載,帶有臆想的色彩。本書作者把馬克思主義關於農村公社的理論與中國古書《周禮》、《孟子》關於井田制的記載相對照,説明了井田制不僅是可以理解的,而且是歷史之必然。

馬克思説:"把所有的原始公社混爲一談是錯誤的;正像地質的形成一樣,在這些歷史的形成中,有一系列原生的、次生的、再次生的等等類型。"又説農業公社時期是"從原生形態到次生形態的過渡時期"。[①] 恩格斯説:"差不多一切民族都實行過土地由氏族後來又由共産制家庭公社共同耕作,繼而差不多一切民族都實行過把土地分配給單個家庭並定期實行重新分配。"[②]馬克思把原始公社分成氏族公社、家庭公社和農村公社三個發展層次,恩格斯又強調"差不多一切民族"都是如此,都有一個"把土地分配給單個家庭並定期實行重新分配"的農業公社(或稱農村公社、馬爾克)階段。馬克思、恩格斯的這個研究成果揭示的是普遍性規律,絕非某一民族的特例。在農村公社中,土地怎樣分配給單個家庭呢? 馬克思説:"如果你在某一個地方看到有隴溝痕迹的小塊土地組成的棋盤狀耕地,那你就不必懷疑,這就是已經消失的農業公社的地産! 農業公社的社員並没有學過地租理論課程,可是他們瞭解,在天然肥力和位置不同的土地上消耗等量的農業勞動,會得到不等的收入。爲了使自己的勞動機會均等,他們根據土壤的自然差別和經濟差別把土地分成一定數量的地段,然後按農民的人數把這些比較大的地段再分成小塊。然後,每一個人在每一塊地中得到

① 《馬克思恩格斯全集》第 19 卷,第 432、435 頁。
② 《馬克思恩格斯全集》第 21 卷,第 159 頁。

一份土地。"①恩格斯講得尤爲具體："在那裏，雖然不再一年分配一次，但是每隔 3 年、6 年、9 年或 12 年，總要把全部開墾的土地（耕地和草地）合在一起，按照位置和土質，分成若干大塊。每一大塊，再劃分成若干大小相等的狹長帶狀地塊，塊數多少，根據公社中有權分地者的人數而定。這些地塊，采用抽籤的辦法，分配給有權分地的人。所以，每一個社員，在每一個大塊中，也就是説，在每一塊位置與土質各不相同的土地上，當初都分到了同樣大的一塊土地。"②馬克思、恩格斯在這裏講的農村公社分配土地給單個農户的辦法，也是規律性的，不是某個民族的個別情況。

　　中國古代的實際情況如何呢？作者發現馬克思、恩格斯的論述與中國古文獻的記載有驚人的相似之處。《周禮·地官·遂人》説："辨其野之土：上地、中地、下地，以頒田里。上地，夫一廛，田百畝，萊五十畝，餘夫亦如之；中地，夫一廛，田百畝，萊百畝，餘夫亦如之；下地，夫一廛，田百畝，萊二百畝，餘夫亦如之。"《周禮·地官·大前徒》説："凡造都鄙，制其地域而封溝之，以其室數制之。不易之地家百畝，一易之地家二百畝，再易之地家三百畝。"《公羊傳》宣公十五年何休注説："肥饒不得獨樂，磽确不得獨苦，故三年一換土易居。"《孟子·滕文公上》趙岐注"死徙無出鄉"句説："徙謂爱土易居，平肥磽也。"這些記載與上述馬克思、恩格斯講的西方的古代農村公社的情況完全一致。中國古文獻與馬克思、恩格斯所處的時代不同，所云竟不謀而合，表明了農村公社的普遍存在。井田制不是別的，正是馬克思、恩格斯講的農村公社或馬爾克。作者正確地抓住了問題的實質，指出馬克思所説的"棋盤狀耕地"，恩格斯所説的"狹長帶狀地塊"，中國古人所説的"井田"，都是對農村公社特點的恰當形容。

---

①　《馬克思恩格斯全集》第 19 卷，第 452 頁。

②　同上，第 355 頁。

　　《中國奴隸社會史》解決了貢、助、徹的問題。貢，是在一夫分得的土地的產品中抽取十分之一的實物地租。助，是一家分得百畝田，八家共耕公田百畝。公田百畝的產品被剥削去。實際上是一種勞役地租。周代實行徹法，徹是雙軌的意思，既行貢又行助。在國行貢法，在野行助法。無論行貢法還是行助法，前提都是把土地分配給單個農户耕種的小土地勞動。所謂私田，就是分給農户的田，也稱民田。所謂公田，就是八家農户共耕的那百畝田，收穫物全部被剥削去。郭沫若同志認爲："凡是屬於井田範圍内的田都是公家的田，也就是所謂'公田'。這些公家的田被分配給臣下，同時也把一定的生產者分配給他們。"又説："有一些臣下們超額地榨取耕奴們的剩餘勞動，以開墾井田以外的空地。這被開墾出來的田地，便成爲私家的黑田。"這樣解釋公田與私田，根本的弱點是缺少史料依據，推理因素太重。

　　宗法制度在中國奴隸社會史的研究中具有關鍵的意義。這個問題雖然從清代諸家到近人王國維已經取得了相當可觀的成果，但是畢竟未能弄清楚宗法制度的本質是什麽。《中國奴隸社會史》在宗法制度問題上的新貢獻，主要在於運用馬克思主義關於兩種生產的理論闡釋了宗法制度產生的原因及其本質。

　　恩格斯説："根據唯物主義觀點，歷史中的決定性因素，歸根結蒂是直接生活的生產和再生產。但是，生產本身又有兩種。一方面是生活資料即食物、衣服、住房以及爲此所必需的工具的生產；另一方面是人類自身的生產，即種的蕃衍。一定歷史時代和一定地區内的人們生活於其下的社會制度，受着兩種生產的制約：一方面受勞動的發展階段的制約，另一方面受家庭的發展階段的制約。勞動愈不發展，勞動產品的數量、從而社會的財富愈受限制，社會制度就愈在較大程度上受血族關係的支配。"①恩格斯關於兩種生

①　《馬克思恩格斯選集》第4卷，第2頁。

產的理論，有兩點對於研究宗法問題至關重要：第一，所謂人類自身的生產，實際上是指人們的血緣關係即家庭形態而言；第二，人們的血緣關係即家庭形態對社會制度有制約作用，這種作用越是在古代越是表現強烈。

依據恩格斯關於兩種生產的理論，《中國奴隸社會史》展示了如下的思想：夏商西周三代雖然已經進入文明時代，產生了以地區團體爲基礎的國家，但是第一種生產還不太發展，其社會制度仍然不可能擺脫血緣關係的影響。三代比較起來，血緣關係的影響大小不同。夏代是氏族社會向奴隸社會過渡的時期，血族團體與地區團體並存，血緣關係影響之大，自不待說；商代，所謂"殷道親親"正是血緣關係依舊有強大影響的表現。西周是奴隸社會的全盛時期，第一種生產已相當發展，血緣關係的束縛作用在君位繼承問題突出地表現出來。從而"周道尊尊"即政治關係被提到重要的地位上來。西周統治者出於保證君位、土地、財產的嫡長子繼承制和分封制的需要，對原有的血緣關係加以改造，使之成爲具有人爲模式的宗法關係，把政治上的尊卑等級注入到血緣關係中去，從血緣關係內部削弱血緣關係對國家政治生活的影響，其直接後果是嫡庶制的確立。嫡庶制是天子諸侯乃至卿大夫妻妾中的等級制度，由嫡庶制的確立導致嫡長子繼承制的產生。天子諸侯之嫡妻所生長子成爲素定的君位繼承人。其餘諸王子成爲內外諸侯或畿內卿大夫。成爲諸侯的王子依據"尊尊"的原則，建立與周天子相似的君統。天子與諸侯的君統是孤單的體系，他們的衆昆弟被排斥在君統之外。沒有繼承君位的王子、公子，成爲卿大夫。各個卿大夫形成諸多獨立的、封閉的、以氏爲標誌的血緣團體，這個血緣團體就是貴族宗族。貴族宗族是以宗法關係爲紐帶組合起來的，宗法制度就是關於貴族宗族的制度。宗法關係以血緣關係爲基礎，但不同於血緣關係，它不論父母兄弟，而論始祖與大宗，大宗與小宗，大宗與族人、宗子與庶子。宗族之大宗也按嫡庶制和嫡長子繼承制的原則代代繼世，形成直系的統系即宗統。宗統僅存在於諸貴族宗族之中，宗族之外無宗統。宗統與君統不能混在一起。天子諸侯以及庶人不行宗法，因爲他們不屬於任何貴族宗族。宗法祇在卿大夫和士的範圍內實行。

有人堅持另一種宗法制度的理論，説"天子是天下之大宗，諸侯是一國之大宗"，把君統與宗統牽混到一起，以爲自天子至於庶人全行宗法；把宗法關係與血緣關係混同起來，以爲凡有血緣關係的人們，就有宗法關係。這種觀點在邏輯上的混亂姑且不論，就是在史料方面也缺乏根據。他們常用的史料是《公劉》"君之宗之"和《板》"大宗維翰"兩句詩。這兩句詩本身不能説明"天子是天下之大宗"，於是有人求諸毛傳。毛傳説"君之宗之"是"爲之君，爲之大宗"，説"大宗維翰"是"主者，天下之大宗"。毛傳給"天子是天下之大宗"説提供了證據。《詩經》雖是可信的史料，但用毛傳則要慎重。況且鄭箋早已駁正了毛傳對那兩句詩的解釋。鄭箋解釋"君之宗之"説："宗，尊也。公劉雖去邰國來遷，群臣從而君之尊之，猶在邰也。"解釋"大宗維翰"説："王之同姓之適子也。"鄭箋的解釋，無論從訓詁、邏輯、詩義等方面都比毛傳高明可信。

持這種宗法説的同志還喜用《左傳》文公二年"宋祖帝乙，鄭祖厲王"駁《禮記·郊特牲》"諸侯不敢祖天子"，藉以證明天子與諸侯之間有宗法關係，諸侯要奉天子爲大宗。然而"宋祖帝乙，鄭祖厲王"兩句話起不到這樣大的作用。諸侯以始封君爲始祖，故立始封君之廟爲祖廟。鄭國的始封君是桓公，桓公廟必然是鄭國的祖廟，這是常禮。所謂"鄭祖厲王"，是因鄭有大功德，天子特允鄭國立周厲王廟。孫詒讓《周禮·春官·都宗人》正義引《鄭志》説："鄭祖厲王，爲時君之賜。"既是賜，便不是常禮。縱然立了厲王廟，鄭國仍以桓廟爲祖廟。"宋祖帝乙"更是特殊情況。宋是殷後，周給予特別待遇，允許它行殷禮，不受周禮限制。"宋祖帝乙"，是它行殷禮的表現。鄭宋之特例證明不了"天子是天下之大宗"。倘若一定要說"天子是天下之大宗"，那也應是政治上的大宗，不是宗法意義上的大宗。

　　《中國奴隸社會史》一書不足之處也是有的。給人最突出的感覺是戰國部分寫得單薄一些。戰國是奴隸社會向封建社會轉化的時期，究竟怎樣轉化的，土地公有如何轉化爲土地私有，雖然在戰國變化那一節裏涉及到了，但是遠不如氏族社會向奴隸社會過渡的夏代及全盛時期的西周等幾部分講得透徹、充分。在史料應用方面，有些考古材料被忽略了，比如近些年出土的秦簡，對於解決戰國晚期土地制度的變化問題極有價值，卻未能采用。

（《歷史研究》1987 年第 4 期）

讀《學易四種》與《周易講座》
——介紹金景芳先生兩部《易》學專著

徐志鋭

  《周易》研究,已成爲當前國內外學術界十分關注的重要課題之一,在這種形勢下,金景芳先生最近推出了他的力作——《學易四種》與《周易講座》。兩部書分別由吉林文史出版社和吉林大學出版社出版發行,這對《周易》研究無疑將起推動作用。

  金先生是中國著名的《易》學家。從三十年代起就潛心於《周易》研究,現已八十六歲高齡,治《易》已輪迴一個"花甲"。現在出版的這兩部專著,《學易四種》收入了1939年寫成的《易通》,和建國後陸續所撰的《易論》、《説易》以及《關於〈周易〉的作者問題》等幾篇專文。《周易講座》是近年在《周易》研討班上的講課記録,經過整理而成書。兩書全文五十餘萬字,其時間跨度達半個世紀之久,充分體現了金先生《易》學的功力與成就。

  要想深刻理會金先生的《易》學思想,不能不回顧一下歷史。清代自乾嘉以後,《易》漢學興起而重考據,此風一直延續到晚清。本世紀初掃除封建文化,又產生了疑古風,民族虛無主義較爲流行。這就給《周易》研究帶來許多不利影響。自馬克思主義傳入中國後,隨着革命的深入發展,人們不能不進行反思,對中國的傳統文化究竟應持何種態度。一些先驅者開始以馬克思主義爲指導,鋭意進取推陳出新,着手爲中國的新文化去繪製藍圖。

  在這一重大的歷史轉折時期,金景芳先生把握了時代的脈搏。

他"堅信古人的東西不可一概否定"，認爲"研《易》貴尚思辯，而不以考據爲高，囿於漢學終無是處"。以開放的態度主動接受馬克思主義理論指導，積極投身於《周易》的義理研究，從而奠定了一生治學的基本方向。他逆時弊之風而上，順歷史潮流而動，終於在三十年代的國民黨統治區寫成的《易通》裏，確定了《周易與唯物辯證法》一章，足見其卓識與膽略。六十年來，他按照既定的方向，由對馬克思主義知之不多到知之較多，不斷爲學術界提供新的成果。在這一過程中，他針對《周易》研究中某些傾向性的問題，有破有立，旗幟鮮明，其中也包括了對自己某些觀點的修正，體現了求實的態度和良好的學風。今天，在《周易》研究形勢越來越好的情況下來展讀金先生的這兩部書，可以看到前輩學者在開拓前進中所走過的艱辛道路。他們提供的新視角，可以鼓舞我們去進行再創造。

在正確理論的指導下，金景芳先生治《易》得力於自學，喜歡獨立思考。這一方法，使他能夠不斷地提出一系列新的見解，在《周易》研究中逐漸形成了自己的體系。《學易四種》和《周易講座》兩部書的問世，使我們有幸能全面瞭解金先生的《易》學思想，在這裏值得提出的有以下幾個重要的觀點。

一、《周易》的《經》、《傳》是統一的，不能絕對分開。有人主張《易經》是卜筮之書，唯《易傳》才講哲學，他不同意這種看法。金先生強調："《易傳》講的都是《易經》裏有的。"如果《經》文沒有哲理的思想義蘊，《傳》又怎能闡發出來，且《易傳》解卦釋文多天衣無縫渾然一體，難以找出附加之餘迹。所不同者，是《易經》將精蘊隱藏而不外露，《易傳》則"佳篇絡繹"，以抒發其微言奧義。因此，治《易》不可離傳去解《經》，否則將失去依據，容易節外生枝異說隆起。

二、《周易》非卜筮之書，研《易》應重視義理。《周易》是從卜筮那裏發展起來的，卜筮從產生那天起就具有二重性，即從無知而通向有知。當有知達到一定階段就要發生質變，這個質變過程就是馬克思所説的"哲學最初在意識的宗教形式中形成"。《周易》之成書,恰是這一形成的過程,祇不過是它還保留着卜筮的軀殼而已。以後發展起來的象數學,多着眼於卜筮之軀殼,此乃《易》的外在形式。治《易》應重視其本質,本質就是哲理。就哲理説,金先生認爲它的自然觀是唯物的,與老子相對立。它的精到之處是以陰陽説爲核心所展示的辯證新思想,要將其"應用於自然,應用於社會,應用於實際",這是難能可貴的。

三、《易傳》是孔子所作。《易傳》將《易經》隱藏的奧義闡發出來,此非博學多智大聖大勇的孔子則不能。所説的孔子作,也並不是説全書都出自他一人之手。共中包括"有孔子寫的,有以前的舊説,有孔子講弟子記的,有後人竄入的"。先秦子書多不爲一人之作,而是集一派的思想觀點。《易傳》之十篇也是如此,其思想應屬孔子。我們不能用今天的著述版權觀念去衡量古人。

四、要把《周易》的思想放到特定的歷史條件下去認識。任何一種思想、觀念的産生都脱離不開具體的歷史條件。《周易》的哲學思想祇能産生在周代,不會在殷代,更不可能在漢代。這裏金先生引用了《禮記》、《史記》等諸多史料。舉出孔子研究殷代歷史去宋國而得《坤乾》一書,《坤乾》即《歸藏》。由此觀殷道,"殷道親親",重母統,反映到王位繼承則王死傳弟。《周易》與之相反,"天尊地卑,乾坤寶貴"。由此觀周道,"周道尊尊",重父統,反映到王位繼承則王死傳子。坤乾與乾坤,"親親"與"尊尊",這絶不是單純講卜筮,而是講政治。也就是説,它證明《周易》哲學思想是産生在周代,是爲階級統治服務的。

五、《周易》形成的過程就存在着兩個流派的鬥爭。《左傳》的卦例多援象比附以論事,是爲卜筮而用《易》。唯昭公二年記晉國卦宣子訪魯,在太史那裏看到《易象》與《魯春秋》,説:"吾乃今知周公之德與周之所以王也。"説明《易象》與《左傳》講的卜筮絶不是一樣的東西,否則將何以能從中曉得周公偉大品格和周之王天下的道理。孔子之世，這類《易》學的軼聞舊說尚多，參照以得《易經》之真蘊而作《易傳》，是客觀具備着這種條件。後來莊子説"《易》以道陰陽"，《荀子·大略》講"《易》之咸，見夫婦。夫婦之道不可不正也，君臣父子之道本也"，都是承襲了義理方面的思想。由此可見，從《周易》産生的那天起，就貫穿着兩種思想的鬥爭，一是爲卜筮而用，一是爲政治而用。漢以後象數與義理之辨，即由此而殊途。

以上五個問題祇是攝其要者，它對《周易》的源流，《經》、《傳》之關係，歷史背景，思想内容及其作者全面作了探索和研究，提出了系統的見解。它既有宏觀的展現，又有微觀的剖析，史論結合，鞭辟入理。所以，仔細閲讀兩部專著，引人入勝，饒有興趣，會産生許多聯想。當然，這並不意味着要求每一個人都接受作者的觀點，也不是説全書不無可商之處。但不能不承認書中的每一立論，材料翔實，持之有據，迫使你去認真思索一些問題。在不同程度上會受到新的啓迪。

金景芳先生雖年愈古稀，對《周易》仍興味盎然求索不已。他並不以這兩部著作爲滿足，覺得還有未盡之處。在長期的研究中深感《易》學發展兩千餘年，諸説林立未必均得其義。繼二書出版之後，又着手撰《周易全解》，欲將歷代《易》注作一番整理。這將是一項浩大的工程，我們期待他取得新的成績。

（《社會科學戰綫》1989 年第 2 期）

金景芳教授的《古史論集》

呂文郁　　謝維揚

一

　　金景芳,字曉邨,遼寧義縣人。1902 年 6 月 3 日(清光緒二十八年農曆四月二十七日)出生於義縣白廟子鄉項家臺村。因家中貧困,斷斷續續地讀完小學後即輟學務農。三年後在親屬資助下考入半公費的遼寧省立第四師範學校。1923 年以優異的學習成績畢業。曾當過家庭教師,教過初級小學、高級小學和初級中學。1929 年通過招聘考試,被委任爲遼寧省通遼縣教育局局長。1931 年被調往遼寧省教育廳,任第二科第一股股長兼第四科第二股股長。"九一八"事變後又迴到中學教書。

　　1936 年,先生因無法忍受日本侵略者的暴行,隻身逃往關外,輾轉於北京、陝西、江蘇、安徽、湖北、湖南、貴州、四川等地。在師友的幫助下,曾先後在西安任東北大學工學院行政秘書,在安慶任安徽省政府秘書處秘書。1938 年春,到張學良將軍主辦的東北中學任教。當時的東北中學流亡於豫鄂交界的鷄公山。同年夏,因徐州戰局緊張,東北中學經武漢遷往湖南省邵陽縣桃花坪。不久因武漢陷落,立足未穩的東北中學又繼續轉移,經貴州遷至四川威遠縣寧靜寺。先生隨東北中學一路遷徙流盪,歷盡酸辛。1939 年夏,先生在遷徙途中偶然購得列寧的《唯物論與經驗批判論》等書,先生讀後很感興趣。特別是讀了列寧的《談談辯證法問題》,深受啓發，遂覺以往讀《周易》時的許多疑難問題都渙然冰釋、怡然理順了。於是利用寒假時間寫成《易通》一書。後來《易通》一書獲國民政府教育部著作發明及美術獎勵三等獎，並由商務印書館正式出版。該書是最早用馬克思主義理論指導研究《周易》的著作，也是先生的成名之作。

　　先生任東北中學教務主任時，因反對"三青團"特務分子在校內猖獗活動，被當時的教育部勒令革職離校。1940 年 9 月，先生入復性書院學習。復性書院位於四川樂山烏尤寺，在當時頗負盛名，主講人是被梁漱溟稱爲"千年國粹，一代儒宗"的國學大師馬一浮先生。熊十力、賀昌群、謝無量、張真如等著名學者都曾在這裏授課。1941 年年底，經著名學者、先生恩師金毓黻的介紹，到流亡於四川三臺的東北大學工作，先後任文書組主任、中文系講師、副教授。

　　1945 年日本投降後，先生又回到了闊別已久的東北故鄉。十年亡命生涯，漂泊異鄉，顛沛流離，作爲一名愛國的知識分子，先生飽嘗了國破家亡的深重災難。東北大學遷回瀋陽後，先生繼續在該校任教，並晉升爲教授。1948 年，由於東北解放戰爭，先生隨東北大學遷居北平。全國解放後，先生被分配到東北文物管理處任研究員。不久又調任東北圖書館研究員兼研究組組長。

　　1954 年 1 月，經先生早年的學生顧卓新①介紹，到東北人民大學②工作。先後任歷史系教授、圖書館館長、校工會主席、歷史系主任。

　　十年動亂結束不久，全國恢復了研究生招生制度，先生於1978 年起開始招收碩士研究生。僅前兩屆就招收了十名碩士研究生。1981 年，先生又被國務院學位委員會評聘爲全國首批博士

---

①　時任東北人民政府副主席。
②　1958 年改稱吉林大學。

生指導教師,並於當年開始招收博士研究生。改革開放的方針政策使先生歡欣鼓舞,年近八旬的老先生有如煥發了學術青春,在認真指導、培養研究生的同時,發憤著述,大批學術研究成果陸續問世。這些成果在學術界引起強烈反響。

1982年5月,在中國先秦史學會成立大會上,被選爲中國先秦史學會副理事長。同年7月,先生的《古史論集》在齊魯書社出版。

1983年,先生的《中國奴隸社會史》由上海人民出版社出版,初版印數爲一萬七千册。

1985年,到山東曲阜參加中國孔子基金會成立大會,被選爲中國孔子基金會副會長。1986年,《中國奴隸社會史》一書由上海人民出版社再版,國家教委把此書推薦爲高校文科選用教材。

1987年,中國孔子基金會在山東曲阜的闕里賓舍召開"儒學國際學術討論會",先生在會上發表題爲《孔子對〈周易〉的偉大貢獻》的論文。由先生講述,由呂紹綱整理的《周易講座》一書由吉林大學出版社出版。

1989年,中國孔子基金會和聯合國教科文組織聯合舉辦的"孔子誕辰二千五百四十年紀念暨國際儒學討論會"先後在北京和曲阜舉行。先生應邀參加,發表了題爲《孔子所講的仁義有没有超時代意義?》的論文。與呂紹綱合著的《周易全解》由吉林大學出版社出版。此書後來多次印刷,總印數超過十萬册。

1991年,與呂紹綱、呂文郁合作撰寫的《孔子新傳》由湖南出版社出版。該年6月9日(農曆四月二十七日),是先生九十歲生日。吉林大學召開了"慶祝金景芳教授九十華誕暨執教七十周年大會"。吉林大學出版社爲此出版了先生的第二本論文集《金景芳古史論集》。

1992年5月,先生去北京參加第三次全國古籍整理出版規劃會議,被聘請爲國家古籍整理出版規劃小組顧問。先生和全體與會代表一起討論了國家古籍整理出版規劃，並就古籍整理研究工作中的傾向性問題提出了自己的意見。先生是這次會議中年齡最大的與會代表。會議進行期間，適逢先生 91 歲生日，會議組織者知道了，決定爲先生祝壽。那天中午，由國務院古籍小組組長匡亞明主持，在香山飯店爲先生辦了一桌生日宴席，國務院古籍小組副組長周林、王子野、劉杲以及著名學者張岱年、胡厚宣、周紹良、馮其庸等都來作陪、祝賀。

1993 年，去北京參加美芝靈國際易學研究院成立大會，先生被聘請爲該院顧問。後來，美芝靈國際易學研究院更名爲東方國際易學研究院，先生仍任該院顧問。

1994 年，先生應邀前去北京參加"紀念孔子誕辰二千五百四十五年學術討論會暨國際儒學聯合會成立大會"，在會上被聘爲國際儒學聯合會顧問。在會議期間，黨和國家主要領導人接見了全體海外與會代表，先生和張岱年、蔡尚思作爲中國大陸與會者的代表有幸被接見，並合影留念。

1996 年，吉林大學召開"慶祝金景芳教授九五華誕暨執教七十五周年大會"，參加慶祝大會的有來自韓國等國家和地區的海外友人三十多位，還有中國孔子基金會、國家古籍小組、吉林省人大常委會、東方國際易學研究院、東北師範大學、吉林省社會科學聯合會等機構、團體的代表及先生的學生、同事和親朋好友共二百餘人。爲大會題辭或發來賀電、賀信的有：全國高校古委會秘書處，國際儒學聯合會秘書處，國家古籍小組組長、原吉林大學校長匡亞明，中國海峽兩岸關係協會會長汪道涵，國際儒學聯合會會長谷牧，常務副會長宮達非，臺灣著名學者吳大猷、嚴靈峰、周何，臺灣知名人士蔣緯國、孔德成，臺灣立法委員、歐洲文教基金會董事長朱高正，韓國孟子學會會長趙駿河，韓國忠南大學儒學研究所所長金吉洛，韓國嶺南大學教授洪瑀欽，中華孔子學會會長張岱年，中山大學教授李錦金，復旦大學教授鄒逸麟，蘭州大學教授趙儷生，吉林大學前黨委書記胡紹祖,正在外地開會的吉林大學校長劉中樹,西北大學名譽校長張豈之,清華大學教授、中國思想文化研究所所長錢遜等。

爲了慶祝先生的九十五歲生日,吉林文史出版社出版了《金景芳教授九五誕辰紀念文集》。遼寧古籍出版社出版了先生與呂紹綱合著的《〈尚書・虞夏書〉新解》。

1998年5月,東北師範大學出版社爲先生出版了論文集《知止老人論學》。同年10月,遼海出版社出版了先生的最後一部著作《〈周易・繫辭傳〉新編詳解》。

1999年11月,先生因夜間去衛生間跌傷,住進當時的白求恩醫科大學幹部病房治療。

2001年5月1日,著名歷史學家、文獻學家金景芳先生不幸病逝,享年九十九歲。

從1978年起,先生共指導並獲得學位的碩士研究生十六名,博士研究生二十三名,先後出版文集和專著十六種。其中《中國奴隸社會史》獲國家教委第一次社會科學科研成果二等獎,另與《學易四種》共同獲得吉林省社會科學優秀成果特別獎。《周易全解》獲國家教委優秀學術著作獎、光明杯優秀哲學社會科學學術著作獎、吉林省圖書一等獎。發表的學術論文一百餘篇。

二

《古史論集》和《金景芳古史論集》是先生公開出版的兩部最重要的論文集。第一部論文集共收集先生在"文革"前自1955年至1963年發表的學術論文六篇,"文革"後自1977年至1981年發表的學術論文十七篇,附錄一篇,共計二十四篇。第二部論文集共選收先生自1982年至1991年十年間發表的學術論文二十篇。兩部論文集堪稱先生學術文集的姊妹篇。這兩部文集涉及的研究領域非常廣闊，充分顯示了先生從事古史研究的開闊視野和深厚功力。

先生早年讀書，遍及經史百家。就讀於復性書院時，先生集中精力研讀清人的經學著作，並撰寫了《春秋釋要》一文，深受復性書院主講馬一浮先生贊許。執教於東北大學時，先生爲中文系學生講授經學課程，並在東北大學《志林》學刊上發表了《研治經學的方法》等論文。可見先生早年的學術興趣主要在經學。調入東北人民大學歷史系之後，先生爲適應教學和科研工作的需要，系統地學習了馬克思主義理論知識，同時又充分發揮自己熟悉先秦典籍的優長，從而開始了對中國古代社會、古代的典章制度和古代思想文化的深入研究，並不斷開拓新的研究領域，很快成爲蜚聲中外的歷史學家。清人張之洞説："由經學入史學者，其史學可信。"①先生走過的治學道路，正是"由經學入史學"之路。先生的古史研究雖然起步較晚，但起點很高，初登史學論壇便充分顯示了先生的學術實力。現將先生的主要學術成就概述如下：

一、史學理論研究

先生在自己的史學研究實踐中深刻體會到：理論工作者必須認真學習馬克思主義理論，必須努力掌握馬克思主義的基本原理，深刻領會馬克思主義的精神實質，而不能僅在詞句上下工夫。作爲史學工作者，必須用馬克思主義理論武裝自己，用馬克思主義理論去指導史學研究。先生的史學研究能夠取得豐碩成果，特別是在史學理論研究上作出重大貢獻，直接得益於馬克思主義理論學習。先生在史學理論研究上的重要貢獻主要有以下三個方面：

（1）關於中國古史分期問題。這個問題是建國以來史學界爭論最多的問題之一。爭論的最大焦點是中國奴隸社會向封建社會轉變的時間問題。上個世紀五十年代初，史學界曾召開過全國規

---

① 　張之洞：《書目答問·國朝著述家姓名略》。

模的古史分期問題學術討論會,很多著名的史學家都參加了當時
的大論戰。《歷史研究》編輯部先後編輯了《中國的奴隸制與封建
制分期問題論文選集》①和《中國古代史分期問題討論集》。② 後來
關於古史分期問題的討論一度中斷,原因是毛澤東曾公開表示贊
同郭沫若的古史分期説。一時間,古史分期問題幾成定論。郭沫
若的古史分期説被當作官方認可的學術觀點寫進了各種歷史教科
書,原先積極參加討論的多數學者衹能三緘其口。先生没有參加
上個世紀五十年代古史分期問題的論戰。在 1962 年出版的《中國
奴隸社會的幾個問題》一書中,先生已經概括地闡述了關於古史分
期問題的基本意見。1979 年,《歷史研究》雜志在第 2、3 兩期連載
了先生題爲《中國古代史分期商榷》③的文章。先生在這篇文章中
首次對郭沫若的古史分期説公開提出批評,並系統地論述了自己
對古史分期問題的意見。先生對中國奴隸社會和封建社會的特徵
作如下概括:"中國奴隸社會的經濟基礎主要是井田制,即土地公
有,而中國封建社會的經濟基礎則是土地私有制;中國奴隸社會的
政治制度是分封制,而中國封建社會的政治制度則爲郡縣制;中國
奴隸社會的意識形態主要是禮治,而中國封建社會的意識形態則
主要是法治。所以,中國奴隸社會向封建社會的轉變,從經濟基礎
和上層建築來説,實際上就是從井田制、分封制和禮治向土地私有
制、郡縣制和法治的轉變。"④先生認爲,中國奴隸社會應以夏啓殺
益奪權、建立夏朝爲開端,戰國時代是中國奴隸社會向封建社會轉
變的過渡時期,中國的封建制度全面確立是由秦始皇統一六國完
成的。先生的這種分期意見被學術界稱爲"秦統一封建説"。這篇
文章在史學界引起很大反響。有人戲稱這篇論文在史學界引起

---

① 三聯書店,1956 年 6 月出版。
② 三聯書店,1957 年 7 月出版。
③ 該文分上、下兩篇,均收入《古史論集》中。
④ 《中國古代史分期商榷》下,《古史論集》第 47 頁。

"一場大地震"。之後,先生又在《社會科學戰綫》1985 年第 1 期發表了題爲《馬克思主義關於奴隸制社會的科學概念與中國古代史分期》①的文章,對古史分期問題討論中的一些錯誤觀點提出了批評意見。先生認爲,由原始社會進入奴隸社會,應以國家的產生爲標誌。私有制和階級的出現是階級社會產生的原因,而不是標誌。現在看來,當年關於古史分期問題的討論總體上説有其歷史的局限,但金先生的古史分期説在當時的史學界的確曾產生廣泛的影響。

　　(2)關於原始社會向奴隸社會過渡的問題。由原始社會向階級社會的轉變,其間必然要經歷一個漫長的過渡時期。中國是怎樣由原始社會過渡到階級社會的? 這一過渡時期從何時開始? 又到何時完成? 在以往的史學研究中,很少有人對此進行過系統論述。先生認爲這是研究中國古代史無法迴避的重要課題。先生在着手撰寫《中國奴隸社會史》時,遇到的第一個難題也就是這個過渡時期的問題。1977 年,先生發表了《談談中國由原始社會向奴隸社會過渡的問題》,②先生認爲:中國由原始社會向奴隸社會轉變是由夏后啓殺益奪權開始的。夏、商、周雖然都是奴隸社會,但夏代與商、周兩代是有差別的,夏代具有由原始社會向奴隸社會過渡的性質。當時蘭州大學的劉文英先生看過這篇文章後,寫了一篇與先生商榷的文章,寄給了《吉林大學社會科學學報》編輯部。先生讀後,建議《吉林大學學報》發表劉文英先生的文章,同時又寫了一篇《關於中國原始社會向奴隸社會過渡問題的討論——答劉文英同志》,與劉文英的文章一同發表。③ 先生在這篇文章中重申

---

① 該文後來收進《金景芳古史論集》中。

② 原載於《理論學習》(後更名爲《吉林大學社會科學學報》)1977 年第 11、12 期合刊,《光明日報》1978 年 2 月 1 日轉載了這篇文章。該文後來收進《古史論集》中。

③ 兩文均載於《吉林大學社會科學》1978 年第 5 至 6 期,先生的文章後收進《古史論集》中。

了自己的觀點，並就劉文英文章提到的一些具體問題作了進一步探討、商榷，從而使過渡時期這一問題的研究進一步深化。先生指出，由無階級的社會向階級社會的轉變，不同於階級社會內部的一種社會形態向另一種社會形態的轉變。它勢必要經歷一個相當漫長的過渡時期，這個過渡時期由國家部分出現開始，到國家完全形成爲止。在過渡時期內以氏族爲基礎的社會和以領土爲基礎的國家並存；經過若干世紀變革，才逐步由後者完全取代了前者。古代典籍中記載夏代有伯明氏、豢龍氏、有窮氏、有鬲氏、昆吾氏等等，正是夏代還大量存在氏族制度的證明，因此不能說夏朝的建立是過渡時期完成的標誌。

（3）關於中國奴隸社會的階級和階級鬥爭問題。關於中國奴隸社會的階級和階級鬥爭問題的精闢論述，是先生在古代史研究中的重大理論創見之一。先生根據馬克思、恩格斯和列寧的有關論述，結合中國奴隸社會的歷史實際，明確指出，奴隸社會的階級是等級的階級，而資本主義社會的階級是非等級的階級。因此，資本主義社會的階級鬥爭表現爲兩大對立階級的公開對抗。一些史學家在研究奴隸社會階級鬥爭問題時，總是套搬資本主義社會階級鬥爭的公式。實際上，在奴隸社會，不存在用勝利的奴隸起義來消滅奴隸制的事情。中國的奴隸社會與希臘、羅馬不同。中國古代的奴隸制是家庭奴隸制，不存在大規模的奴隸勞動，因而不可能出現足以推翻奴隸主階級的大規模奴隸起義。長期以來，史學界流行一種錯誤觀點，即認爲奴隸革命把奴隸主消滅了；把奴隸主剝削勞動者的形式廢除了。先生研究了這種錯誤觀點的來源，發現提出這種錯誤觀點的是斯大林。後來前蘇聯經濟學家列昂節夫在一本普及讀物中對斯大林的觀點加以引用，遂在中國廣泛傳播。此後相當長的時期內，這種違背馬克思主義的錯誤觀點竟被當作金科玉律。先生率先對此提出質疑，於 1980 年在《中國社會科學》

第 3 期發表了題爲《論中奴隸社會的階級和階級鬥争》①一文,對上述觀點進行了尖鋭的批判,在理論界起到了正本清源的作用。

二、古代典章制度研究

先生在中國古代典章制度研究方面成就最突出、在史學界影響最大的是關於宗法制度的研究和井田制度的研究。

(1)宗法問題在先秦史研究中占有重要地位。古今許多學者都論述過宗法制度,但大都不得要領。與宗法制度相關的很多重要問題長時間未能解決。先生 1956 年在《東北人民大學人文科學學報》第 2 期發表了《論宗法制度》②一文。這篇論文用馬克思主義的"兩種生産"理論來解釋宗法制度。認爲宗法制度産生於周代,是在階級關係充分發展的歷史條件下,統治者對血緣關係進行的改造、限制和利用,目的是隔斷血緣關係對天子、諸侯之君權的干擾,同時發揮宗族對君權的捍衛和屏蔽作用。這就抓住了問題的要害,道破了宗法的本質,關鍵問題解決了,與此相關的一系列問題也就迎刃而解。例如,宗統與君統的區別與聯繫;爲什麽大宗百世不遷,而小宗五世則遷;宗法制與周代分封制、嫡長子繼承制有何關係;宗法制實行的範圍和起止的時代等等。這些問題前人花費很多心血都未能論述清楚,而先生卻舉重若輕,把這些紛紜複雜、長期争論不休的問題解釋得一清二楚。《論宗法制度》一文充分顯示了先生在史學研究方面的雄厚功底和真知灼見。先生是以《論宗法制度》一文爲起點正式步入史學論壇的。先生在史學論壇上甫一亮相,便引起學術界的廣泛注意。因爲《論宗法制度》一文在古代史研究的重大難點問題上取得了突破性進展,廓清了史學界長期流行的一些錯誤觀點。

(2)井田制度是先秦史研究中的重要課題。因爲井田制度實

---

① 該文後收進《古史論集》中。
② 見《古史論集》,第 111~141 頁。

質上涉及中國奴隸社會土地所有制問題,是中國奴隸社會賴以存在和發展的根本問題。對井田制度缺乏瞭解,研究中國奴隸社會的歷史就無從着手。20 世紀初,學術界曾就井田制度展開激烈的爭論。當時很多學者都否定井田制度的存在,有的學者雖然承認井田制度的存在,但卻對井田制度的具體形態作了錯誤的解釋。先生在《歷史研究》雜志 1965 年第 4 期發表了《井田制度的發生和發展》一文。《中國古代史分期商榷》也有專節深入討論井田制度問題。1981 年,《吉林大學社會科學學報》分四期連載了先生的《論井田制度》的長文。① 先生認爲,井田制實際上就是馬克思和恩格斯所論述的農業公社或馬爾克的土地制度在中國的具體表現形式。井田制度的本質特徵就在於把土地分配給單個家庭並定期重新分配。胡適戲稱井田爲"豆腐乾塊",其意在否定井田的存在。"豆腐乾塊"雖非莊語,但卻恰當地道出了井田的最大特點。古代耕地之所以要劃分爲"豆腐乾塊",與歐洲的"棋盤狀耕地"或"大小相等的狹長帶狀地塊"一樣,都是爲了便於把這些耕地分配給單個家庭並定期重新分配。這種制度的實行不是出於某種政治的需要或某個大人物的設想,是由當時的生產力水平決定的,是歷史發展的必然。先生認爲,中國井田制度從夏初開始實行,經商代到西周,井田制達到充分發展。春秋時期井田制開始瓦解,到戰國時期井田制出現全面崩潰的趨勢。至秦統一中國,井田制在全國範圍內被土地私有制取代。因此,井田制與奴隸社會相始終,是中國奴隸制時代的土地制度。先生以大量歷史事實批駁了否定井田制存在的錯誤觀點。《論井田制度》對於和井田制密切相關的一些問題,諸如:國與野,國人與野人,公田與私田,畎畝、南畝、東畝、井田法、溝洫法、貢、助、徹,"五十"、"七十"、"百畝"、"九一"、"什一",圭

---

① 1982 年,齊魯書社出版了《論井田制度》的單行本,因此《古史論集》中未收這篇文章。

田、餘夫、耦耕、籍田等等,都進行了深入的研究和考證。對於井田制發展過程中出現的一些重要問題,諸如隸農、作爰田、作州兵、初稅畝、作丘甲、爲田洫、作丘賦、用田賦、賣宅圃、相地而衰征、書社等等,也都作了全面、細緻的論述,解決了一些長期爭論不休的重要問題。

三、孔子研究

　　孔子是中國古代偉大的思想家和教育家,他的思想對中華民族乃至全人類都有極其深遠的影響。先生對孔子的研究曾下過大力氣。"文革"期間,因先生曾研究孔子而被稱爲"孔教徒"。除《孔子新傳》外,先生研究孔學的文章有二十餘篇。其中比較重要的有:《論孔子學説的仁和禮》[1]、《關於孔子研究的方法論問題》[2]、《孔子思想述略》[3]、《孔子對〈周易〉的偉大貢獻》[4]、《孔子所説的仁義有没有超時代意義?》[5]、《論孔子思想的兩個核心》[6]、《孔子的天道觀與人性論》[7]、《孔子的這一份珍貴遺産——六經》[8]、《關於孔子及其思想的評價問題》[9]、《論孔子的仁説及其相關問題》等等。先生曾説:"中國之有孔子,毋寧説,是中華民族的光榮。"[10]先生認爲,孔子思想並不是孔子個人的思想。孔子是中國傳統思想文化的集大成者。孔子"信而好古",他"祖述堯舜,憲章文武",中國古代全部優秀的思想文化都經孔子繼承並發揚光大。孔子在研究、

---

[1]　《吉林大學學報》(社科版)1962 年第 2 期。
[2]　見《古史論集》。
[3]　載於《中國哲學史》1996 年第 1、2 期合刊。
[4]　載於《哲學研究》1995 年第 3 期。
[5]　《孔子思想述略》,見《古史論集》第 309 頁。
[6]　同上。
[7]　同上。
[8]　同上。
[9]　同上。
[10]　同上。

整理和傳播古代思想文化方面有偉大貢獻。"六經"就是孔子留給
後人的珍貴遺産。研究孔子思想必須研究"六經",而不能僅依據
《論語》。"六經"中的《周易》與《春秋》對研究孔子思想尤爲重要。
先生認爲孔子學説有兩個核心,一個是"時",一個是"仁義"。由
"時"派生出"中",由"仁義"派生出"禮"。"時"是更基本的,表現孔
子的宇宙觀;"仁義"則是從屬的,表現孔子的歷史觀。孔子所説的
"仁義"既有時代性,又有超時代的意義,在今天甚至將來仍有其存
在的價值。先生認爲孔子的世界觀和人生觀是正確的,應該説基
本上是唯物的、辯證的。今日欲弘揚中國的傳統思想文化,應當很
好地繼承孔子的這筆精神財富。孔子的政治思想有其保守的一
面,因而每當社會面臨重大變革時,孔子及其學説往往遭到激烈批
判,這是必然的。孔子強調倫理道德,強調社會秩序的穩定,因此
每當革命風暴過後或動盪局面結束,統治者總要搬出孔子,宣傳孔
子的學説,用以維護自己的統治。一般説來,孔子思想適用於"治"
世而不適用於"亂"世。歷史的發展總是一"亂"一"治",因而孔子
及其學説的歷史命運就是這樣:不斷地被批判,又不斷地被尊崇,
這恰好反映了不同歷史時代不同的政治需求。先生特別強調,在
孔子研究中,應當把孔學與儒學嚴格地區別開來,孔學是指研究孔
子及其思想學説的學問,而儒學主要是指漢儒之學和宋儒之學。
漢儒和宋儒雖然打的都是孔子的旗號,實際上他們所傳承的多半
是孔子學説中的糟粕。因此,絶不能把孔學和儒學混爲一談。此
問題先生在《孔子新傳·序》中有詳細的論述。

四、中國古代思想文化研究

中國古代思想文化研究是先生學術研究的重要領域,也是先
生取得學術成果最多的研究領域。1996 年,著名學者、西北大學
名譽校長、清華大學中國思想文化研究所教授張豈之先生寫了一
篇題爲《金老與中國思想史研究》的文章,被編入《金景芳教授九五

誕辰紀念文集》①中。張豈之教授在文章中指出：金老在中國古代
思想史研究方面有三個顯著特點。第一，金老很注意文獻學研究
與思想史研究的結合。前人從事中國文化學術研究的，没有不在
文獻學上下功夫的。但前人研究文獻，往往過於偏重訓詁考據，而
忽視了文獻的思想内涵。金老在學術研究上力戒漢學與宋學的偏
頗，兼取二者之長，將文獻學的研究與思想文化的探討融爲一體，
從而提出許多新的見解。第二，金老注重經學研究與思想史研究
相結合。如果不研究經學，而要求在思想史研究中取得重大成果，
那是不可能的。金老能把經學研究與思想史研究融爲一體，使我
們從經中看到古代思想的淵源，又從古代思想文化中看到經的學
術價值。第三，金老善於把中國思想史的研究與中國社會史的研
究密切結合。張豈之先生指出：在歷史上，任何一種有體系的思想
理論都是植根於一定的社會歷史土壤。因此，思想史研究的難點
就是科學地揭示歷史演變和邏輯演變的一致性。張教授説："金老
在中國社會史研究中，是做出了很大成績的。他的《中國奴隸社會
的階級結構》、《中國古代史分期商榷》、《論井田制度》、《馬克思主
義關於奴隸制的科學概念與中國古代史分期》等論文，實際上構成
了金老關於中國古代社會史理論體系的基礎。而金老關於中國古
代思想史和經學史的若干觀點都與他的社會史觀點密切聯繫着，
形成了一個整體。金老的研究成果充分顯示他是一位有系統的社
會史理論的古史專家、古文獻學家和思想史家。"張豈之教授的論
述可以説是對金老關於中國古代思想文化研究的成就和特點所做
最精確、最全面的概括。先生有關中國古代思想文化方面的論文
有三十多篇，其中比較重要的有：《也談關於老子哲學的兩個問

───────────

① 吉林文史出版社，1996 年 4 月出版。

題》①、《關於荀子的幾個問題》②、《關於馬王堆一號漢墓帛畫的名
稱問題》③、《商文化起源於我國北方説》④、《中國古代思想的淵
源》、《經學與史學》、《談禮》、《論天和人的關係》⑤、《論中國傳統文
化》等⑥，這些文章發表後都在學術界產生很大反響。如《關於馬
王堆一號漢墓帛畫的名稱問題》一文，先生根據《周禮》等典籍的記
載，指出馬王堆出土的所謂帛畫，實際上是古代的一種旗幟，應當
稱作"銘旌"，糾正了當時一些權威歷史學家、考古學家的錯誤結
論。在《商文化起源於我國北方説》一文中，先生依據大量的文獻
記載和考古資料，提出商人祖先昭明所居的砥石即今内蒙古昭烏
達盟克什克騰旗的白岔山，而昭明之父契所居的番即燕亳，今遼
寧、吉林兩省都出土不少先商和商代文物，證明商文化起源於我國
北方，這一新説受到學術界的重視，其後有不少學者都撰文對先生
的商文化起源於我國北方説表示贊同，有的學者還提出不少新的
證據對此説加以補充。

五、《周易》研究

先生是國内外著名的易學專家。早在 20 世紀二十年代，先生
就開始鑽研《周易》，自稱"讀《易》成癖"。然而《周易》是一部奇特
之書，先生當時雖然讀了許多研究或注釋《周易》的書，但有些問題
一直弄不清楚。《易通》一書是先生嘗試用馬克思主義理論指導易
學研究的開山之作。解放後，先生陸續發表了《易論》上、《易論》
下、《説易》⑦、《關於〈周易〉的作者問題》等研究易學的論文二十餘

---

①　《古史論集》。

②　見《金景芳古史論集》。

③　同上。

④　同上。

⑤　見《金景芳晚年自選集》。

⑥　見《知止老人論學》。

⑦　見《學易四種》。

篇。上個世紀八十年代,先生連續出版了《學易四種》、《周易講座》、《周易全解》等易學著作。晚年,先生又出版了《〈周易·繫辭傳〉新編詳解》一書。先生在七十多年的易學研究中,形成了獨特的易學思想體系,對《周易》的研究作出了重大貢獻。先生的易學思想可以簡要地概括爲以下幾點:(1)《周易》是蘊含豐富、思想深刻的古代哲學著作。它産生於原始宗教,卜筮衹是它的外殼,哲學才是它的本質。(2)漢人在易學研究中搞"象數學",宋人在易學研究中搞"圖書學",清人又回頭搞漢易,把易學研究引嚮了歧路,這是應當徹底批判的。由孔子奠基,由王弼、程頤發揚的義理派的易學觀點和方法是應該加以繼承的。(3)《易傳》是解釋《易經》的,没有《易傳》,後人就無法理解《易經》。《易經》與《易傳》産生的時代不同,但兩者的思想是一致的。(4)孔子對《周易》有偉大的貢獻,《易傳》基本上是孔子所作,孔子通過《易傳》對《周易》所蘊含的思想進行了全面深入的闡發。(5)《周易》六十四卦的排列結構包含着深刻的思想内容。《繫辭》説:"《乾》、《坤》其《易》之緼耶!"又説:"《乾》、《坤》其《易》之門耶!"表明《乾》、《坤》兩卦在六十四卦中有特别重要的地位。其餘各卦都是《乾》《坤》兩卦的發展和變化。六十四卦以《既濟》、《未濟》兩卦結尾,也含有深義。從《乾》、《坤》到《既濟》、《未濟》,表示事物發展的全過程,《序卦》云:"物不可窮也,故受之以《未濟》終焉。"這反映了《周易》作者深刻的辯證法思想。(6)殷易《歸藏》(又名《坤乾》)首《坤》次《乾》,《周易》首《乾》次《坤》,反映殷周兩代思想觀念和政治制度的重大區别。首《坤》次《乾》,反映"殷道親親",表明殷代氏族社會殘餘較多,重視血緣關係;首《乾》次《坤》,反映"周道尊尊",表明周代政治統治已居於主導地位,更重視階級關係。《周易》一書實際上是用辯證法理論寫成的。《周易》的作者雖然並不知道什麽是辯證法,可是他創作的《周易》卻無意中與辯證法暗合。先生認爲《周易》的作者不是自覺地而是自發地表達了辯證法思想。著名哲學家高清海教授在爲

《〈周易·繫辭傳〉新編詳解》一書所寫的《序》中對金老在易學和中國傳統文化研究方面作出的重要貢獻給予高度評價："中國作爲古老文明的大國,賦有豐富的辯證法思想傳統。我們不能不承認,對於這方面的思想資源過去我們開掘得很不夠。這裏的原因有多方面,其中'思想障礙'不能不認爲是一個重要的因素。我們往往局限於辯證法、哲學的名稱、詞語而遮蔽了它的特有内容和實質,對《周易》的認識狀況就説明了這點。我認爲金景芳先生以辯證法解《易》是作了一件極爲重要的開拓性工作,它定會在未來的思想史上結出豐厚的碩果。"

六、先秦古籍考辨、研究

先生熟諳中國古代文化典籍,是著名的文獻學家。對古籍的考辨、研究是先生學術研究的重要組成部分。先秦典籍中的群經、諸子及歷史著作先生都曾下過苦功,其中在儒家經典上所下工夫最多,取得的成就也最大。先生考辨、研究古籍的著作共六種,文章二十餘篇,其中研究《周易》的論著所占比重最大。先生在這些論著中,既有對某種先秦典籍編纂背景的分析介紹,如對《尚書》中《堯典》和《禹貢》的研究;也有對某一典籍思想底蘊的深入系統的闡釋,如對《周易·繫辭傳》的研究;還有對這些典籍中某些關鍵問題的詳細考證,如先生在《釋"二南"、"初吉"、"三浍"、"麟止"》一文中的精彩辨析,以及對《易傳》中因錯簡、缺文、誤增、誤改、移入等造成的多處訛誤的考證,都極富創見,能發前人所未發,這些都充分顯示了先生在古籍研究和考辨方面的深厚功力。

金景芳教授《論井田制度》一書評介

呂文郁

井田制度是先秦史研究中的重要課題。在最近幾年出版的有關井田制度的著述中,金景芳教授的《論井田制度》一書(齊魯書社1982年出版)是內容精粹而又頗具特色的一部。

金教授以馬克思主義爲指導,從中國古代歷史文獻和考古資料中有關井田制度的大量記載出發,系統地闡述了中國古代井田制度的基本內容,考察了井田制度發生、發展和滅亡的歷史過程,批判了胡適等人否定井田制度存在以及其他一些史學家歪曲或誤解井田制度的錯誤觀點。這本書文字雖然不多,但卻涉及了與井田制有關的幾乎所有重要問題,在井田制度的研究上取得了重大成果。

金先生認爲,井田制實際上就是馬克思和恩格斯所論述的農村公社或馬爾克的土地制度在中國的具體表現形式。井田制度的本質特徵就在於把土地分配給單個家庭並定期重新分配。胡適戲稱井田爲"豆腐乾塊",其意在否定井田的存在。"豆腐乾塊"雖非莊語,但卻恰當地道出了井田的最大特點。古代耕地之所以要劃分爲"豆腐乾塊",與歐洲的"棋盤狀耕地"或"大小相等的狹長帶狀地塊"一樣,都是爲了便於把這些耕地分配給單個家庭並定期重新分配。這種制度的實行不是出於某種政治的需要或某個大人物的設想,而是由當時的生產力水平決定的,是歷史發展的必然。

金先生認爲,中國井田制度從夏初開始實行,經商代到西周,井田制達到充分發展。春秋時期井田制開始瓦解,到戰國時期井田制出現全面崩潰的趨勢。至秦統一中國,井田制在全國範圍内被土地私有制取代。因此,井田制與奴隸社會相始終,是中國奴隸制時代的土地制度。

金教授在《論井田制度》一書中,對於和井田制密切相關的一些問題,諸如:國與野,國人與野人,公田與私田,畎畝、南畝、東畝,井田法、溝洫法,貢、助、徹,"五十"、"七十"、"百畝","九一"、"什一",圭田、餘夫,耦耕,籍田等等,都進行了深入的研究和考證。對於井田制發展過程中出現的一些重要問題,諸如隸農,作爰田,作州兵,初稅畝,作丘甲,爲田洫,作丘賦,用田賦,賣宅圃,相地而衰征,書社等等,也都作了全面、細緻的論述,解決了一些長期爭論不休的重要問題。

《論井田制度》一書的主要特點如下:

(一)不宥舊説,勇於創新。中國文化悠久,古籍汗漫。這些古籍記載着數千年前的典章制度和歷史事實。後來的研究者各執一端,在很多問題上產生分歧,造成混亂,這並不奇怪。作爲一個馬克思主義史學工作者,應當批判地繼承前人的研究成果,同時又必須超越前人,這樣才能在史學研究中取得新的成果。金先生的《論井田制度》一書新意屢見,創獲頗多,在不少問題上發前人所未發。例如"周人百畝而徹"的"徹"字,歷來衆説紛紜,或望文生義,或牽強附會,都不得要領。金先生則指出,"徹"就是車轍的轍,引《説文》段注"古有徹無轍"和徐鉉對《説文》新附的"轍"字注"本通作徹,後人所加",證明古無"轍"字,"徹"就是轍。轍的本意是車迹。夏人用貢法,商人用助法。周監於二代,於國中用貢法,於野中用助法,貢助兼用,有如車有兩輪、轍有雙軌,故取名爲轍。金先生指出,周人在很多方面都兼用夏商兩代的典章制度。如周人兼用明器、祭器,兼用饗禮、食禮等等。兼用貢、助,這是"周監於二代"的例證之一。這樣來解釋"周人百畝而徹"的"徹"字,不僅可以從周代的大量史實中得到印證,而且《孟子·滕文公上》所説的"徹者徹也"這句話的確切含義也就可以得到恰當的解釋了。又如孟子所説的"夏后氏五十而貢,殷人七十而助,周人百畝而徹"這段話,爲什麽夏后氏五十,殷人七十,周人百畝? 自東漢以來,注家解説分歧很大。有的用三代人口多寡不同來解釋,有的用三代尺寸長短不同來解釋,也有的用夏商周三代政之繁簡不同來解釋,還有的認爲"五十"、"七十"、"一百"都是儒家常用的整數,並非實際畝數,等等。這些解釋都没有説到問題的本質。金先生用歷史唯物主義來分析這一問題,指出從夏到周,一夫耕田的畝數遞增,一方面是因爲生産力水平不斷提高,另一方面是因爲從夏到周農産品在食物中所占的比重越來越大。這樣的解釋就比前人站得高,看得遠,也更符合實際。此外如對"籍田"、"耦耕"、"相地而衰征"等問題的論述,都富有創見,給人以很大啓發。

　　(二)駁誤辟謬,觀點鮮明。金先生做學問不迷信,不盲從,在是非問題上總是毫不含混。無論是誰,説得對就充分肯定,説得不全面就予以補充,説錯了就予以糾正。而對一些無根游談,影響惡劣的謬説,則徹底推翻,堅決批判,表現了金先生一貫主張的"説自己的話,走自己的路,不依草附木,隨波逐流"的理論勇氣。金先生在《論井田制度》這本書中,對鄭玄、趙岐、皇侃、賈公彦、孔穎達等學問大家以及清代的一些知名經學家、史學家都有所匡正。對郭沫若、范文瀾等有影響的馬克思主義史學家也敢於提出批評。例如郭沫若認爲井田"對諸侯百官來説是作爲奉禄的等級單位,對直接耕種者來説是作爲課驗勤惰的計算單位",在公田、私田問題上,郭老認爲"凡是屬於井田範圍内的土地都是公田",認爲在井田以外被開墾的土地就是"私田";還説"初税畝""雖然僅僅三個字,卻含有極其重大的社會變革的歷史意義"。郭老的這些見解在很長時期内成爲占統治地位的新學説。金先生尖鋭地指出:郭沫若同志的"井田兩層用意"説和"公田""私田"説純屬主觀臆測,没有任何史實根據。"初税畝"不過是"加賦",即在公田的勞役地租之外,又在私田中加收實物地租的辦法,並無什麼"重大的社會變革的歷史意義"。又如"籍田"問題。郭沫若等史學家把"籍田"説成一般性的公田,認爲"宣王即位不籍千畝"就是"放棄公田制","是井田制在王畿内開始崩潰的標誌",等等。這些説法在史學界流傳極廣。金先生依據古書的記載,對籍田的名稱、性質、種類、耕作的負責者、參加者和完成者都作了具體説明,同時對籍田的位置、畝數、耕作時間,生産物儲藏所,用途和意義等問題也都進行了詳細的闡述,以無可辯駁的事實證明,籍田不過是統治者勸農、教敬的一種禮節。把"不籍千畝"説成是廢棄公田,是井田制在王畿内開始崩潰的標誌,都是不能成立的。

　　(三)材料詳實,言出有徵。金先生主張研究古代史必須認真讀古書,讀書首先要弄懂原文的真實含義,不能逞臆穿鑿,更不能憑空想象。爲了證明自己的觀點,對古書斷章取義或任意曲解,絶不是嚴肅的史學工作者所應取的態度。金先生研究古代史中的任何問題,總是冷靜地考察大量的史料,也就是從歷史實際出發,重事實、重證據,從不輕下斷言。有的問題由於資料不足徵,則暫付闕如。有些問題則需要在浩如煙海的史料中爬羅剔抉,擇善而從,以便抓住要害,掌握問題的本質。金先生爲了搞清"耦耕"問題,徵引了《詩經・周頌・噫嘻》和《載芟》、《左傳》、《國語・吳語》、《廚禮・地官・里宰》、《禮記・月令》、《論語・微子》、《考工記・匠人》等古代典籍,並列舉了鄭玄、賈公彦的注疏以及現代人的解釋,然後再從"耦"字的字義入手,論證耦耕是由兩人組成的常年小組,目的是便於耕作並開展競賽。最後引用程瑤田《溝洫疆理小記・耦耕義述》作爲佐證,使人感到言出有據,鑿鑿可信。另如《詩經・小雅・信南山》中有"我疆我理,南東其畝"的詩句,前人對"南東其畝"的解釋歧義很大。金先生首先分析了《信南山》的詩意和中原一帶的地形特點,又聯繫了井田制的實際情況,然後列舉了范處義

《逸齋詩補傳》、胡承珙《毛詩後箋》、馬瑞辰《毛詩傳箋通釋》、程瑤田《疆理小記》等四種不同的説法，經過認真的研究比較，最後肯定並進一步補充了胡承珙的説法，從而使這一問題得到了較好的解決。

　　史學界對井田制度的研究還在繼續和深入。金景芳教授《論井田制度》一書所取得的重要成果，標誌着井田制的研究已經進入了新的發展階段。

（《歷史研究》1979 年第 2 期）

20 世紀中國史學的一面鏡子
——金景芳先生近著《知止老人論學》評介

常金倉

　　近年來,關於本世紀史學發展的綜述性著作已不一見之。在新舊世紀之交,試圖總結即將結束的世紀固然是很必要的,但是如果認真閱讀一下那些全部學術生涯與本世紀相始終的前輩著作,對於瞭解這個世紀曾經深刻影響了中國史學的思想,以及他們這代人在這些思想觀念面前的踟躕、徘徊、抉擇,也許比看一些提要式的綜述感覺更加深切。我讀去年 5 月由東北師範大學出版社出版的著名史學家金景芳先生的第三部論文集——《知止老人論學》,就感到其書仿佛是 20 世紀中國史學的一面鏡子。它反照出一百年來本國史學一波三折的發展歷程。這部論文集共收入作品二十三篇,幾乎都是改革開放以來的新作,金先生生於 1902 年,於今已是九十七歲高壽的老人,他雖然至今體魄康健,以學術事業為第二生命,日後或者還會有所制作,作為完整的論集,這可能是壓卷之作了。我不想逐篇介紹本論集的學術創見,因為他本人已在某些篇章如《創新與挑戰》中作了其他人難以替代的說明,我祗想說說包含在這些作品內部的學術立場及其與 20 世紀中國史學的關係,庶無愧於他一生的苦心追求。

　　本世紀中國史學影響至深的學術思想有哪些? 首先應提到的是乾嘉考據學。如果回憶一下與金先生相先後的著作家,其著作儘管已隨着學術條件的發展超出了單純的文獻考證,但基本手法,或者說他們賴以建立起自己學術地位的真正原因,恐怕相當大一部分仍没有離開考據學。這些著作直到今天仍被那些文獻修養先天不足的人贊不絕口，并且一有機會就引起重振乾嘉之學的騷動，這種情況祇要想想改革之初"回到乾嘉去"的口號以及不久前在弘揚傳統文化口號下出現的"國學"、"漢學"熱便一望而知。人所共知，考據學是在思想專制且與域外缺乏必要學術文化交往的環境下的產物，對於前代考據家來説，爲了追求歷史之真，他們除在傳世文獻中反復求證便没有其他辦法。考據家生活其中的社會雖已遠離我們，他們的學術思想卻始終支配着本世紀史學家的頭腦。金先生從成童時起便手不釋卷披閱古籍，積七、八十年之力，以他在文獻上達到的熟練程度和深邃的洞察能力，他更有資格成爲現代考據的名家，讀者祇須看看收在本論集中的《釋"二南"、"初吉"、"三淪"、"麟止"》、《關於長沙馬王堆一號漢墓帛畫的名稱問題》等篇便知上述評論不爲過譽。但我們如果通覽他的全部著作，就看出他的主要興趣或整體風格並不在考據方面。論集中收入一篇題名《〈尚書·盤庚〉新解》的片段，這是他與吕紹綱教授繼《周易全解》以後第二部古籍整理著作《尚書新解》中一篇節選。自八十年代中，金先生就有一個宏願，要把一生研讀古書的心得留給後世學人，使人們在治學基礎上少受支離破碎流俗之見的影響，端正對中國歷史的看法，此書共分四卷，目前第一卷《虞夏書新解》已於1996年由遼寧古籍出版社公世。注解古書，人們大抵篤信文字訓詁可"握六藝之鈐鍵，廓九流之潭奧"，但實踐證明，單純依靠文字訓詁，一味在形音義上轉圈，不僅不能正確理解古書，且常常別生歧義，如今在古史研究中這種望文生義，謬見雜交，自詡獨創的奇談怪説往往而見，真可謂"多一篇多一篇之損矣"。金先生深知考據訓詁的局限，故在《尚書新解》中雖不廢文字釋義，但更注重會通古籍，根據中國古代的文化精神解讀古書，力避單純考據帶來的一葉障目，頭腳顛倒之弊。

在這個世紀裏，運用歷史哲學、尤其是馬克思主義的唯物史觀指導和觀照中國歷史也是最矚目的學術現象。從三十年代起,中經新中國前三十年成爲中國史學的主流,直到今天仍然是不少人歷史思考的基本模式。金先生從三十年代後期起就接受了馬克思主義,成爲他解決古代歷史難題的銳利工具。在本世紀的前半期,人們對馬克思主義還缺乏通盤的理解,在這種情況下就應用於解釋中國歷史,不免出現簡單化、公式化、庸俗化的傾向,有人抹煞了世界歷史文化的豐富多樣性,把中國古代歷史寫成希臘、羅馬的翻版,有人無視中國歷史的實情,一味按照他們的公式讓中國對號入座。在眾多馬克思主義史學家中,金景芳先生是堅持從中國歷史實際出發、實事求是的學者。在教條主義盛行的年代,他有時不免遭受不公平對待,但是他從未屈從他人。收在本論集中的《中國古代史分期商榷》上下二篇集中反映了他與教條主義抗爭的精神。有人說"人類錯綜類別的情形正是人類史上種種騷擾的泉源",哪些東西是人類的共性,哪些東西是各民族的個性,歷史哲學在什麼意義上對歷史學發揮作用,仍然是擺在歷史學家面前的重大課題,金先生在馬克思主義史學研究中的實踐引起我們的沉思。

　　疑古思潮也是本世紀歷史研究中不可忽視的現象。今天,對於這一思潮產生的政治、文化背景缺乏切身感受的人們來說,這些著作的魅力無非是大量文獻的徵引排比和石破天驚式的結論,所以,如果我們翻翻近些年來的新著述,某某是"儒家的理想"、某某是"漢人的假證",某某是"劉歆的僞造"還常見於篇簡,在他們筆下中國文化是孔子之前無傳統。當代疑古思潮興起於清王朝既倒之後和"五四運動"爆發之際,孔子思想是統治了中國兩千年之久的意識形態,中間經過宋明理學的改造。已經成爲戕害人性的學說,清朝的滅亡也引起封建意識形態的危機,而破除封建思想沒有任何方法比否定它的真實性更加有效,所以我承認疑古運動是"五四"反封建的一翼,它在政治上的意義是不能低估的,但是它給史學帶來的創傷也是巨大的。金景芳先生親身經歷了疑古思潮最爲熾烈的時期,但是我們非但没有從他的著作中察覺任何在當時難以避免的疑古傾向,反而到處看到他堅決維護中國文化傳統的立場。例如收在本論集中的一篇文章題爲《中國古代思想的淵源》,作者把古代思想萌芽追溯到史前圖騰崇拜時代,對於篤信孔子之前中國文化無傳統、對於篤信金甲文外無信史的人們來説,這是不可思議的,可是隨着考古學的發展和學術研究的深入,越來越多的人開始放棄疑古的態度。於此我們試想,在上述種種學術思潮主宰了整個20世紀史學的形勢下,金景芳先生始終没有隨波逐流,保持卓然獨立,這不僅需要認識真理的智慧,而且需要堅持真理的勇氣。

這本論集也是瞭解和研究金景芳先生本人生平的極好材料。我讀過金先生的自傳多種,我感到收在本文集中的《我與中國20世紀》、《在我的歷史科學研究作品中所反映的史學觀》兩篇是胸臆最爲敞開的兩種,從這些自述式文字中,我們得知在中國歷史的關鍵時刻,在他本人命運的關鍵時刻他的所思、所想、所爲;從這些文字中,我們也得知他的某些作品的針對性,更有助於學者們在各家學説中有所比較,有所鑒別。這些文字把現代青年學人帶進一個爲他們很不熟悉的世界,在這個世界中曾對金先生產生過重要影響以及與他交往較多的學界名人,他們的事迹片段也展現在這裏了,這都是研究當代學術史和傳記作家感興趣的材料。

金先生一生在某些具體學術問題上常引他家之説展開論爭,但是對上述曾經支配本世紀中國史學的幾種力量卻很少作過正面評説,我願以此短文幫助讀者更好領會金先生的著作,也希望能對本世紀中國史學引起反思。

（《史學集刊》1999 年第 2 期）

《知止老人論學》中的金景芳先生

常金倉

　　近讀著名史學家金景芳先生的第三部論文集——《知止老人論學》,這部論文集共收入作品二十三篇,幾乎都是改革開放以來的新作。金先生生於 1902 年,於今已是九十六歲高壽的老人,他至今體魄康健,以學術事業爲第二生命,日後或者還會有所制作,但作爲完整的論集,這可能是壓卷之作了。包含在這些作品內部的學術立場及其與 20 世紀中國史學的關係,體現了他一生的苦心追求。

　　對本世紀中國史學影響至深的學術思想首先應該提到的就是乾嘉考據學。與金先生相先後的著作家,他們的著作儘管已隨着學術條件的發展超出了單純的文獻考證,但基本手法,或者説他們賴以建立起自己學術地位的真正原因,恐怕相當大的一部分仍没有離開考據學。這些著作直到今天仍被那些文獻修養先天不足的人贊不絕口,並且一有機會就引起重振乾嘉之學的騷動,如改革之初"回到乾嘉去"的口號以及不久前在弘揚傳統文化名義下出現的"國學"、"漢學"熱。人所共知,考據學是在思想專制且與域外缺乏必要學術文化交往的環境下的產物,對於前代考據家來説,爲了追求歷史之真,他們除了在傳世文獻中反復求證便没有其他的辦法。考據家生活其中的社會雖已遠離了我們,他們的學術思想卻始終支配着本世紀史學家的頭腦。金先生從成童時起便手不釋卷披閱古籍,積七、八十年之力,以他在文獻上達到的熟練程度和深邃的洞察能力，比起那些一知半解而欣欣然以考據自詡的人，他更有資格成爲現代考據的名家，收在本論集中的《釋"二南"、"初吉"、"三凔"、"麟止"》、《關於長沙馬王堆一號漢墓帛畫的名稱問題》等篇沒有扎實的功底是做不出來的。但如果通覽他的全部著作，我們就看出他的主要興趣或整體風格並不在考據方面。論集中收入一篇題名《〈尚書·盤庚〉新解》的片段，這是他與呂紹綱教授繼《周易新解》以後第二部古籍整理著作《尚書新解》中的一篇節選。自八十年代中，金先生就有一個宏願，他要把一生研讀古書的心得留給後世學人，使人們在治學基礎上少受支離破碎流俗之見的影響，端正對中國歷史的看法，此書共分四卷，目前第一卷《虞夏書新解》已於1996年由遼寧古籍出版社公世。注解古書，人們大抵篤信文字訓詁可"握六藝之鈐鍵，廓九流之潭奧"，但實踐證明，單純依靠文字訓詁，一味在形音義上轉圈，不僅不能正確理解古書，而且常常別生歧義，如今在古史研究中這種望文生義，謬見雜交，自詡獨創的奇談怪説往往而見，真可謂"多一篇多一篇之損矣"。金先生深知考據訓詁的局限，故在他的《尚書新解》中雖不廢文字釋義，但更注重會通古籍，根據中國古代的文化精神解讀古書，力避單純考據帶來的一葉障目，頭腳顛倒之弊，其書名去"注"存"解"就體現了這種學術的立場。

從三十年代起，中經新中國前三十年，馬克思主義的唯物史觀成爲中國史學的主流，直到今天仍然是不少人歷史思考的基本模式。金先生從三十年代後期起就接受了馬克思主義，成爲他解決古代歷史難題的銳利工具。在本世紀的前半期，當人們對馬克思主義還缺乏通盤理解的情況下，就將它應用於解釋中國歷史，不免出現簡單化、公式化、庸俗化的傾向，有人抹煞了世界歷史文化的豐富多樣性，把中國古代歷史寫成希臘、羅馬的翻版，有人無視中國歷史的實情，一味按照他們的公式讓中國對號入座。在衆多馬克思主義史學家中，金景芳先生是堅持從中國歷史實際出發、實事求是的學者。在教條主義盛行的年代,他的主張有時不免遭到壓抑,但是他不改其志。收在本論集中的《中國古代史分期商榷》上下二篇集中反映了他與教條主義抗爭的精神。有人説"人類錯綜類别的情形正是人類史上種種騷擾的泉源",哪些東西是人類的共性,哪些東西是各民族的個性,歷史哲學在什麼意義上對歷史學發揮作用,仍然是擺在歷史學家面前的重大課題,金先生在馬克思主義史學研究中的實踐引起我們的沉思。

疑古思潮也是本世紀歷史研究中不可忽視的現象。今天,對於這一思潮産生的政治、文化背景缺乏切身感受的人們來説,這些著作的魅力無非是大量文獻的徵引排比和出人意料的結論,所以,如果我們翻翻近些年來的新著述,某某是"儒家的理想"、某某是"漢人的假託"、某某是"劉歆的僞造"還常見於篇簡,在他們筆下中國文化是孔子之前無傳統。當代疑古思潮興起於清王朝既倒之後和"五四運動"爆發之際,孔子思想是統治了中國兩千年之久的意識形態,中間經過宋明理學的改造,已經成爲戕害人性的學説,清朝的滅亡也引起封建意識形態的危機,而破除封建思想没有任何方法比否定它的真實性更加有效,所以我承認疑古運動是"五四"反封建的一翼,它在政治上的意義是不能低估的,但是它給史學的發展也帶來不少消極影響。金景芳先生親身經歷了疑古思潮最爲熾烈的時期,但是我們非但没有從他的著作中察覺任何在當時難以避免的疑古傾向,反而到處看到他堅決維護中國文化傳統的立場。例如收在本論集中的一篇文章題爲《中國古代思想的淵源》,作者把古代思想萌芽追溯到史前圖騰崇拜時代,對於篤信孔子之前中國文化無傳統、對於篤信金甲文外無信史的人們來説,這是不可思議的,可是隨着考古學的發展和學術研究的深入,越來越多的人開始放棄疑古的態度。於此我們試想,在上述種種學術思潮主宰了整個 20 世紀史學的形勢下,金景芳先生始終没有隨波逐流,保持卓然獨立,這不僅需要認識真理的智慧,而且需要堅持真理的勇氣。

　　這本論集也是瞭解和研究金景芳先生本人生平的極好材料。我讀過金先生的自傳多種，我感到收在本文集中的《我與中國 20 世紀》、《在我的歷史科學研究作品中所反映的史學觀》兩篇是胸臆最爲敞開的兩種，從這些自述式文字中，我們得知在中國歷史的關鍵時刻，在他本人命運的關鍵時刻他的所思、所想、所爲；從這些文字中，我們也得知他的某些作品的針對性，更有助於學者們在各家學說中有所比較，有所鑒別。這些文字把現代青年學人帶進一個他們很不熟悉的世界，在這個世界中曾對金先生產生過重要影響以及與他交往較多的學界名人，他們的事迹片段也展現在這裏了，這都是研究當代學術史和傳記作家感興趣的材料。

（《中華讀書報》1999 年 2 月 24 日）

我的古史觀
——重讀金老名著《中國古代史分期商榷》

宮長爲

　　大家都知道，中國封建社會生産關係問題，實質上就是中國古史分期問題，通常指的是奴隸社會下限即奴隸社會與封建社會分期問題。在這方面，林甘泉先生等曾著有《中國古代史分期討論五十年》一書，對 1929 年至 1979 年間的討論，作了一個很好的總結。① 大體上來看，有西周封建説、春秋封建説、戰國封建説、秦統一封建説、西漢封建説、東漢封建説、魏晉封建説諸種，其中主要以西周封建説、戰國封建説和魏晉封建説三家爲代表，而且，似乎戰國封建説更居於主導地位。

　　但是，自 1979 年以後，將近二十年來，有關這方面的討論，雖説仍在繼續，卻勢頭已過。我們可以用兩句話來概括，叫做分歧依舊，日漸沉悶。對此，已經引起學者們的深刻反思。② 在我們看來，要進一步推動古史分期的討論，問題的關鍵在於不是簡單地同意或維護哪一派的立場、觀點，而是勇於打破以往的門派束縛，跳出僵化的條條框框，乃至於砸爛傳統的三家體系，用新的理論和方法，實事求是地探討古史分期的重大理論課題。

　　① 　林甘泉、田人隆、李祖德：《中國古代史分期討論五十年》，上海人民出版社，1982 年。
　　② 　張廣志、李學功《三代社會形態——中國無奴隸社會發展階段研究》，陝西師範大學出版社，2001 年。

一

　　從學術史上看，西周封建説、戰國封建説和魏晉封建説這三家體系，是在古史分期的討論中，敷陳立論，逐漸形成的。西周封建説者，三十年代由吕振羽先生首倡，四十年代便建立了自己的體系，主要代表人物有范文瀾、翦伯贊、吕振羽諸先生等；戰國封建説者，是以郭沫若先生爲主要代表，其説中經變動，五十年代基本上確立了自己的體系；魏晉封建説者，早在三四十年代便有人提出，祇是到了建國以後，才逐漸地形成了自己的體系。

　　建國以來，古史分期的討論，也主要圍繞着這二家的觀點而深入地展開的，這期間雖然也有其他學説與之相抗衡，但是，並没有引起人們的足够重視，更多的是從體系出發，再回到體系中去，三家瓜分了古史分期，正像幾何原理那樣，三點構成一個平面，達到三足而鼎立的局面。現在，我們説應該是徹底清算的時候了。

　　首先，我們看一下西周封建説，它主要是從直接生產者身份地位的變化入手，來確定西周社會性質的。這個體系的弊病，就是在相互爭辯中所暴露出來的五個重大問題：

　　一是，關於殷周之際社會更迭的性質；

　　二是，對西周生產力發展水平的估計；

　　三是，關於西周的分封制和宗法制；

　　四是，關於西周的土地所有制形態；

　　五是，關於西周主要生產者的身份。

　　其次，我們再看一下戰國封建説，它是在研究直接生產者身份地位的同時，還從生產力（主要從鐵制生產工具）着眼，認爲西周和春秋的生產工具，主要是青銅器，祇能是奴隸制時代；祇有到了戰國，由於鐵器得到推廣，才進入封建社會。這個體系的弊病，關鍵是三個方面：

一是，關於井田制度問題；

二是，"初稅畝"與所相關的賦稅制度問題；

三是，"公室"與"私門"以下克上的變革說問題。

第三，我們再看一下魏晉封建說，它主要是從世界史普遍規律來看，根據綜合年代學的比較研究，得出衹有在鐵器廣泛使用數百年之後，封建生產關係才能確立，同樣，這個體系也有它的弊病，表現在對兩漢社會性質的認識上，具體來說：

一是，意識形態上——儒家學說的階級性；

二是，生產關係上——奴隸數量的多寡和地位作用；

三是，階級鬥爭上——主要矛盾與表現形式。

這裏，我們需要指出的是，上述三家體系的出發點，應該說是不斷進取的，但是，他們的體系本身又扼制了這種進取的精神。體系一經確立，一切就都為體系服務了。

我們縱觀三家學說，不難看出他們的通病就在於理論上帶有公式化主義的傾向；方法上缺乏整體性的把握；態度上門派之間成見勝於借鑒。為此，我們有必要削去鼎之三足，打破平面格局，在前人研究的基礎上，重新學習，重新認識，這樣才能有所收穫，有所進步。

二

按照人類社會發展的一般規律，"在絕大多數國家裏，奴隸制發展成了農奴制。"①過去，人們在劃分奴隸社會與封建社會標準時，更多地依據斯大林所規定的模式，即：

在奴隸制度下，生產關係的基礎是奴隸主占有生產

① 《列寧選集》第4卷，人民出版社，1972年，第46頁。

資料和占有生産工作者,這生産工作者便是奴隸主所能
當作牲畜來買賣屠殺的奴隸。①

在封建制度下,生産關係的基礎是封建主占有生産
資料和不完全占有生産工作者,這生産工作者便是封建
主雖已不能屠殺,但仍可以買賣的農奴。②

其實,斯大林的這些話,大致講了奴隸社會與封建社會的生産
關係情形,每段的前半部分講的是兩種社會形態中的生産關係的
主要内容,即生産資料歸誰所有的問題,接着,後半部分講的是兩
種社會形態下生産工作者的地位不同。而我們的史學工作者在考
察中國古史分期問題時,很少顧及生産力,包括上層建築乃至意識
形態方面,主要地抓住了生産關係方面,甚至是拿直接生産者的地
位變化這一個點,就去斷社會性質的大案,結果可能出現很多問
題。諸如三家體系中,以直接生産工作者能否屠殺或買賣作爲依
據,來説明奴隸社會與封建社會,似乎有些過於牽強。列寧在《論
國家》一文中也曾指出:"奴隸主把奴隸當作自己的財産,法律把這
種觀點固定下來,認爲奴隸是一種完全被奴隸主占有的物品,農奴
制農民仍然遭受階級壓迫,處於依附地位,但農奴主——地主不能
把農民當作物品來占有了,而祇有權占有農民的勞動並強迫他擔
任某種勞役。"③列寧的這些話,基本上把奴隸與農奴的本質區別
講清楚了,如果過分拘於能否屠殺或買賣上,反而會把問題搞糊塗
了,因爲列寧也説過:"……農奴制,特別是在俄國維持得最久,表
現得最粗暴的農奴制,同奴隸制並沒有什麼區別。"④

誠然,斯大林對奴隸社會與封建社會的生産關係的分析,列寧

①　　斯大林《列寧主義問題》,人民出版社,1955 年,第 712 頁。
②　　同上,第 713 頁。
③　　《列寧選集》第 4 卷,人民出版社,1972 年,第 46 頁。
④　　同上。

對奴隸與農奴的本質區別論述,都是我們判斷古史分期的標準,或曰最主要的標準。因爲馬克思主義告訴我們所有制形態直接決定了生產關係的性質,而生產關係的性質又直接決定了一個社會的面貌。但是,我們在判別一個複雜的歷史過程時,僅僅依靠這個方面就顯得不够了,例如像中國的古史分期問題,上起西周下到魏晉南北朝,中間經歷了近千年的歷史,諸説種種,究竟從哪作爲奴隸社會與封建社會的分期呢? 問題就不好回答了。這裏,就提出了一個直接標準和間接標準的問題。所説的直接標準,就是前面所説的生產關係;所説的間接標準,就是社會結構,它指的是經濟結構、政治結構和意識形態結構。

在研究古史分期中,我們所依據的主要材料,大致可以分爲死材料和活材料兩個方面。死材料方面,又可以分爲地上和地下兩類,地上的主要指文獻記載;地下的主要指考古發掘的遺址、遺存;活材料方面,主要借鑒民族學實例。這兩個方面信息材料,輸入我們的大腦中是多寡不等的,如果我們在接收加工和處理中,祇用直接標準來衡量,就可能造成信息的遺漏,甚至中斷,這樣由此而得出的結論,必然和實際相差很遠,甚至是錯誤的。如果我們用間接標準來衡量,死的材料變成活的材料,無用的材料變成有用的材料,這種就可能得到大量的信息,由此進行嚴密的加工、處理,得出的結論,必然要縮短與實際的差距,更接近於事實。一句話,用直接的標準看問題,就是孤立的、片面的、形而上學的;用間接的標準看問題,就是全面的、客觀的,也是符合唯物辯證法規律的。

馬克思在《政治經濟學批判》一書序言中指出:

人們在自己生活的社會生產中發生一定的、必然的、不以他們的意志爲轉移的關係,即同他們的物質生產力的一定發展階段相適合的生產關係。這些生產關係的總和構成社會的經濟結構,即有法律的和政治的上層建築豎立其上並有一定的社會意識形式與之相適應的現實基礎。物質生活的生産方式制約着整個社會生活、政治生活和精神生活的過程。①

　　統治階級的思想在每一時代都是占統治地位的思想，這就是説，一個階級是社會上占統治地位的物質力量，同時也是社會上占統治地位的精神力量……占統治地位的思想不過是占統治地位的物質關係在觀念上的表現，不過是以思想的形式表現出來的占統治地位的物質關係，因而，這就是那些使某一個階級成爲統治階級的各種關係的表現，因而這也就是這個階級的統治的思想。②

這就明白不過地告訴我們，一個社會結構，是以"生産關係的總和構成的社會的經濟結構"爲基礎的，在它之上有政治結構和意識形態結構，這三者之間，首先是經濟結構制約着政治結構和意識形態結構，與此同時，政治結構和意識形態結構也作用影響着經濟結構，它們之間的關係，如圖1所示：

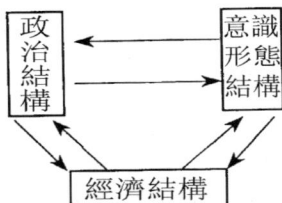

圖1　社會結構的三個子系統

　　按照系統論的觀點，社會結構的大系統便是由這三個系統所構成的，它們之間互相發生反饋作用，調節和控制整個大系統。我們在分析中國古代社會時，特別是劃分奴隸社會與封建社會時，就應該從這三個子系統着手進行研究和探索。

　　中國封建生産關係的成長到最終確立形成封建社會，是有一

① 《馬克思恩格斯選集》第2卷上，人民出版社，1972年，第82頁。
② 《馬克思恩格斯選集》第1卷上，人民出版社，1972年，第52頁。

個複雜的歷史發展過程的。馬克思説："一切發展,不管其内容如何,都可以看作一系列不同的發展階段,它們以一個否定另一個的方式彼此聯繫着。"①列寧也告訴我們説:"爲了解決社會科學問題,爲了真正獲得正確處理這個問題的本領而不被一大堆細節或各種爭執意見所迷惑,爲了用科學眼光觀察這個問題,最可靠、最必要、最重要的就是不要忘記基本的歷史聯繫,考察每個問題都要看某種現象在歷史上怎樣産生,在發展中經過了哪些主要階段,並根據它的這種發展去考察這一事物現在怎樣的。"②據此,我們認爲,從奴隸社會過渡到封建社會,是有着内在聯繫的,這種社會結構的變更,首先是由經濟結構所引起的,所以,必須從生産關係入手,去考察三個子系統相互作用與聯繫。具體地來説,古史分期的突破口,就是這種殘留到階級社會的農村公社及其所有制形式即井田制度,並由此構成的當時生産關係的總和的經濟結構、與之相適應的政治結構和意識形態結構,三個子系統的運動變化,最終導致了整個社會結構的變更。

這裏,爲了更好地説明問題。我們想引用金老的一段話:

　　從經濟基礎和上層建築來考察,中國奴隸社會和封建社會相比大體上可以説,中國奴隸社會的經濟基礎主要是井田制,即土地公有,而中國封建社會的經濟基礎則爲土地私有制;中國奴隸社會的政治制度是分封制,而中國封建社會的政治制度則爲郡縣制;中國奴隸社會的意識形態主要是禮治,而中國封建社會的意識形態則主要是法治。所以,中國奴隸社會向封建社會的轉變,從經濟基礎和上層建築來説,實際上,就是從井田制、分封制和

---

①　《馬克思恩格斯選集》第 1 卷上,第 169 頁。
②　《列寧選集》第 4 卷,第 43 頁。

禮治向土地私有制、郡縣制和法治的轉變。①

應該說，金老把這個問題闡述得非常透徹。的確，中國奴隸社會和封建社會相比，前者的社會結構，是以井田制、分封制和禮治三個子系統，作爲其經濟結構、政治結構和意識形態結構的；後者的社會結構，是以土地私有制、郡縣制和法制三個子系統，作爲其經濟結構、政治結構和意識形態結構的，而中國奴隸社會向封建社會的轉變，也就是前者的社會結構三個子係統向後者的社會結構三個子系統的轉變，它的標誌就是以秦統一爲分界綫。誠如金老所說，秦始皇統一中國後，"使黔首自實田"，標誌着在經濟上土地私有制取代井田制；"分天下以爲三十六郡，郡置守尉監"，標誌着郡縣制取代分封制；"焚詩書，坑術士"，"以吏爲師"，標誌着法家思想取代儒家思想。②

由是，我們可以得出如下認識：

1. 中國奴隸社會的發展階段，大致上是伴隨着井田制這種從公有到私有的"中間階段"所有制形態而完結的，它經過了夏、商、周三代，以及春秋和戰國幾個不同發展階段；

2. 每個不同發展階段，又都是互相連接的、不斷變化的統一過程，大體上分爲夏商周三代、春秋和戰國三個不同發展階段，即所謂"三王"、"五霸"和"七雄"者；

3. 古史分期劃在秦統一是有一定道理的，它既符合馬克思主義原理，又符合中國古代歷史實際的、社會結構的三個子系統的變化，我們可以用 A(A′)、B(B′)、C(C′) 分別代表經濟結構、政治結構和意識形態結構，兩相對照，問題看得明明白白。

---

① 金景芳：《中國古代史分期商榷（下）》，《歷史研究》1979 年第 3 期。
② 同上。

B　　　　　　　B

分封制 ←——→ 禮治

井　田　制

A

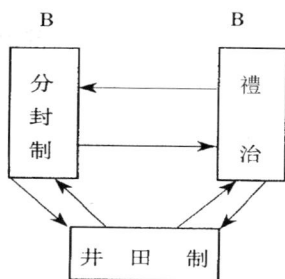

圖2　中國奴隸社會的三個子系統

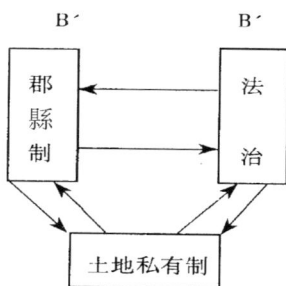

B´　　　　　　B´

郡縣制 ←——→ 法治

土地私有制

A´

圖3　中國封建社會的三個子系統

（《金景芳教授百年誕辰紀念文集》，吉林大學出版社，2002年）

立言廣大　措意精微

——讀金景芳教授《〈周易·繫辭傳〉新編詳解》

林忠軍

金老景芳教授是當代學界資深的易學大家。金老精意覃思，探賾索隱，研《易》七十餘年而不綴。曾有《易通》、《學易四種》、《周易講座》、《周易全解》等多種著作出版，又以驚人的毅力於九十六高齡完成了力作《〈周易·繫辭〉新編詳解》。該書傾注了金老畢生的易學智慧，是對他一生易學研究成果的最爲絶妙的概括和闡發，也是對近千年來學界有關《繫辭》研究的最爲精闢的總結和整合。《〈周易·繫辭〉新編詳解》，顧名思義，是重新編訂和解釋《繫辭》。"新編"是就《繫辭》的文本而言的；"詳解"是就《繫辭》的内容而言的。因此該書主要由兩大部分構成：一部分是對《繫辭》文本的考辨和訂正，一部分是對《繫辭》的詳細的解說。筆者管見，其書獨到之處主要表現在以下幾個方面：

一、高屋建瓴　詮釋易理

《周易》本爲以預決福禍吉凶爲目的的卜筮之書，然經孔子、儒家整理和解說，彰顯出豐富而博大的内容和精緻而深刻的思維，《周易》由原以筮占爲目的方技應用之書變成了以象數筮占爲外在的形式、以義理爲内容的哲學典籍。從《周易》結構和功用言之，它是由象數辭理占構成，其中理是根本，象數是對客觀世界的傚法和模擬，反映的是客觀自然的普遍法則，它通過特定的附在象數符號之後的文辭表達，爲形而上的義理而設。筮占雖爲《周易》的應用，其行著方法、機制、原理無不傚法着自然的演化和世界萬物生生不息流變而透顯出令人難於想象的高深的哲理。也就是説，《周易》之精華不在以符號和數字形式顯現的象數，也不在貌似神秘的筮占，而在博大而精微的義理。這是《周易》被尊奉大道之原、五經之首，成爲中國幾千年來思想家和哲學家關注和研究的對象，對中國社會、文化、科技、宗教、藝術等發生重大影響的關鍵之所在。金老明於此，推崇王弼二程，專門致力於義理。

最能代表《周易》哲理的篇章是《繫辭》，金老爲了引起學界對《繫辭》研究的關注，除了在《周易全解》等書中重筆注釋過《繫辭》外，又專門爲《繫辭》立注，闡明它書未盡之理，此爲《〈周易•繫辭〉新編詳解》成書的重要動因。在該書中金老運用了當代最流行的、最普遍的哲學概念和理論作爲工具，理解和詮釋《繫辭》。具體表現在，他提出《周易》“是用辯證法理論寫成的”，並列舉以下八條證據支持這一論點：1.《繫辭》“易與天地準，故能彌綸天地之道”，是講天地對立統一，能完全反映自然規律。2.《繫辭》“乾，陽物也。坤，陰物也。陰陽合德而剛柔有體”，是言乾坤對立統一。3. 乾坤兩卦卦畫和卦辭既對立又統一。4. 泰否兩卦反映了乾坤的對立統一。5.《繫辭》“天尊地卑，乾坤定矣。……在天成象，在地成形”，是言乾坤天地對立統一。6.《繫辭》“乾坤成列而《易》立乎其中”，是言《周易》六十四卦全部蘊藏在對立統一的乾坤當中。7.《繫辭》“闔户謂之坤，闢户謂之乾，一闔一闢謂之變，往來不窮謂之通”，是用門户作比喻來説明乾坤對立相交統一。8.《繫辭》“夫《易》開物成務，冒天下之道”，是言事物發展周期的兩端，反映了普遍規律。

金老以此作爲着眼點，分析了《繫辭》中的“會”、“通”、“變”、“深”、“幾”、“革命”等範疇的辯證法內涵及內在聯繫，認爲“會”是“化而裁之”、是“去故”、是“幾”，爲質變，“通”是“推而行之”、是“取新”、是“深”，爲量變。不僅如此，金老通過深入剖析《繫辭》中的言論，又提出《繫辭》中既有"一分爲二"，又有"合二爲一"。學界歷來祇知《繫辭傳上》"易有太極，是生兩儀，兩儀生四象，四象生八卦"一節爲"一分爲二"，很少知曉《繫辭下傳》有"合二爲一"。雖然周敦頤曾提出"是萬爲一、一實萬分"，邵雍提出"合之爲一、衍之爲萬"，朱熹提出"陰陽函太極、太極生兩儀"，但皆未緊緊圍繞着《繫辭下傳》作具體的分析和論證。金老列舉《繫辭下傳》三條證據説明"合二爲一"：

> 吉凶者，貞勝者也；天地之道，貞觀者也；日月之道，貞明者也；天下之動，貞夫一者也。
>
> 日往則月來，月往則日來，日月相推而明生焉。寒往則暑來，暑往則寒來，寒暑相推而歲成焉。往者屈也，來者信也，屈信相感而利生焉。
>
> 天地絪緼，萬物化醇。男女構精，萬物化生。易曰："三人行則損一人，一人行則得其友。"

金老對這三條引文中何爲"二"、何爲"一"作了具體的解説，並以此得出結論："綜觀這三處傳文，都是利用個別的具體的事實作例子，遵照邏輯推理而得出一般的抽象的理論，即'合二而一'。"這些分析和論證層層遞進，言之有物，令人信服。金老這些觀點是他長期鍥而不舍學習思索、深刻地理解和掌握了馬克思辯證法和易學精神、並在此基礎上融會貫通形成的。因此，從易學言之，金老是較早接受馬克思哲學的觀點方法並運用其詮釋《周易》的重要學者之一，在新的文化背景下仍然能够不遺餘力地堅持和完善自己的觀點，再次爲《繫辭》立注，這是對傳統易學研究的超越和發展，也是金老對 20 世紀易學的貢獻。從哲學言之，在當今中西文化交融、急須重建有時代特色的哲學之際，金老用辯證法的觀點再度審視《繫辭》，從中發現古老的易學蘊涵豐富而深刻的辯證法思想，進而置個人身體健康而不顧，加以引申、整合、闡發，使之凸顯廣大，以引起國人的關注，有助當今中國哲學和思想的建構與發展。

二、探賾索隱　辨證疑難

　　《繫辭》是孔子、儒家對《周易》古經的解說，與《周易》古經相比，其文辭和內在的結構更容易理清和把握，通過研讀相對通俗易懂的《繫辭》，解開了《周易》古經許多疑謎。然事過境遷，由於社會不斷的變遷，文化和文辭相差懸殊，在當時包括《繫辭》作者在內的人們看得極爲清楚的問題，而後世則迷惑不解，本來用來解說《周易》疑難的著作卻又爲學界留下新的疑案，成爲歷代易學家探討的焦點。《繫辭》最大的疑難莫過於蓍和數，即《繫辭》大衍章，此爲研究《繫辭》學術水平的試金石。歷代易學家雖對此均有解說，但衆說紛紜，各執一詞。金老在這一方面有獨到見解，如他認爲《繫辭》"大衍之數五十"應爲"大衍之數五十有五"，並對其根據作了陳述。指出：

　　　　上文自"天一，地二，天三，地四，天五，地六，天七，地八，天九，地十"至"凡天地之數五十有五，此所以成變化而行鬼神也"一大段文字，正是爲這個"大衍之數"所作的說明。即於數來說，這個"五十有五"是天地之數；於蓍來說，這個"五十有五"是"大衍"之數。否則"五十"爲無據，而前面一大段文字爲剩語，此必無之事。正因爲"大衍之數"即是能够"成變化而行鬼神也"的天地之數，也就是五個天數和五個地數的總和，所以，它應該是"五十五"，而不是"五十"。①

　　金老早在三十年代作《易通》就闡述了此觀點，當時曾得到高亨先生的認同。五十年代作《易論》，八十年代作《說易》、《周易講

①　《〈周易・繫辭傳〉新編詳解》，第58頁。

座》、《周易全解》,始終不渝,反復申明。在本書中又引其學生郭守信、郭鴻林、陳恩林先生研究成果爲旁證,説明言"大衍之數五十五"者,自古有之,再次否定了漢魏唐宋易家所釋"大衍之數五十"之非。

關於天地之數,前人或用五行解釋之,或用納甲解釋之,或用圖書解釋之,讀之如墜烟霧,無所適從,不得其解。金老化繁爲簡,正本清源,提出"這裏的天與地並没有什麼神秘的,其意義與陰陽、奇偶是一樣的。天數是奇數,地數是偶數,表示自然數中包含的兩種性質的數"。(見本書,第 55 頁)在此基礎上,又提出"蓍與卦在《易經》中是對等的兩個組成部分"。認爲數和卦是抽象的,具有普遍性,故蓍用數、卦用象。而蓍與卦不同在於蓍是"知來"的,卦是"藏往"的,即卦是既往的智慧的概括和總結,蓍是數的推演而預知未來。金老雖然注重義理,高揚義理,但在這裏並没有因此像某些學者那樣片面追求義理或史事、僅借帛書無大衍章,否定《周易》的本來的筮占性質,而是將筮占視爲《周易》的重要組成部分,應當説符合歷史事實。

自宋以來,《説卦傳》一直被認爲是説明先天卦和後天卦的鐵證,邵雍是其典型的代表,尤其經大理學家朱熹的認可和宣揚,先天和後天圖説基本變成成説,後世理學家多沿襲此説。爲了辨明是非,金老在本書末附《〈説卦傳〉略説》一篇,闡明了《説卦傳》"是孔子爲《周易》作《傳》時,有意識地保存下來的《連山》、《歸藏》二易遺説"(本書第 22、184 頁),力圖凸顯《説卦傳》的本義,"削去邵氏謬説"。早在晉時干寶曾提出《説卦傳》"帝出乎震"一節爲《連山易》,宋人朱元升作《三易備遺》更以《説卦傳》爲據,説明《連山》、《歸藏》、《周易》爲三代不同的《易》。金老今天重提此説,其意義不僅在於批駁了宋儒的"謬説",印證了先儒的觀點,更爲重要的是啓發人們在當今考古資料大量出土的情況下,關注這一課題的研究,重新思考《説卦傳》中看似没有問題的問題。

三、校正錯簡　補脱訂僞

　　《繫辭》成書較早，流傳日久，加上戰亂和圖書保存的局限等原因，致使《繫辭》出現錯簡、闕文、誤增、脱字等現象。歷史上曾多次對包括《繫辭》在内的《易經》進行校勘。根據有關史料記載，漢代劉向父子、馬融、蔡邕等曾對比今古文版本校勘《易經》，這些校勘多偏重於文字。宋代有疑古之傾向，對校正《易經》的錯簡、誤改、脱字等作了不少的工作。歐陽修最早懷疑《繫辭》存有錯亂問題，開了宋儒疑經之先河。自此，宋人開始推斷《繫辭》自身及其與《文言》、《説卦》有錯簡現象，如程氏認爲《繫辭》“天地之數”和“大衍之數”兩處有錯簡，朱熹據之改正。周燔將《説卦》卷首兩段移入《繫辭》中，將《繫辭》“天地定位”以下視爲《説卦》首章。吴仁傑把《繫辭》置於《文言》後，改爲《説卦》上中篇，原《説卦》爲下篇。明楊時喬也改“天尊地卑”等《繫辭》入《説卦》。先儒這些對繫辭的校正，雖然未必正確，但向我們展示了一個值得深思的問題，尤其帛書《易傳》公布以後，這個問題顯得更爲重要。金老憑藉他深厚的易學功底和多年研究成果，並參照新出土的馬王堆《周易》，對《繫辭》中存在的錯簡、誤脱等問題進行了全面的、系統的考辨和校正。如他認爲，《繫辭》中“天地之數”和“大衍之數”兩節、《説卦傳》和《繫辭傳》存有錯簡，並於《繫辭新編》中改正。具體言之，金老同意朱熹《周易本義》所作的改動，將原在第十章首句“天地之數”接“天數五、地數五”至“成變化而行鬼神也”，並移到“大衍之數”前面。還把“是故四營而成易”至“可與佑神矣”前移，與“五歲再閏，故再扐而後挂”相銜接，把“乾之策”至“當萬物之數也”移到後面。據馬王堆《繫辭》，將《説卦傳》前兩章移入《繫辭》，作爲最後兩章。同時，又依據《繫辭》上下文意，推斷今本《繫辭》有三處誤增現象：其一，“易有聖人之道四焉”至“以卜筮者尚其占”。其二，“天垂象”至“聖

人則之"。其三,"觀象制器"一節。另外,還指出《繫辭》有誤改、脱
字現象。

金老對《繫辭》的整理和編訂,有據有理,能够自圓其説。其意
義是不言自明的,這是對幾千年《繫辭》文本研究的總結,更重要的
是爲我們今天重新解讀《繫辭》,揭示其本義,凸顯其理提供了新的
版本。對於文本的整理直接關係到其内容的解讀,正如金老自己
所言,對待《繫辭》錯漏誤脱"需要進行辨認,並作適當處理,否則,
不但影響對《繫辭傳》的理解,而且會走到邪路上去"。[①] 長期以
來,研究《周易》義理者往往忽略其文本的編訂,而導致曲解《周
易》,牽强附會,空發義理。金老既重義理,又重編訂,爲學界研究
《周易》提供了一個典範。這就是金老可貴之處,也是金老大作價
值之所在。

總之,讀金老大作,使我收益匪淺。不僅使我學到了知識,更
使我感受到老一代學者嚴謹的治學態度和科學的治學方法。如金
老重考據、以傳解傳和理論分析相結合的方法,以及這種多聞闕疑
的治學態度,對我們後學啓發很大。雖然金老一些觀點目前還不
能理解或不能接受,但相信,隨着對金老著作的解讀和研究,一定
能理解和接受。本人知識淺薄,本沒有資格對金老大作妄加評論,
今能有機會對金老大作發表一孔之見,在備感榮幸之時,又如履薄
冰,不知當否,還請金老和其高足及易學同仁指正。

(《周易研究》2000 年第 3 期)

---

① 《〈周易·繫辭傳〉新編詳解》,第 23 頁。

讀《周易全解》

廖名春　梁韋弦

　　易學名家金景芳先生和他的助手吕紹綱同志所著《周易全解》，1989 年 6 月由吉林大學出版社出版以後，在學術界和社會上引起很大反響。

　　該書最大的特點，是敢於成一家之言，具有自己獨特的易學思想體系，在《周易》研究的一系列關鍵問題上都取得了較大的突破。

　　《周易》包括《易經》和《易傳》。《易傳》具有哲學和政治思想，今天學術界已有定論。但是，《易經》有無哲學和政治思想？人們一般都予以否認，視其爲純粹卜筮之書。對這個關係到《易經》本質的重大問題，《周易全解》作出了科學的回答。它認爲易本起源於卜筮，但發展到《周易》（指《易經》）時，情況就發生了變化。因爲卜筮從產生時起就具有二重性，即從無知通向有知。當有知達到一定階段就要發生質變，這個質變過程就是馬克思所說的"哲學最初在意識的宗教形式中形成"。《周易》之成書，恰是這一形成的過程，祇不過它保留着卜筮的軀殼而已。也就是說，《周易》的本質並非卜筮之書，而是一部講哲學思想的書。《易經》的思想寓於六四十卦的結構之中。六四十卦以乾坤爲首，乾坤是天地，其餘諸卦則是天地產生的萬物。那麼乾坤之前是什麼呢？從《易傳》中可知，它就是太極。太極就是絕對的一，就是宇宙在天地未分時的一種混沌狀態，一種存在的狀態。由此可見，《易經》的自然觀顯然是唯物的。《易經》又是講矛盾發展的書。《莊子·天下》云："《易》以道陰陽。"陰陽是《易經》的基礎,八卦、六十四卦都是陰陽構成的,《易經》就是用這兩兩比鄰,不僅用六十四卦表現變化中的世界,而且將變化看成是過程。六十四卦從乾坤開始,至既濟、未濟結束,代表事物發展的一個大過程。這個大過程實際上就是乾坤亦即陰陽變化的結果。既濟後有未濟,表明變化永遠不會終止,舊過程結束正是新過程的開始。所以,該書認爲《易經》中包含着樸素的唯物論和辯證法的觀點,完全是正確的。

不僅如此,《全解》還認爲《易經》卜筮的外殼裏還蘊藏着深刻的社會政治思想。《周易》由殷易《坤乾》直接發展而來。《坤乾》六十四卦以坤爲首,乾居次。《周易》則乾居首,坤爲次。《全解》特別強調它們的這一區別,認爲二者乾坤顛倒,反映了殷周兩代的政治觀念和社會制度大不相同。《坤乾》的以坤爲首,反映"殷道親親",說明自然狀態的血緣關係在殷代社會影響還很大,還存在着母權制下重母統觀念的殘餘,所以它在繼承制上父死子繼和兄終弟及兩種作法並行。《周易》以乾爲首,反映"周道尊尊",說明周代階級統治已經完全確立,在繼承制上實行傳嫡長子制,強調君尊臣卑,男尊女卑。《周易》的尊乾退坤竟具有如此深刻的政治內涵,更證明它在本質上不是單純的卜筮之書。能够站在這樣的高度來闡發《易經》所蘊含的深刻思想的著作,至少在目前,可以說是罕見其匹的。

《易傳》是打開《易經》之迷的一把鑰匙,但《易傳》的作者爲誰,這是一個事關重大但又懸而未決的問題。《全解》認爲《易傳》大部分爲孔子所作。這個論斷並非簡單襲用成說,而是經過周密考證得出的。它既運用外證,即引用了《禮記》、《左傳》、《論語》,特別是《史記》、《漢書》言之鑿鑿的材料予以證明,更着重在解說中進行內證,強調《易傳》與孔子思想的若合符節。如《易傳》中有"樂知天命"的提法,《全解》認爲它和孔子在《論語》中所說的"五十而知天命","五十以學《易》,可以無大過矣"的意義是相通的,"知天命"就是指認識客觀規律。其他如論及"父父子子兄兄弟弟夫夫婦婦"、

"神道設教"、"君子以自强不息"、慎刑等問題時,《全解》都力言其與孔子思想的高度一致性。這樣,就使得其持論頗令人信服。

孔子作《易傳》,是不是說《易傳》全係孔子親手所寫？對這一問題,《全解》也援引先秦諸子成書的慣例予以說明,區別了古人所謂"作"與今人所說之"作"的不同,因此《易傳》的思想屬孔子,説是孔子所作也未爲不可。

對於八卦的性質和取象,《全解》也提出了極爲精闢的見解。漢人治《易》,將八卦每一卦的性質和取象混爲一談,遇馬則以爲定有乾,没有,也想盡辦法找。有的用"互卦"找,找不到便用卦變找。王弼對此提出了批評,主張"得意忘象,得象忘言"。但後世搞漢易的,還是案文責卦,定馬於乾,不通的,則濫用文字通假。《全解》肯定了王弼的批評,但認爲他的解決辦法不當。《全解》認爲《說卦傳》説的"乾,健也;坤,順也;震,動也;巽,人也⋯⋯"與"乾爲馬,坤爲牛,震爲龍,巽爲鷄,⋯⋯乾爲首,坤爲腹,震爲足,巽爲股⋯⋯"不同,前者説的是八卦的性質,後者説的是八卦的取象。"乾,健也",是説乾的性質是健,具有普遍意義;"乾爲馬",是説乾可以取象於馬,並不具有普遍意義。這種性質和取象的區別,表現在語言形式上,前者用"也"表示判斷,意思同"是",表明是不變的。後者用"爲"表示判斷,意思同"化",表示是可變的。乾的性質祇有一種,就是健;但它的取象則可以有千千萬萬,既可爲天,也可爲龍,也可爲馬,也可爲首。但無論乾象什麼,都必須體現其健的性質。《全解》的這一觀點,不僅科學地闡明了八卦的性質與取象這一混淆不清的問題,而且較王弼"援老莊以入《易》"的方法,也顯得更科學。

對於卦爻辭的理解,《全解》也提出了許多創見。乾卦卦辭"利牝馬之貞"一語,是理解卦旨的關鍵,王注、程傳、朱子本義皆未中的。《全解》引以《黑韃事略》一書關於北方少數民族畜牧生活的記述,説明卦辭是以牧馬群中牝馬順從伊剌馬(即種馬)這種現象來表達在乾坤兩卦這一對矛盾中坤順從於乾的這種特定關係。此説既合乎作《易》時之歷史環境，又與乾卦的性質及爻辭密合無間，完全可視爲定論。

歸妹卦人們都認爲其爲女嫁男，但女嫁男爲“天地之大義”，爲什麼它與取嫁娶之義的咸、恒、漸卦都不同，是六十四卦中少有的凶卦呢？過去人們都以爲它指的是少女主動要求下嫁，有違禮教，故凶。《全解》則從殷周之際婚姻制度的歷史出發來看問題。它認爲歸妹取象就取在歸之妹這個妹字上，妹是少女，反映的是古代女子出嫁與人做侄娣的那種婚嫁情況。在個體婚制已基本代替群婚制的社會中，女子與人作侄娣而非嫡妻，名位卑賤，境遇很難樂觀。

在《易傳》研究上，《全解》也提出了許多新説。前人説《易》，多祇見卦而不見蓍，《全解》則指出兩者在《周易》中地位相等，甚至於蓍更重要，因爲蓍是卦之所以出，“四營”方“成易”，“十有八變”才“成卦”；況且“蓍之德圓而神，卦之德方以知……神以知來，知以藏往”。《繫辭傳》有“大衍之數五十”一語，自京房、馬融、荀爽、鄭玄至朱熹等，都因不得其解而妄爲臆説，而《全解》熔理校與内證爲一件，指出該句下脱“有五”二字，因爲“天數”爲二十有五，“地數”爲三十，天地之數即大衍之數，故大衍之數應爲五十有五。據悉《哲學大辭典·中國哲學史卷》釋“大衍”條時，就采用了此説。再如言蓍法，《繫辭傳》説“大衍之數”“其用四十有九”，即筮時祇用四十九根蓍草而不用其全部，道理何在？對此從漢人到宋儒、清儒，甚至連王弼在内，也都未講對。《全解》舉重若輕，一言破的，認爲之所以用四十九根蓍草，是因爲它經過四營三易，其結果能得出七、八、九、六，得出這幾個數字，才能形成卦；不用五十五，是因爲它經過四營三易，其結果得不出七、八、九、六，因而形不成卦。《説卦傳》説：“昔者聖人之作《易》也，幽贊於神明而生蓍，參天兩地而倚數。”此語前人也多不得其解，朱熹本義釋“參天兩地”爲“天圓地方，圓者一而圍三，三各一奇，故參天而爲三，方者一而圍四，四合二偶，故兩地而爲二”，使人愈讀愈糊涂。《全解》認爲這裏是説蓍，“幽贊於神明而生蓍”，是說蓍的產生。蓍本是一種草，它並不知吉凶。它之所以被稱爲“神明”，是因爲有聖人的“幽贊”。聖人如何幽贊呢？這就是“參天兩地而倚數”。參兩爲動詞，意爲交錯、參互。天，是指一三五七九這五位天數，地，是指二四六八十這五位地數。

“參天兩地而倚數”就是把天數地數參合到一起，形成大衍之數五十有五，用分二、挂一、揲四、歸奇等等以得出七、八、九、六。這些新説，看似平常，其實都解開了《周易》中的一些千古之謎，具有不可低估的價值。

除了在内容上衆多突破之外，《全解》在編寫上也有所創新。最突出的是該書在每卦之後都立有“總論”，這些“總論”融會貫通了卦爻辭、彖傳、象傳，概括力强，重點闡述了各卦的卦旨及其取象，便於讀者能從整體上把握全卦。這種寫法，在現今的易學著作中還未曾有過，《全解》可以説有首創之功。

《周易全解》還有許多令人矚目的成就，這些，讀者閱後定會有所感受。我們要强調的是，《全解》之所以能在易學研究中取得以上重大突破，是與該書作者對待中國傳統文化的正確態度分不開的。近代以來，隨着封建文化的被掃除，學術界疑古風大熾，民族虚無主義盛行。這種思潮反映到易學研究中，就出現了一種以貶低《周易》爲能事，以否定《周易》爲目的來治《易》的傾向，時下一些所謂有影響的易學著作，走的幾乎都是這一條路子。《全解》的作者不爲時弊所動，“堅信古人的東西不可一概否定”，充分繼承了義理派治《易》的優秀傳統，又敢於超越前人，將馬克思主義的理論方法引入易學研究中，從而形成了自己獨具特色的易學思想，將《周易》研究推進到一個新的水平。這種態度是具有普遍指導意義的。今後，我們若想在易學研究中再取得新的建樹，恐怕也需要學習《全解》作者的這一態度。

（《社會科學戰綫》1990 年第 2 期）

辯證法精神的新探索
——評《〈周易·繫辭傳〉新編詳解》

廖名春

在 20 世紀的易學研究中，金景芳先生卓成一家，是義理學派當之無愧的代表。不久前我們剛剛讀到他的《知止老人論學集》，以爲是年近百歲的先生的最後一部著作了，不料還不到半年，遼海出版社又出版了先生的易學新著《〈周易·繫辭傳〉新編詳解》，令人又驚又喜，感慨不已。

金景芳先生四十年代就以《易通》一書名世，八十年代以來，又有《學易四種》、《周易講座》、《周易全解》（與呂紹綱先生合著）問世。特別是後者，印數之大，影響面之廣，說是近十年來占據主導地位的易學著作之一，決非溢美。與金老的上述易著相比，《〈周易·繫辭傳〉新編詳解》一書既有繼承，更有發展和突破。

金老四十年代的《易通》一書就指出《繫辭傳》的“《易》有太極，是生兩儀，兩儀生四象，四象生八卦”與辯證法的對立統一說恰相符合，又說《繫辭傳》的“易，窮則變，變則通”符合質變與量變和否定之否定原理。半個多世紀過去了，金老不但堅持這一認識，而且在《〈周易·繫辭傳〉新編詳解》一書裏更詳密地論證了《繫辭傳》的辯證法原理，認爲《繫辭傳》的本質就是以辯證法來闡釋《周易》的哲理。

《繫辭傳》的“《易》與天地準，故能彌綸天地之道”說，我們非常熟悉。“易”能“彌綸天地之道”，就是說《周易》之道完全能夠反映自然規律，這一點大家都知道。但金老有更深的理解，他認爲“易”

之所以能"彌綸天地之道",就在於"易與天地準"。天地既是對立的,又是統一的。《周易》與"對立統一"這一根本法則"準",是對立統一法則的體現,所以它才能完全反映自然規律。這一理解,應該說是準確的。"易與天地準"的"天地"與"彌綸天地之道"的"天地",不可能是同一概念,否則就是循環論證。帛書《繫辭傳》"準"作"順","彌綸天地之道"的"天地"作"天下"。這證明金老將"易與天地準"的"天地"理解成對立統一法則是正確的。《繫辭傳》是說《周易》符合對立統一法則,所以它才能完全反映自然規律。不懂辯證法,是很難講通《繫辭傳》這一著名命題的。

　　金老認爲,辯證法在《繫辭傳》中並非偶見,而是《繫辭傳》成體系的思想。在《〈周易·繫辭傳〉新編詳解》一書裏,他作了深入的發掘。"子曰:'乾坤其《易》之門邪? 乾,陽物也。坤,陰物也。陰陽合德而剛柔有體,以體天地之撰,以通神明之德"一段,金老認爲"乾,陽物也。坤,陰物也"是講乾坤的對立,"陰陽合德"是說乾坤的統一;"天尊地卑"一段,金老認爲"天尊地卑"是講乾坤對立,"在天成象,在地成形,變化見矣"則是講乾坤統一。金老又認爲"乾坤毀則無以見《易》,《易》不可見,則乾坤或幾乎息矣",是講辯證的發展觀;"闔户謂之坤,闢户謂之乾"是說乾坤對立,"一闔一闢謂之變"是說乾坤的相交或統一,"往來不窮謂之通"是說乾坤相交後的變化、發展。這些論證,言之成理,令人耳目一新。

　　由《繫辭傳》的辯證法闡述出發,金老進一步論證《周易》一書貫穿着辯證法精神。這一點有爭議並不奇怪。早在五十年代,金老提出這一觀點就曾遭到過非議。在五十年代的中國學界,人們認定辯證法和唯物論是馬克思的專利,二千多年前中國古人怎麼可能有此等思想,豈非褻瀆和貶低了馬克思? 因此,運動一來,金老總因此挨整。不知從什麼時候起(這一時候我們其實是很清楚的),學界就一直刮一股風:搞語言學的,說中國古代沒有語言學;搞哲學的,不說中國古代,起碼也說孔子沒有哲學;搞自然科學的,説中國古代没有科學，衹有技術；就連搞史學的，也有人懷疑中國古代有没有史學理論……總之，是迷信現代，鄙視古人（當然是指中國的，對西方的，他們可没這個膽），否定知識，不承認真理的漸進性、繼承性和相對性，截斷人類認識發展的長河。

蘇軾有詩咏廬山："橫看成嶺側成峰，遠近高低各不同。"辯證法也是如此，可以"橫看"，也可以"側視"，可以"遠望"，也可以"近觀"，完全可以有各種不同的表現形態。黑格爾可以有黑格爾的辯證法表述，中國人也可以有中國人的表述。我們不能説衹有"橫看"到的才是廬山，"側視"到的就不能稱爲廬山。爲什麽就一定要説衹有黑格爾的表述才能稱爲辯證法，《周易》和《繫辭傳》的表述就不能稱爲辯證法呢？金老認爲《周易》是講辯證法的著作，是從決定辯證法的是其實質而非黑格爾的形式而言的，可謂留珠棄櫝，得其所哉。

《〈周易·繫辭傳〉新編詳解》一書在義理上的突破是建立在紥實而嚴格的考據的基礎上的。對《繫辭傳》的整理研究，前賢今人做了很多工作，尤其是在帛書《繫辭傳》出土以後。金老幾十年來在《繫辭傳》的整理上下的功夫最深，其成果衆所矚目，《〈周易·繫辭傳〉新編詳解》可謂集其大成。金老認爲今本《繫辭傳》有錯簡，有闕文，有誤增，有誤改，有脱字，還有存疑，因此，要經過"詳解"即嚴格的考證之後，加以"新編"，才能恢復《繫辭傳》本來面貌。這種思路，這種努力，是極富啓發性的。如"河出圖，洛出書"一段，説八卦是仰觀俯察，"近觀諸身，遠取諸物"而"始作"，而《繫辭傳》上卻説易卦是"大衍之數"經過"分二"、"挂一"、"揲四"、"歸扐"，"四營"、"十八變"而成，是"《易》有太極，是生兩儀，兩儀生四象，四象生八卦，八卦定吉凶，吉凶生大業"。一是圖畫説，一是著數説，它們關於易卦起源的説法，顯然是相互矛盾的。由此看來，我們今天看到的《繫辭傳》肯定是有問題的，不經過考證整理，貿然照搬，確實不行。

　　詮釋典籍既需要思想家的敏銳，也需要考據家的功夫。《〈周易·繫辭傳〉新編詳解》就是這樣一本既具思想家的敏銳，又具考據家功夫的著作。研究中國思想史的專業工作者和愛好中國傳統文化的有志者，讀讀世紀老人這本極富個性而又言之成理、持之有故的易學著作，肯定是會有所收穫的。

　　（原載《中華讀書報》，又載《周易經傳與易學史研究》，齊魯書社，2001年）

金景芳先生及其《〈尚書·虞夏書〉新解》

林沄　　詹子慶　　陳光崇　　鄒逸麟　　郭守信

金景芳先生，1902 年生，遼寧義縣人。家學淵源，深通經史。先曾出任東北大學教授。1954 年應匡亞明聘到吉林大學任教授。現爲吉林大學博士生導師、歷史系名譽主任、吉林省史學會名譽會長、中國先秦史學會副理事長、中國孔子基金會副會長。其代表著作有:《學易四種》、《周易講座》、《周易全解》、《論井田制度》、《中國奴隸社會史》、《古史論集》等，是享有盛譽的國學大師，在國學研究上有極其深遠的影響。

林沄(吉林大學原副校長，考古學、古文字學教授，博士生導師，國務院學位委員會學科組成員):

金景芳、呂紹綱兩位先生合著的《〈尚書·虞夏書〉新解》有兩個特別值得稱道之處:

其一，是體現了一種鍥而不舍、至老不渝的對學術事業的執着精神。金景芳先生在年逾九十的垂暮之年，仍孜孜不倦要把自己積年對我國古典要籍《尚書》研究所得全面地總結出來。在其學生呂紹綱先生(亦已年逾花甲)的協同努力下，於相當短的時間裏就寫出這樣一部既有詳細解説，又有總括性評述的巨著，令人十分感佩! 故此書不特於後人之閱讀、研究《尚書》，由之而弘揚傳統文化有功，其寫作的本身即是在弘揚中國傳統的優秀學風。

其二，自"疑古"思潮大盛以來，《尚書》的虞夏書在大多數研究者的心目中,包括許多馬列主義的史學家的心目中,被看作是一種對古代傳說的記錄。本書作者則對此重新翻案,把虞夏書(除了《禹貢》中的服制部分)都作爲信史看待,並使之與作者在學習馬列主義經典作家的著作中形成的中國古史發展觀相合,因而在見解上獨樹一幟,在對前人注解的取捨、會通和折衷上別具眼光,且多有新解。可斷言在《尚書》研究史中必居一席之地,對於中國古史的科學重建自然有其不容忽視的價值。

詹子慶(東北師範大學出版社總編輯,歷史學教授,博士生導師):

《尚書》素有佶屈聱牙、古奧難懂之稱,千餘年來研究《尚書》學的學者和成果不計其數,但能真正讀通讀懂談何容易! 而最近喜讀著名史學家、國學大師金景芳教授和吕紹綱教授的合著《〈尚書·虞夏書〉新解》,感到這是一部實實在在、沈甸甸的功力深、見解新、很有啓發性的學術專著,是古史和古文獻研究方面的一部不可多得的好作品。

本書解讀的方法分三個層面。首先是序説部分,指出每篇的關鍵點及時代背景。其次是新解部分,這是全書的重點和核心,内中包含許多真知灼見。最後是總論部分,對新解的要點作了歸納,並啓發讀者去思考每篇的史料價值。

我覺得本書在許多方面超過前人和當代人的同類性著作。

首先表現爲本書是站在新的高度,采用歷史唯物主義的研究方法來分析問題。如作者認爲堯舜時代是處於原始社會末期的軍事民主制階段。因此,文中對"咨四岳"、禪讓制等問題的詮釋,對刑法的産生和對象刑的解釋,對中國傳統文化根源的闡述等問題。比之久已流傳的陳説要勝一籌。

另外,本書處處體現對疑古派觀點的批評,我認爲這是當今史學研究的一大進步。如本書認爲《堯典》所記堯舜禹的史迹基本上是可信的。對有人主張"把中國古史縮短二三千年"的説法持否定態度。這一見解使人讀後深信不疑。

　　更重要的是本書内容處處反映出新的見解。作者儘量搜羅前人和近人的解釋，在總結前人研究成果的基礎上，首要的做法是擇善而從之，其次對前說不到之處，則作出合理的發揮，乃至於提出自己的新説。既采用了文獻之間的比勘法，又用了考古、古文字學方面的資料佐證，儘量做到讀通讀懂，使其新解既不失爲"新"的特點，又避免了故作標新立異之弊，而結果則使《尚書》學研究步上了一個新的制高點。

陳光崇(遼寧大學教授，前歷史系主任，原遼寧古籍整理出版規劃小組副組長)：

　　金景芳先生精研古史，於《易》、《書》諸經，尤所深究。他和助手呂先生既有《周易全解》之作，又以九秩高齡，致力於《尚書新解》的撰寫。本書收文四篇，即《堯典》、《皋陶謨》、《禹貢》、《甘誓》，係從漢儒所傳《今文尚書》的編次，與唐宋以來通行的注疏本不同。這是取其傳承較爲可信的緣故。

　　《尚書》經秦火之餘，不乏脱簡訛文，難解之處甚多。歷代以來不少學者從事注釋考證，但是陳陳相因，不能跳出文字訓詁的圈子，開創研究的新途徑。對比看來，本書的優點很多。首先是著者運用馬克思主義、毛澤東思想作指導，歷史地全面地看問題，因而取得了新的成就。例如書中把《堯典》"曆象日月星辰，敬授人時"的記載和《論語》"唯天爲大，唯堯則之"的論述聯繫起來，認爲堯時制定"朞三百有六旬有六日"的新曆，開中國曆法的新紀元；並指出新曆制定以前，以火紀時，視"天"爲"神"的世界。新曆制定以後，人們知道天的主體是日月星，與人生有重大關係的尤其是日，而不是神。因而，使人在對天的認識上逐漸由有神論走向無神論的轉變，這在我國思想文化史上具有深遠的意義。

　　《尚書》中有很多詞彙和字義較難理解，前人注釋紛紜，莫衷一是,著者博稽群籍,疏通證明,提出了許多獨到的見解。如《甘誓》"威侮五行,怠棄三正"究屬何指?著者認爲"五行"是指水火木金土五種物質,"三正"就是"三政",指"天文地理人道"而言,引證既有根據,解釋也允當説得其要領。又如《堯典》"曆象日月星辰"句中的"曆象"二字,前人多作名詞解釋,著者認爲"曆象必是謂語,表示動作"。肯定王安石"歷者步其數,象者占其象"之説,從而説明"歷就是計算,即推步;象就是察看,亦即觀象"。説得合情合理,明白易懂,足見著者功力的深厚,識解的敏鋭。

《尚書》肇始堯舜,是我國第一部信史,對古史來説,重要的是在於"信",也就是主張尊重信而有徵的歷史,更不應當否定或鄙薄祖國本來可信的歷史。孔子自稱"信而好古",祇有辨明古史的信而有徵,才能正確對待古籍研究,更好地發揚祖國的傳統文化。故著者在扉頁題詞:"華夏文明,此其濫觴。"

總上所述,本書無疑是《尚書》研究的一部力作,也是古籍整理的一個重要成果。

鄒逸麟(上海復旦大學教授,博士生導師,中國歷史地理研究所前所長):

最近有機會讀了金景芳、吕紹綱二位先生合著的《〈尚書·虞夏書〉新解》中《禹貢》篇,獲益良多,感到是近年來研究《禹貢》的諸著作中十分重要的一部,對研究上古史或者研究歷史地理的同志來説是很值得讀一讀的。這篇《〈禹貢〉新解》不僅在闡發古義有不少發明,就是在研究方法上也有許多值得我們學習的地方,從中也可以看出作者的功力。兹就個人的一些淺見發表如下:

第一,有獨到的見解。這是古書今解最難得之處,今擇其主要者言之。《禹貢》成書年代過去一直有不同説法,近數十年來似乎比較傾向於戰國時代的説法。本書對此提出了異議:一是《禹貢》文字古樸,不似戰國人語。二是《禹貢》多次提到海,祇有一次言及南海,說明還沒有北、東、西海的概念。而其他戰國著作裏北、東、渤海之分是很清楚的。三是從現有資料來看,西漢初年伏生口授《尚書》中就有《禹貢》,如果是戰國時作品,伏生不可能不知道。四是倘是戰國時作品,孔子怎能將它收入《尚書》。因此作者認爲:"最可能的情況是虞夏之時記錄留下了禹別九州,任土作貢的史料,到了平王東遷之後,經過一位學者的加工潤色而寫定成篇。今之學者有人斷定《禹貢》是戰國中期的作品,我們實不敢苟同。"

第二,吸收最新成果。以往學者解釋《禹貢》主要是在文獻上下功夫,很少注意新近的研究成果,尤其自然科學方面的成果。作者在這方面就比以往學者高出一籌。本書在解釋"雲夢"、"彭蠡"、"三江"、"九江"等處都吸收了《中國自然地理·歷史自然地理》一書的研究成果,比單純依據文獻考證要來得高明。這無疑有助於加強本書的科學性。

第三,考證詳略得當,要言不煩。過去疏解古籍的通病是過於繁瑣,近年又病於過簡略。本書作者的"新解"先列出前人幾種説法,然後指出其中某一説得當的理由,並説明爲什麼其他的説法不對。這完全符合考證工作的規範,如對"黑水"、"漆沮水"、"逆河"、"三澨"等考證即是。又如"和夷底績"的"和夷",古今衆説紛紜,難定一是。作者認爲:"經文扼簡,難以指實,故越是講的具體,越難以置信。倒是鄭玄説'和夷,和上夷所居之地也'和蘇軾説的'和夷,西南夷之名',疏而不密,爲近之。其餘諸説,俱不可輕信。"(369頁)這是研究古籍應該提倡的科學態度。

綜合觀之,本書是一部精深、嚴謹的古籍研究專著,可爲同類研究工作之範。

郭守信(遼寧古籍出版社編審、本書責任編輯):

《〈尚書·虞夏書〉新解》是金景芳先生在九十高齡之後,以其一生積累的學識對《尚書》這部儒家經典進行全面綜合講解注釋的一部力作。書從《堯典》開始,對我國傳統的天、天下、天子概念的形成和涵義,給予了實際的闡明,對儒家學說的中庸之道、親親之道和禮刑道德的淵源和由來,給予了信實可靠的論證,而不是僅僅作章句的解釋,從而使華夏文明的開端史得到了揭示,而且爲中華民族的傳統思想和傳統文化的形成找出了歷史根源。可以説,它是代表當代學術研究水平的著述,不僅積聚了前人研究的大成,而且也爲後世開啓了治學之途徑。1980—1983 年我拜席於金師門下,首開的課程就是《尚書》。是時,金師已年逾八旬,但仍孜孜不懈於對《尚書》的研究和講授,對其精義的挖掘日有所進,尤其對《尚書》中的《虞夏書》即《堯典》、《皋陶謨》、《禹貢》、《甘誓》格外用心研究,認爲這四篇典籍是我國從原始社會向階級社會過渡時期的歷史文獻。他指出《堯典》記載的"欽若昊天,曆象日月星辰,敬授人時"的制曆工作,是具有劃時代意義的大事,是中華文明的開端和起源。它不僅關係到人們的社會經濟生活,也關係到人們的意識形態,對中華民族的歷史發展和思想文化傳統具有深遠的影響——這是金師在學術研究上的卓越成果和精彩發現,也是對我國古史研究工作的一大貢獻,將因秦始皇焚書而沉淪喪失兩千餘年的《尚書》精義再度揭示出來。而這個發現,這個成果,得來實屬不易。據我所知,金師自弱冠治學,至八九十歲之後,才得到明確的認識和把握。

　　1993 年,當《〈尚書·虞夏書〉新解》一書書稿撰成時,我把這一消息向出版社作通報之後,社選題小組立即做出決定,將這部書納入我社出版計劃內,並報請國家古籍小組作爲重點出版項目。在全社的通力協調下,三年而有成,博得了學術界的廣泛贊同和稱譽,而今把它奉獻給廣大讀者。

　　華夏文明,此其濫觴。若把握中華民族的文明歷史和文化傳統,須從此書開始。

(《中華讀書報》1997 年 7 月 23 日第 4 版)

讀《〈尚書·虞夏書〉新解》之《禹貢》篇一得

鄒逸麟

《尚書·禹貢》是我國最早的地理著作，記述我國上古時期的地理區劃、山川、土壤、植被、物產、交通、貢賦等内容，雖然總共衹有 1192 個字，卻是包括自然、人文兩方面知識的綜合的地理作品，真可説是言簡意賅、博大精深。因爲是經書中的一篇，歷來爲學界所重視。唐宋以來以至近代，研究《禹貢》的不下數十家，新中國成立以後，辛樹幟、顧頡剛、李長傅、劉起釪諸先生都有專著或專文問世，寖寖乎已成一專門之學。由於《禹貢》包含的内容十分豐富，再加上時代久遠，地理環境、名物制度變化很大，雖然有了這麼多的研究成果，還不能説所有的問題都已經解決了。隨着我國自然和人文科學的發展，《禹貢》中不少令人困惑不解的問題，完全有可能得到新的更爲合理的解釋。最近有機會讀了金景芳、吕紹綱二位先生合著的《〈尚書·虞夏書〉新解》中《禹貢》篇，獲益良多，感到是近年來研究《禹貢》的諸著作中十分重要的一部，對研究上古史或者研究歷史地理的同志來説是很值得讀一讀的。

這篇《〈禹貢〉新解》不僅在闡發古義有不少發明，就是在研究方法上也有許多值得我們學習的地方，從中也可以看出作者的功力。兹就個人的一些淺見發表如下：

第一，有獨到的見解。這是古書今解最難得之處。今擇其主要者言之。一、《禹貢》著作年代問題。《禹貢》成書年代過去一直有不同説法，近數十年來似乎比較傾向於戰國時代的説法。本書對此提出了異議，創立了春秋初年成書説。作者以爲：一是《禹貢》文字古樸，不似戰國人語。如果是戰國時代作品，不可能有此簡約的文字。二是《禹貢》多次提到海，衹有一次言及南海，説明還沒有北、東、西海的概念。而其他戰國著作裏北、東、渤海之分是很清楚的。三是從現有資料來看，西漢初年伏生口授《尚書》中就有《禹貢》，如果是戰國時作品，伏生不可能不知道。四是倘是戰國時作品，孔子怎能將它收入《尚書》。因此作者認爲“最可能的情況是虞夏之時記録留下了禹別九州，任土作貢的史料，傳至後世，到了平王東遷之後，經過一位學者的加工潤色而寫定成篇。今之學者有人斷定《禹貢》是戰國中期的作品，我們實不敢苟同”。二、碣石方位問題。碣石在何處，自古以來，衆説紛紜。自毛澤東發表了“東臨碣石有遺篇”的詩詞後，今人對碣石的方位也大感興趣。先師譚季龍教授等學者都有專文討論。作者指出，以往討論的錯誤在於把《禹貢》的碣石和後世帝王登臨的碣石混同起來。這一點非常重要。作者細味《禹貢》原文“至於碣石入於海”，碣石距海不遠，但不在海中；“夾石碣石入於海”，是一座獨立的山，不是一塊孤石。因此作者認爲譚季龍先生考證《禹貢》的碣石即今河北昌黎的碣石山是對的，但説也就是秦皇漢武登臨的碣石，就不對了。今遼寧綏中縣萬家鎮海濱俗稱“姜女墳”的礁石群及其附近發現的秦漢建築遺址，“姜女墳”北40公里北戴河海濱俗稱鴿子窩還有一高十五六米的巨石鷹角岩，還有河北秦皇島市北戴河區金山嘴半島附近也有一巨石南天門等地，都可能是秦皇、漢武、魏武登臨的碣石，而絶不是《禹貢》的碣石。

　　第二，吸收最新成果，以往學者解釋《禹貢》主要是在文獻上下功夫，很少注意新近的研究成果，尤其自然科學方面的成果。《禹貢》是一部地理著作，其中有人文地理也有自然地理的記録，如果能注意近年來自然地理方面的研究成果，將有助於對《禹貢》中不少有關自然地理現象的理解。作者在這方面就比以往學者高出一籌。本書在解釋"雲夢"、"彭蠡"、"三江"、"九江"等處都吸收了《中國自然地理·歷史自然地理》一書的研究成果,該書是中國科學院組織有關科研單位和部分高校的歷史地理工作者集體編寫的,反映了我國八十年代歷史自然地理的水平,其中有關古代地理變遷的一些結論,比單純依據文獻考證要來得高明。這無疑有助於加強本書的科學性。

第三,考證詳略得當,要言不煩。過去疏解古籍的通病是過於煩瑣,近年又病於過簡略,以至於讀者不明白前人究竟有幾種説法,作者爲什麽選擇這一説。本書作者的"新解"先列出前人幾種説法,然後指出其中某一説得當的理由,並説明爲什麽其他的説法不對。這完全符合考證工作的規範,即便作者的最後判斷不確,讀者也可以自己作出判斷。如對"黑水"、"漆沮水"、"逆河"、"三澨"等考證即是。有的古地名實難確指者,作者也不強爲之解,如"蔡蒙旅平"句,作者説:"蔡山地望自古至今都未弄清楚,《漢書·地理志》、《水經注》避而不言,孔穎達疏、《史記》司馬貞《索隱》並言不知所在。宋人歐陽忞《輿地廣記》説蔡山在雅州嚴道縣(今四川榮經縣),忞同時人葉夢得《書傳》亦曰蔡山是嚴道縣東五裏之周公山。但歐陽氏與葉氏之説於文獻無征,不足信據,是《禹貢》之蔡山究竟是哪一座山,實在不能鑿鑿指定,今存疑可也。"(368頁)又如"和夷底績"的"和夷",古今衆説紛紜,難定一是。作者認爲"經文扼簡,難以指實,故越是講得具體,越難以置信。倒是鄭玄説'和夷,和上夷所居之地也'和蘇軾説的'和夷,西南夷之名',疏而不密,爲近之。其餘諸説,俱不可輕信。"(369頁)這是研究古籍應該提倡的科學態度。

綜合觀之,本書是一部精深、嚴謹的古籍研究專著,可爲同類研究工作之範。其他《堯典》、《皋陶謨》、《甘誓》三篇,因專業不熟,未曾詳讀,想來亦爲上乘之作。

　　寫到這裏，不禁想對《禹貢》寫作年代問題，提供一些參考意見。作者將《禹貢》的寫作年代定於春秋初期，是有相當充分證據的。但對過去主戰國説的還有一些理由沒有駁全。譬如：《禹貢》以冀州爲中心，各州向其貢賦的統一國家的理想，春秋初期是不是一定可能産生；河、淮、濟、濛、菏、泗的相互溝通，是戰國魏惠王時開鑿鴻溝以後才形成的，見古本《竹書紀年》、《漢書·溝洫志》、《水經注》，而《禹貢》裏的貢道即采用了這些河道，如何解釋；梁州産鐵，本書已經提到，這是春秋初期説的一個阻礙，作者以爲如爲戰國説，則戰國大河南北無不産鐵，何以祇提梁州而不及他州？其實是可以理解的，因爲戰國時梁州的冶鐵工業最爲發達，卓氏、程氏、孔氏皆在蜀地冶鐵致富，富埒人主，社會地位極高，非他處可比，以上數點供作者進一步研究時參考。

　　最後，作爲一個讀者，對遼寧古籍出版社能出版這樣高水平的純學術著作表示敬意，在今天經濟效益唯上、文化快餐盛行的社會背景下，出版《尚書·虞夏書》新解》這樣的著作，需要很大的決心和膽識的。同時對本書的責編郭守信同志也表示感謝，因爲《尚書》裏古字特多，許多字需要新刻，無疑大大增加了審稿和校對的工作量。由此令人感到欣慰的是，今天有這樣的作者和出版工作者，我國傳統的優秀文化是無須擔心會流傳不下去的。

（《社會科學戰綫》1997年第2期）

一部難得的好書

——《尚書·虞夏書新解》評介

郭守信

　　吉林大學金景芳和吕紹綱兩位教授合著的《尚書·虞夏書新解》於 1996 年 6 月由遼寧古籍出版社出版。作爲一部古籍研究著作，它重視訓詁考據但不拘泥，更重視義理分析，卻絕不尚空言。它在汲取古人舊說和今人新成果的基礎上，運用歷史學方法審慎地發掘義理，解決問題，提出新見解。就其方法和研究的重點而言，與其說它是古籍研究的書，不如說它是歷史學著作更合適。《虞夏書》各篇存在的諸多歷史學問題它一一加以透闢的分析，小心謹慎地做出結論。一時吃不準的問題，則予以存疑，不强求解決。作者的態度嚴謹，實事求是。

　　作者計劃把二十九篇今文《尚書》寫成四本《新解》。《虞夏書新解》是第一本，正在撰寫中的《商書新解》是第二本，接着要寫的《周書新解》上下是第三本和第四本。一本《虞夏書新解》共計 37 萬字，包括《堯典》、《皋陶謨》、《禹貢》、《甘誓》四篇。今本《尚書》中的《舜典》和《益稷》分別并入《堯典》和《皋陶謨》中，故名爲四篇，其實是六篇。

　　本書的寫作思想和結構安排別具一格，它不做注釋，更不搞白話翻譯。作者認爲簡單的字詞注釋，祇能讓人認字，不能讓人解義，意義不大。翻譯則往往有害無益，佶屈聱牙的《尚書》，達到翻譯準確，幾乎不可能。而一旦弄錯，翻譯不如根本不翻譯。基於這種認識,本書把功夫用在分析解説上。解一字一詞都旁徵博引,左右對比,搞清它的音與義,直到弄準它在本篇本句中的具體含義。而最終的目標是把一句一段乃至一篇的歷史學内涵連貫起來,發掘出來。本書這樣的寫作思路引出本書獨特的結構安排:每篇開頭是《序説》,提出本篇的重要問題,亮出作者的基本觀點,讓讀者先得到一個總體認識。每篇最後有《總論》,對正文説解中涉及的重要問題而在《序説》中未曾提及的,作總結性的説明。這樣,作者便把自己對《尚書》文義的理解,由訓詁到義理,由分析達於綜合,清清楚楚地交代給讀者。

本書最大的優點在於它真正解決了一些問題。這裏姑且舉幾個突出的例子。

《堯典》有堯"乃命羲和,欽若昊天,曆象日月星辰,敬授人時"的記載。本書從這段記載看出一個至關重要的歷史問題。它指出這是古代中國人產生自然之天的天概念的開端。《國語·楚語下》有顓頊時"命南正重司天以屬神"的説法,説明那時人們把天視作神。至堯時通過"曆象日月星辰"制定陰陽合曆的新曆法,人們產生了自然之天的天概念。中國人古老、樸素的唯物論的世界觀可以追溯到這裏。有了自然之天的天概念,八卦才有出現的可能,因此八卦當畫於堯之時,伏羲氏作八卦的説法其實不可信。堯時自然之天的天概念的形成具有劃時代的意義,中國思想文化史、哲學史應從這裏寫起。

對《皋陶謨》的解釋有所突破。關於"九德"問題,本書的分析可謂無微不至,切中肯綮。它指出"九德"都蘊含着中道的思想,例如"直而温",直是正人之曲,温是蘊藉包容。解決别人的問題必須直,但直過了頭,達到不能容人的地步,便走向反面。其餘八德無不如此。"九德"皆美,然必須有所節制方成完足。任何好事做過了頭,即成壞事。"九德"裏面充滿着辯證法精神。《皋陶謨》"九德咸事"一語一般講成"使九德之人皆用事"。本書換另一種講法,説這是對堯舜禹等最高領導人的要求,別人能够"日宣三德","日嚴祗敬六德"即可,堯舜禹一類領導者則必須"九德咸事"。這樣講,符合當時的歷史實際。堯舜禹是部落聯盟首長,不同於後世的天子,他們既是知人、官人的主體,也是知人、官人的對象。

《禹貢》歷來爭議最多,本書一一提出自己的新見解,理據俱足,很有説服力。本世紀以來許多學者論定《禹貢》成書於戰國時代,本書則以充分的證據證明《禹貢》寫成於戰國之前。有人説《禹貢》"九州"之劃分必戰國乃至秦漢才有的觀念,本書則指出"九州"是個地理概念,與後世中央集權制度下的行政區劃根本不同,它應當就是禹時形成的,《禹貢》是州中有"國",而不是"國"中有州,就是證明。

《禹貢》碣石在哪裏? 譚其驤考定《禹貢》碣石就是今河北昌黎附近的碣石山。遼寧、河北兩省考古工作者則咬定碣石在遼寧綏中和河北秦皇島及北戴河瀕海水中。本書提出一新思路:昌黎碣石山是《禹貢》中的碣石,綏中、秦皇島、北戴河海中的碣石是後世帝王登臨的碣石,兩者不是一回事。另如《禹貢》"九河"、"九江"、"三江"等衆説紛紜的詞語,本書都在總結、汲取前人成果的基礎上,加以折中,下以己意,結論得當可信。《禹貢》篇首"禹敷土"一語,本書以禹擴展疆土作解,甚爲精彩。當然,所謂疆土,祇是就其影響與控制而言,與後世國家制度下疆土意義不同。

《甘誓》有扈氏"威侮五行,怠棄三正"二語之"五行""三正"是什麽,説者莫衷一是。本書論定《甘誓》之"五行"是《洪範》九疇之第一項,即水火木金土五種物質,不是天上的水火木金土五星。"三正",馬融説是建子建丑建寅之三正,今人也有釋作三個大臣的。本書則認爲正與政古通用,三正就是三政,三方面的政治,也就是反映天之道、人之道、地之道的政治。古人一提天地人,就意味着全面、徹底,一切都包括在内。何以知道"三"是天地人?《尚書大傳》云:"以齊七政,七政謂春秋冬夏天文地理人道,所以爲政也。"《國語・楚語下》云："天地民及四時之務爲七事。""七政"、"七事"義同,講的都是政治。本書説,《甘誓》的"三正",就是這裏講的"七政"省去春秋冬夏四時。春秋冬夏與天地人本非同類同等的概念,不應合稱"七政"或"七事"。這是今人的邏輯,可是古人的邏輯習慣就是這樣。人事稱政治,天地怎麼可以稱政治?這又是古今人觀念不同之處。古人認爲天地人相通,好的政治必須處理好天地人三方面的問題,否則就是"怠棄三正"。我覺得本書這樣解釋《甘誓》之"威侮五行,怠棄三正",是對的。試想,如果"五行"是天上五星,"三正"是建子建丑建寅或者三大臣,夏啓對有扈氏的指責便失去鼓動意義,怎能激發起公憤!

　　《尚書》難讀難治,前人研究成果很多,站在現代的立場要求,令人滿意的極少。漢人重訓詁考據,於義理多不得要領。宋人重義理分析而忽略文字訓詁,逞臆猜測者在所難免。清人復倡訓詁考據,多有顧字不顧句,見木不見林之弊,重義理者亦多集前人成説,鮮言自己的觀點。本書擺脱古人經學研究的老路,代之以現代歷史學的新方法,從解決問題的角度出發,通貫連繫文字訓詁與義理分析,采取二者並重而以後者爲依歸的立場,同時特別注意汲取《尚書》研究的新成果。該著是《尚書》研究史上的一部新力作。

(《史學集刊》1997年第1期)

從《〈尚書·虞夏書〉新解》看
金景芳先生對《尚書》研究的貢獻

郭守信

　　人們以"浩如烟海"讚嘆我國傳統文化典籍之豐富,而在這浩如烟海的文化典籍中,《尚書》則是最古老、最珍貴的一部典籍。它記載了自堯舜以來到春秋之時的爲政大事和旨要,可以算是我國有史以來的第一部信史。説中華民族的文明悠久,《尚書》所載便是這悠久文明之始;説我國的傳統文化輝煌,《尚書》便是這輝煌文化的開源。

　　《尚書》之所以占據如此重要地位,一個最主要的原因是它經過了大思想家孔子的光顧。在孔子光顧以前,它是存放於官府的塵封故檔;在孔子光顧之後,原來的塵封故檔經過整理編次,遂列爲六藝之一,成爲學子必修的課程,是社會領袖以及政治家、思想家的爲政典範。

　　不幸的是,這部光輝典籍在秦始皇統一天下後,遭到了秦始皇的嚴屬禁毀,幾乎銷亡。秦亡之後,雖得秦博士伏生傳授,但劫難之餘已是殘缺不完,僅保存下來二十八篇。這二十八篇,内容屬夏代及其以前之書者四篇,爲《堯典》、《皋陶謨》、《禹貢》、《甘誓》;屬商人之書者五篇,爲《湯誓》、《盤庚》、《高宗肜日》、《西伯戡黎》、《微子》;西周包括春秋之文者十九篇,爲《牧誓》、《洪範》、《金滕》、《大誥》、《康誥》、《酒誥》、《梓材》、《召誥》、《洛誥》、《多士》、《無逸》、《君奭》、《多方》、《立政》、《顧命》、《吕刑》、《文侯之命》、《費誓》、《秦誓》。

　　儘管伏生傳留下來的這二十八篇文獻，並非原來《尚書》的全貌，但先聖開創文明的舉措以及三代哲人爲政治要的大綱，還是保存下來了。它不僅是中華民族的文化遺産，也是中華民族之光照耀世界的人類文明遺産。

　　自漢代以後，對《尚書》的傳治雖代不乏人，但由於漢代惑於五行災異，六朝以後又受《僞古文尚書》擾亂，真僞摻雜，《尚書》之精義隱晦喪失就自屬難免了。逮清代學人，雖用力超於前人，但缺點是注意於文字的訓詁考證，而對全句全章全文的瞭解卻很不夠。本世紀以來，因爲疑古風興，於是認定《尚書》爲戰國之物者有之，甚或指爲秦以後作品者亦接踵而出，更使《尚書》蒙塵而治者寥然。雖間或有人問津，但要旨精義的闡明就更艱難了。

　　王國維曾説過："於《書》所不能解者，十之五；於《詩》亦十之一二。此非獨弟所不能解也，漢魏以來諸大師未嘗不强爲之説，然其説終不可通，以是知先儒亦不能解也。"①以王氏學問之博大，對《尚書》尚且有如此之慨嘆。那麽，在當前爲弘揚中華民族傳統文化而進行的古籍整理工作中，要闡明這部古奧難懂、佶屈聱牙之典籍，揭示其精義的大任，將落於誰人之身呢？

　　十年前，我曾耳聞一個消息，説于省吾先生説："九十歲以前暫不動《尚書》，九十歲以後專力攻治《尚書》。"于省吾先生是名揚中外的學者、著名的古文字學專家，其《澤螺居詩經新證》一書，於《詩經》文字、成語、詩義的闡明，實使三千年之詩復增光輝。所以，彼時我聽到于老將治《尚書》一事，曾歡欣鼓舞，拍手稱快，專俟書成。遺憾，于老於九十之年不幸作古，讓我惘然失望。

　　其後，又聆知一消息：我師金景芳先生於 1989 年（時年八十有八）在完成並出版《周易全解》一書之後，亦以攻治《尚書》，整理這

---

　　① 　王國維：《觀堂集林》卷二《與友人論詩書中成語書》。

部最古奥、最艱澀的典籍,闡明其精義爲己任;也要在九十歲之年致力於斯,將其一生積累的學識獻給當代、傳遺後人。1991年在先生九十華誕宴席上,我見先生雖耄耋遐齡,但意氣不衰;雖蒼顔白髮,但精神矍鑠,可謂"學而不厭,誨人不倦,發憤忘食,樂以忘憂,不知老之將至。"不覺暗暗慶幸,天賜先生高壽,必能使《尚書》精義光輝於今朝。又兩年之後,金老與其助手吕紹綱先生合著之《〈尚書·虞夏書〉新解》書稿便告成功,並於1996年6月由遼寧古籍出版社出版。

　　《尚書·虞夏書》是指《尚書》中的前四篇——《堯典》、《皋陶謨》、《禹貢》、《甘誓》。其中,《堯典》記載的是堯舜治理天下和堯舜禪讓之事,《皋陶謨》記載的是皋陶同禹在舜前謀劃討論爲政之事。這兩篇文獻載記的資料,據説是舜當天下時掌史事者所録,舜爲有虞氏,故後人稱之爲《虞書》。《禹貢》記載的是禹平治水土、劃天下爲九州及任土作貢之事,《甘誓》是夏后啓討伐有扈氏的誓文。夏后啓是禹子,他憑藉其父禹平治水土的功業和影響,破壞了禪讓制而把公天下變爲傳子制的家天下,從而建立了夏王朝。所以關於禹啓的事情,當是夏代史官所傳録,故傳史事者稱《禹貢》、《甘誓》爲《夏書》,並將其與《堯典》、《皋陶謨》合起來總稱之爲《虞夏書》。

　　《堯典》是《尚書》的首篇。司馬遷在《史記·五帝本紀》中説:"學者多稱五帝尚矣,然《尚書》獨載堯以來。"這是説孔子編次《尚書》是以《堯典》作中國信史的開篇。然而金景芳先生通過對古史的全面研究,認爲孔子列《堯典》爲《尚書》首篇,取義遠非僅此,而是"有極深遠的意義",並指出:"孔子'論次'《尚書》取《堯典》作第一篇,堯以前事不取,還有更深一層意義。從《堯典》的内容看,有三項是主要的,一是制曆,二是選賢,三是命官。而第一項制曆是劃時代的大事。這件大事是堯完成的。"

　　説《堯典》載記的堯完成制曆工作是"劃時代的大事","有極深遠的意義",這是金景芳先生治學的精彩發現,是金景芳先生學術研究的卓越成果,將遭秦火焚燒而沉淪喪失了兩千餘年的《尚書》精義再度揭示出來,從而使我國傳統的天、天下、天子概念的形成和含義得到了歷史的、實際的闡明。對於這個問題,不僅自漢以來的歷代學人懵懂不明,即使"五四"以後的新史學家們亦多未能給以闡發。可以說這是金景芳先生在歷史研究工作上的一大貢獻。而這個發現,這個成果,這個貢獻,實屬來之不易。金老自弱冠讀書治學,至八九十歲高齡之後,才得到明確的認識和把握。據我所知,金老在 1956 年的《論宗法制度》、1959 年的《關於中國奴隸社會的幾個問題》中,就都曾對爲什麼天子要祭天的問題做了歷史根源的探討和闡述;而 1981 年在《中國古代思想的淵源》一文中,更詳細地論證了古人對天的認識過程和堯時產生的天概念的實際意義。通過這些論文,可以見到金老的治學是鍥而不舍,是一以貫之。故能知其然又知其所以然,得其大成而發前人之所未發或未能發。

　　金老在《〈尚書·虞夏書新解〉序》中說:"我們認爲帝堯制定新曆具有劃時代的意義。我們開始對於制定新曆的重要性並沒有明確認識,祇是首先我們讀《論語·泰伯》'子曰:大哉!堯之爲君也,巍巍乎!唯天爲大,唯堯則之,蕩蕩乎!民無能名焉,巍巍乎!其有成功也,煥乎!其有文章',感到驚異。孔子平生不輕許人,爲什麼獨對堯這樣稱頌,簡直把最美好的詞句都用上了。爲什麼提到天大?'則天'是什麼意思?及與《堯典》對照,才瞭解到這個天固然是自有人類以前就有,但是人的認識,並不是始終如一的。例如在堯制新曆以前,據《左傳》襄公九年說,是'祀大火,而火紀時焉',即視二十八宿中的心宿二紀時。心宿二當然不能代表天。而制新曆是'曆象日月星辰',日月星三辰就能代表天了。堯曆象日月星辰制曆是'則天',制曆以後,依曆行事也是'則天'。《堯典》說'朞三百六旬有六日,以閏月定四時成歲,允釐百工,庶績咸熙',就是依曆行事,從而達到'巍巍乎!其有成功也,煥乎!其有文章!'又,堯制新曆以前，長時期以火紀時，人們知有春秋，不知有冬夏。《尚書·洪範》說：'日月之行，則有冬有夏。'不知道日月之行，怎能知道有冬有夏呢！即還不知道有四時，不知道有閏月，不知道一歲是三百有六旬有六日。又，以火紀時之時如《國語·楚語》所說：'顓頊受之，乃命南正重司天以屬神，命火正黎司地以屬民。'即在以火紀時時期視天爲神的世界。而制定新曆以後，不同了。瞭解天是以日月星爲主體，在天上起作用的是日月星，特別是日。《禮記·郊特牲》說：'郊之祭也，迎長日之至也，大報天而主日也。'是其證明。正因爲這樣，人們知道天的主體是日月星，特別是日，而不是神。這在無形中人們的觀念悄悄地就改有神論爲無神論了。由此可見，堯的廢棄舊曆，改制新曆，是何等重要！ 無怪孔子論次《尚書》以《堯典》居首，而以最美好的詞句來稱頌堯了。"——這不難看出，金景芳先生治學不是以一書一文之章句討論歷史，而是全面掌握材料，融會貫通，用歷史唯物主義方法，依歷史實際去揭示闡發問題。

在中國哲學史上，自然天概念是堯時的實踐産生的，經孔子總結而發揚。這種思想認識，對中華民族來説，其意義遠遠超於意識形態。范文瀾在論孔子及儒家學説時曾指出："中國歷史上曾經有各式各樣的宗教侵入中國，儘管它們在某一時期得到盛行，但總不能生根長存。從南北朝到隋唐，高度盛行的佛教，也並無例外。抵抗宗教毒的力量，主要來自儒家學説。"[①]爲什麼儒家學説能抵抗宗教毒，范文瀾僅僅以"孔子也用中庸思想來看人與鬼神的關係"和孔子"敬鬼神而遠之"的主張作立論基礎。然而從孔子編次《尚書》以《堯典》爲首篇來看，不正説明儒家學説，其根源在堯時的社會實踐嗎！故金景芳先生在對《堯典》作全面解釋之後，又作出如

---

① 　范文瀾：《中國通史簡編》第一編第四章第九節，人民出版社，1964 年，第 203 頁。

下結論:"古代中國人自然之天的天概念從此形成,唯物論世界觀的基礎從此奠定,構成了以孔子學説爲主流的傳統思想文化的理論骨幹。自堯及堯以後上層人物及知識界在天與天人關係上絕大多數人持理性的態度。對天神地祇人鬼的祭祀不過出於實用或政治的目的。"那麼,范文瀾説的"抵抗宗教毒的力量主要來自儒家學説"的問題,不就不答自明了嗎!

關於《尚書》的第二篇《皋陶謨》,金景芳先生在對該篇進行研究和考察後,肯定了是當時人意識形態的真實記録,是極寶貴的史料。又根據《尚書大傳》記孔子説"《皋陶謨》可以觀治",而指出《皋陶謨》是"談政治的"。對這篇要旨的發掘,金景芳先生指出説:"我們認爲這篇作品的中心内容是'在知人,在安民'六字。"①

安民自不必説,何謂知人?《皋陶謨》文中提出了"寬而栗,柔而立,愿而恭,亂而敬,擾而毅,直而温,簡而廉,剛而塞,彊而義"九德。對皋陶説的這九德,金景芳先生極爲看重。在《〈皋陶謨〉新解》中,金老與吕紹綱先生從訓詁到文義,從社會屬性到歷史作用,對此"九德"進行了詳細認真的解釋和闡明;不僅糾正前人的誤解,而且還提出了三點想法:第一,《皋陶謨》所謂九德,如寬、如柔、如愿、如亂、如擾、如直、如簡、如剛、如强,無非是人之性格、心理以及行爲能力方面的特點,尚不具有後世如仁義禮智信忠孝等道德範疇的意義。第二,寬而栗、强而義的句式,反映出一種過猶不及的思想,與後來孔子表述的中庸之道一致。第三,此經之九德與《堯典》之"直而温、寬而栗、剛而無虐、簡而無傲",似有淵源關係。而《洪範》三德正是此經九德之概括。"寬而栗、柔而立、愿而恭"相當於《洪範》的"柔克";"亂而敬、擾而毅、直而温"相當於《洪範》的"正直";"簡而廉、剛而塞、强而義"相當於《洪範》的"剛克"。《吕刑》亦有三德之説。這説明《尚書》各篇内容是貫通的。以上三點共同證

---

① 金景芳、吕紹剛《〈尚書·虞夏書〉新解》金序,遼寧古籍出版社,1996 年。

明《皋陶謨》"九德"的早期性和真實性。

關於第二點，我們從皋陶所説的每一德的兩方面看，是既制約，又相輔。這和《論語·先進》篇中孔子對子路或哂之，或退之，而對冉求則進之，以及説子張過，子夏不及，而指出"過猶不及"的記載，實相若而又貫通，都有防止過度而導致走向反面的意義。由是可知，孔子及儒家哲學思想的核心，實淵源於堯舜之時；儒家所主張的人的最高修養境界的"中庸"，並非如批孔者們把中庸説成是調和、是左右逢源那種不負責任的誤人之論。九德是知人選賢的要旨，所以《皋陶謨》文中又一再説"日宣三德"，"日嚴祗敬六德"，"九德咸事"。前人對此的理解頗誤。金老與吕紹剛先生解釋説："前人之所以把'九德咸事'講成'使九德之人皆用事'，要害在於他們不懂得原始社會與後世階級社會之不同，以爲最高層領導祗能做知人、官人的主體，而不會是對象。殊不知堯舜禹這樣的領導人是被推選出來的。堯選擇舜、舜選擇禹，無不經過長期的嚴格考察。他們既要知人、官人，又同時自身也是被知、被官的人。而且要求的條件要更高，别人'日宣三德'、'日嚴祗敬六德'即可，他們則須'九德咸事'"。——這是振聾發聵的討論，無論對以往，對現今，還是對將來，都是負責任的解釋，是具有超時代意義的社會科學研究成果。

《禹貢》是《夏書》，這是就資料的歸屬性而言，並不是説《禹貢》所載之事晚於《虞書》。實際上禹治水事，不僅見於《堯典》，也見於《皋陶謨》，是堯舜當天下時所要解決的一件大事。所以在時代上，《禹貢》與《堯典》、《皋陶謨》所記爲同一時代的事情。但把關於禹治水土的歷史資料歸屬於《夏書》，即夏史，把它看作是太祖高廟的業績而着實地予以記錄存檔，則是合情合理的。

因此，金景芳先生在對《禹貢》作解時，指出篇首"禹敷土，隨山刊木，奠高山大川"十二字是全書綱領，又大量引證了先秦時人包括諸子對禹敷土、甸山、陂澤的講述，證明了大禹確有其人，平治水土確有其事。又根據《禹貢》記載的黃河下游已非春秋中葉以後的黃河河道和"震澤三江"是太湖水域而非長江入海水道等,批駁了把《禹貢》指爲戰國時代作品或秦統一中國以後僞作的説法之非。又在考察《禹貢》所載的九州地域山川河海純係自然地理區劃時,同柯斯文《原始文化史綱》對原始人熟悉自己的鄉土的論述相對照;而對《禹貢》篇八州言賦言貢而冀州衹言賦不言貢的問題,與馬克思《摩爾根〈古代社會〉一書摘要》中所説的"阿兹忒克聯盟並没有企圖將所征服的各部落並入聯盟之内","有時有一個貢物征收者留駐於他們之中"的情況相比較,印證了《禹貢》一書資料來源的古老,從而肯定了《禹貢》篇的歷史學意義。

正是因爲禹有平治水土之功,所以才能有禹子啓改禪讓制爲傳子制,從而變公天下爲家天下之舉,故接下來的《甘誓》篇正是這個轉變事件的文獻,即開創歷史上一個新時代的記録。

新事物的産生是對舊事物的揚棄,即既有否定也有繼承,而不是全盤廢除。因此,金老與吕紹綱先生在對《甘誓》篇中最難解的兩句話"威侮五行,怠棄三正"作解時,是把"威侮五行"與《洪範》"鯀堙洪水,汨陳其五行"合看,把"怠棄三正"與《堯典》"在璿璣玉衡,以齊七政"合看。《洪範》篇是商箕子向周武王講述禹治天下的大法。禹父鯀堤障洪水,違反了水潤下的性質,因而犯了大過被殛死。這是堯舜時發生的事,是彼時引以爲戒的事。即在當時來看,誰辦事不順五行之性,誰就是罪人。"以齊七政"是舜代堯主事,勤於政事。七政爲春夏秋冬天文地理人道,三正則爲天地人,即七政之省,則"怠棄三正"即荒廢政事。因此"威侮五行,怠棄三正"就是説既違背自然規律又搞糟政事。這在任何時代都是莫大的罪過,而在當時尤爲令人痛恨,從而使難解之文以淺顯明白之語給以釋通,而夏后啓討伐有扈氏也就義正辭嚴了。

請讀者注意,《堯典》記載的堯"曆象日月星辰",是掌握"日中"、"日永"、"宵中"、"日短"、"朞三百有六旬有六日,以閏月定四時成歲。允釐百工，庶績咸熙”之義的關鍵。這是“天工人其代之”，把先前目爲神人的天拉回到自然界的認識，是尚處於原始社會公天下時代先民的大進步。而《甘誓》篇中的夏后啓則是“天用剿絕其命，今予惟恭行天之罰”，天又變成神聖權威了。這是一個否定之否定。但仔細琢磨，夏后啓說話儘管威嚴，但也衹是代天行罰，無疑，這是傳承於“天工人其代之”而來。所以天始終是那個時代的社會觀念核心。即當人們認識了天的自然性，把握自然天的規律行事，是人代天工；而當把這種觀念用來搶奪天下時，則又把天推到神秘莫測的位置上去。於是天、天下、天子這種最具權威的觀念便在社會中醞釀出來，文明社會的大門也就從此敞開了。所以《甘誓》篇雖僅八十字，但文中所載的主人公已不是“允恭克讓”的民衆領袖，而是站在社會之上的“賞殺孥戮，行天之罰”的君王了。

通過金老與呂紹綱先生對《虞夏書》這四篇文獻的新的詮解，即可使讀者理解，《虞書》的内容是孔子所說的天下爲公的大同之世，而《夏書》則是大同之世轉爲天下爲家的小康時代的文獻。按現代社會的人類歷史分期來看，《虞夏書》所反映的正是我國從原始社會末期的軍事民主制向階級社會的君主制過渡時期的歷史内容。即《虞夏書》是中華文明曙光噴薄而出時期的歷史文獻記錄。

特別需要指出的是，《尚書》之《虞夏書》四篇，都曾被說成是戰國甚至更後時期編撰出來的東西。於是在史學界就出現了要把中國古史縮短二千年，從詩三百篇作起的觀點；或僅僅相信殷墟甲骨卜辭可作我國文明史研究材料的史學家了。因此，金老與呂紹綱先生這部《〈尚書·虞夏書〉新解》就尤有意義、尤顯功力了。

（《煙臺師範學院學報》(社哲版)1997 年第 4 期）

從《〈尚書·虞夏書〉新解》看
金景芳先生對傳統文化研究的貢獻

張　樹

　　《〈尚書·虞夏書〉新解》是古文獻大師、先秦史專家金景芳先生在古籍整理研究上的一部力作。先生在 1989 年（時年八十有八）完成並出版《周易全解》一書之後,慨然以攻治《尚書》,整理這部最古奧、最艱澀的典籍,以闡明其精義爲己任。1991 年我到吉林大學參加學術會議,在先生九十華誕宴席上,見先生雖耄耋遐齡,但意氣不衰;雖蒼顏白髮,但精神矍鑠,可謂"學而不厭,誨人不倦","發憤忘食,樂以忘憂,不知老之將至"。不覺暗暗慶幸,天賜先生高壽,必能使《尚書》精義光輝於今朝,實是當今學子有福,展拜斯文有望。又兩年之後,金老在其助手呂紹綱先生全力協助下,這部《〈尚書·虞夏書〉新解》書稿便告成功,並由我組稿於 1996 年 6 月在遼寧古籍出版社出版。

　　《尚書·虞夏書》是指《尚書》中的前四篇——《堯典》、《皋陶謨》、《禹貢》、《甘誓》。其中,《堯典》記載的是堯舜治理天下和堯舜禪讓之事;《皋陶謨》記載的是皋陶同禹在舜前謀劃討論爲政之事。這兩篇文獻記載的資料,據說是舜當天下時掌史事者所錄,舜爲有虞氏,故後人稱之爲《虞書》。《禹貢》記載的是禹平治水土、劃天下爲九州及任土作貢之事;《甘誓》是夏后啓討伐有扈氏的誓文。夏后啓是禹子,他憑藉其父禹平治水土的功業和影響,破壞了禪讓制而把公天下變爲傳子制的家天下,從而建立了夏王朝。所以關於禹啓的事情,當是夏代史官所傳錄,故傳史事者稱《禹貢》、《甘誓》

爲《夏書》,並將其與《堯典》、《皋陶謨》合起來總稱之爲《虞夏書》。

　　《堯典》是《尚書》的首篇。司馬遷在《史記·五帝本紀》中説:"學者多稱五帝尚矣,然《尚書》獨載堯以來。"——這是説孔子編次《尚書》,是以《堯典》作中國信史的開篇。然而金景芳先生對古史全面研究後,認爲孔子列《堯典》爲《尚書》首篇,取義遠非僅此,而是"有極深遠的意義",並指出:"孔子'論次'《尚書》取《堯典》作第一篇,堯以前事不取,還有更深一層意義。從《堯典》的內容看,有三項是主要的,一是制曆,二是選賢,三是命官。而第一項制曆是劃時代的大事。這件大事是堯完成的。"説《堯典》記載的堯完成制曆工作是"劃時代的大事","有極深遠的意義"。這是金景芳先生治學的精彩發現,是金景芳先生學術研究的卓越成果,將遭秦火焚燒而沉淪喪失了兩千餘年的《尚書》精義再度揭示出來,從而使我國傳統的天、天下、天子概念的形成和含義得到了歷史的、實際的闡明。對於這個問題,不僅自漢以來的歷代學人懵懂不明,即使"五四"以後的新史學家們亦未能給以闡發。可以説這是金景芳先生在歷史研究工作上的一大貢獻。而這個發現,這個成果,這個貢獻,實屬來之不易。金老自弱冠讀書治學,至八九十歲高齡之後,才得到明確的認識和把握。據我所知,金老在1956年的《論宗法制度》、1959年的《關於中國奴隸社會的幾個問題》中,就都曾對爲什麼天子要祭天的問題作了歷史根源的探討和闡述;而1981年在《中國古代思想的淵源》一文中,更詳細地論證了古人對天的認識過程和堯時產生的天概念的實際意義。通過這些論文,可以見到金老治學是鍥而不舍、一以貫之的。故能知其然又知其所以然,得其大成而發前人之所未發或未能發。

　　金老在《〈尚書·虞夏書新解〉序》中説:"我們認爲帝堯制定新曆具有劃時代的意義。我們開始對於制定新曆的重要性並沒有明確認識,祇是首先我們讀《論語·泰伯》'子曰:大哉!堯之爲君也。巍巍乎!唯天爲大,唯堯則之。蕩蕩乎!民無能名焉,巍巍乎!其有成功也。煥乎！其有文章’，感到驚異。孔子平生不輕許人，爲什麼獨對堯這樣稱頌，簡直把最美好的詞句都用上了。爲什麼提到‘天大’？‘則天’是什麼意思？及與《堯典》對照，才瞭解到這個天固然是自有人類以前就有，但是人的認識，並不是始終如一的。例如在堯制新曆以前，據《左傳》襄公九年説是‘祀大火，而火紀時焉’，即視二十八星宿中的心宿二紀時。心宿二當然不能代表天。而制新曆是‘曆象日月星辰’，日月星三辰就能代表天了。堯曆象日月星辰制曆是‘則天’，制曆以後，依曆行事也是‘則天’。《堯典》説‘朞三百有六旬有六日，以閏月定四時成歲，允厘百工，庶績咸熙。’就是依曆行事，從而達到‘巍巍乎！其有成功也。煥乎！其有文章’！又，堯制新曆以前，長時期以火紀時，人們知有春秋，不知有冬夏。《尚書‧洪範》説：‘日月之行，則有冬夏。’不知道日月之行，怎能知道有冬有夏呢？即還不知道有四時，不知道有閏月，不知道一歲是三百有六旬有六日。又，以火紀時之時如《國語‧楚語》所説：‘顓頊受之，乃命南正重司天以屬神，命火正黎司地以屬民。’即在以火紀時時期視天爲神的世界。而制定新曆以後，不同了。瞭解天是以日月星爲主體，在天上起作用的是日月星，特別是日。《禮記‧郊特性》説：‘郊之祭也，迎長日之至也，大報天而主日也。’是其證明。正因爲這樣，人們知道天的主體是日月星，特別是日，而不是神。這在無形中人們的觀念悄悄地就改有神論爲無神論了。由此可見，堯的廢棄舊曆，改制新曆，是何等重要！無怪孔子論次《尚書》以《堯典》居首，而以最美好的詞句來稱頌堯了。”——這不難看出，金景芳先生治學不是以一書一文之章句討論歷史，而是全面掌握材料，融會貫通，用歷史唯物主義方法，依歷史實際去揭示闡發問題。

在中國哲學史上，自然天概念是堯時的實踐產生的，經孔子總結而發揚。這種思想認識，對中華民族來説，其意義遠遠超於意識形態。《中國通史》著者、歷史學家范文瀾先生在論孔子及儒家學説時曾指出：“中國歷史上曾經有各式各樣的宗教侵入中國，儘管它們在某一時期得到盛行，但總不能生根長存。從南北朝到隋唐，高度盛行的佛教，也並無例外。抵抗宗教毒的力量，主要來自儒家學說。"爲什麽儒家學說能抵抗宗教毒，范文瀾先生僅僅以"孔子也用中庸思想來看人與鬼神的關係"和孔子"敬鬼神而遠之"的主張作立論基礎。然而從孔子編次《尚書》以《堯典》爲首來看，不正說明儒家學說，其根源在堯時的社會實踐嗎！故金景芳先生在對《堯典》作全面解釋之後，又作出如下結論："古代中國人自然之天的天概念從此形成，唯物論世界觀的基礎從此奠定，構成了以孔子學說爲主流的傳統思想文化的理論骨幹。自堯及堯以後上層人物及知識界在天與天人關係上絕大多數人持理性的態度。對天神地祇人鬼的祭祀不過出於實用或政治目的。"那麽，范文瀾先生説的"抵抗宗教毒的力量主要來自儒家學說"不就不答自明了嗎？

關於《尚書》的第二篇《皋陶謨》，金景芳先生在對該篇進行研究和考察後，肯定了是當時人意識形態的真實記錄，是極寶貴的史料。又根據《尚書大傳》記孔子説"《皋陶謨》可以觀治"，而指出《皋陶謨》是"談政治的"。對這篇要旨的發掘，金景芳先生指出："我們認爲這篇作品的中心内容是'在知人，在安民'六字。"

安民自不必説，何謂知人？《皋陶謨》文中提出了"寬而栗，柔而立，愿而恭，亂而敬，擾而毅，直而温，簡而廉，剛而塞，彊而義"九德。對皋陶説的這九德，金景芳先生極爲看重。在《〈皋陶謨〉新解》中，金老與吕紹綱先生從訓詁到文義，從社會屬性到歷史作用，對此"九德"進行了詳細認真的解釋和闡明，不僅糾正前人的誤解，而且還提出了三點想法：第一，《皋陶謨》所謂九德，如寬、如柔、如愿、如亂、如擾、如直、如簡、如剛、如彊，無非是人之性格、心理以及行爲能力方面的特點，尚不具有後世如仁義禮智信忠孝等道德範疇的意義。第二，寬而栗，彊而義的句式，反映出一種過猶不及的思想，與後來孔子表述的中庸之道一致。第三，此經之九德與《堯典》之"直而温、寬而栗、剛而無虐、簡而無傲"，似有淵源關係。而

《洪範》三德正是此經九德之概括。"寬而栗、柔而立、願而恭"相當於《洪範》的"柔克";"亂而敬、擾而毅、直而温"相當於《洪範》的"正直";"簡而廉、剛而塞、彊而義"相當於《洪範》的"剛克"。《吕刑》亦有三德之説。這説明《尚書》各篇内容是貫通的。以上三點共同證明《皋陶謨》"九德"的早期性和真實性。

關於第二點,我們從皋陶所説的每一德的兩方面看,是既制約,又相輔。這和《論語·先進》篇中孔子對子路或哂之、或退之,而對冉求則進之,以及説子張過,子夏不及,而指出"過猶不及"的記載,實相若而又貫通,都有防止過度而導致走向反面的意義。由是可知,孔子及儒家哲學思想的核心,實淵源於堯舜之時;儒家所主張人的最高修養境界的"中庸",並非如批孔者們把中庸説成是調和,是左右逢源那種不負責任的誤人之論。九德是知人選賢的要旨,所以《皋陶謨》文中又一再説"日宣三德","日嚴祗敬六德","九德咸事"。前人對此的理解頗誤。金老與吕紹綱先生解釋説:"前人之所以把'九德咸事'講成'使九德之人皆用事',要害在於他們不懂得原始社會與後世階級社會之不同,以爲最高層領導祗能做知人、官人的主體,而不會是對象。殊不知堯舜禹這樣的領導人是被推選出來的。堯選擇舜、舜選擇禹,無不經過長期的嚴格考察。他們既要知人、官人,又同時自身也是被知、被官的人。而且要求的條件要更高,別人'日宣三德'、'日嚴祗敬六德'即可,他們則須'九德咸事'"。——這是發聵振聾的討論,無論對以往,對現今,還是對將來,都是負責任的解釋,是具有超時代意義的社會科學研究成果。

《禹貢》是《夏書》,這是就資料的歸屬性而言,並不是説《禹貢》所載之事晚於《虞書》。實際上禹治水事,不僅見於《堯典》,也見於《皋陶謨》,是堯舜當天下時所要解決的一件大事。所以在時代上,《禹貢》與《堯典》、《皋陶謨》所記爲同一時代的事情。但把關於禹治水土的歷史資料歸屬於《夏書》,即夏代史官把它看作是太祖高廟的業績而着實地予以記録存檔，則是合情合理的。

因此，金景芳先生在對《禹貢》作解時，指出篇首"禹敷土，隨山刊木，奠高山大川"十二字是全書綱領，又大量引證了先秦時人包括諸子對"禹敷土、旬山、陂澤"的講述，證明了大禹確有其人，平治水土確有其事。又根據《禹貢》記載的黃河下游已非春秋中葉以後的黃河河道和"震澤三江"是太湖水域而非長江入海水道等，批駁了把《禹貢》指爲戰國時代作品或秦統一中國以後僞作的説法之非。又在考察《禹貢》所載的九州地域山川河海純係自然地理區劃時，同柯斯文《原始文化史綱》對原始人熟悉自己的鄉土論述相對照；而對《禹貢》篇八州言賦言貢而冀州祇言賦不言貢的問題，與馬克思《摩爾根〈古代社會〉一書摘要》中所説的"阿兹忒克聯盟並没有企圖將所征服的各部落並入聯盟之内"，"有時有一個貢物征收者留駐於他們之中"的情況相比較，印證了《禹貢》一書資料來源的古老，從而肯定了《禹貢》篇的歷史學意義。

正是因爲禹有平治水土之功所以才能有禹子啓改禪讓制爲傳子制，從而變公天下爲家天下之舉，故接下來的《甘誓》篇正是這個轉變事件的文獻，即開創歷史上一個新時代的記録。

新事物的産生是對舊事物的揚棄，即既有否定也有繼承，而不是全盤廢除。因此，金景芳先生在對《甘誓》篇中最難解的兩句話"威侮五行，怠棄三正"作解時，是把"威侮五行"與《洪範》"鯀堙洪水，汩陳其五行"合看，把"怠棄三正"與《堯典》"在璿璣玉衡，以齊七政"合看。《洪範》篇是商箕子向周武王講述禹治天下的大法。禹父鯀堤障洪水，違反了水潤下的性質，因而犯了大過被殛死。這是堯舜時發生的事，是彼時引以爲戒的事。即在當時來看，誰辦事不順五行之性，誰就是罪人。"以齊七政"是舜代堯主事，勤於政事。七政爲春夏秋冬天文地理人道，三正則爲天地人，即七政之省，則"怠棄三正"即荒廢政事。因此"威侮五行，怠棄三正"就是説既違背自然規律又搞糟政事，這在任何時代都是莫大的罪過，而在當時尤為令人痛恨，從而使難解之文以淺顯明白之語給以釋通，而夏后啟討伐有扈氏也就義正辭嚴了。

請讀者注意，《堯典》記載的堯是"曆象日月星辰"，是掌握"日中"、"日永"、"宵中"、"日短"、"朞三百有六旬有六日，以閏月定四時成歲。允釐百工，庶績咸熙"之義的關鍵。這是"天工人其代之"，把先前為神人的天拉回到自然界的認識，是尚處於原始社會公天下時代先民的大進步。而《甘誓》篇中的夏后啟則是"天用剿絕其命，今予惟恭行天之罰"，天又變成神聖權威了。這是一個否定之否定。但仔細琢磨，夏后啟說話儘管威嚴，但也祇是代天行罰，無疑，這是傳承於"天工人其代之"而來。所以天始終是那個時代的社會觀念核心。即當人們認識了天的自然性，把握自然天的規律行事，是人代天工；而當把這種觀念用來搶奪天下時，則又把天推到神秘莫測的位置上去。於是天、天下、天子這種最具權威的觀念便在社會中醞釀出來，文明社會的大門也就從此敞開了。所以《甘誓》篇雖僅88字，但文中所載的主人公已不是"允恭克讓"的民眾領袖，而是站在社會之上的"賞殺孥戮，行天之罰"的君王了。

通過金老與呂紹綱先生對《虞夏書》這四篇文獻新的詮解，即可使讀者理解，《虞書》的內容是孔子所說的"天下為公"的大同之世，而《夏書》則是大同之世轉為"天下為家"的小康時代的文獻。按現代社會的人類歷史分期來看，《虞夏書》所反映的正是我國從原始社會末期的軍事民主制向階級社會的君主制過渡時期的歷史內容，即《虞夏書》是中華文明曙光噴薄而出時期的歷史文獻記錄。

特別需要指出的是，《尚書》之《虞夏書》四篇，都曾被說成是戰國甚至更後時期編撰出來的東西。於是在史學界就出現了要把中國古代史縮短兩千年，從詩三百篇作起的觀點；或僅僅相信殷墟甲骨卜辭可作我國文明史研究材料的史學家了。因此，金老和呂紹綱先生這部《〈尚書·虞夏書〉新解》就尤有意義、尤顯功力了。

（《文化學刊》2007年第6期）

學術評價

《金景芳師傳學者文庫》總序

李學勤

《金景芳師傳學者文庫》即將由黑龍江人民出版社出版。把一位在學術界有重要影響的學者衆多弟子的著作匯集起來,成爲叢書印行,乃是近年罕見的創舉。

金景芳先生字曉邨,遼寧義縣人,生於公元 1902 年,卒於公元 2001 年。他終生獻身於教學研究工作,早年曾執教小學、中學,1941 年進入東北大學,1954 年調到東北人民大學,即後來的吉林大學,前後講授達六十年,授業學生難以數計。金先生自 1961 年招研究生,“文革”後 1981 年被評爲首批博士生導師,其後共培養碩士十六位、博士二十四位,都已成爲高校或科研機構的骨幹力量。這裏說的金門弟子,指的就是他們。

金先生享壽期頤,著述等身,其學術淵博寬廣,及於文史諸多方面,而其重心在於先秦歷史文化。1999 年出版的《學林春秋》初編有他的《我和先秦史》一文,篇中將他自己的主要學術成果歸納爲五個方面,均列於先秦史範圍。事實上,吉林大學長期以來是先秦史學科的重點,金先生指導的弟子們也都在各自單位對先秦史學科的發展做出貢獻。《金景芳師傳學者文庫》第一輯四位教授的作品:謝維揚的《周代家庭形態》、呂文郁的《周代采邑制度研究》、葛志毅的《周代分封制度研究》和常金倉的《周代禮俗研究》,皆係先秦史方面的專題探討,可以明顯看出其與師學的傳承關係。

2003 年,金景芳先生弟子陳恩林、舒大剛、康學偉三位教授曾

編纂《金景芳學案》，經綫裝書局出版。該書開首收入金先生《自
傳》與若干代表性論文，以及金先生受其知遇的金毓黻等人傳略，
然後列舉助手、弟子三十二人，各錄其論作二至三篇。《金景芳師
傳學者文庫》在一定意義上可說是《學案》的繼續和擴大，但由於所
收都是專著，其性質、規模自然又有不同。

　　重視學術上的師承關係，是中國文化的一種優良傳統，而在歷
史上，最能够系統地體現學術師承關係的著作體裁便是學案。談
到學案，大家自然首先想到明末清初黄宗羲的《明儒學案》及《宋元
學案》。有的學者認爲，學案體的出現係受佛教禪宗燈錄的影響，
這恐怕不真實，或者至少是不確切的。司馬遷作《史記》，已經在
《孔子世家》之外，專設《仲尼弟子列傳》，根據孔壁古文"弟子籍"，
記述孔門的傳承事迹。《史》、《漢》的《儒林列傳》，也突出了學者的
師傳關係。作爲學案體發軔的朱子《伊洛淵源錄》，特點不過是專
題單行而已。其後類似作品很多，到黄宗羲的兩部《學案》，將這一
體裁的優長發揮到極致，於是成爲傳統學術史著作的典範。

　　《金景芳學案》和《金景芳師傳學者文庫》進一步闡揚并且改造
了學案體的傳統。尤其是《文庫》，所收錄的都是金門弟子各自的
代表性著作，由此可以看出他們怎樣在繼承師學的同時，做出了自
己創造性的發展，爲今後研究現代的學術史提供了實例和佳話。

　　我是後學，比金景芳先生小三十歲，但有機會獲見金先生已是
四十多年前的事了。1961年的一個下午，金先生到中國科學院歷
史研究所來看曾與他同在復性書院的張德鈞先生。那天張先生不
在，祇有我一個留在思想史研究室工作，就接待金先生，多有承教，
最後步行把他送到北京火車站。

　　從七十年代末起，我常前往吉林大學，後來還受聘爲兼職教
授，每到長春，一定去謁見金景芳先生。蒙金先生不棄，我多次主
持他的弟子學位答辯，得以仔細閱讀他們的論文，對於金先生指點
培育所費苦心和辛勞，有十分深刻的印象。特別是九十年代，在答

辯會上我總是强調金先生以耄耋之年，仍對學生如此盡力教誨，實爲學術史上所稀有。《金景芳師傳學者文庫》所收各書，不少就是他弟子們的學位論文，讀者不難通過這些作品，看到金先生教學達到的成效。

　　金先生在《自傳》裏講過這樣一段話："我讀書有一個怪脾氣，就是不怕難，越難我越想讀。又由於我得力在自學，喜歡獨立思考。我認爲對的東西，敢於堅持，敢於同錯誤的東西作鬥争。"金先生的著作，貫穿着這種深入鑽研、實事求是的精神，他的各位弟子也能繼承老師的這種精神，在學科發展中取得多方面的建樹成果。《文庫》的陸續出版，將會向讀者充分展示這一點。

　　最後我還想向作爲金先生弟子的各位學者提一個建議，便是儘快編輯金先生的全集。金先生的論著，有的早已風行，但印數有限，今天大家想讀，苦於搜求不易；還有一些文章，尤其是早年所撰，久歸散佚，更需要下功夫輯集。全集的完成，將同這部《金景芳師傳學者文庫》一起，成爲對這位世紀學人的最佳紀念。

李學勤

2005 年 2 月 11 日

農曆正月初三

（《金景芳師傳學者文庫》，黑龍江人民出版社，2005 年）

金老與中國思想史研究

張豈之

　　金老學問淵博，在經學和歷史文獻方面有重要的貢獻。我向金老請教的機會雖然不多，但是我和金老的大弟子呂紹綱教授時有往來。經呂先生介紹，我對金老的治學精神十分敬佩。1991年在南京召開的關於中國思想史、文化史的國際學術討論會，以及1994年在北京召開的國際儒學聯合會研討會上，我曾聽到金先生關於中國儒學和中國思想史若干問題的精闢發言。後來我又讀了《金景芳自傳》和金老關於中國社會史和思想史的若干論著，受益很多。值此祝賀金老九十五華誕之際，我想就金老在中國思想史研究方法論上的創造性貢獻，根據我的粗淺體會談幾點感受。

　　金老很注意文獻學研究與思想史研究的結合。前人作中國文化學術思想史研究，沒有不在文獻學上下功夫的。因爲這是研究的基礎。但是，前人研究文獻學有時過於偏重訓詁考據，忽視了文獻的思想內涵。或者，前人作學術思想史研究，過多地從義理方面加以發揮，而忽略了某些範疇、概念在文獻上的本來意義。金老在學術研究上沒有漢學與宋學的偏頗，而力求采取二者之長。他依據獨立自得的研究，將歷史文獻學的實事求是精神與思想史的理論探索融爲一體，從而在中國思想史的研究中提出了許多新見解。我們讀他的《易論》、《古籍考證五則》、《釋"二南"、"初吉"、"三湌"、"麟止"》、《論孔子思想有兩個核心》，就能體會到金老在這方面的功力之深，如果進一步讀讀金老的名文《老子的年代和思想》、《關於荀子的幾個問題》、《關於孔子研究的方法論問題》、《中國古代思想的淵源》，即可看到"由辭以通道"，將歷史文獻學與思想史研究有機結合的範本。今天我們要將中國思想文化史的研究引向深入，作出更多的成果，祇是凌空地進行概念的分析，或者借古人之名去構築自己的體系，大約是不會有多少説服力的。我們需要學習金老，在文獻學與思想史的研究中多做溝通和參照比較的工作。

金老還注意經學研究與思想史研究的結合。中國文化學術思想史總是和經學聯繫在一起。從某種意義上説，中國思想史就是對於經書的闡釋和演繹。因此，如果不研究經學，而要求在思想史研究中取得重大成果，那是不可能的。金老的研究經驗向我們顯示：他對於孔子、老子、荀子等的研究，取得新的進展，這和他在關於《周易》、《春秋》等經書上的深入而獨到的研究有着必然的聯繫。他在《孔子與六經》、《中國古代思想的淵源》以及《孔子的這一份珍貴遺產——六經》等論文中，將經學研究與思想史研究融爲一體，使我們從"經"中看到思想的淵源，又從思想中看到"經"的學術價值。這樣，"經"就不再是一堆死材料，而成爲有血有肉的思想文化載體。這樣，思想史不是空對空，而是有了歷史的和思想資料的依據。總之經學的研究與思想史研究的進一步融匯，我們在金先生已經取得重要成果的基礎上，還要繼續做下去。

思想史研究和中國社會史研究的結合，這是金老學術研究中的另一個注意焦點。在歷史上，任何一種有體系的思想理論都根植於一定的社會歷史土壤。因此，思想史研究的難點就是科學地揭示歷史演變和邏輯演變的一致性。許多馬克思主義學術大師在這方面作出了重要貢獻。這是不可等閑視之的。如果思想史的研究祇是從概念到概念，從範疇到範疇，依據西方某些哲學家的思想體系，或者依照研究者自己的思想體系，將一些概念和範疇納入到一定的理論架構中間去，這樣的工作當然不能説没有意義，但是就其研究過程來説，那祇是做了一半，或者説還没有達到研究的終極目標。金老對於這樣的研究，覺得有必要向前推進。他參考了其他學者在社會史研究方面的成果，進一步提出了他自己的獨立見解。應當指出，金老在中國社會史研究中，是作出了很大成績的。他的《中國奴隸社會的階級結構》、《中國古代史分期商榷》、《論井田制度》、《馬克思主義關於奴隸制的科學概念與中國古代史分期》等論文，實際上構成了金老關於中國古代社會史理論體系的基礎。而金老關於中國古代思想史和經學史的若干觀點都與他的社會史觀點密切聯繫着，形成了一個整體。金老的研究成果充分顯示他是一位有系統的社會史理論的古史專家、古文獻學家和思想史家。

　　以上所談金老關於中國思想史研究方法論的三方面啓示，正是他的豐富治學經驗之所在。金老經常説，學貴於攻克難點，不走捷徑，不急於求成。金老在學術研究中選擇了難題，用最大的毅力去加以攻克，這對於我們後學是有許多啓示的。金老自書孔子"發憤忘食，樂以忘憂，不知老之將至"的話以自勵。我們更應當記住這樣的話，向金老學習，將學術工作向前推進。

　　（《金景芳教授九五誕辰紀念文集》，吉林文史出版社，1996年）

在《金景芳學案》首發式上的發言

詹子慶

金老離開我們已三年多了，大家都很懷念他，都在追思他。先生好像離開我們那麼遙遠，他去了冥冥世界的"天國"；不過，他又與我們很近很近，因爲我們經常閱讀他的傳世佳作，經常體味他的學術思想，他那慈祥而又嚴肅的面容還經常浮現在我們的眼前。金老永遠活在我們這些學人的心中。今天，金門弟子爲了紀念先生，編寫了這套《金景芳學案》。《學案》是中國傳統史學的一種體裁，興於明末清初，是總結學術源流的學術史著作。黃宗羲的《明儒學案》是《學案》體史書的開山之作，繼後出了本《清儒學案》，又有楊向奎先生編撰的《清儒學案新編》。而現在呈現在我們面前的這部《金景芳學案》就是繼承傳統史學體例，側重分析學術源流、弘揚金老學術思想、展示金門學派陣容的《學案》體史著。借此機會，我談兩點體會：

首先，我認爲《學案》總結弘揚金老學術思想，爲文化積累和學術傳承做了一件有意義的工作。大凡讀過金老著作的人都能體會到金老的學術貢獻，各位先生更能如數家珍地道出，在此，我僅簡單歸納成三個方面。

第一，對先秦史和先秦文獻研究方面的貢獻。

先生構建了自己的上古史體系，對古史分期、古代制度、古代社會結構、思想文化等方面都有許多獨到見解。對《詩》、《書》、三《禮》、《春秋》三傳等都有超過前人的精闢研究。

　　第二，對孔子思想和先秦儒家思想的研究貢獻。

　　先生這方面的成就更是碩果纍纍，尤其是對孔子思想體系、孔學的現代價值以及孔子和六經關係等研究更是獨樹一幟，爲世人所矚目。

　　第三，對易學的研究貢獻。

　　先生能從易學源流、易經的深邃內涵，特別對孔子與《易經》關係等研究更是探幽闡微，尤多創獲。

　　金老的學問是博大精深的，金老的人格更是令人敬重的。我相信《學案》的問世，必將使金老的學問得到進一步弘揚。

　　另外，《學案》的出版，還可以起到展示金門弟子繼承師道、辛勤耕耘學術、弘揚金老學問的成績。我們知道金老任教數十年，培養數十位博士生、碩士生，當年栽下的幼苗，今天已長成喬木，在國內先秦史學界形成了學派，號稱"金門學派"。將這一壯觀景象，告慰先生，若先生在九泉之下有知，定會非常滿意。當然先生也會希望學生能超越自己，使自己開闢的學派能不斷創新，讓他的這份學問不致於寥若晨星，而使它們繁花似錦。

　　2004 年 4 月 23 日由吉林大學古籍研究所、四川大學古籍研究所和吉林師範大學聯合舉辦"紀念金景芳教授逝世三周年暨《金景芳學案》首發式"。《金景芳學案》（陳恩林、舒大剛、康學偉主編）一書近期已由綫裝書局出版發行。

　　　　　（在《金景芳學案》首發式上的發言，2004 年 4 月）

金景芳先生與孔子研究

呂紹綱

今年6月9日是金景芳先生九十歲生日,今年又是他從事教育工作七十年,《孔子研究》邀我寫一篇文章,以兹紀念。我高興地接受了這一任務。寫些什麼呢? 我想,金先生一輩子都在研究孔子,對孔子這個人物特有興趣,而且老來彌篤,文章又要發表在《孔子研究》上,於是想出了這個題目。

金先生帶領呂文郁副教授和我新近寫成一部《孔子新傳》,大約二十八萬字,十二章,已脱稿交由湖南出版社刊行。我就由這部《孔子新傳》説開去。

這部書爲什麼叫"新傳"? 金先生當時對我説,孔子的經歷問題從司馬遷到現在,人們已經講得夠多了,我們就從簡,重點放在孔子的學説和它的流傳上。還有一層意義金先生没有説,那就是金先生的有些觀點是别人前此不曾講過的,拿出來必令人感到新。

書分十二章,實際是八個單元,即:如何評價孔子、孔子的生平與事業、孔子思想有兩個核心、孔子的天道觀與人性論、孔子的教育思想、孔子的政治、經濟、軍事思想、孔子這一份珍貴的遺産——"六經"、孔學流傳述評。

如何評價孔子是孔子研究中的一個大問題,無論談孔子的哪一方面,最終都要落到這個問題上。金景芳先生對這個問題想了許多年,他發現一個規律,凡是治世都尊孔,凡是亂世都反孔。道理在於孔子的學説對維護社會安寧秩序有利,對破壞社會的舊秩序不利。當革命動亂時期,社會需要破,不破壞舊秩序,不能建立新秩序,而孔子學説是破的障礙，人們當然要反孔，至少要冷落他。當社會面臨建設，要建立新秩序的時候，再破不止，舊的新的將同歸於盡，不會有好的結果，而立是重要的，這時候孔子的學説必然受到重視。以往的歷史恰恰又是一治一亂發展過來的。《孟子·滕文公下》説：“天下之生久矣，一治一亂。”孟子已經看出社會的發展總是采取治亂交替的形式。孟子的見解符合以往的客觀情況。這樣説來，孔子的命運時好時壞，時而受尊，時而挨批，本是正常的事，不足奇怪。這就叫辯證法。孔子本人的思想就有這個辯證法。不過孔子不叫辯證法，孔子叫“無可無不可”，叫“時”。《論語·微子》記孔子説：“我則異於是，無可無不可。”意思是一切依時而定。

　　孔子及其思想是客觀存在，是什麽就是什麽，不可能再變。然而孔子思想的價值卻是隨着時代變化的。金先生舉本世紀人們對孔子評價的變化爲例論證這個問題。中國自“五四”運動至中華人民共和國成立是革命時期，當時的任務是推倒帝國主義、封建主義、官僚資本主義三座大山，是破壞舊秩序，批孔反孔是必要的，正確的。建國以後，特別在今天，中國正在進行社會主義建設，對待孔子的態度不能不有所變化。此一時彼一時，不可用今日的情況回過頭去派“五四”時代批孔反孔的不是。

　　孔子思想是中國傳統思想文化的主幹，總體上説要繼承。繼承本身包含着批判。“五四”時代對孔子的態度批判是主要的，也不曾否認繼承。今日對孔子的態度繼承是主要的，也不可不要批判。孔子思想中那超時代性的，至今仍具有真理性的精華，我們要繼承。至於那些已失去真理性的糟粕，批判是不可避免的。

　　關於孔子思想的核心問題，學術界一直有爭議，有人説是仁，有人説是禮，有人説是仁義。金先生説孔子思想的核心有兩個，一個是“仁義”，一個是“時”。仁義是他的人生哲學，時是他的世界觀。兩個核心，屬於世界觀的時當然是根本的。但是如果説孔子思想的核心就是時，没有別的，那又不全面。仁義學説分明是孔子思想的重點，離開仁義則孔子就不成其爲孔子了。

　　孔子思想有兩個核心的觀點，金先生已有專文發表，①講得十分清楚，無須重複，這裏我祇談兩點。第一，孔子講仁也講義，仁義相連不可分。仁的實質是人，是愛有差等。金先生認爲仁義連用不是孟子的專賣品，孔子實際上早已仁義連用。《莊子》攻擊孔子，言仁必連及義。《莊子》三十三篇中有十七篇仁義連用。《天運》："孔子見老聃而語仁義。"《天道》："孔子曰：'要在仁義。'"《讓王》："今丘抱仁義之道。"《漁父》：孔子"身行仁義"。莊子是孔子思想的反對派，若孔子本來不是仁義連言，莊子何必强加諸孔子。在《論語》中不見仁義二字連言，但《說卦傳》有，"立人之道曰仁與義"就是典型的一句。《周易》之傳文是孔子作的，思想屬於孔子。《論語》總是把"出則事公卿"與"入則事父兄"，"遠之事君"與"邇之事父"，"君君臣臣"與"父父子子"並列而言，其實就是仁義連用。《論語·里仁》："子曰：'唯仁者能好人，能惡人。'""能惡人"就是義。孔子言仁時，內裏已經有義在了。這是仁義連用的問題。孔子的仁概念之含義問題，金先生常常同我談起。給我印象最深的是，他說韓愈"博愛之謂仁"，張載"民吾同胞，物吾與也"，朱熹"仁是心之德，愛之理"，都不是孔子立言的本意。孔子講的仁，可以理解爲愛，但是愛有差等，不是博愛，不是對什麼人都施以同樣的愛，而且不但能愛人，還要能惡人。仁所要求的祇是人類自身的愛，人對物的愛或動物之間的愛，都不可稱之爲仁。張載的"民吾同胞"，泯滅了愛的差等；"物吾與也"，否定了人類與物之間的界限。人對動物可以言愛而不可以言仁。《莊子·天運》記莊子說："虎狼仁也。"這話不對。虎狼有愛子之本能，不能推及於同類，故不可謂仁。仁祇在人類中存在。所以金先生對《中庸》所記孔子的那段話最重視，說那是關於仁義的最好注釋。那段話是："仁者人也，親親爲大。

---

　　①　《論孔子思想的兩個核心》，《歷史研究》1990 年第 5 期。

義者宜也,尊賢爲大。親親之殺,尊賢之等,禮所生也。"尊賢即尊
尊。仁義來自於親親即人的血緣關係和尊尊即政治關係,而不是
朱熹説的什麼"心之德,愛之理"和"心之制,事之宜"。

　　關於孔子思想的兩個核心問題,我要説的第二點是"時"在孔
子思想中的重要地位。近些年來,金先生多次同我講起孔子的時。
以爲孔子思想中最根本、最重要的東西就是時,就是變化,用今語
表達就是辯證法,也就是要求人們看問題做事情要依時爲轉移。
客觀世界是變的,人處理問題的對策也要相應地變。掌握變化的
分寸,不使過或不及,就是中。所以時裏包括中,時也稱時中。中,
不是不偏不倚,取兩端之中。中,實際上是説看問題做事情選出最
合時宜的最佳方案。孔子有時也把時中稱作中庸。《孟子·盡心
上》:"子莫執中,執中爲近之。執中而無權,猶執一也。所惡執一
者,爲其賊道也,舉一而廢百也。"執中要有權。孟子説的是子莫的
執中。孔子的中也要有權,當屬無疑。執中有權的時即時中,中
庸。金先生説,爲什麼《中庸》記孔子説"天下國家可均也,爵禄可
辭也,白刃可蹈也。中庸不可能也"? 爲什麼説"中庸其至矣乎,民
鮮能久矣"? 因爲中庸最難能。要人明確幹一件什麼事情或者不
幹一件什麼事情,例如去死,去放棄地位,衹要想幹便可以幹成;而
要人在一切時候,對待一切問題,都能因時制宜,做到分寸恰當,最
合尺度,卻遠不是想辦就可以辦到的。孔子時中的思想,孟子理解
最爲深刻,可惜後世人完全忽略了。

　　言及孔子的時,時中,中庸,金先生最近特別注意唐宋人説的
道統問題。韓愈《原道》:"堯以是傳之舜,舜以是傳之禹,禹以是傳
之湯,湯以是傳之文、武、周公,文、武、周公傳之孔子。"韓愈説孔子
的道統傳自堯舜,不是孔子首創,但道統是什麼,韓愈未明言。宋
人提出所謂十六字,朱熹在《中庸章句序》中説:"道統之傳有自來
矣,其見於經,則'允執厥中'者,堯之所以授舜也。'人心惟危,道
心惟微,惟精惟一,允執厥中'者,舜之所以授禹也。"這十六字心傳

原出僞古文《尚書》之《大禹謨》，不足憑信，但"允執其中"一語則見於《論語·堯曰》，其文曰："堯曰：咨爾舜，天之曆數在爾躬，允執其中，四海困窮，天禄永終。"《中庸》也説："舜好問而好察邇言，隱惡而揚言，執其兩端，用其中於民，其斯以爲舜乎！"《論語》與《中庸》都言及"允執其中"的問題，堯舜禹相傳的必是這個。金先生説"允執其中"，"執其兩端用其中"，實堪注意。爲什麽堯向舜交權，舜向禹交權，都什麽也不説，祇强調地交代這句話？必是這句話最重要，最有普遍意義。做到這一條，其餘具體的要求不須説。"曆數"是什麽，金先生説，古訓皆未得要領，應以《堯典》"乃命羲和，欽若昊天，曆象日月星辰，敬授人時"爲正解。天是有春夏秋冬四時的自然之天，曆象是觀測計算日月在經星二十八宿背景上的運行時間。據此制定曆法，頒行天下遵循使用，就是"敬授人時"。人指上層人士，不是普通庶民百姓。庶民百姓稱民不稱人。古代頒行曆法是件大事，是天子（先前是部落聯盟酋長）才有的權力。天子每年頒朔給諸侯。這叫朔政制度。天子的權力以朔政爲標誌。故後世夷狄來服叫奉正朔。朔政起於"曆象日月星辰"即"曆數"，故"曆數"便成爲天子權力的另一種稱謂。《論語》何晏注："曆數謂列次也。"朱熹《論語集注》："曆數，帝王相繼之次第，猶歲時節氣之先後也。"何、朱二説並誤。

"允執其中"與"執其兩端用其中於民"意義相同。"允執其中"，須先執其兩端。没有兩端就談不到中。中是兩端的中。兩端是什麽，鄭玄以兩端爲"過與不及"，朱熹以兩端"謂衆論不同之極致。蓋凡物皆有兩端，如小大厚薄之類"。金先生説鄭、朱二人説是。"兩端"用今語説就是矛盾。執中不是不偏不倚，正取中間，即折中主義，中間道路。程子説"不偏之謂中"，是不對的。不偏不倚，在兩端的正中間，是執一，不是執中。執一是確定的，不變的，簡單易能。執中是不確定的，多變的，幾乎不可能。執中要像權（秤錘）那樣依着輕重擺動不居，卻又不像權那樣容易把握。心中像有一杆秤一樣,恰當準確地反映事物的變化,當然是極難的。這就是孔子説"中庸不可能也"和堯舜禹傳代時什麼都不説,祇説"允執其中"這句話的緣故。一個人倘能做到"允執其中",便任何問題都能解決,都能應對。唐宋人所説道統若指此而言,那末道統説是可信的。韓愈説道統至於孟子之後不傳,也是對的。孟子的確深刻理解並把握了孔子的時中概念,孟子之後的人則大多不甚得要領,宋以後尤甚。

這是金先生的孔子思想兩個中心説,已寫進《孔子新傳》。

孔子哲學是唯心論還是唯物論這個問題很麻煩,不易解決,許多人實際上把這個問題避開了。金先生則很明朗,一點不含糊地説孔子哲學是唯物論的。這裏有兩點是重要的。第一,金先生研究《周易》多年,越來越相信《易傳》係孔子所作,《易傳》的思想既是《周易》的,也是孔子的。因此金先生主張研究孔子除《論語》外,還要根據《周易》一書。《論語·陽貨》記孔子説:"天何言哉,四時行焉,百物生焉,天何言哉!"人們都承認這幾句話是唯物論的,這個天是自然之天,不是主宰之天,但是《論語》裏能説明問題的話祇有這麼一段,等於孤證,所以人們又都不肯明言孔子思想是唯物論的。金先生將《論語》同《周易》聯繫起來看,情況就大不一樣了。《繫辭傳》:"易有太極,是生兩儀,兩儀生四象,四象生八卦。"太極是物質性實體,太極之前還有什麼,它不説了,這顯然是唯物論。至於《易傳》的其他言論,如《序卦傳》:"有天地然後萬物生焉。"乾卦辭:"乾,元亨利貞。"坤卦辭:"坤,元亨利牝馬之貞。"乾《彖傳》:"大哉乾元,萬物資始,乃統天。"坤《彖傳》:"至哉坤元,萬物資生,乃順承天"。《繫辭傳》:"法象莫大乎天地,變通莫大乎四時。"等等,無不與《論語》"四時行焉,百物生焉"的觀點如出一轍。第二,孔子在鬼神問題上模棱兩可,不説有鬼神也不説没有鬼神,讓人看不透他是無神論者還是有神論者。孔子説"祭如在,祭神如神在"(《論語·八佾》),"未能事人,焉能事鬼","未知生,焉知死"(《先進》)。這些話不否定鬼神也不肯定鬼神。許多人認爲不否認鬼神就是相信有鬼神。金先生認爲不肯定鬼神就是不相信有鬼神。當時的社會條件不允許孔子公開否定鬼神，不肯定也不否定，是最明智的辦法。金先生舉出《荀子·天論》的一段話揭開了儒家鬼神觀的秘密。荀子説："日月食而救之，天旱而雩，卜筮然後決大事，非以爲得求也，以文之也。故君子以爲文，而百姓以爲神。以爲文則吉，以爲神則凶。"信鬼神全是表面文章，不信鬼神才是實質。

孔學自孔學，儒學自儒學，儒學不等於孔學。後世著名的漢學、宋學都是儒學，不是孔學，儒學漸漸發展的過程，恰是孔學漸漸衰落的過程。這是金景芳先生的又一重要觀點。金先生主張劃分清楚孔學與儒學的界限，不要用後世的儒學冒充孔學。儒學，新儒學，現代新儒學，都可以研究，但要説清楚，它們就是它們，它們不是孔學。它們多是打着孔子的旗號搞自己的東西。例如人性論問題，孔子説"性相近也，習相遠也"(《論語·陽貨》)，是正確的。性是人的自然屬性，大家都一樣，所以叫性。近，説明人與人有共性，也有差異性，即個性。所以説相近而不説相同。習是後天習染，是人的社會屬性。人在社會屬性上差別是大的，所以説相遠。社會屬性人與人差別大，所以孔子不稱性而稱習。孟子言人性善，荀子言人性惡，都把後天的習當作先天的性，不是孔子立意所在。董仲舒説："性者天質之樸也。善者王教之化也。無其質則王教不能化，無其王教則質樸不能善。"(《春秋繁露·實性》)董氏把性與善，自然屬性與社會屬性分開看，是正確的。至宋代，理學家們把理概念加入人性中，是唯心論的人性論，距孔子更遠。朱熹《論語集注》釋"性相近"引程子曰："此言氣質之性，非言性之本也。若言其本，則性即是理，理無不善，孟子之言性善是也，何相近之有哉！"宋人爲了將理納入人性，在氣質之性即自然屬性外提出所謂本然之性，本然之性就是理。金先生説，宋人的理相當於《老子》"道生一"的"道"，是事實上不存在的東西。他們把孟子説的性善看作性之本，比孟子悖離孔子的"性相近"觀點尤甚。

金景芳先生認爲漢儒的學問已嚴重地離開孔學。他以鄭玄釋《周易》爲例說明問題。鄭玄注《周易》，硬將五行説加入，説什麼"天一生水於北，地二生火於南，天三生木於東，地四生金於西，天五生土於中。陽無耦，陰無配，未得相成。地六成水於北，與天一並。天七成火於南，與地二並。地八成木於東，與天三並。天九成金於西，與地四並。地十成土於中，與天五並"，純屬不知妄作，爲後世僞造河圖、洛書的妄人和江湖術士張目，影響很不好。鄭玄是漢代傑出的注釋家，精通"三禮"，擅長名物訓詁，然而一涉及《易傳》，涉及孔子思想，便相當蹩脚。鄭玄尚且如此，餘如京房、荀爽、虞翻之流，則不須提。

宋人中名氣最大的是朱熹，宋學可以他作代表。他對孔學研究不深。《周易》這部書，孔子説它"開物成務，冒天下之道，如斯而已者也"（《繫辭傳上》），以爲是講思想的書。荀子、莊子、董仲舒、司馬遷，乃至王弼、程頤，許多學者，都承認孔子的説法。而朱熹作《周易本義》，以爲《周易》本是卜筮之書，後人以思想之書説解它，是不對的。《周易》當然是卜筮之書，此不待朱熹言。孔子明明説《周易》是講思想的，卜筮之中包含着哲學，朱熹竟不理解，一味從卜筮的角度説《周易》，足見其識見低淺。

朱熹之外，金先生特別提及周敦頤的《太極圖説》和程顥的《識仁篇》、《定性書》。指出宋人的這些論著，表面上講孔子，其實是講他們自己的東西。《太極圖説》開篇説："無極而太極，太極動而生陽，動極而靜，靜而生陰，靜極復動，一動一靜，互爲其根，分陰分陽，兩儀立焉。"孔子説"易有太極，是生兩儀"，以太極這物質性實體爲世界本原，周氏在太極之先加上無極，與《老子》在"一生二"之前加上一個"道生一"一樣，陷入唯心論。周氏的無極與老氏的道並無二致。

《太極圖説》又説："陽變陰合而生水火木金土，五氣順佈，四時行焉。"《易傳》祇講陰陽寒暑,四時往來,不講五行。五行之説最早見於《尚書•洪範》。《周易》書中没有一點五行的影子。把五行説拉入《周易》,完全違背孔子原意。

程顥的《識仁篇》開篇説:"學者須先識仁,仁者渾然與物同體。"意謂仁者與天地萬物爲一體。金先生多次講到這個問題,説與天地萬物一體的思想絶對不是孔子的。孔子強調的是"仁者人也"。仁是講人的,人以外的一切生物無生物,皆與仁無涉。《孟子》説:"君子之於物也,愛之而弗仁,於民也,仁之而弗親,親親而仁民,仁民而愛物。"《吕氏春秋》説:"仁也者,仁乎其類者也。"最得孔子仁概念的真諦。孔子最重視人在天地之間的崇高地位,注意劃開人與動物的界限,説"鳥獸不可與同群"(《論語•微子》),"立人之道曰仁與義"(《説卦傳》),哪裏有"仁者渾然與物同體"的意思!

《孟子•盡心上》説:"孟子曰:萬物皆備於我矣。反身而誠,樂莫大焉。強恕而行,求仁莫近焉。"《識仁篇》以"蓋良知良能,元不喪失"釋"萬物皆備於我",以爲"萬物皆備於我"即人人皆具佛性。金先生則以爲孟子講"萬物皆備於我",恰恰體現孔子"己所不欲,勿施於人","己欲立而立人,己欲達而達人"的行仁方法。此"萬物"之物宜訓作人。"萬物皆備於我",不過是説,他人的欲與不欲,我全知道,全理解,我能做到"反身而誠",就是仁。《識仁篇》顯然歪曲了孟子,違背了孔子。

《定性書》:"夫天地之常以其心普萬物而無心,聖人之常以其情順萬物而無情。"又:"君子之學,莫若廓然而大公,物來而順應。"天地無心,聖人無情,一切皆出自然。與《老子》之"天地不仁以萬物爲芻狗"同義。廓然大公,物來順應,更不是孔子一貫力行的積極學習,奮鬥進取的精神,倒是極象《莊子•應帝王》"至人之用心若鏡,不將不迎,應而不藏,故能勝物而不傷"的觀點,與《老子》"無爲而無不爲"的思想亦無不同。

金先生特别注意到宋學未能承繼孔子學説這個事實,告誡切勿錯把宋學作孔學。孔學中的唯物論、辯證法、仁義禮這些具有超時代意義的精華,今日仍有價值,建設社會主義精神文明不能不加以吸取。宋學中的理心性命諸説,與孔學迥異,説它們是新儒學可,説它們是孔學則大不可。宋人的東西,清人已有過批判,尖鋭地指出過它們的弱點和謬誤,今日尤其有必要認識它們。金先生主張首先把歷代强加到孔子身上的東西——剥净,還孔子學説的真面目,然後把它介紹給當代社會。

　　金先生研究孔子除《論語》外,特重"六經",以爲孔子與"六經"隔斷,則孔夫子便成爲空夫子。"六經"是孔子竭畢生之力學習先代歷史文化,經過選擇整理並加入自己的見解而著成的,是孔子留給我們的一份珍貴的文化遺産。據《史記·儒林列傳》,"孔子閔王路廢而邪道興,於是論次《詩》、《書》,修起《禮》、《樂》"。什麽是"論次"? 論是去取,"次"是編排。"修起"則是由於禮壞樂崩,孔子努力搜討,把它們修復起來。"論次"與"修起",内裏都含有孔子的用心。孔子編《詩》和編《書》,都經過精心挑選,頗動一番腦筋。例如《詩》十五國風的次第,"《尚書》獨載堯以來",皆不是任意安排,都是有深刻意義的。《春秋》是孔子據《魯史》而作,《孟子》與《史記》已有定論,可無疑義。孔子對《周易》做的是詮釋工作。這後兩部書與孔子關係至深。《莊子》説"《春秋》以道名分",董仲舒説"《春秋》以道義",證明《春秋》是反映孔子之政治思想的書。《史記·司馬相如列傳》説"《易》本隱以之顯",《莊子》説"《易》以道陰陽",證明《易》是講哲學的書,反映孔子的宇宙觀和方法論。

　　以上扼要地説了金先生關於孔子研究的幾點見解。這些見解能否取得國内外學術界的認同,我現在不得而知,但我本人是心悦而誠服的。我堅信這些見解符合孔子的實際,符合中國歷史的實際,它們一定會爲大多數人所接受。我把這些話獻給金先生 90 歲生日,也獻給《孔子新傳》的熱心讀者。

(《孔子研究》1991 年第 3 期)

金景芳先生談傳統文化^①

吕紹綱

《史學史研究》編輯部囑我寫一篇介紹我師金景芳先生學術的文章。先生的學術思想、學術精神前不久在《社會科學戰綫》1996年第3期上已有比較全面的介紹，這裏着重介紹一下先生有關傳統文化問題的一些見解。

中國傳統文化的淵源

中國有文獻可查的文化可以追溯到堯舜時代，再往前說就沒有可信的根據了。古代文化的承傳，孔子是個重要環節。孔子以前積累了豐富的文化資料，經孔子修起、論次、改編、注釋，形成六部大書，這就是後人所謂的六藝或六經。《禮》、《樂》是修起，《詩》、《書》是論次，《春秋》是據《魯史》舊文改編，加入自己的觀點，《周易》則是作《易傳》十篇，加以詮釋。這六部書後世人叫做經，其實就是歷史，所以孔子在當時是最懂歷史的人。值得我們特別注意的是，孔子講歷史衹講到堯舜時代，堯舜以前不講。司馬遷說孔子"獨載堯以來"，是對的。《禮記·禮運》記孔子論大同與小康，小康孔子舉出禹、湯、文、武、周公等五個人物做代表，而大同衹用一句"大道之行"概括，不說伏羲、黄帝等等。我看這可以說明兩個問題，一是孔子謹慎，能

---

① 本文係作者回憶復述金老觀點，故正文以金老口吻敍述。

叫準的説，不能叫準的不説，二是大同是原始社會，没有文字記載，留下來的衹是考古學意義上的文化，思想文化談不到。

　　大家常説《周易》是中國傳統文化的源頭，這話在一定意義上是對的。《周易》始於八卦，《周易·繫辭傳》説八卦是包犧氏畫的。我早年相信這個説法，後來覺得不對。《説卦傳》説八卦取八種基本物象，乾爲天，坤爲地，艮爲山，震爲雷，坎爲水，離爲火，兑爲澤，巽爲風。看得出來，這八種物象全是自然界具體存在之物，其中天與地最重要，天地醖釀，創生萬物。所以乾所象之天是自然之天，坤所象之地是自然之地。大地在人的脚下，容易認識，關於自然之地的概念早就有了。天則不然，人們對自然之天的認識曾經歷一個較長的過程。人們認識自然之天的過程就是認識了日月運行規律，從而創制陰陽合曆的過程。陰陽合曆産生，取代古老而疏闊的火曆，是堯時的事情。《尚書·堯典》講堯"乃命羲和，曆象日月星辰，敬授人時"，"朞三百有六旬有六日，以閏月定四時成歲"，能測知二分二至，就是證明。堯的時候人們才有了自然之天的天概念。

　　八卦的乾卦既取自然之天爲象，就説明當人們畫出八卦的時候，已經有了自然之天的天概念。所以我認爲八卦的産生不會早於堯。説包犧氏畫八卦，是不對的。《繫辭傳》裏關於包犧氏畫八卦云云那段話，必是後世人抄書時偶然竄入的，不是孔子原文。孔子講歷史人物至堯而止，堯之前是不講的。他編次《尚書》從《堯典》開始，《堯典》以前或亦有文獻在，然而孔子不取。

　　《禮記·中庸》是孔子之孫子思作的，所記史事和孔子言行，其可信性不亞於《論語》。《中庸》説："仲尼祖述堯舜，憲章文武，上律天時，下襲水土。"以下又説"辟如天地之無不持載，無不覆幬，辟如四時之錯行，如日月之代明，萬物並育而不相害"云云。這段話説得斬釘截鐵，不容置疑，孔子的學問淵源自堯舜以及周文王、武王。孔子的學問不外乎兩方面，祖述憲章，是學習歷史，屬於人事；上律下襲，是探討自然，屬於天道觀，是哲學方面的問題。實際上是説孔子的哲學與乾坤陰陽即《周易》密切相關。

傳統文化，主要是思想文化，思想文化中主幹的東西是哲學。傳統哲學中孔子"中"的哲學影響至深至遠。孔子這"中"的哲學也是祖述堯舜而來。《論語·堯曰》説："咨爾舜，'天之曆數在爾躬，允執其中，四海困窮，天禄永終'。舜亦以命禹。"堯舜讓位時都特別交代一句"允執其中"，可見"中"是治好天下的法寶。孔子説的"無可無不可"（《論語·微子》），"過猶不及"（《論語·先進》），"中庸之爲德矣，其至矣乎，民鮮久矣"（《論語·雍也》），"執其兩端，用其中於民，其斯以爲舜乎"（《中庸》），"天下國家可均也，爵禄可辭也，白刃可蹈也，中庸不可能也"（同上），這些話是對堯舜"中"哲學的恰當理解和評價。孔子還通過《易傳》對《周易》中固有的"中"哲學加以發揮。孔子本人一生做到了"執兩用中"，所以孟子在言及孔子是衆多聖人中最偉大的聖人時衹强調孔子是"聖之時者"（《孟子·萬章下》）而不及其他。

這個"中"的哲學用現在的話説就是辯證法，不過這辯證法是中國式的。

至子思作《中庸》，提出用"和"的概念更深一步詮釋堯舜的"中"。他説"中"可以分爲"中"與"和"兩層含義，并且用人之喜怒哀樂之情加以比喻。情未發是中，發而中節是和。中節就是無所乖違，切合時宜，即表現出來的中。孔子弟子有若説的"禮之用，和爲貴"（《論語·學而》）的和就是子思講的發而中節的和。如果把"和爲貴"的和理解爲態度和氣、温厚，則失之膚淺。孟子以權喻中，又以"男女授受不親，禮也；嫂溺援之以手，權也"釋權之義，更加生動地道出了《中庸》"發而皆中節謂之和"的實質。中與和是天地萬物人事無處不在的，故子思説中是"天下之大本"，和是"天下之達道"。

"中"的哲學，堯舜禹湯文武周公以至於孔孟，是一脈相傳的。後世韓愈、朱熹説儒家有一個道統，是對的。不過他們對道統是甚麼的問題卻講錯了。韓愈《原道》說儒家道統是仁義，不對。朱熹在《中庸章句序》中提出十六字心傳說，在"允執其中"外加上"人心唯危，道心唯微，唯精唯一"三句，更加不對。"危微精一"三句是抄自僞古文《大禹謨》，《大禹謨》抄自《荀子·解蔽》，荀子則明言他引自《道經》。可見是先秦道家的東西。堯舜和孔孟祇有"允執其中"，沒有"危微精一"。朱熹這樣做，是要爲他的道學張本，與堯舜孔孟的"中"哲學無涉。

中國傳統文化中還有重要一項，叫做"明人倫"，也源自堯舜。《孟子·離婁上》說："使契爲司徒，教以人倫。"又說："夏曰校，殷曰序，周曰庠，學則三代共之，皆所以明人倫也。"孟子所言不妄。今文《尚書·堯典》記舜對契說："契，百姓不親，五品不遜，汝作司徒，敬敷五教在寬。"說明舜時契負責五品、五教的事情。《堯典》未交代什麼是五品、五教，據《左傳》文公十八年太史克說，知五品是父、母、兄、弟、子，五教是父義、母慈、兄友、弟共、子孝，都是個體家庭內部成員之間關係問題，未涉及家庭之外。至孟子，提出"父子有親，君臣有義，夫婦有別，長幼有序，朋友有信"，把家庭之外的君臣、朋友關係加進來（《孟子·滕文公上》）。後世儒家學派，特別強調明人倫的教育，成爲中國傳統文化一大特色。這並非儒家的發明，早在堯舜時代就有了。

總而言之，中國傳統文化的根可追溯到堯舜時代，不能再往前。寫一部中國思想史或哲學史，應從堯舜寫起。我說的是思想文化，考古學文化另作別論。

孔子是傳統文化的焦點

（一）儒道兩家在傳統文化中的地位問題

近幾年就儒家道家在傳統文化中誰居主幹地位的問題，發生熱烈爭論。有人說儒家居主幹地位，有人說道家居主幹地位。我以爲這個問題不必針鋒相對地爭論。實事求是地説，儒家的影響相當大，這是無法否認的。第一，儒家在先秦是顯學。第二，漢武帝獨尊儒術之後，儒學居正統地位。第三，儒家創始人孔子被尊爲聖人，對後世影響最大。第四，儒家的仁義學説、倫理觀念以及神道設教的方法兩千年間深入人心。道家的影響也不容忽視。道家思想在傳統思想文化中起重要的補充作用。光有儒家，没有道家，是不行的。

(二)關於孔子思想及其評價問題

孔子是傳統思想文化的焦點。解決傳統思想文化問題，首先要解決孔子問題。我對孔子做過些研究，寫過一些文章，與我的兩個學生（吕紹綱、吕文郁）合寫過一本《孔子新傳》。我對孔子問題的看法，那裏都已講過，現在扼要地説説。

孔子是儒家學派的創始人，後世儒家無不宗師孔子，游文於六藝之中。但是，孔子的思想，孔子的學問，基本上或者説絶大部分被後世儒家，特別是宋明理學，給歪曲了，曲解了，真髓没能傳下來。那麽是不是後世儒家把孔子思想給發展了，提高了，比孔子更高明了呢？不是的。孔子思想是奴隸制時代的產物，當然有其歷史的局限性，但是孔子思想顯然也有超時代性，其主要的、大量的東西至今仍有真理性，仍然可以汲取、借鑒。例如他的仁義學説，時中哲學，民本主義，歷史觀點，教育理論，都是我們建設社會主義精神文明應當繼承的。後世儒家，宋明理學影響爲最大，著名的思想家也最多，他們講理講性講心，甚至講佛講道，把士人和百姓引向虚玄，不務實際。王陽明心學的壞影響，清初學者已經做過深刻的批判和清算。"五四"運動曾猛力抨擊的吃人的封建禮教就是漢人始作俑而由宋人集大成的。孔子及先秦儒家有尊卑觀念，但没有"三綱"思想。朱熹的思想，方面很廣，大多是糟粕，影響極不好。因此才受到封建統治者的特別重視，他的著作成爲士人應舉必讀的教材，他的言論一度比孔子更有權威性。清人戴震作《孟子字義疏證》，嚴厲地批判了朱熹，不是没有道理的。

我們要把孔子、孔學與後世儒家、儒學分開看，孔學自孔學，儒學自儒學，不宜籠統地一概稱儒學，現在有人提儒學復興、儒學現代化，這一提法不恰當。復興、現代化不適用於儒學，不適用於傳統思想文化。弘揚民族優秀傳統文化的提法最科學最正確。弘揚民族優秀傳統文化，主要應弘揚孔學。孔學除孔子以外，還包括七十子後學如子思、孟子、荀子等。自漢以後的儒學，精華也是有的，但是主要是糟粕，如董仲舒、朱熹、王陽明。對他們進行批判研究是必要的，不可以作爲正面的東西教給人民和青年一代。

（三）怎樣評價"五四"運動批孔的問題

改革開放以來人們由批孔轉爲研孔，對孔子的評價大爲提高，對傳統文化也由徹底決裂轉爲弘揚，於是有人就説"五四"批孔批錯了。我不這樣看，我認爲"五四"批孔没有錯，"五四"批孔實屬歷史之必然，不是某幾個頭面人物主觀願望決定的。孔子是治世的聖人，他的學説歸根結底是講究倫常，重視仁愛，强調協合，追求安定。天下大亂的時候，問題需要通過實力解決，孔子的學説不但不管用，而且有妨礙。這就是孔子學説當時大家都説好卻誰也不采納，孔子本人如喪家之犬，到處碰壁，不了了之終其一生的原因。孟子處戰國亂世，接着孔子説仁義，力主以仁政統一天下，其命運一點不比孔子好。"五四"是一場革命運動，它的歷史任務之一是反封建，即推翻封建制度，掃除封建禮教，肅清封建文化，而孔子早已被捧爲封建社會的聖人，歷代封建統治者所幹的壞事都是在這位聖人的名義下進行的。在當時，要打亂、破壞一個舊世界，批孔乃順理成章、理所當然之事，毫不足怪。

在治世，在進行和平建設的時候，孔子學説就管用了，孔子因而就受重視受表揚了。縱觀中國兩千多年的歷史，莫不如此。秦國不用儒家用法家，采取務實的農戰政策，以武力統一中國，這是治亂世不用孔子學説取得成功的經驗。統一之後進入和平建設時期本應考慮用一點孔子的精神，它卻把法家的高壓政策推向極端，造成二世而亡的結局。後來賈誼作《過秦論》總結出一句話：“仁義不施，而攻守之勢異也。”十分深刻。攻，是打天下，守是治天下。打天下必用武，治天下則不得拒絕用文（仁義）。

　　1949 年全國解放，新中國成立，進入和平建設時期。我們接着“五四”運動的革命勢頭，繼續批孔，至“文革”而達到極點，結果社會發展的進程大受阻礙。當今的中國，正在改革開放，建設有中國特色的社會主義，最需要和平、穩定、秩序，需要社會和睦，民族團結。這時研究孔子，汲取孔子思想中的精華，弘揚民族優秀傳統文化，勢在必行。

（四）孔子與六經的關係問題

　　《詩》、《書》、《禮》、《樂》、《易》、《春秋》這六經與孔子有密切關係，是孔子下大功夫加以整理而定型留傳下來的。司馬遷說孔子“論次詩書，修起禮樂”，作《春秋》，贊《易》，是有根據的。樂經早已不存，姑不論。《詩》、《書》是論次，論次是討論去取的意思。儘管祇是討論去取，其中也加入了孔子的思想。《詩》的討論去取都有意義。例如風詩以國爲單位編選，其中周南、召南又打破國別，把周公所主之東方各國之詩編在一起，把召公所主之西方各國之詩編在一起。另把代表中央政府的詩編在一起，稱爲雅。頌則是毛詩《大序》所謂“美盛德之形容”之舞詩，包括周人、魯人、商人的詩。孔子把原有三千首詩删爲三百篇，又按一定的原則編爲風雅頌三類，討論去取必有意義。詩有所謂正變之義，也含有孔子編詩的良苦用心。十五國風有正變，二南各國之詩編在一起，作爲模範教材，稱正風，其餘十三國之詩分別編爲十三國風，美刺兼收，是變風。正風是青年必讀的，所以孔子教育兒子伯魚說：“女爲周南、召南矣乎？人而不爲周南、召南，其猶正墻面而立也與！”（《論語·陽貨》）

　　《書》之篇什以前很多，經過孔子討論去取編定一個本子，這個本子很可能就是漢初伏生憑記憶口授的今文《尚書》二十九篇。孔子在《書》上所做主要是斷限和選材兩方面。孔子編《書》"獨載堯以來"(《史記·五帝本紀》),堯以前不取,足見孔子對待歷史多麼審慎,也説明孔子認爲堯以下歷史是可信的。這是斷限。關於選材,《尚書大傳》記孔子語有七觀之説,即:"六誓可以觀義,五誥可以觀仁,《甫刑》可以觀誡,《洪範》可以觀度,《禹貢》可以觀事,《皋陶謨》可以觀治,《堯典》可以觀美。"由此可知,孔子編入《尚書》的二十九篇,絶非偶然拈來,是經過深思熟慮的。

孔子修起的《禮》是十七篇《儀禮》,不是《周禮》、《禮記》。《周禮》與孔子無關。《儀禮》十七篇記載周禮冠婚、喪祭、朝聘、射鄉八大類的禮之數,即禮的儀節。儀節不是隨意規定的,都有一定的深刻含義。禮之數與禮之義是形式與内容的關係,禮之數重要,禮之義更重要。禮之義保存在《禮記》中,如《冠義》、《昏義》、《鄉飲酒義》、《射義》、《喪服小記》、《喪服四制》、《祭義》、《祭法》、《祭統》、《郊特牲》等等。《禮記》共四十九篇,記有不少孔子的言論,反映孔子的思想。《中庸》、《大學》兩篇集中反映孔子辯證法、唯物論的哲學思想,是研究孔子思想的重要資料。古人把這兩篇抽出與《論語》、《孟子》合起來編爲"四書",是很有眼力的。

《易》包括經、傳兩部分。我治《易》逾七十年,堅信《易傳》是孔子所作。當然,古人所謂作,不必親自寫定。其中有孔子自寫,有弟子記孔子語,有前言舊聞,思想應屬於孔子。《論語》説:"子曰加我數年,五十以學《易》,可以無大過矣。"《史記·孔子世家》説"孔子晚而喜《易》","讀《易》韋編三絶",著"序、彖、繫、象、説卦、文言"。又《文言》、《繫辭傳》多有"子曰"云云,《繫辭傳下》有云:"子曰顏氏之子其殆庶幾乎,有不善未嘗不知,知之未嘗復行也。"很顯然,此"顏氏之子"即《論語》"不貳過"的顏回,而"子曰"之子必爲孔子無疑。可見説《易傳》是孔子作的,不成問題。現在很多人説《易傳》是戰國人作,甚至有人説是道家人物作,我不相信。

《易》是一部什麼性質的書呢？《繫辭傳上》説：“夫《易》何爲者也？夫《易》開物成務，冒天下之道，如斯而已者也。”莊子説：“《易》以道陰陽。”司馬遷説：“《易》以道化。”都是説《易》是講道講變化的書，亦即哲學書。孔子作《易傳》正是把《易》當作哲學書看待的。《易》的卜筮不過是外表形式，哲學才是《易》的實質性內容。

孔子與《易》的關係，實質是《易傳》與《易經》的關係問題。《易傳》的思想來自《易經》，不是孔子自己的獨創。《易傳》與《易經》分不開，但是《易傳》的水平要高過《易經》。《易傳》是研究孔子哲學思想的重要資料。子思作《中庸》，思想當源自《易傳》。

《春秋》是孔子據魯史而作，這是千真萬確的事實，《孟子》、《莊子》、《荀子》諸書都有記載。《春秋》的用意主要不在記事，而是在明義。司馬遷説“《春秋》以道義”，莊子説“《春秋》以道名分”，已明確地指明了這一點。道義，道名分，其實就是通過記事表達政治思想。思想寓於用詞的變化中，極難理解，所以才有《公羊傳》、《穀梁傳》之作。《左傳》是記事的，有人以爲既是記事，便不是解《春秋》的傳。根據《史記・十二諸侯年表》的説法。“論史記舊聞，興於魯而次《春秋》……七十子之徒口授其傳指，爲有所刺譏褒諱抑損之文辭，不可以書見也，魯君子左丘明懼弟子人人異端，各安其意，失其真。故因孔子史記具論其語，成《左氏春秋》。”知左丘明作《左氏春秋》是爲了講清楚與《春秋》有關的史實，以事解《春秋》。故當承認《左傳》也是《春秋》的傳。

先秦至漢初，言六經都是《詩》、《書》連言，《易》、《春秋》連言。董仲舒説，“《詩》、《書》序其志”，“《易》、《春秋》明其知”（《春秋繁露・玉杯》）。司馬遷説：“《春秋》推見至隱，《易》本隱以之顯。”（《史記・司馬相如列傳贊》）可見《春秋》和《易》都是講理論的書，《易》講哲學，《春秋》講政治。

總之，“六經”與孔子密切相關，或論次或修起，或作或贊，裏邊都飽含着孔子的思想，都是研究孔子的好材料。尤其《易》、《春秋》

以及"三禮"之一的《禮記》更不可忽視。置"六經"於不顧，祇憑一部《論語》(《論語》當然重要)研究孔子，是研究不透的。"六經"是自堯舜以來思想文化的總集成，古代方方面面的學問盡在其中，影響至深至遠，研究先秦史，乃至研究整個中國古代史，都不可以舍棄"六經"。研究思想史、哲學史、文化史，尤其如此。我當然不是鼓吹大家都來讀經，當我說"六經"如何重要的時候，我說的是史料，不是聖人之經。經和史料雖是同一物，但不是一回事。

(五)關於孔子思想的幾個具體問題

孔子思想在中國歷史上的地位和影響，比亞里斯多德在歐洲歷史上的地位和影響，我以爲大得多。據說黑格爾貶孔子，說孔子思想中沒有哲學，祇有道德說教。這是因爲他並不瞭解孔子，也不瞭解中國，我們不必在意，不知不怪嘛。若中國人自己也跟着貶孔子，就可嘆可悲了。近些年外國人又對孔子看好，捧孔子爲偉大的世界文化名人，中國開孔子的學術會，他們也紛紛跑來參加，說盡好話。於是大家感到很高興。我以爲其實不必。語言不同，文化不同，思想不同，看問題的角度又不同，對待西方人的褒貶，我們應榮辱不驚，泰然處之。孔子問題應這樣，別的什麼問題也應這樣。

我們中國人自己要實實在在地研究孔子，不故意貶低他，也不故意拔高他，他是什麼樣就把他說成什麼樣。據我研究，孔子的思想有以下幾點應予注意。

1.孔子在哲學的基本問題上是唯物論者，也是無神論者。現在有人講哲學不大講唯物唯心的界限了。我看還是要講的，因爲這是事實。孔子的唯物論哲學是從堯舜那裏繼承過來的。主要表現在對天的認識和理解上。《尚書·堯典》說："欽若昊天，曆象日月星辰，敬授人時。"《論語·泰伯》說："唯天爲大，唯堯則之。"產生於堯時的八卦以乾爲天，坤爲地，離爲火等等。這些天顯然都是自然之天，這些話都把天視作存在，不視作上帝。孔子繼承了這個思想，他的天也是自然之天。這一點在孔子作的《易傳》裏看得極清楚。《論語·陽貨》所記孔子講的"天何言哉,四時行焉,百物生焉,天何言哉"這幾句話,更能説明孔子心中的天不是上帝,而是自然之天。

《論語》書中記孔子多次言及鬼神,未説鬼神是有還是没有。另外,孔子特別重視郊天祭祖。所以人們説孔子是有神論者。我認爲孔子其實不是有神論者。他若是相信有鬼神,完全可以明説,何必模棱兩可! 他之所以如此,是因爲他既不相信鬼神,又不能説没有鬼神。説没有鬼神,就否認了祭祀,而當時是"神道設教"的時代,否了對鬼神的祭祀,就取消了對人民的教化。《荀子·天論》説:"日月食而救之,天旱而雩,卜筮然後決大事,非以爲得求也,以文之也。故君子以爲文,而百姓以爲神。以爲文則吉,以爲神則凶。"荀子這話實際上把孔子的無神論給點破了。孔子這披着有神論外衣的無神論對後世影響至爲深遠。後世的上層人物,尤其是思想家、讀書人,大多如此。心中不信鬼神,卻又不明確否定鬼神。這是中國傳統思想文化的一個特點。

2.孔子思想中有辯證法。中國古代的辯證法思想始於堯舜,即《論語·堯曰》説的"允執其中"。在《論語》裏孔子叫做"中庸",《易傳》裏孔子叫做"時中"。其實就是一個"中"。《論語》記孔子説的"無可無不可"和"過猶不及",是對"中"的恰當闡釋。子思作《中庸》提出"中和"説,"和"也是"中","中和"就是"中"。孟子更用行權比喻中,説"男女授受不親,禮也。嫂溺援之以手,權也"。權,也就是做事不執一偏,因時因地靈活把握。孔子講的"無可無不可","執其兩端,用其中於民"(《中庸》)和"時止則止,時行則行"(《易》艮卦《彖傳》),正是這個意思。這"執兩用中"的道理並不難理解,但是做到實不容易。伊尹、伯夷、柳下惠都是不簡單的仁者知者,卻都没做到"執兩用中"。孔子做到了,所以孟子説孔子是"聖之時者",他"中心悦而誠服"。老子則反對"執兩用中",主張貴柔貴後即執一。老子當然也是辯證法大師,但是没有孔子高明。朱熹《中庸章句》題下注説：“中者，不偏不倚，無過不及之名。”不得“中”之要領。有人釋中庸爲折中調合老好，更加不對。

“中”的哲學是孔子思想的核心。孔子最爲强調仁，仁講得也最多，仁也是孔子思想的核心。但是孔子的仁説以及其他一切觀點都貫穿着“中”的哲學，受“中”的制約。孔子“中”的哲學與馬克思主義講的具體情況具體分析，一切依時間、地點、條件而定，是一致的。鄧小平提出改革開放政策，變社會主義計劃經濟爲社會主義市場經濟，建設有中國特色的社會主義，其理論根據是馬克思主義，卻也與中國傳統的“中”哲學精神一致。

3. 仁也是孔子思想的核心。仁字早已有，至孔子，賦予仁新的内涵。孔子説：“仁者人也。”（《中庸》）《説文》人部説：“仁，親也。從人二。”與孔子的説法一致。仁就是人。一個人指自己，一個人指別人。自己對別人應當親愛。人而不親愛別人，就不是人。這是孔子給仁下的定義。孔子另外的一些言論如“己欲立而立人，己欲達而達人”，“己所不欲，勿施於人”，“克己復禮爲仁”，“爲仁由己，而由人乎哉”，“我欲仁，斯仁至矣”，“能近取譬，可謂仁之方也已”等等，所言全是人己關係問題。孔子認爲一個人要克己，能克己就能愛人，即好事要想到別人，壞事不要加給別人。做到克己，就是忠；做到愛人，就是恕。忠恕兩方面都做到，就是仁。孔子説：“吾道一以貫之。”曾子解釋説：“夫子之道，忠恕而已矣。”忠恕其實就是仁，曾子講得對。

孔子講的仁，與佛家的普渡衆生，基督教的情愛，墨子的兼愛，是不同的。首先，孔子講的仁僅僅就人而言，不涉及物。其次，孔子講的仁愛別人，這別人與自己的關係有遠近親疏、尊卑等差之別，因此愛的程度也不同。孔子説：“仁者人也，親親爲大。義者宜也，尊賢爲大。親親之殺，尊賢之等，禮所生也。”（《中庸》）大，第一，爲首的意思。殺，減殺，義與等同。殺、等，等差的意思。孔子這幾句話的意思是説，仁從親親之愛開始，以親親之愛爲最重。親親指至親父母，尤其母愛爲第一，然後推及別的親人以及血親關係以外的人。孟子講的"老吾老以及人之老，幼吾幼以及人之幼"正是此意。

"仁者人也"以下至"禮所生也"，講的都是仁。"義者宜也，尊賢爲大"，是說人除了血親關係之外還有政治關係；人在愛親人問題上叫做仁；在愛親人以外的人的問題上可以另起名稱叫做義。義，包括在仁的含蓋之內，其實也是仁。仁（包括義）是有等差有區別的，所以要有禮。仁義而不合禮，便不是仁義。禮是制中的，失禮便失時失中，做不到仁義。孔子說"克己復禮，天下歸仁焉"，正確而深刻。這樣說來，孔子講的仁義禮是一個東西，不是三個東西。仁義止是仁而已，禮是外部形式。形式不能脫離內容而單獨存在。因此孔子思想的核心不能說是禮，祇能說是仁，說是仁義也可，說是仁義禮也未嘗不可。不管怎麼說，歸根結底是仁。行仁離不開時中，須以時中爲前提。所以我說孔子思想的核心有兩個，一是時中，一是仁。

孔子的仁說大抵如此，與普渡衆生、情愛、兼愛者根本不同。韓愈《原道》說"情愛之謂仁"，朱熹《論語集注》說仁是"心之德，愛之理"，都不對。今日言弘揚民族優秀傳統文化，孔子的仁說應是一項重要內容。

4. 孔子的歷史觀是正確的，深刻的。孔子是中國歷史上第一個歷史學家，除作有一部《春秋》以外，還有很多涉及歷史問題的言論。這裏不須多講，祇講三點就够了。第一，關於社會歷史發展的有序性、繼承性問題。孔子說："殷因於夏禮，所損益可知也。周因於殷禮，所損益可知也。其或繼周者，雖百世可知也。"（《論語·爲政》）這話有深刻的理論意義。他認定歷史是有序發展的，因而有繼承性，不能割斷。因、損、益的提法與今日我們說的批判繼承實無根本的不同。而且孔子的意思是說後代繼承前代要因要損要益，是客觀的規律，不是人之主觀願望決定的。

　　第二，孔子看到了個體婚制在歷史上的偉大作用。《禮記·昏義》説："男女有別而後夫婦有義，夫婦有義而後父子有親，父子有親而後君臣有正。故曰昏禮者，禮之本也。"《禮記·郊特牲》説："男女有別然後父子親，父子親然後而義生，義生然後禮作。"《周易》之《序卦傳》也有意思相同的話。《禮記》未明言此話出自孔子之口，但是據《漢書·藝文志》"記百三十一篇"項下班固自注説"七十子後學者所記也"，知《昏義》、《郊特牲》關於個體婚制的言論，思想應屬於孔子。孔子認識到了一夫一妻的個體婚制是文明社會發生的契機、源頭。這一認識，在今日看來也是真理。恩格斯説："在歷史上出現的最初的階級對立，是同個體婚制下的夫妻間的對抗的發展同時發生的，而最初的階級壓迫是同男性對女性的奴役同時發生的。""個體婚制是文明社會的細胞形態，根據這種形態，我們可以研究文明社會內部充分發展着的對立和矛盾的最初性質。"①孔子的認識出於他的偉大智慧，恩格斯的説法以階級和階級鬥爭學説爲前提，是科學的理論，兩者不可同日而語，但是畢竟應承認孔子説得對，不與馬克思主義理論相違背。孔子在距今 25 個世紀前能看出個體婚制是原始社會與文明社會的界限，能説簡單嗎！

　　第三，除個體婚制以外，孔子還看到了財產私有制的存在與否是文明社會與原始社會的區別所在。《禮記·禮運》記孔子説，在天下爲公的大同社會，"人不獨親其親，不獨子其子"，"貨惡其棄於地也，不必藏於己，力惡其不出於身也，不必爲己"。到了天下爲家的小康社會，變爲"各親其親，各子其子，貨力爲己，大人世及以爲禮"。孔子認爲小康即文明社會與大同即原始社會的不同不外乎兩條，一是一夫一妻的個體婚制的産生，一是財産私有制的確立。兩方面的共同表現是禮義制度。孔子這樣區分小康與大同兩種社

---

　　①　《馬克思恩格斯全集》第 21 卷，第 199、78 頁。

會,對不對呢? 當然對。没有誰能證明孔子講的不符合歷史實際。孔子講大同與小康,是揭示社會歷史發展的實在内容,不含有價值評判的意向。孔子一再弘揚禮義,弘揚文武成王周公,説明他一不主張把歷史拉回到大同去。他講大同社會,是講歷史,不是講理想。康有爲説孔子的大同社會是理想,是出於政治鬥争的需要,其實不對。

孔子關於歷史問題的這些觀點符合中國古代歷史實際,都是真理,我們今日研究中國古代史,不應當視而不見,拒絶使用。

天人合一問題是傳統思想中的大問題

天人合一是傳統思想文化中的一個大問題,前年學術界曾有過一次較大的争論,大家的看法不一樣。我寫過一篇文章,題目叫《論天和人的關係》,登在《傳統文化與現代化》雜志 1994 年第 2 期上。我的看法扼要地説,是這樣的:天人關係實際上是人與自然的關係。這個關係經歷過四個發展階段。第一階段是原始群時代,這時人尚未從自然界獨立出來,人與天當然談不到關係問題。第二階段自母系氏族社會開始至文明社會的前夜。此時人與自然的關係表現爲人與神的關係。第三階段自堯開始至西方文化進入中國。這時人與自然的關係表現爲合一,即所謂天人合一。天人合一是人道與天道合一。天道是自然規律,人道是社會規律。二者之所以能合一,是因爲這時人已經知道天是自然的,而且懂得了辯證法。這個階段中表現天人合一觀念最深刻最全面的是《周易》,能談天人合一,又能做到天人合一的是孔子。第四階段自西方文化進入中國開始。這時西方文化鼓勵人與自然對立的精神逐漸占優勢,有所謂戰勝自然、征服自然的口號出現。這不是中國固有的觀念。中國人天人合一的觀念主張人順應自然規律,從而改造自然,使自然爲人類造福,不主張與自然界對立。當前自然科學技術日益發達，固然是好事，但是如果肆無忌憚地向自然界進攻，自然界依其固有的規律，是要報復的。例如生態平衡、環境純潔就是自然規律，就是天道。你一定要破壞它，使它失衡、污染，人類最終要吃苦果子。總之，中國古人講天人合一，是說人類的活動要順應自然規律，並非不要改造自然，利用自然。例如治水，水是必治的，問題是怎麼治法。鯀治水違背自然規律，故失敗；禹治水順應自然規律，故成功。今人辦廠往往不顧空氣和水污染，廠是辦成了，卻給人類造成無窮危害，這樣的廠其實也是失敗。

　　我們民族的優秀傳統文化中有很多精華的東西，於今仍有價值，我們沒有理由拒絕繼承。其實繼承是歷史之必然，你願意不願意都一樣。前些年有一些青年人發表奇文《河殤》，硬說黃皮膚黑眼珠不如白皮膚藍眼珠，黃色文明不如藍色文明，猶如兒嫌母醜，想換個漂亮母親一樣荒唐可笑。大概沒有幾人贊同他們的奇想。黨和國家已經明確提出弘揚民族優秀傳統文化的號召。1994年10月在北京紀念孔子二千五百四十五年誕辰及儒學國際研討會的開幕式上，全國政協主席李瑞環同志和國務院副總理李嵐清同志到會講話，充分肯定民族優秀傳統文化的現代意義。李瑞環同志更對孟子的民本思想給予肯定，說值得我們借鑒、汲取。他們的講話是正確的，我很受鼓舞。

　　最後，把我對傳統文化問題的看法概括一下。中國優秀傳統思想文化始於堯舜時代，經過孔子的整理總結，發揚光大，成爲極其寶貴的文化遺產。孔子思想具有時代性也具有超時代性，其中不少的東西自今日看來仍不失爲精華。我們弘揚民族優秀傳統思想文化，主要應弘揚孔子的思想。子思、孟子、荀子等先秦儒家當然也在內。至於董仲舒"罷黜百家，獨尊儒術"以後的儒學，則須審慎對待。據我所知，後世儒家，特別是以朱熹、王陽明爲代表的宋明理學、心學，主要是糟粕，清代有識見的學者早已作過批判，今日更祇能批判地研究，不可弘揚、繼承。近來有一種儒學復興的提法，我以爲不妥。儒學與孔學是大不相同的，二者宜區別對待。如果一定要說復興的話，也應提孔學復興，而且復興祇可理解爲弘揚、繼承，沒有必要也沒有可能搞出一個現代新孔學。

　　以上金先生關於傳統文化問題的一些見解，是平素閒談中對我講的。我的印象很深，今憑記憶介紹這些。不敢保證完全準確，但敢說大體不誤。

（《史學史研究》1996 年第 3 期）

我師金景芳先生的學術精神

呂紹綱

我給我師金景芳先生做助手多年，多有機會聆聽先生教誨，比較瞭解先生的爲人和爲學。《社會科學戰綫》編輯部囑我寫一篇介紹先生學術的文章，我自認責無旁貸，寫好寫不好都要寫。

先生生於 1902 年，如今九十多歲，身體還相當好，能獨自下樓出戶散步，能去公共浴池洗澡。醫生説先生的大腦要年輕二十歲，我以爲不止。先生反應之機敏迅捷，不比六十歲人差，甚至記憶力也比我們好。

先生有形的學術成果很寶貴，先生無形的學術精神更寶貴。先生身上執着而一貫的學術精神，表現在多方面，一下子説不完全，這裏就我體會最深的説三點：一、做有用的學問，不爲學問而學問。二、獨立思考，實事求是，絕不人云亦云。三、抓關鍵問題，關鍵問題中抓要害，不泥於枝葉。三點相互關聯，無有隔限，不宜分章立節，祇能渾淪地依次説開去。

一、所謂做有用的學問，不爲學問而學問，是我從先生的學術實踐中體悟出來的，先生自己並不立言，祇是默默地做。

抗日戰爭期間，先生曾就讀於四川樂山復性書院，從馬一浮先生學，同學都是一時之英才。這當然是學習的好機會。但是書院的主課是宋明理學和佛學。理學、佛學固然是大學問，然而畢竟虛玄，易使人精神沈入消極，不如孔子的學問實在，切合實際，於人生於社會有用。於是先生不大理會理學、佛學，把主要精力用在攻讀

《春秋》三傳上，且多有心得。先生的獨立精神和才華，甚得馬先生賞識。多年以後，馬先生重新認定爲數不多的弟子時，先生名列其中。

或許有人會認爲先生這樣做實不足取，但是我以爲很對。回顧當年復性書院多少同學天賦卓越，才華橫溢。有的出身北大，熟諳國學，精於外語。祇因潛心佛、理，學問未深入，精神先沉浸其中不能自拔，漸漸失去自我，遠離社會，終爲時代所疏遠，一個個無聲無息地消失在歷史激流中。這是個值得借鑒的教訓。

在復性書院的衆多學子中，先生不與衆人同，走着一條務實的學術道路，不搞理學、佛學，搞孔子，六經，重點攻《春秋》、《周易》。建國以後來吉林大學歷史系教書，乃由經學轉入史學。在史學研究中，幾十年一直抓有重大學術意義的問題，從不在枝枝葉葉、無關痛癢的問題上斤斤計較。翻開先生的古史著作《中國奴隸社會史》和兩本論文集，看見的是諸如古史分期、中國奴隸社會的特點、古代階級鬥爭、宗法、井田、分封、孔子、老子、荀子、孫子、《周易》、《尚書》等等大問題。

學問的直接目的是解決問題，追求真理。真理要有價值，要有學術意義。先生總是用這個標準衡量他人，要求自己。於近代學人中先生推崇孫詒讓，因爲孫詒讓用二十年功夫寫出一部《周禮正義》，學術價值無可估量。於近時學人中先生最佩服王國維。王國維學問之淵博，論著之豐富，爲大家所公認。先生最看重王國維學術的另一卓越之處：文章沒有一篇不是解決問題、不是有重大學術意義的。先生總是以此自勉，同時激勵我們，不解決問題，沒有學術價值，缺少獨立見解，人云亦云的文章，一定不要做。

要文章解決問題，首先要做到抓的問題真正是問題。我們常常看到一些學術論著，或者費偌大的力量考證一事，或者花畢生精力研究一人。成果出來了，學術價值卻小得可以忽略。因爲他考證的問題實無學術價值，他研究的人原來鮮爲人知，影響極小。這種情況並不少見，甚至大學者也往往不免。先生諄諄囑咐我們，做學問千萬以此爲誡。

二、先生自 1954 年從瀋陽東北圖書館調來吉林大學歷史系任教起，堅持獨立思考、實事求是地研究孔子，幾十年風雨不懈，老來彌篤。

先生堅信自己對孔子的認識是正確的。先生從孔子思想自身和孔子在兩千多年歷史中的影響考察，認爲孔子及孔子思想在不同的歷史時代有不同的意義。凡在革命風暴掀起時，人們要求破壞舊秩序，孔子和孔子思想成爲歷史前進的障礙，必然受到批判，"五四"運動是典型的例子。舊秩序破壞之後亟須進行建設新秩序的時候，孔子和孔子思想就有用了。建國以後，理應汲取孔子的東西爲今所用，可惜我們反其道而行之，批孔愈演愈烈，使兩個文明的建設都蒙受損失。

在以階級鬥爭爲綱的年代裏，一個普通教授要給孔子和孔子思想做出實事求是的評價，談何容易！先生硬是堅持，且敢於同當時的"左"派理論權威關鋒辯論。"文革"中被"造反派"趕進牛棚，挂上"孔教徒"的牌子，還是"死不改悔"。

先生這無所畏懼的精神來自對馬克思主義的理解。先生堅信，根據馬克思主義的原理看孔子，孔子的思想有時代性，也有超時代性。所謂超時代性，是說孔子的東西在孔子之後兩千多年的今天仍然管用。管用當然是指精華而言，例如孔子的仁說、時中觀念、教育思想，對精神文明建設大有用處。建設有中國特色的社會主義，必須弘揚民族優秀傳統文化；民族優秀傳統文化內涵極廣泛，就其思想與哲學這一重要方面來說，主要在孔子和孔學。孔學被漢代和漢代以後的人扭曲得面目全非。我們要象修整古動物化石那樣，仔細地剔除附着在化石身上的真石，把孔學與後世儒學分別清楚。後世儒學，從董仲舒開始，到宋明理學，學者固然可以作爲傳統思想文化的組成部分加以研究，但是不可以把它們作爲精神文明建設的養料交給人民和青年一代。因爲它們大多不具有超時代性。它們曾經是精華，卻早已變成糟粕。"五四"運動所竭力抨擊的封建禮教就是由它們陸續累積造成的。七八十年前人們一再唾棄的東西，今天怎可當作國寶捧在手裏嘖嘖叫好！

　　先生這一孔學觀、儒學觀在學術界多少有些孤立無鄰，但是先生不以爲孤，相信真理在自己一邊。先生獨立思考，唯真理是求，絕不人云亦云的精神，於此可見一斑。

　　先生常常同我談論朱熹。當今人們頗看重朱熹，先生則一反衆議，對朱熹持批判的態度。朱熹在中國思想界獨領風騷六百年，權威甚至高過孔子。先生認爲，朱熹思想，論深度，論價值，根本不能與孔子同日而語。例如朱熹說"蓋《易》祇是個卜筮書，藏於大史大卜以占吉凶，亦未有許多話說。及孔子，始取而教，譯爲'十翼'：《彖》、《象》、《繫辭》、《文言》、《雜卦》之類，方說出道理來"①，把八卦、六十四卦及卦爻辭看作徹頭徹尾的卜筮之書，並無哲學可言，哲學是孔子作《易傳》加入的。這膚淺的易學觀不能與程頤比，尤難望孔子項背。關於太極，朱熹說："易者陰陽之變，太極其理也。"②以太極爲理，而他的理又是先物而在，超越具體世界的本體。這又與孔子言"易有太極，是生兩儀"者不同，與老子的"先天地生"，"獨立而不改"的常道如出一轍。朱熹釋《中庸》亦根本謬誤，釋"中"僅僅爲"不偏不倚"，③給儒家道統"允執其中"陡然加入自僞古文《大禹謨》擷來的"人心惟危，道心惟微，惟精惟一"三句④，爲他的義理之性與氣質之性的人性說張本。朱熹說仁是"愛之理，心之德"⑤，與孔子講的"仁者人也，親親爲大。義者宜也，尊

---

①　《朱子語類》易類。
②　《周易本義》，天津古籍書店影印本，1986 年，第 314 頁。
③　朱熹《中庸章句》題下注。
④　朱熹《中庸章句》序。
⑤　朱熹《四書章句集注》，中華書局，1983 年，第 48 頁。

賢爲大。親親之殺，尊賢之等，禮所生也"①大相徑庭。

朱熹的體系是個謬誤的體系。它的所有理論，最後通向一個禮字，不是孔子講的爲仁義之形式的禮，而是十足的封建禮教的禮。清人戴震(1724—1777)作《孟子字義疏證》，對朱熹的體系作過入木三分的剖析、批判。如今二百多年過去，歷史已進入建設有中國特色的社會主義的新時代，竟有不少的人視朱熹的體系爲寶貝，毫無批判地加以推崇、弘揚。先生對此憂心忡忡，不時地對我說，朱熹的東西祇能做研究，不可以汲取。

三、先生早年研《易》，迄今七十餘年，總是獨立思考，絕不依草附木。五十年代先生著《易論》，講《周易》有辯證法。一位大家説，《周易》哪裏有辯證法呢。先生説，《周易》哪裏没有辯證法呢。依然故我，不爲所動。學術界長期以來流行《易傳》成書於戰國時代的觀點，人多勢衆，而先生堅信孔子作《易傳》的傳統説法符合實際。長沙馬王堆帛書《周易》出土後，先生更加堅信不移。

令人欣慰的是，先生這一觀點已逐漸不顯孤立。李學勤先生見解與先生同。張岱年先生對先生的觀點表示理解、贊賞。張老在一篇文章中説："金景芳先生獨抒己見，堅持認爲孔子作《易傳》是歷史事實，也表現了獨立不懼的勇氣。""孔子撰寫《易傳》，從歷史條件來説是完全可能的。古代史的許多歷史事實，不可能有百分之百的證據，但是也不容百分之百地加以否定。肯定《易傳》係孔子所著，還是有一定根據的。"②

趙儷生先生在一篇文章的後記中説："經二三年來之反思，鄙人之認識有所改變。吾人生於近世且習學歷史，不能不受考據派甚深的影響，不知不覺間亦受疑古學派之影響，故對金老孔子三代

①　《禮記·中庸》。

②　張岱年：《祝賀金景芳九五壽辰》，《金景芳先生九五壽辰紀念文集》，吉林大學出版社，1996年。

表作之見解遲遲不能首肯。但倘從‘剔抉網羅’之角度進行思考，則《易·繫辭傳》謂爲孔子代表作亦未嘗不可。其下篇中某些語句，謂爲孔子親撰，謂爲他人無可能代撰，亦完全能在科學上立住脚跟。這樣，將孔子代表作幅面擴大，對孔子思想之論證範圍，亦自必擴大，自人生哲學擴大到宇宙論。至此，孔子之學爲考古派與疑古派縮小而又縮小者，乃臻其原應具有之幅面。金老之功在此，鄙人之局限亦在此。”①

　　獨立思考與實事求是，二者互爲前提，互相包含，未可分離。先生治學一向實事求是，知錯必改。先生早年相信伏羲始作八卦之説，八十年代受《堯典》的啓發，看法有改變。從《堯典》説“欽若昊天，曆象日月星辰，敬授人時”知中國古人自然之天的天概念之産生不會早於堯時，而八卦之産生以有自然之天的天概念爲前提，故八卦不可能作於堯之前。《繫辭傳》“包犧氏始作八卦”云云一段話，當爲後世不知何許人抄書時所竄入。

　　還有《左傳》，先生先前曾認爲《左傳》不是《春秋》傳。八十年代初據《史記·十二諸侯年表》孔子“論史記舊聞，興於魯而作《春秋》，上記隱下至哀之獲麟，約其辭文，去其煩重，以制義法。王道備，人事浹。七十子之徒口授其傳指，爲有所刺諷、褒諱、挹損之文辭不可以書見也。魯君子左丘明懼弟子人人異端，各安其意，失其真，故因孔子史記，具論其語，成《左氏春秋》”這段記載，經仔細體會，乃改變舊看法，認定《公羊》、《穀梁》、《左氏》都是《春秋》的傳。公、穀以義解《春秋》，《左傳》以事解《春秋》。

　　四、先生學術活動的重點在古史研究。提起古史研究，人們立刻會想到本世紀馬克思主義的引入、地下史料的涌現和疑古思潮的崛起這三件大事。三件大事的交織影響，使傳統史學後的新史

---

① 趙儷生《我看儒學》，《金景芳先生九五壽辰紀念文集》，吉林大學出版社，1996年。

學既新鮮又複雜。先生在汹涌的史學大潮中獨撑小舟,臨險不驚,處變不亂,一直向前,靠的是在無師自學的困境中養成的堅毅不可拔的學術精神,即本文開頭提到的三條。

先生治古史一向以馬克思主義爲指導,先生的大作《中國奴隸社會史》、《論井田制度》以及《論宗法制度》、《中國古代史分期商榷》、《論中國奴隸社會的階級和階級鬥争》等著名論文,都是馬克思主義指導下的産物。可以説没有馬克思主義就没有先生的史學成就。先生善於把馬克思主義理論、方法同中國古史實際結合起來,收到水乳交融、相得益彰的效果。

先生對馬克思主義"中心悦而誠服"。三十年代開始接觸馬克思主義,迄今有關的重要原著多已熟讀,且善於領會精神要旨,貫通於古史研究之中。馬克思主義指出奴隸社會有古典和古代東方兩種發達形態。中國屬於哪一種?先生根據歷史實際情況認定,中國是古代東方型的發達奴隸社會,與古希臘、羅馬不同。古希臘、羅馬作坊、農場裏那種被繩索羈絆着,可以買賣,屬於某個奴隸主私人所有的奴隸,古代中國没有。中國奴隸社會的主要勞動者是生活在農村公社中的"庶人"、"野人",即馬克思説的"普遍奴隸"。這在衆多文獻記載的國野、井田、宗法、分封諸制度中能够得到證明。奴隸社會是人類歷史上第一種以剥削、壓迫爲前提的私有制社會,也是第一種前資本主義社會。有無可以買賣的、牛馬式的、屬於私人所有的奴隸,不是奴隸社會的本質特徵。古希臘、羅馬有這種奴隸,是奴隸社會;中國古代没有這種奴隸,也是奴隸社會。兩者都是典型的、發達的奴隸社會,特點各有不同。史學界由於對此問題的認識不同,導致了在古史分期問題上的嚴重分歧。

先生用二十多年功夫研究這個問題,寫出一系列論著,其中以《中國古代史分期商榷》一文和《中國奴隸社會史》、《論井田制度》二書影響爲最大。《商榷》一文寫於 1978 年,主要是對郭沫若關於中國古代史研究的某些重要結論提出質疑與批評。文章投給《歷史研究》,向史學界最高權威提出挑戰,在當時是史學界一件大得不能再大的事,《歷史研究》當然不願意輕易發表。不料這時郭老去世。1979 年春天,《歷史研究》在當年第 1、2 期上把文章連續發表出來。發表之後沒有見到認真的有水平的反批評文章,倒是有人或者背後不負責任地議論,或者在不被注意的刊物上發表説三道四的文章,不討論學術問題本身,祇對先生進行毫無根據的人身攻擊。説什麽郭老剛死就發難,郭老生前爲什麽不説;批評郭老是爲了抬高自己,等等。先生對此泰然處之,一言不發。因爲他知道自己的使命在學術,計較這些,徒費精神不值得。

先生對先秦史上諸如井田制度、宗法制度等重大問題一一提出自己的見解。胡適堅決否定井田的存在,認爲豆腐乾塊的井田制度不可能。郭沫若雖不贊成胡適的意見,卻也不信《孟子》與《周禮》,而憑自己的腦子構想了另外一種井田,實質上也等於否定了井田。先生根據恩格斯《馬爾克》一文和馬克思《給查蘇裏奇的第三篇信稿》對歐洲農村公社的描述,對照中國古代文獻的記載,論定井田制度不僅確實存在過,而且是歷史之必然。其實質是差不多一切民族都有過的"把土地分配給單個家庭並定期實行重新分配"。①

先生還解決了諸如國野、貢助徹、《周禮・載師》七等田等一系列相關的問題。正確地瞭解井田制度,其他如田制、軍制、禮制、刑制、税制、教育等等才能講明白,也才能真正瞭解中國奴隸社會。先生解決了井田制度問題是對先秦史研究的重大貢獻。

宗法制度問題,清人程瑤田、凌廷堪、鄭珍和近人王國維已經講清楚了,不應有什麽爭議,乃時賢在疑古風的影響下,多不信古人,逞臆爲説。説"天子是天下之大宗","諸侯是一國之大宗",全然不顧古人有"諸侯奪宗","君是絶宗之人"的正確論斷,强行混宗

---

① 《馬克思恩格斯全集》第 21 卷,第 159~160 頁。

統與君統爲一。先生不滿意這種做法，因於 1956 年徵引大量資料
並以馬克思主義理論爲指導，寫成《論宗法制度》一文。申明西周
宗法制度的最基本的特徵是"別子爲祖"。所謂"別子"，就是令公
子、公孫與君統相區别，即從君統中分出來，另立宗統。公子與公
（新君）雖有兄弟之親，但實行宗法後，公子應稱公（新君）爲君，不
得論血親關係稱兄或稱弟。其實質是文明社會發展到一定程度之
後，政治關係要加强影響，儘可能擺脱血緣關係的束縛。更進一步
説，就是王權、君權要與自身所在的血緣關係隔斷，形成君統、宗統
兩個統系。關於宗法制度的這一理論進展，是先生的貢獻。

　　先生還對奴隸社會的階級和階級鬥争、夏部落、商文化起源、
民族融合、夏代由氏族制向奴隸制的過渡、春秋與戰國分界、奴隸
社會與封建社會分期等問題進行了深入、獨到的研究，取得重大成
果。

　　五、本世紀的中國新史學，受疑古派的影響相當大。先生對疑
古之風一貫采取抵制、批評的態度，從不含糊。疑古之劍主要殺嚮
兩方面，一疑古史不可信，二疑古書盡僞。胡適説："大概我的古史
觀是：現在先把古史縮短二三千年，從《詩》三百篇做起。將來等到
金石學、考古學發達上了科學軌道以後，然後用地底下掘出的史
料，慢慢地拉長東周以前的古史。至於東周以下的史料，亦須嚴密
評判。寧疑古而失之，不可信古而失之。"[①]顧頡剛説："我知道要
建設真實的古史，祇有從實物上着手的一條路是大路，我的現在的
研究僅僅在破壞僞古史的系統上面致力罷了。"又説："我就建立了
一個假設：古史是層纍地造成的，發生的次序和排列的系統恰是一
個反背。"[②]李玄伯説："用載記來證古史，祇能得其大概……所以
要想解決古史，唯一的方法就是考古學。我們若想解決這些問題，

---

　　① 《古史辨》第 1 册，上海古籍出版社，1982 年，第 22 頁。
　　② 同上，第 52 頁。

還要努力嚮發掘方面走。"①

　　二三十年代這些强烈的疑古觀點,影響相當深遠,建國後數十年來綿綿不斷,許多學者認爲古書不可信,因而古史也不可信,唯相信出土實物。先生則主張文獻與實物並重而以文獻爲主。但先生並不輕視地下材料,祇是説要把文獻材料放在重要地位。先生説:"研究原始社會的歷史,由於缺乏文字記載,不能不主要地依賴於考古發掘。到了文明時代,已經有了文字記載,雖然考古學的重要性仍然不應忽視,但研究這時的歷史應以文獻爲主。章炳麟不相信甲骨文,顯然是一個不能原諒的錯誤。王國維則不然,他應用甲骨文字,作《殷卜辭中所見先公先王考》,糾正了古書上的錯誤,使那些頑固地不相信甲骨文的人,也不能不心服口服。這就説明地下史料是重要的。但比較起來,我看研究古代史應以文獻爲主。"②

　　當年疑古派學者斷言古書盡僞,古史是後人層纍地造成的,古史必須由地下材料來説明。説來也巧,近幾十年地下出土的材料越來越多地證明古書不僞,大多可信。例子多的是,七十年代山東沂蒙地區銀雀山漢墓同時有《孫子兵法》和《孫臏兵法》兩部簡書出土,證明《史記·孫子吳起列傳》所記不虛,確實有《孫臏兵法》這部書。《周禮》早已爲疑古派定爲僞書,不可用以研究古史,可是近幾十年來陸續有人用金文材料對照研究《周禮》,發現《周禮》職官多有與金文相合之處,《周禮》的史料價值不容否定。張亞初、劉雨説:"正如我們研究殷周的甲骨金文離不開漢代的《説文解字》一樣,要想瞭解西周金文中的職官,也無法脱離《周禮》一書。這説明其書雖有爲戰國人主觀構擬的成份,然其絕非向壁虛造。由於作者去西周尚不算太遠,故書中爲我們保存了許多寶貴的西周職官

---

①　《古史辨》第1册,第270頁。
②　金景芳:《中國奴隸社會史》自序,上海人民出版社,1983年,第4頁。

制度的史料。"①兩位考古學家八十年代講的這番話與二十年代疑古派學者講的大不相同。考古學與歷史學兼治兼通的李學勤先生發表許多文章論證古書大多可信,前不久有《走出疑古時代》論文集問世。這就説明,疑古派期望考古學成果證明自己正確,然而今日不少考古學家卻不接受疑古派的觀點。先生抵制、批評疑古派的立場越來越多地得到考古學的支持。

六、治古史還有個如何對待考據的問題。先生一嚮認爲考據是重要的。對清儒的考據功夫和成果以及無徵不信的原則,至爲賛賞。常説,宋人重義理,思想活躍,善於宏觀把握問題,抓住要點,但是考據、訓詁功夫差,往往由於一個關鍵字詞没弄懂而講錯意思。清人重考據、訓詁,補救了宋人的缺點。先生特别賛賞王念孫、王引之父子的方法,重考據而不泥於考據,善於微觀宏觀兼顧,由解字解詞推及釋章義篇義。先生自己也時作考據,且不乏精采。《詩》"二南"之南字,古人或解作方向之南或解作"南夷之樂"之南,皆不得要領。先生釋南爲任,"周南"、"召南"是"周南之國"、"召南之國"的簡語。"周南"的詩從周公所任之國選出,"召南"的詩由召公所任之國選出。既打通了《詩》的一個難點,又給周、召分陝而治的史實提供了重要佐證。《中庸》"率性之謂道",朱熹釋率爲循。率固有循義,但是先生認爲此率字應訓帥,不當取循義。若訓循,則全句謂道是循性的。性而可循,豈不等於説可以任性,可以無忌憚。《中庸》必無此義。若訓帥,謂性由天賦,自然生成,須由道來統帥它,制約它,則文通意順,"率性"之義必如此。講對一個率字,《中庸》全篇皆通。先生考據大多如此,着眼於解決問題,不爲考據而考據。

清人作疏,往往見木不見林,釋字不解文義,或者開列年貨單子,俱引前人甲前人乙怎麼説,唯不下己意,不予折中,不言自己怎

---

① 張亞初、劉雨:《西周金文官制研究》,中華書局,1986年,第112頁。

麼看。先生告誡我們千萬別犯清人的這兩條毛病。近年先生指導我撰寫《尚書新解》,時時提醒我注意,字義詞義要弄通,句義篇義更要弄通。實在不通的則存疑。前人的説法分歧很大,我們要在充分研究、深思熟慮的基礎上提出自己的見解。在這一點上要學江聲的《尚書集注音疏》、胡渭的《禹貢錐指》,不要學孫星衍的《尚書今古文注疏》。

　　七、先生的史學根底在文獻。於文獻尤長於五經。由五經而孔子,而孟荀,而老莊,而孫子,而韓非,無所不精。這使先生的史學研究形成了兩方面的特色,一是文獻學與思想史結合,一是社會史與思想史貫通。文獻學、思想史、社會史三者結合、貫通,造就了屬於先生自己、富於個性、渾然一體的學術體系和學術精神。這裏不須我贅敍,張豈之先生已有極中肯的概括。張先生在一篇文章中説:"金老很注意文獻學研究與思想史研究的結合。前人作中國文化學術思想史研究,沒有不在文獻學上下功夫的,因爲這是研究的基礎。但是,前人研究文獻學,有時過於偏重訓詁考據,忽視了文獻的思想内涵。或者,前人作學術思想史研究,過多地從義理方面加以發揮,而忽略了某些範疇、概念在文獻上的本來意義。金老在學術研究上沒有漢學與宋學的偏頗,而力求采取二者之長。他依據獨立自得的研究,將歷史文獻學的實事求是精神與思想史的理論探索融爲一體,從而在中國思想史的研究中提出了許多新見解。我們讀他的《易論》、《古籍考證五則》、《釋二南、初吉、三浞、麟止》、《論孔子思想有兩個核心》,就可以體會到金老在這方面的功夫之深。如果進一步讀讀金老的名文《老子的年代和思想》、《關於荀子的幾個問題》、《關於孔子研究的方法論問題》、《中國古代思想淵源》,即可看到'由辭以通道',將歷史文獻學與思想史研究有機結合的範本。""思想史研究和中國社會史研究的結合,這是金老學術研究中的另一個注意焦點。在歷史上,任何一種有體系的思想理論都是根植於一定的社會歷史土壤。因此,思想史研究的難點

就是科學地揭示歷史演變和邏輯演變的一致性。許多馬克思主義
學術大師在這方面作出了重要貢獻。這是不可等閑視之的。如果
思想史研究衹是由概念到概念，由範疇到範疇，依照西方某些哲學
的思想體系，或者依照研究者自己的思想體系，將一些概念和範疇
納入到一定的理論架構中間去，這樣的工作當然不能説没有意義，
但是就其研究過程來説，那衹是做了一半，或者説還没有達到研究
的終極目標。金老覺得這樣的研究有必要向前推進。他參考了其
他學者在社會史研究方面的成果，進一步提出了自己的獨立見解。
應當指出，金老在中國社會史研究中是做出了很大成績的。他的
《中國奴隸社會的階級結構》、《中國古代史分期商榷》、《論井田制
度》、《馬克思主義關於奴隸制的科學概念與中國古代史分期》等論
文，實際上構成了金老關於中國古代社會史理論體系的基礎。而
金老關於中國古代思想史和經學史的若干觀點都與他的社會史觀
點密切聯繫着，形成了一個整體。金老的研究成果充分顯示他是
一位有系統的社會史理論的古史專家、古文獻學家和思想史
家。"①

張先生對先生文獻學、社會史、思想史三方結合貫通這一特點
的分析，至爲精闢、全面，不須我更作補充。

八、先生治學善於抓關鍵問題，在關鍵問題中抓要害；抓住要
害，反復思考，步步深入，加以突破。在文獻學、社會史、思想史諸
領域的研究中無不如此。上文已涉及許多，這裏僅舉兩個新近的
例子説明。

近兩年我撰寫《尚書新解》，於《盤庚》篇遇到困難。漢人都説
盤庚遷殷的原因是"去奢行儉"和躲避河圯，并且説主張遷殷者衹
盤庚一人，下層民衆和上層貴族都反對。根據這一説法講《盤庚》，

①　張豈之：《金老與中國思想史研究》，《金景芳先生九五壽辰紀念文集》，吉林大學出版社，1997年。

根本講不通，經文中找不到“去奢行儉”和河圮的記載，亦不見下層
民衆有反對遷移的言論。先生抓住盤庚爲何遷殷這一關鍵問題加
以研究，發現漢人之所以把問題搞錯，原因有二，第一對《盤庚》篇
頭之“盤庚遷於殷，民不適有居”兩句話理解有誤。他們以爲“盤庚
遷於殷”是正文首句，説盤庚遷至殷，故“民不適有居”謂民不往新
居地去，抵制遷殷。第二把“民不適有居”之適字講錯。

　　先生經過反復思考，發現“盤庚遷於殷”不是正文首句，它是個
單獨的句子，不與下文連貫，在篇中起提綱振領的作用，可視作全
篇之題目。“民不適有居”才是正文首句。適字是問題關鍵所在。
此適字漢以來都訓往、之。適字固有往義之義，但也有悦義樂義。
《一切經音義》引《三蒼》云：“適，悦也。”《廣韻》：“適，樂也。”先生認
爲此適字必當爲悦、樂之義。“民不適有居”，民不喜歡現在之“有
居”，故有遷徙的要求，因此盤庚才有告誡官員們“無或敢伏小人之
攸箴”語。這樣理解“民不適有居”，全篇皆順。倘依漢人舊説釋適
爲往爲之，説下民抵制遷殷，則《盤庚》篇不可通。

　　仁，是孔子思想的核心。先生對孔子這個仁字一直都在研究，
認識在不斷地加深。先生釋仁主要根據《易傳》、《中庸》、《孟子》，
不同意韓愈“博愛之謂仁”和朱熹“仁乃性之德而愛之本。因其性
之有仁，是以其情能愛”[①]的説法。《易傳》説：“立人之道曰仁與
義。”《中庸》説：“……修道之謂仁。仁者人也，親親爲大；義者宜
也，尊賢爲大。親親之殺，尊賢之等，禮所生也。”《孟子·離婁上》：
“仁之實，事親是也。義之實，從兄是也。禮之實，節文斯二者也。”
先生據此認爲，仁中有義，二者不可分。仁義是内容，禮是形式。
仁與人本爲一字，仁就是人。仁起於血緣關係親親之愛，而後推及
政治關係而有義。最近，先生的認識又有深入，指出許慎《説文》釋
仁字爲“親也，從人二”，正切合孔子“仁者人也”之意。仁之二人一

────────────

① 朱熹：《朱子文集·答張欽夫》。

表示自己，一表示別人。親字表示己與人之關係應當是愛。《中庸》記孔子所説"仁者人也"云云那段話，講仁講義講禮，三者歸結到一點，就是一個仁字，仁就是人。所以先生説："近世有人説，孔子之學是人學，是人本主義、人道主義，儘管這些概念不是中國固有的，我看是對的。"①

　　我所知道的先生的學術精神，大體如此。最後借用任繼愈先生在一封信中講的的一段話作爲結束語。任先生説："金先生爲人爲學深受學術界的敬重。他爲國家培養了大批中青年學者，都已成爲學術研究的骨幹。這也是他的重大貢獻。像金先生這樣德高望重的學者乃國之重寶，祝願他健康長壽。"

　　　　　　　　　　　　（《社會科學戰綫》1996年第3期）

---

① 金景芳：《論孔子的仁説以及其他相關問題》，《中國哲學史》1996年第2期。

吾師金景芳教授的學術道路和品格

王治功

未覺歲月急馳，金老九五大壽行將來臨。紹綱兄來信説，慶祝會擬以學術研討及出版文集形式進行，並邀我撰文、赴會。我欣然從命，努力寫出我心中的金老。

一、金老與人民解放事業

兩年前慶祝金老執教七十周年，文郁來信告我，倉促中急成一詩，加急電賀："學海風濤七十年，江河未許一時閑。喜看百派爭流日，桃李千紅唱凱旋。"如果説這僅僅是從現代學術發展長河中去讚頌金老的話，那麼今天，我試從中國人民解放事業的全過程來認識金老的一生。或者説，祇有從這一高度去看金老，身爲學生的我才能更加明確應從金老一生事業中學習什麼，繼承發揚什麼。

先生已有《學術自傳》問世，生平大略，已廣爲讀者所知。這裏提出一個問題，投筆從戎是參加人民解放事業，那麼，教師堅守教學崗位教書育人算不算參加人民解放事業呢？我認爲，兩者都是投身人民解放事業，祇是崗位不同。連續計算教齡，當是國家承認的證據。本文正是以這一認識爲前提來闡述金老與人民解放事業的。

金老的前半生，是與中華民族的命運及其偉大解放事業休戚與共的。金老畢業步入社會不久，即發生"九一八"事變。在此後的"八年抗戰"、"三年解放戰爭"的十一年中,金老是"十年流亡"、"八次輾轉",足迹遍及北京、西安、安徽、武漢、湖南、四川的威遠、樂山、三臺等地,而每次離合輾轉,都遭遇内憂外患,又多與學校、學生的境況相關。這正是中國知識分子與中華民族命運不可分離的表現,也是知識分子、特別是東北教師的"流亡三部曲"。與其他各界相比,祇是音符高低快慢各有不同。

中國人民的解放事業,是勞苦大衆在共産黨領導下歷經半個世紀完成的。其間,既有無數先烈血染沙場,也有不少貧寒農家子弟走完"從奴隸到將軍"的路,成長爲共和國的革命家、政治家、軍事家。與此相伴,在文化教育領域,也有不少貧苦農家子弟,成長爲文學家、詩人、學者。吾師金老,無疑當是文化教育領域中成爲學者的一員。如果説,高爾基的大學是沙皇俄國,那麼,金老的大學則是淪陷的中國東北和殘破的半殖民地半封建社會。

如果一定要從共性中找出差別,我認爲金老是没有藉助任何黨派、組織或集團的力量,也没有依賴國外留學、國内著名高等學府的師友提携,幾乎完全靠自己的獨立奔波跟上人民解放事業的。

從金老所述生平事業中,似可説明,人的成長及其事業雖與社會、家庭條件好壞密切相關,但在相同條件下卻有是非成敗截然不同的結果,這完全取決於個人的正確選擇和奮發圖强。其次,作爲知識分子或教師,不管在任何情況下都應該始終與勞苦大衆同呼吸、共命運。再次,金老忠於職守,忠於教育事業。十年流離,除少數時段迫不得已,大都堅守在教育崗位上教書育人。最後,磨難不僅是藝術家的財富,同時也是科學家、教育家的財富。金老將磨難變成自己的財富,結出豐碩的科研成果。凡此,都是我應該學習、繼承并發揚的。

二、金老是自學成家的學者

舊中國的貧窮落後，不僅使幾億農工子弟成爲文盲，也使象金老那樣家境中落的書香門第"無力入私塾讀書"。1910 年，清廷在農村興辦小學且不收費的新法，使已八歲的金老得以讀完初小。務農二年後，又讀了二年高小、五年初級師範，總計十一年。這一基礎與貧困好學相結合，決定金老攀登科學高峰，衹能走自學成材的道路。也正是貧困好學，才使金老適應教學需要，"日以授徒及潛研古籍爲事"。還是勤奮好學，才使金老"有暇即到""古舊書肆巡視"。天道酬勤，金老在那裏找到了自己的大學。"由於'九一八'事變，東北大學及其他公私藏書流散出來的頗多，在瀋陽南門外出現很多舊書鋪，每家前屋、後屋都堆滿古籍，問價異常便宜。我以工資有限，養家以外，所餘無多，不能恣意收購。當時僅購得帶有李審用手迹的《三禮古注》、陳奐《陳氏詩毛氏傳疏》、浦起龍《史通通釋》、王念孫《廣雅疏證》及木版大字《公羊傳注疏》和正續《清經解》零散本若干種。在這些書中，尤其以李審用書錄有在大學課堂上聽課筆記最爲珍貴。我讀了之後，仿佛置身在大學聽名教授講課。以後我對'三禮'有興趣，就是從這時開始的。"①這段文字，就是金老所找到的没教師、没有校園的大學。

十年磨一劍。金老自 1923 年畢業後，歷經十六年的刻苦學習和鑽研，於 1939 年在東北中學時完成其處女作《易通》，1942 年獲教育部"著作發明及美術獎勵"三等獎，並於同年 5 月在東北大學任文書組主任兼中文系講師。可見《易通》撰寫並獲獎，標誌着金老完成了他一生中第一個過渡，即從初師畢業到專家學者的過渡，也説明金老的治學是從《易經》開始並取得成功的。這在中國，並

---

① 《金景芳自傳》。

不多見。

金老的學術道路，給我們留下了珍貴的精神財富。一是金老全靠勤奮自學、刻苦鑽研、獨立成家的；二是素稱群經之首的奇書《易經》，是治學的難點，也是至高點，金老選《易經》爲突破口，足見其膽識與毅力，敢於攻堅並善於攻堅；三是金老的學術思想與理論方法是自己摸索並逐漸自我完善起來的，他既没有接受國外某一學派的理論或主義，也不屬於國內學術界的某家某派。他走的是自己開闢的學術道路，講的是自己的研究成果，既不是"我注六經"，也不是"六經注我"，更不是東抄西湊版"大雜燴"或"觀點加例子"的通行公式。

金老的學術道路並非毫無淵源可尋。金老在述完經、子諸學之後說："清代以後學者我最尊顧炎武、黃宗羲、江永、戴震、孫詒讓及近人黃侃、王國維。有人說‘王國維在治學上繼承了乾嘉學派實事求是、無徵不信的優良學風，王國維治學嚴謹，敢於突破前人定論，推翻權威學説’，我同意這種説法。我幾十年來一貫以這種學風自勵。"①上述情況表明，金老的學術道路，是在中國古今優良傳統的學風基礎上"自勵"形成的。其間，既有優秀傳統的學習和繼承，更有自己能動性的發揮和獨創，以此區別於簡單的傳承與沿襲。

綜上似可明晰，學習並繼承、發揚金老的治學道路，對於我們乃至一代繼往開來的學子，是何等珍貴與重要。

三、金老是自覺完成兩個轉變的學者

20世紀的神州大地經歷了民主主義和社會主義這兩個既相互銜接又彼此性質不同的發展階段。對老知識分子與專家學者來

---

① 《金景芳自傳》，第34～35頁。

説，除公民身份性質的轉變外，更爲艱難的是人生觀、世界觀、學術思想、學風與文風的轉變。那麼，金老是怎樣完成這一過渡和轉變的呢？金老在自傳中説："我到歷史系，意識到解放後與解放前不同，歷史系與中文系不同，一切需要從頭做起。首先應從思想上來一個較大的轉變。""這樣就要求努力學習馬列主義理論和毛澤東思想及黨的路綫、方針、政策，並積極參加政治運動。其次應在教學工作和科研工作中，也來一個比較大的轉變。即一定要用辯證唯物主義和歷史唯物主義理論作指導，要求我所説的和所做的儘可能地都符合科學，符合真理。"①可見金老是自覺積極地迎接並完成這些轉變的。因篇幅所限，這裏僅就三點分述如下。

首先談金老人生觀的轉變。中國傳統思想文化中的精華，始終存有舍己爲人、舍生取義的積極方面。《禮記》中的大同世界，老、莊的去私無爲，屈原的"秉德無私"，直至范仲淹的"先天下之憂而憂，後天下之樂而樂"、文天祥的"人生自古誰無死，留取丹心照汗青"，其間誠有忠君報國、爲剥削階級服務的主導方面，但親衆愛民、視民爲衣食父母的成份，亦不能抹煞。對像金老一樣的信守這一優良傳統的老知識分子來説，無疑是他們轉變人生觀的堅實基礎和有利前提，也是金老能自覺進行人生觀轉變的原因之一。其次，十年流亡，目睹日寇、國民黨的殘暴、腐敗，解放後的欣欣向榮，絶大多數知識分子都和金老一樣，是願意爲人民服務的。

其次談金老努力學習馬列主義、毛澤東思想。對知識分子來説，主要不是解決生產資料所有制的問題，而是意識形態、世界觀和方法論問題。完整準確地學習、掌握並運用馬列主義基本原理和毛澤東思想，實是思想轉變的關鍵。金老不僅十分重視對馬列主義原著的系統學習，並能將其運用到思想改造、教學和科研中去。諸如卜筮、宗教中有無哲學的問題、農村公社問題、井田制問

---

① 《金景芳自傳》，第25頁。

題、宗法制問題、奴隸社會存在等級的階級問題、中國古史分期問題、馬克思、恩格斯、列寧的有關論述，大都是金老在原著中發現並最先應運到古史研究中的。由於金老的仔細和認真，他發現並指出一些權威"對馬克思主義理論也往往並未真正弄懂"。[①]

　　從"六經注我"或"我注六經"的歷史長河發展而來的中國學術界，在對馬克思主義經典著作上，難免輕車熟路、舊習難改，也難免"唯書"、"唯上"。所以，常常不是爲經典作家作注疏，就是觀點加例子或貼標籤，或者選些精彩句子裝飾一下自己的文章。有的著述甚至用馬恩的早期論述否定晚期論述、用未發表的手稿否定發表的主要著作、用翻譯的不同表述大作文章等等，以至出現各執一説，讓經典論述自行論戰的情況。與此相反，金老是從系統閱讀原著中把握基本原理，從基本原理上把握具體觀點的論述。由此可見，金老對馬列主義的應用準確、堅實、恰到好處，不是偶然的。

　　金老學習運用馬克思列寧主義並非一帆風順，而是相對曲折漫長的。從金老的學術論著中可以看出，從 1944 年發表《研治經學之法》後至 1955 年的 11 年間，金老無論著發表。1955 年的《易論》(上、下)，"是學了更多的馬列著作，在舊作《易通》的基礎上寫成的"。如果説這是初試成功，那麽以下記述便是曲折而漫長："1957 年署假，我校開科學討論會，我寫一篇《論孔子思想》。我本意借此機會既發揮我的專長也不悖於毛澤東思想。""可是没想到我因錯誤地説'孔子的世界觀基本上是辯證唯物主義'，發表後被人抓住，批我十幾年，而且不斷提高，最後竟提高到反黨反社會主義反毛澤東思想。"[②]金老是從事中國古史研究和教學工作的。在其學習運用馬列主義過程中，也就是在他的學術生涯中出現一次這樣大小的疏誤，應該怎樣看呢？是政治錯誤還是學術錯誤？是

---

① 《金景芳自傳》，第 35 頁。
② 同上，第 27～28 頁。

基本原理錯誤還是個別觀點錯誤？是理論上錯誤還是應用上的錯誤？是立場問題還是認識問題？是史實觀點問題還是文字表述問題？凡此，原本不難區分。但在那個年代，習慣抓辮子、打棍子的"左派"是把"寧左勿右"當作馬列主義去信奉的，以至把他們不瞭解的馬恩論述當作資產階級觀點去批判，把中國法家當作亞馬克思主義者，可他們仍是響噹噹的"左派"。放眼全球，如果世界各地的馬克思主義者、無產階級職業革命家們，一生也祇出現一次或幾次像金老這樣大小的應用疏誤，那該多麼美好哇！國際共產主義運動該是多麼興旺發達！從相反角度看，或許正是這"十幾年"的批判，把金老的馬列主義水平推向新的高峰，磨難又一次轉化爲金老的精神財富。

四、金老學術成果的基本特徵

　　金老的學術成果，在先生的《自傳》中也已述及，計有專著 10 部，學術論文五十八篇。這裏想說的，是金老學術成果的基本特徵。

　　金老在完成人生觀與世界觀兩大轉變過程中，學術成果日漸增多。特別是馬列主義理論與方法的運用，從根本上改變了金老學術成果的性質和方向，成爲社會主義新中國的社會科學中的組成部分，是馬克思主義史學。這是金老學術成果的根本特徵。

　　人生觀的轉變和馬克思主義理論方法的應用，並不等於金老學術道路的轉向或消失，而是以質變和更新爲特徵的發展。正如金老所說："由於馬克思列寧主義水平和歷史專業水平的限制，我寫的這部書不可能沒有缺點錯誤，但有一點敢奉告讀者，就是我沒有依草附木，隨波逐流。我說的是自己的話，走的是自己的路。"①

――――――――――

① 《中國奴隸社會史》序。

“我所以這樣説,由於當時史學領域有一種教條主義風氣正在廣泛流行,縱然觀點與史實都有問題,也無人敢持異議。我深深感到這種風氣極不利於史學發展,因不揣庸陋,敢於以自己的意見徑直地與若干權威人士相抗争。”①十分清楚,金老是獨立掌握並運用馬列主義理論與方法的,依然説自己的話,走自己的學術道路。顯然,這是金老學術成果的另一特徵。

試將金老學術成果加以分類,我們就會發現這十部專著與五十八篇論文所呈現出來的特點。

分類 著述	經學	易經	春秋	詩經	周禮	孔子	老子	荀子	孫子	儒法	諸子	古史	史論	方法論	文獻	傳紀	帛書研究	總計
專著		4				1						4					1	10
論文	2	7	1	2	2	10	6	1	1	4	1	13	3	3	3	1	1	58

資料來源:《自傳》附錄

有關該表的統計、劃分原則等項,恕不一一説明了。在這個比較準確但不高明的分類統計表裏,有中國古史專著 4 部,論文 13 篇,而金老的代表作《中國奴隸社會史》在其中;《周易》研究專著也是 4 部,論文 7 篇;孔子研究專著 1 部,論文 10 篇。據此可以看出金老學術成果在内容上的突出特點,也表明金老首先是歷史學家,其次是易學專家、孔學專家,或統稱爲經學專家。

依著述緣由與發表情況分類,可得下表:

分類 著述	公佈科研成果	學術争鳴	應邀撰稿	正本清源
專著	6	3	1	
論文	38	6	10	4
小計	44	9	11	4

資料來源:《自傳》

上表説明,金老著述,以專著計,60％是將科研成果公之於世,

---

① 《金景芳自傳》,第 57 頁。

30％是學術爭鳴，10％是應邀撰文；以學術論文計，65％以上是公佈科研成果，10％是學術爭鳴，20％强是應邀撰稿，不足7％是正本清源，清算"四人幫"批儒評法、儒法鬥爭的遺禍。這種批判、澄清，也是從自己的學術專長出發完成應盡的社會責任。在金老著述中，找不到應景、御用文章，找不到影射史學、借古說今的影子。在今天的世界或中國，能如此保持自己科學著述的嚴肅與聖潔者，似不多見。這是金老學術成果的又一特徵。

金老學術著述所呈現出來的上述特徵，給我的教益是珍貴的。這使我更加明確，在市場經濟、金錢萬能的大潮中，應該怎樣堅定走好自己的學術道路，應該寫什麽性質和内容的文章。

五、金老是科研教學並重的學者

我無法準確記起是從哪一年開始，金老就把"出成果，出人才"當作自己和學生們的共同奮斗目標，但敢肯定這是金老長期演講或談話的主題。"出成果"是指拿出科研成果來，空喊無用；"出人才"是指培養出合格、杰出的人才來，自吹無濟於事。

金老長期在教學第一綫，至今已執教七十三年。解放前金老教過的小學、中學、大學學生，我無法統計。解放後，僅在吉林大學，金老教過的歷史系本科生，據我手頭資料統計在五百人以上，碩士研究生十餘人，博士生十餘人。金老的學生，行政職務最高的是國務院某部部長和某省省委書記。在文化教育戰綫，據我手頭資料統計，達到副教授以上的在百人以上，超過金老所教學生的六分之一，可謂比例不小。

金老對學生要求相當嚴格。在1964年我學習期間，除個人聽課筆記、課後閱讀筆記外，要求我們輪流記錄授課日記。重點問題與重點文獻，金老多逐字、逐段講解。此外，在政治思想、理論學習、外語學習方面，也隨時過問，使我們不敢稍懈。

　　金老要求我們講真話、講實話,反復强調要敢於講出自己的觀點,不要怕錯。一次討論,因我發言言辭閃爍,受到金老當場批評。

　　1965年春,我把參加梨樹縣農村社教的總結寄給金老。當金老還給我時,我萬沒想到金老像批改作業一樣認真、仔細,不僅錯漏字被一一點出,凡底下劃綫處都是需要修改的地方。

　　金老尤重學生品德。1978年,按計劃金老要招6名碩士研究生。其中一名考生原本也是金老的學生,考試成績較好,位列第三。可後來金老堅決不取,原來因他送禮被金老批評後仍未及時改悔。他不曉得,在金老純潔的心中,是無法容納這種行爲的。

　　金老所以强調"出成果、出人才",是出自他對當時科研、教學、人才培養狀況的使命感和緊迫感,是看到中國科研教學將要出現人才斷層而提出的。我想這就是1978年金老一次就取六名研究生的原因,也是他1983—1984年爲十數名講師以上的高校教師開辦歷史文獻研討班的原因所在。金老的心血已結出豐碩的果實,研討班的學員已返校授課並著書立説。

　　世代更新,幼老代謝,是神仙皇帝都無法改變的自然法則。我們目睹許多卓有成就的學者,一旦仙去就後繼無人,其原因之一就在於對"授課育徒"的教學未能予以應有的重視。在一向以"桃李滿天下"爲教師無尚光榮的國度裏,孔夫子已開創並樹立了弟子三千、賢者七十二的楷模,這是學者、專家能够"温故而知新"的課題。金老堅持"出成果、出人才",是把科研與教學結合起來,同時並舉。這是我們應該牢記不忘的。

六、金老是注重自我修養的學者

　　科學修養是科學家的生命,也是科學家事業成敗的關鍵。它包括科學精神、科學理論、科學方法、科學態度、科學道德、科技寫作,乃至科學家的人格和主體性。如果説科研成果相當於電腦的硬件,那麼科學修養則是電腦的軟件。如果説科研成果是有形資產,那麼科學修養則是無形資產,是精神財富、精神文明。

馬克思曾指出:"所謂社會的勞動生産力,首先是科學的力量。"(《政治經濟學批判大綱》)在英文裏,首先與"第一"同義同詞。自鄧小平同志概括出"科學技術是第一生産力"後,學術界竟出現把社會科學排斥在科學之外的説法。從《德意志意識形態》到《反杜林論》,馬、恩都把社會科學列爲"第三類科學"。在談及兩者關係時,馬克思説:"自然科學往後要包括關於人的科學。正像關於人的科學包括自然科學一樣。"①如果真的否定社會科學同樣是科學,無疑也就否定了馬列主義、毛澤思想是科學。上述觀點所以能公開提出,似與背後隱藏的思想與排它性有關,顯然這是科學修養不夠。這也説明,在科研成果上可能出現一部書、一篇文章、某些觀點、資料方面的疏誤,但在科學修養上一旦出現問題,則往往涉及全局乃至科學家的一生和事業。"一失足成千古恨"的名流、學者、專家,並不少見,似多源於此。

科學精神,表現在發現真理和捍衛真理兩大方面。正如創業難守業更難一樣,發現真理難,捍衛真理似乎更難。如果説發現真理付出的多是汗,那麼捍衛真理常常要付出血。金老的科學精神,不僅表現在追求真理、發現真理上,同時也表現在捍衛真理上。

那是 1965 年底,史學界繼"讓步政策"討論後,又就剥削階級道德能否批判繼承問題展開討論。吉林大學歷史系也就此舉行學術討論會。金老曾著文認爲剥削階級道德同樣可以批判繼承。爲明辨是非,在論戰中尋求真理,金老在討論會上曾表示,願意就此展開爭鳴,乃至"大戰三百回合"。接着"文化大革命"開始,學術研討和爭鳴隨之陞格爲階級鬥爭,金老的"大戰三百回合"便被當作向"左派"的進攻。直至 1967 年春,在一次會上,金老發言依然堅

---

① 《馬克思恩格斯全集》第 42 卷,第 128 頁。

持自己的觀點。有人當場告訴金老説，江青講話説了，剝削階級道德不能批判繼承。金老當即便説，江青算什麼，她説的並不等於就是真理。周圍的人，包括坐在金老身邊的我，不敢發言表態。

中國古史分期問題，是中國史學界的老大難問題。金老始終堅持自己的看法。記得"四人幫"被揪出不久，仍有人在大報上發表文章，以權威口吻聲稱，古史分期已有定論，不得討論、爭鳴……大有敲山震虎之勢。金老根本不予理睬，不僅發表文章，還寫信給胡喬木同志，陳述利害，以推動雙百方針的貫徹落實。

由上數例，可見金老堅持真理、捍衛真理的科學精神。

此外，在井田制問題、三家分晉、田氏代齊等古史重大問題上，金老都敢於堅持自己發現的真理。

由於金老的文章接連發表，在 1979 年前後，便有消息直接或間接傳來，有人聲言要組織人馬，對金老進行全面反擊。其口氣，其狐假虎假、依仗權勢，至今想起還令人生厭。金老卻格外高興地説："好哇。"不知爲什麼，後來竟無聲無息了。

金老注重自我的科學修養，表現在他對科學理論的掌握和熱愛，表現在他對前人和時賢的科學成果的肯定和尊重，從不掠美，表現在他的科學著述的莊重與純潔。

科學家一向被譽爲一個國家或民族的精英，是一個國家或民族智慧高低的象徵。所以，科學家的成果和個人修養，並不完全是個人問題，或者説，它是與國家和民族的形象密不可分的。金老是"一身正氣，兩袖清風"，既無豪華設備，也無享樂器具，更無新潮服裝。1979 年陪金老出外講學，返校時帶些花生仁，師母竟要問我如何做，足見金老家很少能吃上花生仁。在中國，"山珍海味認不全"的專家大有人在，特別是東北。熱量不夠，使不少人停止科研；"走後門"，是改善生活的良策。與一般人比，金老"走後門"的條件要優越得多，祇要去找他的學生和學生的學生，是完全可以組成龐大萬能的"後門聯網集團公司"的。如喜歡，還可向全國發展分公司、子公司。可金老卻站在"反後門"的陣營裏堅持"出成果、出人才"。清苦，勢在必然。

二十多年過去了，展望今日神州大地的學術界，有賣論求榮者；有賣文求富者；有一稿八投者；有剽竊他人成果而沾沾自喜者；有靠權力、地位、金錢把名字簽在作者前邊者；有弄虛作假、賣版面、賣書號、賣新聞者；更有用錢買"主編"、買科研成果者。其間，誠有應予研究、改革的新情況，也有體腦倒挂、分配不公的實際背景，但也不能否認，科學修養、科學道德所面臨的巨大挑戰和蘊藏的危機。在這種條件下，學習繼承金老的科學修養、科學道德和個人品格，似乎關係到學術界的今天和未來。

我愛讀金老文章，覺得"文如其人"的話有理，"文以載道"，似也無錯。又聞"鐵肩擔道義，妙手著文章"，覺得比"讀書破萬卷，下筆如有神"更好，因爲"妙手"二字體現有作者的主體性和個人思想情感，並不是單純記錄或傳送他人之道或天神之道。金老的文章著作，是其科研成果的文字表述，講的是自己的話，注入的是自己的思想感情和愛憎，顯然不載天道或神道，也不載他人之道。因爲立意謀篇、段落結構、推理演繹、分析綜合，乃至詞彙標點，都是金老勞動的結晶。祇有那些"天下文章一大抄"的著作才是亂載別人之道。讀這類文章，"文如其人"也許有些失靈。

金老的文中有道，那是揭示歷史的客觀規律。金老的文中有義，那是行而宜之的科學探索。金老的文中有理，那是嚴密論證的科學真理。金老的文中有神，那是追求真理發現真理的堅定信念。金老的文中有情，那是學者的愛憎分明。金老的文中有氣，令人感到鮮活。金老文章精煉、明快、落地有聲，令人感到高山流水，清澈見底。幾經學習模仿，但難以學到。我誠望尊貴的美學家們能告訴我，學術專著和學術論文中有無美學問題。以上所述，可不可以稱爲學術美、真理美、思維美、寫作美、語言文字美？更希望有美學專家來研究這一課題。我想，其價值和意義，未必低於藝術美。因爲歷史是科學，科學技術是第一生産力，是真，是善，自然也是美。

結　語

我對金老的瞭解並不算多，也還不够全面。金老的著作、文章，雖然大都學習過，但因爲我基礎不够堅實，很難真正吸收、把握。祇有在燃眉的時候去找金老的論述，才覺得"柳暗花明"。在1978年，金老説"老師的科研成果就是要傳給學生"。現在回頭想來，這句話，何等深刻。這就是説，老師若把知識問題視爲私有精神財富，何必招收學生？因爲科學是天下之公器，世代師生傳承是人類自身發展所必須。這是問題的一個方面。另一方面，爲繼承、捍衛、發揚師説、師道，多少學生勇敢獻身？這也是尊師敬道。

紹綱兄來信催稿，限字一萬。在我保守的心中，師兄之命是要遵行照辦的。寫了一車話，有用的不多。因爲慶賀金老九五大壽，爲討個吉祥如意，決計寫上九千九百九十字，以衷心祝福金老健康長壽、歡樂幸福。

（《金景芳教授九五誕辰紀念文集》，吉林文史出版社，1996年）

歷史學家金景芳的治學道路

吕紹綱

金景芳是國内外知名的歷史學家。解放前曾任東北大學教授,解放後任吉林大學歷史學係、古籍研究所教授至今。現兼任歷史學係名譽主任、古籍研究所顧問、先秦史及先秦文獻研究室主任。除做研究工作以外,還在培養博士研究生。在社會上兼有中國孔子基金會副會長和中國先秦史學會副理事長的職務。

金景芳中年接受馬克思主義,至今堅信不移。馬克思主義像燈塔一樣指引着他中年以後的治學道路。作爲中國古代史專家,他承繼郭沫若、范文瀾等馬克思主義史學家的成果,但絶不囫圇地拿來。他不輕信更不迷信别人的東西。有關中國先秦史的幾乎所有現成結論,他都一一加以研究。正確的,吸取過來,不正確的,則堅決地予以抛棄。他的研究工作充滿着批判與創新的精神,一生都在走着自己的道路,説自己的話。依草附木、隨波逐流的可卑學風與他永遠格格不入。

經過幾十年孜孜不倦的研究,金景芳在中國先秦史領域形成了自己獨特的史學體系,在史學界人稱金派。雖然金景芳自己對金派的説法不以爲然,但是,客觀地説,在中國古代史領域有一個金派,的確是無法否認的事實。

金派在先秦史研究中有自己的一系列的觀點。它肯定中國存在過奴隸制社會,但不是郭沫若同志説的那種奴隸制社會。世界上有過兩種奴隸制。一種是東方的家庭奴隸制,也稱亞細亞生産方式，這種奴隸制不存在土地私有制，另一種是希臘羅馬式的古代勞動奴隸制，也稱古典的奴隸制，這種奴隸制土地是私有的。兩種都是充分發展的奴隸制。中國奴隸社會屬於前一種。這種奴隸制的基礎是以"把土地分配給單個家庭使用並定期實行重新分配"亦即小土地勞動爲特點的農村公社。農村公社就是《周禮》和《孟子》書記載的井田制度。在井田制度下從事生產勞動的是庶人，就是馬克思說的"普遍奴隸"。

他認爲中國奴隸社會實行的土地國有制度，不表現爲天子一人所有。例如在西周和春秋時代，土地實際上歸天子、諸侯、卿大夫等多層次所有，但這不等於土地私有。土地私有與土地國有的區別不在於土地歸一人所有還是歸多人所有，而在於地租與地稅是否合一，在於土地轉讓的方式是分封、賞賜、侵奪還是買賣。

關於宗法制度，他認爲宗法產生於西周，其前提條件是嫡庶制和嫡長子繼承制的確立。天子諸侯不行宗法，宗法祇在卿大夫士的範圍內實行。宗法制度的意義是把"親親"即血緣關係的影響排斥在君權之外，使之成爲君權的支柱而不得干擾君權。

在古代社會階級與階級鬥爭問題上，金派與流行的觀點不同。他認爲古代的階級是等級的階級，不存在兩大直接對立的階級。階級鬥爭祇是在享有特權的少數人即天子諸侯卿大夫士內部進行。從事生產的廣大奴隸則不過爲享有特權的少數人的鬥爭充當消極的舞臺支柱。奴隸社會不是奴隸起義或奴隸革命推翻的。

關於中國奴隸社會的上下限問題，金派的觀點是獨樹一幟的。他認爲原始社會進入文明社會的標誌是國家的出現。中國奴隸社會應從夏后啓殺益奪權開始，下限終於秦始皇統一中國。其間分爲三大階段，夏商西周是中國奴隸社會的上升時期，春秋是衰落時期，戰國是向封建社會轉變的時期。

在當代諸多知名學者之中，金景芳是比較特殊的一位。他由於出生在偏僻的鄉下，自幼家境貧寒，書祇勉强念到五年制師範畢業,没上過大學,更没留過洋。作爲一名古史專家,他的淵博的學識和深厚的古文獻根底,是靠平生不懈的刻苦自學得來的。他走過的是一條充滿艱辛的坎坷之路。

金景芳1902年出生在遼寧義縣農村的一個貧苦的家庭。父親是�匠,終年勞動,不得温飽。小時候他念不起私塾,也進不了城裏的學堂,就在本村裏念初小。他不但讀小學裏的課程,還把私塾裏學生們念的《論語》、《孟子》、《大學》、《中庸》找來讀。讀了不算,還要背下來。他甚至連《三國演義》、《東周列國志》這樣大部頭的小説,也能大段大段地背下來。他等於同時念了初小和私塾的雙份課程。

在17歲那年,他考上遼寧省立高橋第四師範。因考試成績優秀,得到全官費待遇,到了師範,他讀書更加刻苦,興趣也更加廣泛了,這與國文課上發生的一件事情有關。國文老師在他的一次作文上批了"層次不清,語無倫次"八個字。在小學時,金景芳的作文在同學中是首屈一指的,現在竟得到這樣嚴厲的評語,但是他並不灰心,他明白文章没寫好,還是讀書少。從此以後,他開始廣泛涉獵古代名著。讀了《史記》,又讀《詩經》、《易經》。讀不懂,就借來一部袖珍本的《五經味根録》,有空就看。書讀得多,又經常寫文章,他很快就成爲全校出名的作文能手,受到老師們的器重。

高橋師範的五年學習生活,培養了他的興趣和能力,給他打下了後來從事史學研究的基礎,這對他一生都是至關重要的。那位嚴厲的國文老師,喜愛桐城派古文,每講到桐城派古文,總是極口稱贊。受老師的影響,金景芳也學作桐城派古文,買來《古文辭類纂》,探求古文義法,揣摩所謂"神理氣味,格律聲色"。金景芳是個愛動腦筋、不肯盲從的人,久而久之,他逐漸感到桐城派古文有些矯揉造作,故作姿態,唐宋八大家的文章也多油腔滑調,不如漢魏文精嚴,有文采,因而又讀《昭明文選》。

本來是學作文章,卻使他游入古代文獻的廣闊海洋。因爲他在學作文章中瞭解到要想把文章真正作好,光在形式上下功夫不行,必須有內容,於是他攻讀史部、子部、經部書。史部讀了前"四史"和《資治通鑑》,子部和經部最喜讀《老子》、《莊子》和《周易》、《春秋》、"三禮"。他後來從事史學研究的基本功,就是從這時開始養成的。

金景芳善於在工作中堅持自學,1923 年他從師範畢業,應聘在義縣第一小學教書,白天工作繁忙,沒有多少業餘時間。晚上,別人跑出去吃喝玩樂,他卻呆在屋子裏點着煤油燈讀書。由於書讀得多,知識廣,課教得好,學生很歡迎他。他是師範生,照例祇有教高小的資格,可是那個學校戴帽的初中班學生,硬是讓學校請他教他們的國文。

金景芳好學多聞,不但在義縣爲人們所稱道,後來在全省教育界也出了名。1929 年,北大畢業的知名人士吳家象接任省教育廳長。他爲了改革教育,通過考試在教員中選拔人才,派往各縣當教育局長。報考條件很嚴格,大學畢業的,要教書三年以上;高師畢業的,要教書四年以上;初師畢業的,要教書五年以上。他正好符合後一種情況,因而前往報考。

考教育局長,在當時是一件很轟動的事情,報名應考的人很多,在衆多應考的教師中,比較起來他的學歷最淺,可是經過初試、復試、口試三場考試,卻以第一名考取,被委任爲通遼縣教育局局長。

1930 年冬,調任遼寧省教育廳第二科第一股股長兼第四科第二股股長。不久,東北著名學者金毓黻先生由遼寧省政府秘書長調任教育廳長。金先生獎掖後進,不遺餘力。他很欣賞金景芳的才華和工作能力。自此以後,金景芳受知於金先生,在近 20 年的時間裏,在各方面一直得到金先生的幫助。"九一八"事變後,金景芳以師範生的資格當上瀋陽市第二初中教員,是金先生介紹的。1936 年 8 月,金景芳逃往關內,是金先生事先有話約定的。1937

年,金先生任安徽省政府委員兼秘書長,讓金景芳做他的秘書。後來,金景芳於 1938 年 2 月到鷄公山東北中學任教,1941 年 11 月到四川三臺東北大學任文書組主任,1942 年轉任中文系講師,都是金毓黻先生介紹的。他們做學問的路子雖不相同,但在方法上和師友見聞方面金先生給予他的影響是很大的。

　　金景芳在關內流亡期間,有一件事情對他以後的生活道路具有決定意義。這就是,1939 年底,他寫了一本研究《周易》的書,名爲《易通》,獲 1941 年教育部學術獎勵三等獎。當時,他在四川自流井靜寧寺的東北中學當教務主任。同事中有人攻擊他沒上過大學,教中學不合格。現在得了學術獎勵,不但當中學教師合格,當大學教授也合格了。因爲當時的教育部有文件規定,大學畢業後作助教四年提出相當於碩士論文的文章,可作講師。作講師三年提出相當於博士論文的文章,可作副教授。作副教授三年提出相當於獲學術獎勵的論文,可作教授。他已獲學術獎勵,作教授當然合格了。

　　《易通》是金景芳步入學術道路的奠基作,也是成名作,不是輕而易舉寫出來的。這是他多年潛心讀《易》的結果。金景芳讀書有一個倔強的脾氣,越是難讀的書他越要讀,讀了就一定要讀懂。他聽人家說《易經》最難讀,他偏要找來看看。接觸《易經》這部書時,確實感到古怪,左看右看看不懂。但他不泄氣,從少年念小學時起,直到三十幾歲當中學教員,堅持不懈地研《易》,讀了白文讀注疏,冥思苦索,逐漸找到門徑。但對全《易》的思想體系及若干具體問題依然不得要領。1939 年,他在東北中學自湖南邵陽桃花坪至四川自流井靜寧寺的遷校途中,從生活書店購得胡繩著的《唯物辯證法入門》及傅子東譯的列寧著《唯物論與經驗批判論》等書,讀來覺得格外新鮮,特別是傅譯附錄中有列寧的《談談辯證法問題》一文,引起他極大的興趣,於是他用辯證法的理論解釋《易經》,過去很多長期不能解決的問題,現在迎刃而解了。1939 年底,利用寒假時間寫成了《易通》一書。

　　在隨後不久開始的四川復性書院的學習生活中，他進一步顯示出自己刻苦求知和獨立思考的精神。1940 年暑期，金景芳由於支持進步學生反對校中三青團的活動，被教育部電令解除教務主任職務並趕出東北中學。同年 9 月，入四川樂山烏尤寺復性書院。書院主講是江南耆宿馬一浮先生。馬先生人品甚高，於書無所不讀，詩詞、文章、書法、篆刻、醫藥皆精，尤深於宋明理學。馬先生教他讀《傳燈錄》、《法華經》，他有抵觸情緒，因爲他志趣本在經學。讀了熊十力先生的《新唯識論》和《佛家名相通釋》以後又大加評論。馬先生自然對他不滿意。不過這段時間沒有白過。他依照自己的意志用半年功夫閱讀了《春秋》三傳，最後寫出《春秋釋要》一文。《春秋釋要》解決了《春秋》學中的一個大問題。他據《史記》所講《春秋》是據魯親周的說法，糾正了何休的《春秋》黜周王魯之誤。

　　解放以後，金景芳於 1954 年自瀋陽東北圖書館調任吉林大學歷史系教授。這時他意識到，解放後與解放前不同，歷史系與中文系不同，促使他把治學方向從經學轉爲史學，促使他自覺地刻苦學習馬克思主義。由於發憤忘食、樂以忘憂地鑽研，不到兩年就寫出了《易論》、《論宗法制度》兩篇長文，先後發表在東北人民大學學報上。這是兩篇份量很重、水平很高的史學論文，表明他以高深的學術造詣正式進入中國古代史學科的研究領域。這時間，他學習馬克思主義的毅力更爲驚人。馬克思主義的哲學著作和史學著作，他一一地反復精讀，并且開始把馬克思主義理論與中國歷史實際結合起來研究中國古代史，金派的史學體系的基礎是在這時奠定的。

　　金景芳的史學觀點主要反映在《中國奴隸社會的幾個問題》（1962 年）、《論井田制度》（1982 年）、《古史論集》（1983 年）、《中國奴隸社會史》（1983 年）四部書中。其中《中國奴隸社會史》一書尤爲重要，它集中地、系統地表達了金派的史學思想及史學方法論上的特點。

《中國奴隸社會史》出版於 1983 年,寫成於 1979 年。寫書的時間不長,不過一年。但是它的蘊釀卻可以追溯到五十年代末。總的説來,它的思想和方法是在六十年代與七十年代的歷史條件下産生的。1959 年中國社會科學院開會討論《中國史稿》第 1 卷,會上尹達傳達毛主席的指示,古史分期問題采用郭沫若的觀點。金景芳不同意郭老的古史分期説,當時就萌生了寫一部與那時候流行的觀點不同的中國奴隸社會史的念頭。1962 年,中華書局出版了他的《中國奴隸社會的幾個問題》。這書是一個雛型,後來由它變化,發展成爲《中國奴隸社會史》。在 1962 年前後,他對先秦時期的階級結構、井田制度以及老子、孔子、荀子等問題進行過研究,發表一些文章。金景芳對當時流行的一些觀點是不同意的。例如關於古代的階級和階級鬥爭問題,當時由於受斯大林的影響,把古代的階級與階級鬥爭和近現代的階級與階級鬥爭等同起來,説古代有奴隸和奴隸主兩大對立階級的直接對抗,説奴隸制度是奴隸革命推翻的,等等。這不是馬克思主義的觀點。問題不見得没人看到,但當時確實没人敢講。

還有關於王朝體系問題。當時流行的觀點是打破王朝體系,人們把中國古代史與近代史的界限劃在鴉片戰爭,郭老把奴隸社會的下限劃在春秋戰國之交,大概都受打破王朝體系的影響。金景芳對此不以爲然。他認爲,古人關於古代史有現成的東西,值得注意,應該借用的。如清人惲敬的《三代因革論》把古代劃分爲"三王""五霸"、"七雄"三個時代,並把秦視作"古今之界"。惲氏的説法是有道理的,他雖不知歷史唯物論爲何物,但他據實説話。王朝是歷史上客觀存在的事實,朝代的變化與社會制度的變化有關係。講歷史不講帝王將相,不要王朝體系,是不行的。但是人們偏不要這些,一定要打破王朝體系。當年翦伯贊提過這個問題,因此受過批判。

　　更重要的當然是分期問題。古史分期説,當時已有好幾家,主要的是郭老、范老兩家。郭老用希臘羅馬的模式往中國古代上套,一定要證明中國也有過希臘羅馬那樣的勞動奴隸制,因此他把"衆"字解釋爲在太陽底下勞動的奴隸,把井田制也給改了。金景芳不同意郭老的觀點。因爲中國没有希臘、羅馬式的大規模奴隸勞動,奴隸社會不過是由原始社會向封建社會過渡的一個社會階段。一般説來,各民族的歷史都要經歷這個階段,不能光看有没有希臘、羅馬式的奴隸。范老把西周劃入封建社會,恐怕也是感到西周没有奴隸。

　　金景芳的書保留着王朝體系,寫了不少像禹、周公旦、管仲、孔子這樣的歷史人物,没有硬寫奴隸與奴隸主兩大對立階級的直接對抗,也没有説奴隸革命推翻了奴隸社會。就是説,他没有隨波逐流地簡單接受那些流行的,然而與事實不符,與馬克思主義有悖的結論。這是要有膽量,有點勇氣的。

　　金景芳的膽量、勇氣從哪兒來? 來自他對馬克思主義理論的瞭解、信仰和正確的方法論。他的方法論主要是:馬克思主義理論與中國歷史實際相結合,亦即通常説的史論結合,這個方法論在學術界大多數人是贊成的,至少没有誰公開表示反對。然而實際上能够真正做到用馬克思主義與中國歷史實際相結合的方法研究中國古史,並非易事,往往説是一回事,做又是一回事。金景芳治史實行史論結合的原則,基於這樣的認識,理論與實際的關係,是抽象與具體的關係,一般與特殊的關係。理論揭示事物的本質、規律,具有普遍意義。但理論不能窮盡事物的特殊性和複雜性。解決具體問題,理論祇起指導作用,不能用理論來代替。金景芳因爲堅持這樣的認識,所以做起來,便把研究工作放在先頭,把結論放在末尾,亦即先調查後下結論。他反對疑古派"大膽假設,小心求證"和"寧疑古而失之,不可信古而失之"的口號,他尊重歷史文獻,主張對於古書的記載,如果提不出反證,就應當承認可信,古人的東西不可一概否定。

關於先秦宗法制度的研究最能說明金景芳治史的方法論上的特點。解放以後幾乎所有古代史著作講宗法制度時都說天子是天下之大宗，諸侯是一國之大宗，大夫是自己采邑的大宗，硬是把宗統與君統牽混在一起。金景芳堅持認爲：這樣講宗法，肯定是錯了，它没有史料依據，是某些學者主觀臆想出來的。就是說，不是從歷史實際出發得出的結論，而是先假設然後求證。求證的結果，從《詩經·公劉》篇和《板》篇的毛傳中找到"爲之君，爲之大宗"，"王者，天下之大宗"兩句話。這兩句話既是孤證，又受到鄭箋的駁正，不能成立。《禮記》之《喪服小記》》及《大傳》兩篇已將宗法制度記載清楚，說"天子是天下之大宗"的同志便采用疑古派的辦法，宣佈《禮記》是漢代的東西，是漢人想象的，不可信。

金景芳根據《禮記》、《左傳》等大量史料，根據清人程瑶田和近人王國維的研究成果，正確地描述了宗法制度的面貌。認爲宗法產生於西周實行嫡長子繼承制的條件下，衹在卿大夫士範圍內實行，天子、諸侯不行宗法。實行宗法的初始用意是將宗統與君統的關係隔斷，削弱血緣關係對政治關係的影響。金景芳還認爲宗法制度這個歷史現象的性質、原因和作用，可以用恩格斯的兩種生產的理論加以解釋。根據兩種生產理論，社會的發展受物質與人口的兩種生產的制約。人口的生產表現爲血緣關係。物質生產越不發達，血緣關係對社會的影響越大，血緣關係的發展趨勢是逐漸削弱。宗法制度是血緣關係被人爲地削弱和改造的結果，它的產生是一大歷史進步。用馬克思主義理論解釋宗法制度，把宗法制度上升到理論的高度，在史學界這是第一次。

用馬克思主義理論作指導，從歷史實際出發，是金景芳治史的基本方法。他運用這一方法研究了先秦史領域幾乎所有重大的，帶有關鍵性的問題，一一提出自己的新見解。有人說井田制完全是孟子的烏托邦理想化，金景芳經過研究之後，發現井田制在古代不但是可能的,而且是必然的;差不多所有的古代民族都曾經把土地劃分成相等大小的地塊,儘可能平均地分配給單個農户使用。有人説中國奴隸社會充滿着奴隸與奴隸主兩大階級的鬥爭。金景芳則從史實出發,發現中國奴隸社會極少見奴隸的起義或奴隸的戰爭,大量存在的倒是天子諸侯卿大夫士等奴隸主階級内部的鬥爭。馬克思主義關於古代社會階級鬥爭正是這樣概括的。

　　金景芳建立的中國先秦史體系具有鮮明的特色,而更重要的是這個體系所賴以建立的,用馬克思主義理論作指導,從歷史實際出發,不依草附木,獨立思考的科學方法。

　　　　　　　　　　(《治學之路》,吉林文史出版社,1990 年)

守先待後，薪火常傳

——金景芳與馬一浮的學術淵源

呂紹綱　　朱翔非

　　歷史學家金景芳是國學大師馬一浮的弟子。回顧他們的薪火因緣並分析各自學術趨向的異同，對研究 20 世紀中國學術史、探索如何更好地繼承和發展傳統文化，均有重要意義。

一

　　在普遍實行西方學術制度的近代教育史上，由政府資助，繼承理學遺風，獨立辦學、原原本本講求儒家大義的復性書院的出現，不能不説是個異數。儘管由於種種原因，書院真正開課不到兩年的時間，但因爲擔任主講的是被譽爲“千年國粹，一代儒宗”的馬一浮先生，這段歷史遂成爲近代學術史、近代教育史上不可滑過的一筆。1940 年，即書院成立的第二年，金景芳“謁見復性書院主講馬一浮先生，欣承允予收留”①。同年九月，作爲馬一浮的弟子，開始了正式學習。

　　在金景芳就學復性書院期間，馬一浮在他的學業上傾注了大量的心血。收在《爾雅臺答問續編》卷三裏面的《示金曉邨》三十八

_____

　　①　金景芳：《我與中國 20 世紀》，河南人民出版社，1994 年，轉引自《知止老人論學》，東北師範大學出版社，1998 年，第 36 頁。

則示語，就集中地反映了馬一浮對金景芳的教誨。① 這些函件多涉經學，亦及理學、佛學。經學之中，最多論及《春秋》三傳，而這正是當時金景芳致力最勤的經典。半年以後，金景芳不負師望，寫出了《春秋釋要》，馬一浮予以高度評價，並親筆題詞：

> 曉邨以半年之力，盡讀三傳，約其掌録，以爲是書。其於先儒之説，取捨頗爲不苟。而據《史記》主魯親周，以糾何氏黜周王魯之誤，謂三世内特以遠近詳略爲異，不可並爲一談，皆其所自得，豈所爲謂"箴膏肓，起廢疾"者邪？治經之法，亦各因其所好自以爲方，異軌相排，從來爲甚。不觀其異，亦何由以會其同？《春秋》之義，即聖人之心也。得其心，斯得其義而不疑而言。言之微隱而難明，義之乖異而或失者，皆示有以得聖人之心耳。過此以往，引而申之，觸類而長之，將有進於是者在，未可遂謂已盡其能事也。曉邨勉之！何獨治《春秋》，治他經亦如是矣。②

題詞的前半部（即"豈所謂'箴膏肓，起廢疾'者邪"以前），謂作者對《公羊傳》何休注的糾正頗有價值，是其深造自得之言，非剿襲他説的浮泛之論，並讚揚了金景芳"取捨不苟"的嚴謹治學態度。後半部謂"未可遂謂已盡其能事也"，指出過此以往，大有事在，學者治經需心知其庖，得對人之心，如此，方算明曉儒門大義。此法不僅適用於治《春秋》，也是治一切儒家經典所應遵循的門徑。

　　整個題詞前半部在褒獎，後半部提出進一步的期望。金景芳對此極爲珍視，曾謂"我在復性書院讀《春秋》三傳，爲了糾正何休的錯誤，寫成《春秋釋要》一書。喜得先師馬一浮等待表揚，爲親筆

---

① 《爾雅臺答問續編》，今收入《馬一浮集》（第一册），浙江古籍出版社、浙江教育出版社，1996年。另，金景芳，字曉邨。

② 《馬一浮》（第一册）（第636～637頁）題詞墨迹原件一直爲金景芳珍藏，臨終前夕，傳給助手吕紹綱。

題詞。"①"如此褒獎，我視爲是一種殊榮，永久珍藏，不敢失墜。"②金景芳治學重思辨的特長在求學期間就突出地顯露出來。對於這一治學長處，馬一浮屢有表揚。1940 年 12 月 4 日第三次考試馬一浮對金景芳的評語有："亦自分梳得有義類"，"以文字論卻甚有思致、能分晰"。③ 但馬一浮也敏銳地指出了由此導致的偏差："作者頗能到致思，而每好爲一往之談，主張太過，遂不免墮於封執。"④凡事過猶不及，相信這個揭示一定使金景芳後來的治學生涯少走了不少彎路。

　　成名以後的金景芳學樣觀點以理性見長，但在求學期間，似乎與之尚有距離，因此才有了馬一浮這番教誨："律曆皆本陰陽五行所立，在古人是常識，有何神秘？ 今人於其所不知，則悍然非之，乃妄也。賢者欲明古義，奈何爲俗見所囿邪？"金景芳原文今不可見，但分析馬一浮的評語，應當是當時金景芳認爲古人律曆本諸陰陽五行，屬於神秘範疇。此論遭馬一浮所呵，謂古代律曆本於古人的常識，歸於神秘，是未能真正瞭解古人，並告誡金景芳不要沾染於所不見，則悍然非之的虛妄學風。這則評語表現了馬一浮少有的嚴屬，也可見他對厚誣古人的輕薄作風的深惡痛絕。相信這個棒喝對金景芳的震動非同小可，後來金景芳在撰寫《中國奴隸社會史》時，特辟專題談到了陰陽和五行，認爲"前者代表古代的相互辯證法思想，後者代表古代的原始的唯物論思想"⑤。 向時向論的痕

①　金景芳：《我的學術思想》，《吉林大學建校五十周年紀念文集》，吉林大學出版社，1996 年。

②　金景芳：《我與中國 20 世紀》，河南人民出版社，1994 年，轉引自《知止老人論學》第 37 頁。

③　《試卷評語》之《評金景芳經術經學辯》、《評金景芳申説明道答橫渠書》，《馬一浮集》（第一册），第 948 頁。

④　此段不另加注的引文，皆出於《爾雅臺答問續編》卷三《示金曉邨》三十八則示語，《馬一浮集》（第一册），第 630~637 頁。

⑤　金景芳：《中國奴隸社會史》，上海人民出版社，1983 年，第 183 頁。

迹已經無影無蹤了。由此，益見半個世紀以前馬一浮識斷之精卓。

　　對於金景芳，馬一浮不僅是經師，更是人師。示語針對金景芳所論學措辭，提示道："故欲精於論辯，必當澤以玄言，否則詞近詬厲，有似擔夫爭道、醉漢罵待，未能遠於鄙倍矣。"意在學人養成遠於鄙倍的儒雅之風。上世紀九十年代，金景芳在評論某一易學作品時，指出其學術上的不足後，謂其"語言大部分尖酸刻薄，帶有侮辱性，不似客觀地討論問題的文章"①。依稀可見半個世紀以前復性書院的遺風。

　　應當說，對金景芳這段時間的學業情況，馬一浮是相當滿意的。1941年6月25日，馬一浮向書院全體傳示，認爲書院"雖不與學校畢業試驗同科，諸生中讀書孟晉及文理較優者，亦宜分別予以獎勵"，"今據迭次課試及平日劄記，衡其進處，張德鈞、張國銓、王紫東三人，應各獎國幣貳佰圓；金景芳、楊煥升三人，應各獎國幣一佰圓；少資筆劄，以爲勤學者勸。"②金景芳在俊彦群集的復性書院，能得到馬一浮的公開獎勵，不能不說是一項殊榮。

　　1941年6月底，書院主要由於經濟原因，難以爲繼，③遂發佈通告，謂住院學生可以住到當年十二月底，屆時書院將輟講，而以刻書爲務。④ 而這個時候，金景芳已因讀書用功太過，營養不濟，開始咯血了。⑤ 1941年11月，金景芳辭別了復性書院和業師馬一浮。1943年捐資三百元給書院刻書。馬一浮回信謂："自山中諸

---

　　① 《傳統文化與現代化》1995年第一期。

　　② 《馬一浮集》（第二冊），第1193頁。

　　③ 書院輟講的原因，一般的觀點認爲是書院自由講學的宗旨遭到了官方的干涉，滕復則認爲主要是出於經濟的原因。今從後者。詳見滕《馬一浮思想研究》，中華書局，2001年，第41～42頁。

　　④ 《馬一浮集》（第二冊），第1082頁。

　　⑤ 見金景芳：《我與中國20世紀》，河南人民出版社，1994年，轉自《知止老人論學》第37頁。

友星散，而猶惓惓不忘一日之舊如賢者，尤今日所難能矣。"①1944
年，金景芳匯款賀馬先生壽，並彙報自己學術心得及心性修養的收
穫，馬一浮回信道："向示研經方法講稿，辭義並茂，信不爲苟作。
兼知臨事進於寬裕，軀體益腴，良爲欣慰。"②

　　1962年金景芳致函先生謂東北文史研究所欲延請曾爲復性
書院講師的鍾泰先生講學③，請業師勸駕，馬一浮欣然同意，④回信
道："此甚盛事，囑爲勸駕，固當不吝一詞"⑤，並對金景芳做事嚴謹
大加稱讚，謂"賢者謹於去就，於此見其不苟。禮：重就問而薄往
教，良有以也。"其時馬先生已經體衰多病了，"浮近年患白內障，已
鄰於瞽，下筆不辨點畫，步行需人，不唯絕學捐書，尋常亦不親筆
劄，餘年殆無久理"，不能讀書、寫作，對於一生以繼絕傳道爲志業
的馬一浮來説，其痛苦是可想而知的。故信尾對金景芳祝福殷殷，
"賢輩及此精力未衰，益勤講習，助隆教化，誠衰朽之所樂聞也。"以
講學傳道囑咐弟子。這是目前我們能夠看到的金景芳與馬一浮的
最後聯繫。五年以後，即1967年，馬一浮溘然長逝，而金景芳的學
術生命還没有充分地展開。

　　金景芳可謂不負囑託，九十四歲之時，仍舌耕不輟，對全校學
生作關於《大學》、《中庸》的學術講座，爲孔子思想的原義辯護。

　　馬一浮的思想博大精深，固非一端可以概言。

---

　　①　《馬一浮集》（第二册），第929頁。

　　②　同上，第930頁。

　　③　錢泰，號鍾山，代表作爲《中國哲學史》，以義理涵泳見長，金松岑謂，"鍾山之
擇術爲醇，其觀古爲涵泳反復，久而得其通儒者經世之體也"，（鍾泰《中國哲學史》序，
遼寧教育出版社，1998年）馬一浮引爲同調，曾聘其爲復性書院講師，應東北文史研究
所邀請於六二年到六六年在長春講學。

　　④　馬一浮對鍾泰去長春講學倍感欣慰，賦詩爲其踐行。《鍾山將如長春講學，見
枉到上，喜而賦此，即以贈行》："善行居賢義始教，禮亡求野事猶存，喜聞太學尊三老，
何異鴻都辟四門。北氣南來終望治，齊風再變定遵凈。心齋一脈莊生旨，窮巷回車與
細論。"見《蠲戲齋詩編年集·壬寅》，《馬一浮集》（第三册），第678～679頁。

　　⑤　以下引文不另注者俱見《馬一浮集》（第二册），第930～931頁。

　　晚年，金景芳不時地對學生們回憶起恩師馬一浮先生，常常自豪地説："我老師詩寫得最好，字寫得最好……"①又説，"你們都是大學生，我不是啊，我的老師是一代儒宗馬一浮先生，可我不是個好學生。"②越是思念、景仰宗師學術境界的博大精深，越是覺得自己的成就與之差距甚大。以至於金景芳説："我在書院從馬先生年餘，並未學得道真。不但不足語升堂入室，簡直是還在數仞夫子之牆之外。"③耄耋宿學的謙抑一如當年書院拜師之時。

二

　　離開復性書院，金景芳由著名史學家金毓黻先生介紹，到東北大學任教，任文書組主任。新中國成立後，金景芳被重新分配工作，經在東北文物管理處、東北圖書館短暫任職後，1954 年在吉林大學（當時的東北人民大學）歷史系任教。"文化大革命"以前，在《周易》、孔子思想研究以外，金景芳還寫了一系列針對當時名家如郭沫若、馮友蘭、闗鋒等人學術觀點的爭鳴文章。"文化大革命"後，發表了大量的學術作品，除對先秦史關鍵問題的研究，多集中在對《周易》、《尚書》等經典的闡釋上。有學者統計，金景芳"在新中國建立後發表的論著、專著八部，論文五十餘篇，數百萬字，其中80％以上是在"文化大革命"結束以後刊出的；絕大部分是在八十

---

　　①　馬一浮曾謂："後世有欲知某之爲人者，求之吾詩足矣。"《馬一浮集》（第三册），第 1019 頁。曾爲復性書院講師的賀麟嘗言："馬先生兼有中國正統儒者所應具備之詩教、禮教、理學三種修養，可謂代表傳統中國文化的僅存碩果。"（賀麟《五十年來的中國哲學》，商務印書館，2002 年，第 16 頁。

　　②　金景芳在 1996 年 4 月 9 日面向吉林大學全校作的"我對朱熹《大學章句》的看法"講座和 1999 年底在家裏接待博士生等不同場合均説過類似的話。

　　③　金景芳：《我與中國 20 世紀》，河南人民出版社，1994 年，轉引自《知止老人論學》，東北師範大學出版社，1998 年，第 37 頁。

左右高齡時寫的"①。

　　金景芳的學術作品如同他自己在一部作品的序言中所説的：
"我没有依草附木，隨波逐流。我説的是自己的話，走的是自己的
道路。"②體現了獨立思考、不徇俗見的鮮明特點。有學者認爲金
景芳晚年之作"思想凝練，筆觸凝練，一出語即異於凡儕"③。惟如
此，金景芳的學術成就才受到了學林的關注，在先秦史研究領域具
有相當的地位。

　　這期間，源於復性書院的通儒家數何以一變成爲專家之學，是
值得後來者深入分析、思索的問題。

　　作爲學者，金景芳的專業意識是很突出的，他自己就曾言"先
秦史就是我的學術，先秦史而外，不存在我的學術"④。這番話是
其現實職業環境的真實反映。個人和時代的雙重原因使得金景芳
選擇了體制内的學術生涯。在近代，馬一浮的復性書院的出現是
個異數，也如曇花一現，轉瞬即逝。絶大多數服膺儒學的學者，要
麽默默無聞沉淪於民間，要麽就只能投入體制的懷抱，走專家之
路，而這往往是以喪失儒學的本位立場爲代價的。儘管金景芳不
情願（我們最後會談到這一點），他也只能以一個體制内的歷史學
家的身份來談傳統文化。從個性上看，我們通過上文對金景芳求
學復性書院期間學業的考察，發現金景芳的學術思想的主要根基
是經學，更接近乾嘉緒餘，講求實事求是的學風。這個治學態度與
近代學術體制下對歷史學科的要求十分吻合。解放前去東北大學
任教；新中國成立後，上級領導將重新分配工作，金景芳填表希望
從事先秦古籍研究工作以及 1954 年他主動離開東北圖書館，申請

　　①　朱日耀《自强不息，不知老之將至》，載《金景芳九五誕辰紀念文集》，吕紹綱
編，吉林文史出版社，1996 年。

　　②　金景芳《中國奴隸社會史·序》。

　　③　趙儷生《我看儒學·後記》，《金景芳九五誕辰紀念文集》。

　　④　金景芳：《我的學術思想》，《吉林大學建校 50 周年紀念文集》。

到歷史係任教都是他自覺的選擇，絕非偶然。

　　研究儒學最主要的是對孔子的認識和評價。金景芳始終是以尊崇的態度對待孔子的，這和一些宣稱研究孔子是爲了更好地認識、批駁孔子的具有反動面目的人是迥然不同的。在金景芳的整個學術生涯中，包括那個風雨如磐的年代，這個底綫始終不曾動搖。① 不僅如此，金景芳還以那個時代特有的方式力圖爲孔子研究爭得一席之地。1957 年，東北人民大學召開科學研討會，金景芳的《論孔子思想》一文交大會討論，直謂孔子思想"基本上是辯證唯物主義"。關鋒在《光明日報》上批駁了這個提法。由於這個提法，雖然金景芳在東北人民大學《人文科學學報》已經公開發表了"自我批判"，"文化大革命"開始，仍被打成了"反黨、反社會主義、反毛澤東思想"的"三反分子"。② 這一事件，究其實，包含了金景芳爲了能在特定歷史條件下，坦然弘揚孔子思想的良苦用心。

　　如果説在 1939 年寫作《易通》的時候，金景芳對辯證法的認識是自發的、志在探索新義，那麽在解放後的多數時間裏，力主孔子是完整的辯證法，則是爲了使孔子思想在當時不至沉埋荒棄的一個特殊的做法。這個做法早爲當時的主政者識破，一針見血地指出"歷史係是孔教徒挂帥"，在以後批鬥時，寫有"孔教徒"字樣的牌子總是挂在金景芳的胸前。對此，金景芳本人也算是求仁得仁，得其所哉。③ 金景芳對孔子的研究固然很多出於創見，但也有直接復性書院傳承的宛然痕迹。如金景芳認爲孔子思想有兩個核心，

　　① 歷經了多次的批孔運動，助手呂紹剛私下裏舉《論語》裏"公認"的孔子歧視底層人民的話問金景芳如何評價，金景芳正色回答，其實孔子這些話也没什麽錯，是後人在曲解孔子。
　　② 金景芳等《史學家自述》，武漢出版社，1994 年。
　　③ 金景芳當時是吉林大學歷史系主任，因省委宣傳部長在政治理論課教師會上宣布"吉林大學歷史系是孔教徒挂帥"而靠邊站，時爲 1965 年，"文化大革命"尚未爆發。見《我與中國 20 世紀》，轉自《知止老人論學》，第 42 頁。

一個是時，另一個是仁義；①認爲孔子思想中一個基本要點就是時，就是變化。並以此證明韓愈所謂道統的不虛。② 其實，早在1940年6月20日復性書院第二次考試試題即有"聖之時解"。③ 雖然金景芳是這一年九月開始入復性書院學習的，但在以後的日子裏，是極有可能知曉此事的。或謂，探討"聖之時解"，固爲復性書院討論之義，亦無不可。

　　金景芳的學術作品裏面有很多涉及馬克思主義經典的地方，也許一般看來這是一個時期以來意識形態對學者不可避免的影響，但對金景芳來說，事情却不那麼簡單。金景芳是早在1939年馬克思主義並沒有成爲中國主流思想的時候，接受其觀點啓發的。那是在東北中學由湖南桃花坪向四川靜寧寺遷校途中，金景芳購得傅子東譯的列寧的《唯物論與經驗批判論》，在書的附錄中有《談談辯證法問題》，金景芳讀後，深受啓發，月餘即寫就《易通》。1942年獲國民政府教育部著作發明及美術獎勵三等獎。1945年由重慶商務印書館出版。同時解決了在學校任教的資格問題。復性書院的講師謝無量曾給《易通》題詞，謂：

　　　　易道廣大，無所不包，善讀者乃能觀其通耳。此編綜孔、老之緒言，并合以當世新學之變，可謂得易之時義者，由是進而不已，易道不難大明於今日也。④

　　謝無量的這篇題詞，肯定了金景芳借助辯證法來探索易理的做法，稱此舉是"合以當世新學之變"，是符合"易之時義"的。在他看來，易道無所不包，融匯新學，爲其應有之義，體現了他的圓融開

---

① 詳見金景芳《孔子的思想有兩個核心》，《歷史研究》1990年，第5期。

② 見金景芳與呂紹剛、呂文郁合著《孔子新傳》，湖南出版社，1991年。

③ 見《馬一浮集》（第一册），第939頁。

④ 引文據謝无量墨迹整理。墨迹影印件見金景芳《〈周易·繫辭傳〉新編詳解》扉頁，遼海出版社，1998年。

明。

其實,那個時代很多有識之士都接觸過馬克思主義。馬一浮就是這方面的先驅。早在 1904 年 1 月 6 日,馬一浮就在日記中寫道:"昨獲陶遜氏《日耳曼社會主義史》、愛維雪氏《學生之馬克士》、英吉士《理想的及科學的社會主義》各一册","晚來攬《社會主義原論》";①1904 年 1 月 17 日,"下午讀哲學書,譯社會主義書";②1904 年 3 月 17 日,"下午得英譯本馬格士《資本論》一册,此書求之半年矣,今始得之,大快,大快! 勝服仙藥十劑! 予病若失矣"。③ 1905 年,馬一浮歸國,帶回了德文版的《資本論》,是爲第一部進入中國的馬克思主義著作。④ 由此可以得到這樣的啓發,就是復性書院期間馬一浮的學術思想並不是僅僅出於對儒家的感情投入而作的一往之談,而是融匯中西、平章華梵而後形成的大智慧。而金景芳在晚年最後的一部書裏,就直接提出孔子已經認識到了哲學上最高的根本性理論。⑤ 於是,我們可以發現金景芳這種站在易道無所不包的境界上,兼蓄後世新義,正是復性書院倡導的一貫風格。

談到金景芳的學術成就的時候,不應迴避的一個問題是他對理學的態度。無庸諱言,金景芳對理學的認識是存在隔膜的。金景芳畢生推崇孔子學説,而不及宋儒本身。略有涉及,亦多稱宋儒對孔子思想的誤解,因之而忽略宋儒本身的價值。作爲理學大師馬一浮的弟子,這不能不説是一件尷尬的事。

---

① 　《馬一浮集》(第二册),第 283 頁。

② 　同上,第 288 頁。

③ 　同上,第 307 頁。

④ 　前此,馬一浮日記中記載所讀的《資本論》是英文版。攜之回國的是德文版。後來,馬一浮講學浙大,便將此書贈給了浙大。目前,這部德文版的《資本論》仍保存在浙大圖書館。據滕復《馬一浮思想研究》,第 15 頁。

⑤ 　見金景芳:《〈周易·繫辭傳〉新編詳解》自序。

　　究實而論，金景芳的這一認識是受時代影響所致。清初，宋明理學的真精神受到清廷的壓抑。出於統治考慮，清廷千方百計地限制儒者精神的振揚。① 清末民初，隨着西方列強的入侵，當時呈畸形發展狀態的國學難以應對西方文明的滲透，於是，整個體系被冲垮，剩下的只有零星的民間資源。在這個大背景下，就是後來被尊爲理學大師的馬一浮，早年對理學甚至整個儒學亦相當反感。其 1904 年 3 月 12 日日記，謂"宋明以來，腐儒滿國"，②1904 年 4 月 22 日日記，謂"中國經數千年來，被君權與儒教之軛，於是天賦高尚純美勇猛之性，都消失無餘，遂成奴隸種姓，豈不哀哉！"③平心而論，理學本身就是融匯了佛道的綜合體系。如果沒有回國後在廣化寺、永福寺多年的參佛經歷，馬一浮恐怕很難契入學脈中斷已久的宋明理學。後來，柳詒征在看到馬一浮的《泰和宜山會語》後，謂其"語語切理饜心，惜未能親叩其證道之方。據寄示其講義則由儒家居敬之功，然頗疑其實在禪學開眼之後"。可謂知言。④其實，一時名家如章太炎、熊十力、梁漱溟等，皆有援佛入儒的經歷，而入佛的深淺亦往往決定其理學心性功夫的造詣，這是學術史上一個極可注意的現象。

　　相比之下，金景芳就沒有這麼幸運了。他接受了更多的所謂新思想的影響，與馬一浮相比，傳統文化對其的影響更爲微弱。這

---

　　① 柳詒征嘗謂："明季學校中人，結社立盟，其權勢在往往足以劫制官吏。清初以臥碑禁止，而後官權日尊，惟所欲爲，爲士者一言建白，即以建制論，無知小民，更不敢自陳其利病矣。故吾國國無民治，自治始；清之摧挫民治，自士始。今日束身自好之士，漠視地方利病不敢一謀公益之事者，其風皆臥碑養成。論者不察，動以學者不知社會國家之事，歸咎於古代之聖賢，豈知言哉！"所論"明季學校中人，結社立盟"（柳詒征《中國文化史》，上海中籍書店，2001 年，第 751 頁），即是以宋明理學爲宗主的儒生自由結社，以衡制官府。

　　② 《馬一浮集》（第二册），第 305 頁。

　　③ 同上，第 317 頁。

　　④ 陳訓慈：《劬堂師從遊脞記》，載《劬堂學記》，上海書店出版社，2002 年，第 81 頁。

一點金景芳早有清醒的認識。1924 年，金景芳任教遼寧義縣文昌宮小學，同事中有老秀才，金景芳認爲，"我與老秀才比較，在新科學、新思想方面略有所長；在精熟'四書'及作舊體詩、作對聯等，則不如遠甚。"①當時的金景芳對傳統文化知識、技能層面的修養尚且缺乏，與需體悟默識的理學境界的距離就可想而知了。難怪，他最初以清華研究院望復性書院，來函申請，馬一浮謂之"擬不同科"。② 後來，金景芳入復性書院，對書架上的木刻大字正續《清經解》傾全力研讀，關注的也是經學。雖然他也曾遵師命讀過宋明理學著作，但似乎都未能深入三昧。這裏至少有兩方面原因：首先和書院的教學方法有一定的關係，蓋理學的踐履功夫本來在文字之外，而離開文字，書院似乎接引後學的方法並不多；同時也和金景芳自身偏重理性思辨的個性有關。客觀上說，由於金景芳對理學的疏遠，爲其在一段相當長時間裏，省去了很多不必要的麻煩，也是後來他的學術作品能比較爲主流認可，得以傳播的一個原因。這也是不該算作幸事的幸事。

　　當然，這不等於說金景芳沒有受到理學的熏染。無論是 1962 年邀請擅長理學的鐘泰去長春講學，還是在晚年對後學脫口而出"大處難處看擔當，逆境順境看襟度，臨喜臨怒看涵養，群行群止看識見"的明儒語錄，③均可以看出其對待理學的實際態度。在《周易》研究上，程伊川的《易傳》爲義理派代表作，亦是一部理學名著。馬一浮十分重視伊川《易傳》，嘗謂："傳《易》應推伊川"，"故讀《易》當從伊川入"；"伊川《易傳》不可不備，患難中尤當常讀之"。④ 金景芳後來在研究、講授《周易》的時候，走的就是義理派的路子，並將伊川《易傳》列爲最重要的必讀著作。這些都可以說明理學對金

---

①　金景芳：《知止老人論學》，第 24 頁。

②　見馬一浮 1939 年 9 月 10 日答金景芳函，《馬一浮集》（第二册），第 929 頁。

③　見王國軒、王秀梅注，(明)呂刊著《呻吟語》序言，學苑出版社，1993 年。

④　《語錄類編·六藝篇》，《馬一浮集》（第三册），第 937、943、946 頁。

景芳的影響。

　　金景芳晚年在回顧中國 20 世紀時說："生活在這一時期的人們，大體上可區分爲三類。第一類是革命派。第二類是反動派。第三類是中間派。他們（中間派）沒有明確目標，一貫被動。雖然也說得上辛辛苦苦地做事，清清白白地做人，然而如不入流的演員一樣，只能在劇中扮演群衆或配角，不能當主角。又如漁夫下海遇颶風，奮力在驚濤駭浪中挣扎，不飽魚腹，已是幸事，談不上什麼英雄好漢。"金景芳認爲自己"正確地說，屬於中間派".① 這也許不是金景芳一個人的心境，而是相當多知識分子的感受。金景芳正是以中間派的身份置身在世紀的驚濤駭浪中的，以他的所志所求，不飽魚腹，實屬幸事。而其能不依草附木，一生以弘揚孔子思想爲己任，揭示儒家經義，守先待後，使劫後之餘，後學尚知有所謂孔子思想、六經奧義，而先哲聲光復白於天下，亦可謂無愧於平生所志，無愧於當年復性書院的一段師生因緣。

<h2 style="text-align:center">三</h2>

　　回顧是爲了展望。金景芳和馬一浮六十年前的薪火之緣，以及在學術史上揭示出的種種問題值得我們深入思考。

　　馬一浮嘗言所學直接孔孟。金景芳一生尊孔，被人惡意地稱爲"孔教徒"，亦坦然受之。然而，除了尊孔，馬一浮學無涯岸，尤以理學造詣聞名於世。而金景芳以宋明理學多不符孔學原意而疏遠之。實則，宋明理學是否符合孔學原意是一回事，是否有存在價值是另一回事。如果以不符孔學原意徹底否定理學，恐未爲通達之論。近兩千年來，孔學演化爲理學，有其不得不然的深刻歷史原因。簡言之，宋明大師走的是立足本位立場，匯通域外文明的道

---

① 　金景芳：《知止老人論學》，第 17～18 頁。

路。經歷代大師的努力，理學已成爲了高度發達、成熟的文明體系。今對此視而不見，一概抹煞，於心於義，均有未安。

然而，近代學絕道喪之際，理學的傳承的確面臨了嚴峻的挑戰。馬一浮在復性書院接引學人的方法還是宋明大師的傳統方法，於學人往往不能契機。或謂，馬一浮謹守先儒舊轍，原汁原味，爲的是不枉道徇俗。此義當辨。從整個理學的發展史上看，北宋諸師立其大者，南宋朱子集大成而光大之。然尚有詳於道問學而略尊德性之嫌。在當時或爲矯枉而發的有爲之舉，但奉之爲學者典則，則不能無弊。自明代王陽明出，方力矯此弊，一時心學勃然大興，而末流又起蹈入空虛、束書不觀之病。方此時，正需要總結北宋以來的理學發展歷史，進行一番通盤徹底的批判與重建。無奈清人入主，明室遂屋。從此，真理學絕矣。一言以蔽之，理學的發展缺乏一個總結的階段，而更爲適合學人、更爲靈活、成熟的理學修養方法，就需從此生出。此理不明，雖不得不謂之原汁原味，亦難免勞而少功。究其原因，仍是以静止的觀點看待理學，不悟理學也須在發展中繼承、光大。① 前人的探索化爲後人的智慧。今後儒學的延續和發展恐怕難以回避這個問題。

致於儒學傳承的方式，馬一浮爲了學術的獨立自由，始終堅持民間講學立場，堅持不隸屬通行的教育體制，直待最高當局答應始終以客賓之禮待之，②方答應主持書院。金景芳則使儒學進入體制內，走專家之路，實乃時事使然。回首前塵，得失相較，未易輕言。

然而，在"文化大革命"後，一則小事顯露了金景芳內心深處的某種東西。在剛剛爲了建築毛主席紀念堂，完成拉砂子、裝火車的

---

① 馬一浮的"六藝統攝一切學術論"，體現了立足傳統本位，開放涵容的學術區宇，但和本文探討的理學修養方法不是一個問題，兹不深論。

② 馬一浮：《爲董事會代擬與教育部陳部長書》有言"書院夙叨賓遇"之語。見《馬一浮集》(第二册)，第1068頁。

勞動任務以後，金景芳被分配到教改工作隊，在吉林省舒蘭縣與農民一道同吃、同住、同勞動。當時工作隊徵求對教改的建議，據同是工作隊成員的張松如教授回憶，輪到金景芳發言，他鄭重的表示教改的出路在"辦書院"。① 而這時正是最高指示成爲口頭禪的歲月。今日思之，金景芳此語絕非泛泛之言。因爲在其一生中對於書院的印象只有馬一浮主講的復性書院。由此，益知金景芳此時雖履冰霜，其志仍在此而不在彼也。

（原載《紀念孔子誕生二五五五週年國際學術研討會論文集》，後又收錄於《馬一浮全集》第六册《附録》，浙江古籍出版社，2005年。）

---

① 見公木（張松如）教授《在金景芳老師啓導下》，《金景芳九五誕辰紀念文集》，第3頁。

金景芳教授學術思想述要

吕文郁

　　1954 年,金景芳教授調到東北人民大學(即今吉林大學)歷史系任教,曾任歷史系主任、圖書館館長、校工會主席。現任吉林大學歷史系名譽主任、古籍研究所顧問、博士生導師、中國孔子基金會副會長、中國先秦史學會副理事長、吉林省史學會顧問,是《吉林大學社會科學學報》編輯委員會成員之一。

　　金老没有上過大學,完全依靠自學成名。早年讀書,興趣廣泛,經、史、子、集無所不讀。四十年代初,執教於東北大學中文系,講授經學概論、《春秋》三傳等課,對於經學用力尤勤。儒家經典《詩》、《書》、《易》、《春秋》三傳、"三禮"等等都下過大功夫,其中尤喜《周易》。1939 年,金老把多年研究《周易》的心得寫成《易通》一書。該書獲 1941 年教育部學術獎勵三等獎,1945 年由商務印書館出版。這是金老的第一部學術著作,也是金老的成名之作。在東北大學任教期間,還發表過《研治經學之方法》等論文。深厚的經學根底爲後來的史學研究打下了堅實的基礎。張之洞曾説過:"由經學入史學,其史學可信。"[①]金老治學的途徑正是由經學進入史學的。金老早在三十年代就開始接受馬克思主義唯物史觀。解放以後,更加系統地學習、研究馬克思主義經典作家的理論著作,並用以指導自己的學術研究,因此金老的古代史研究方向正、路子

---

① 　張之洞:《書目答問·清朝著述諸家姓名略》。

對,能够抓住關鍵性問題,很快取得研究成果,

金老學術研究的領域比較廣闊。其中成果最顯著、在學術界影響較大的主要有以下幾個方面。

一、宗法制研究

宗法問題在先秦史研究中占有重要地位。古今許多學者都論述過宗法制度,但大都不得要領,與宗法制相關的很多重要問題長時間未能解決。金老 1956 年在《東北人民大學人文科學學報》第 2 期發表了《論宗法制度》一文。這篇論著用馬克思主義的"兩種生產"的理論來解釋宗法制度,認爲宗法制產生於周代,是在階級關係充分發展的歷史條件下,統治者對血緣關係進行的改造、限制和利用,目的是隔斷血緣關係對天子、諸侯之君權的干擾,同時發揮宗族對君權的捍衛作用。這就抓住了問題的要害,道破了宗法的本質。關鍵問題解決了,與此相關的一系列問題也就迎刃而解。例如,宗統與君統的區別與聯繫;爲什麼大宗百世不遷,而小宗五世則遷;宗法制與周代分封制、嫡長子繼承制有何關係;宗法制實行的範圍和起止的時代等等,這些問題前人花費很多心血都未能論述清楚,而金老卻舉重若輕,把這些紛紜複雜、長期爭論不休的問題解釋得一清二楚。《論宗法制度》一文充分顯示了金老在史學研究方面的雄厚實力和真知灼見。

二、井田制研究

井田制也是先秦史研究中非常重要的問題。金老在對有關井田制的大量史料進行深入研究的基礎上明確指出,井田制實際上就是馬克思和恩格斯所論述的農村公社(或稱馬爾克)的土地制度在中國的具體表現形式,其本質特徵就是把國有土地分配給單個

家庭並定期重新分配，爲便於分配，土地總是被劃分成大小相等的棋盤狀或“豆腐乾塊”。這種制度從夏代開始實行，至西周達到充分發展，春秋時代開始瓦解，至戰國時期全面崩潰。井田制與奴隸制度相始終，是中國奴隸社會的經濟基礎。金老在《井田制的發生和發展》、《論井田制度》等論著中，依據大量文獻和考古資料，對井田制度的發生、發展和滅亡的過程進行了全面系統的論述，批判了否定井田制的存在、歪曲或誤解井田制的種種錯誤觀點，在井田制的研究上獨樹一幟，爲解決這一高難度問題作出了重要貢獻。

三、關於中國奴隸社會的階級和階級鬥爭問題的研究

　　關於中國奴隸社會的階級和階級鬥爭問題的精闢論述，是金老在古代史研究中的重大創見之一。金老根據馬克思、恩格斯和列寧的有關論述，結合中國奴隸社會的歷史實際，明確指出，奴隸社會的階級是等級的階級，而資本主義社會的階級是非等級的階級。在資本主義社會裏，“階級對立簡單化了，整個社會日益分裂爲兩大敵對陣營，分裂爲兩大相互直接對立的階級：資產階級和無產階級。”[1]因此，資本主義社會的階級鬥爭表現爲兩大對立階級的公開對抗。一些史學家在研究奴隸社會階級鬥爭問題時，總是套搬資本主義社會階級鬥爭的公式。實際上，正如馬克思所說：“古代的羅馬，階級鬥爭祇是在享有特權的少數人內部進行，祇是在自由富人與自由窮人之間進行，而從事生產的廣大民眾，即奴隸，則不過爲這些鬥士充當消極的舞臺臺柱。”[2]在奴隸社會，不存在奴隸起義消滅奴隸制的事情。中國的奴隸社會也是發達的奴隸社會，但與希臘、羅馬不同。中國古代的奴隸制是家庭奴隸制，不

---

① 　馬克思、恩格斯：《共產黨宣言》。
② 　《馬克思恩格斯全集》第 16 卷，第 406 頁。

存在大規模的奴隸勞動,因而也不可能出現足以推翻奴隸主階級
的大規模奴隸起義。長期以來,史學界流行一種錯誤觀點,即認爲
奴隸革命把奴隸主消滅了,把奴隸主剝削勞動者的形式廢除了。
金老研究了這種錯誤觀點的來源,發現提出這種錯誤觀點的是斯
大林。後來前蘇聯經濟學家列昂節夫在一本普及讀物中對斯大林
的觀點加以引用,遂在中國廣泛傳播。此後在相當長的時期内這
種違背馬克思主義的錯誤觀點竟被當作金科玉律,從未有人對此
提出疑義。金老率先發難,於 1980 年在《中國社會科學》雜志第 3
期發表了題爲《論中國奴隸社會的階級和階級鬥爭》一文,對上述
觀點進行了尖銳的批判,在理論界起到了正本清源的作用。

四、中國古史分期研究

中國古代史分期問題是建國以來史學界爭論最多的問題。金
老在 1962 年出版的《中國奴隸社會的幾個問題》一書中已經概括
地闡述了關於古史分期的基本意見。後來又發表了《談談中國由
原始社會向奴隸社會過渡的問題》等兩篇文章,對自己的分期說進
行了補充和深入闡述。1979 年,《歷史研究》雜志第 2、第 3 兩期連
載了金老的《中國古代史分期商榷》一文。金老在這篇文章中首次
對郭沫若的分期說提出了異議,並系統地論述了自己對古史分期
問題的意見。這篇文章在史學界引起很大反響。金老認爲,由原
始社會進入奴隸社會,應以國家的產生爲標誌。私有制和階級的
出現是階級社會產生的原因,而不是標誌。因此,中國奴隸社會應
以夏啓殺益奪權,建立夏朝爲開端。金老特別強調由原始社會向
奴隸社會轉變必然有一個漫長的過渡時期。夏朝雖然建立了國
家,但還帶有過渡的性質。整個夏朝是由氏族社會向階級社會發
展的過渡時期。由奴隸社會向封建社會轉變也有一個相應的過渡
時期。金老認爲戰國時代就是中國奴隸社會向封建社會轉變的過

渡時期。中國的封建制度全面確立是由秦始皇統一六國完成的。
金老對中國奴隸社會和封建社會作如下概括：“中國奴隸社會的經
濟基礎主要是井田制，即土地公有，而中國封建社會的經濟基礎則
是土地私有制；中國奴隸社會的政治制度是分封制，而中國封建社
會的政治制度則爲郡縣制；中國奴隸社會的意識形態主要是禮治，
而中國封建社會的意識形態則主要是法治。所以，中國奴隸社會
向封建社會的轉變，從經濟基礎和上層建築來說，實際上就是從井
田制、分封制和禮治向土地私有制、郡縣制和法治的轉變。”①金老
的這種分期意見被學術界稱爲“秦統一封建說”。這種分期說已經
在史學界產生越來越廣泛的影響。

五、《周易》研究

　　金老在二十年代開始鑽研《周易》，四十年代出版了《易通》。
解放後，陸續發表了《易論》、《說易》、《關於周易作者問題》等論文，
八十年代連續出版了《學易四種》、《周易講座》、《周易全解》等易學
著作，金老在六十餘年的易學研究中，形成了獨特的易學思想體
系。金老的易學思想可以概括爲以下幾點：1.《周易》是蘊含豐富、
思想深刻的古代哲學著作，它產生於原始宗教，卜筮祇是它的外
殼，哲學才是它的本質。2. 漢人搞象數學，宋人搞圖書學，清人回
頭再搞漢易，把易學引向歧路，是應當批判的。由孔子奠基，由王
弼、程頤發揚的義理派的易學觀點和方法應該加以繼承。3.《易
經》與《易傳》是密不可分的，《易傳》是解釋《易經》的，沒有《易傳》，
後人就無法理解《易經》。《易經》與《易傳》產生的時代不同，但兩
者的思想是一致的。4. 孔子對《周易》有偉大的貢獻，《易傳》基本
上是孔子所作，孔子通過《易傳》對《周易》所蘊含的思想進行了全

---

　　①　《中國古代史分期商榷（下）》，《古史論集》，第 47 頁。

面深入的闡發。5.《周易》六十四卦的排列結構包含着深刻的思想内容。《繫辭》説:"乾坤其《易》之緼耶!"又説:"乾坤其《易》之門耶!"表明乾坤兩卦在六十四卦中有特殊重要的地位。其餘各卦都是乾坤兩卦的發展和變化。六十四卦以既濟、未濟兩卦結尾,也含有深義。從乾坤到既濟、未濟,表示事物發展的全過程。《序卦》云:"物不可窮也、故受之以未濟終焉。"這反映了《周易》作者深刻的辯證法思想。6. 殷易《歸藏》(又名《坤乾》)首坤次乾,《周易》首乾次坤,反映殷周兩代思想觀念和政治制度的重大區别。首坤次乾,反映"殷道親親",表明殷代氏族社會殘餘較多,重視血緣關係;首乾次坤,反映"周道尊尊",表明周代政治統治已居於主導地位,更重視階級關係。《歸藏》和《周易》的這種區别是我們正確理解殷周二代本質特徵的一把鑰匙,對研究商周歷史有重大的意義。

六、孔子研究

孔子是中國古代偉大的思想家和教育家,他的思想對中華民族乃至全人類有極其深遠的影響。金老曾説:"中國之有孔子,毋寧説,是中華民族的光榮。"①金老認爲,孔子思想並不是孔子個人的思想,孔子是中國傳統思想文化的集大成者。孔子"信而好古",他"祖述堯舜,憲章文武",中國古代全部優秀的思想文化都經孔子繼承并發揚光大。孔子在研究、整理和傳播古代思想文化方面有偉大貢獻。"六經"就是孔子留給後人的珍貴遺產。研究孔子思想必須研究"六經",而不能僅依據《論語》。"六經"中的《周易》與《春秋》對研究孔子思想尤爲重要。金老認爲孔子學説有兩個核心,一個是"時",一個是"仁義"。由"時",派生出"中",由"仁義"派生出"禮"。"時"是更基本的,表現孔子的宇宙觀;"仁義"則是從屬的,

① 《孔子思想述略》,《古史論集》,第309頁。

表現孔子的歷史觀。孔子所説的"仁義"既有時代性，又有超時代的意義，在今天甚至將來仍有其存在的價值。孔子的政治思想有其保守的一面，因而每當社會面臨重大變革時，孔子及其學説往往遭到激烈批判，這是必然的。孔子強調倫理道德，強調社會秩序的穩定，因此每當革命風暴過後或動蕩局面結束，統治者總要搬出孔子，宣傳孔子的學説，用以維護自己的統治。一般説來，孔子思想適用於"治"世而不適用於"亂"世。歷史的發展總是一"亂"一"治"，因而孔子及其學説的歷史命運就是這樣：不斷地被批判，又不斷地被尊崇，這恰好反映了不同歷史時代不同的政治需求。

　　上述幾個方面衹是金老在學術研究中用力最勤、成果最多的領域。此外，金老在先秦思想史、史學方法論、先秦諸子研究及古史考證等諸方面，也都富有創見，卓然成一家之言。

　　金老從事教育和學術研究已六十餘年。六十多年來，金老勤奮刻苦、孜孜不倦，如今老驥伏櫪，壯心未已，雖已八十九高齡，仍堅持讀書、寫作、教學，爲出成果、出人材而辛勤工作。自 1978 年以來，金老培養碩士研究生 16 名，博士研究生 6 名。現在，還有三屆共 7 名博士生正在金老指導下攻讀學位。近十幾年來，金老發表學術論文近 40 篇，出版學術著作六部，在教學和科研兩方面都取得了令人矚目的成果。

　　金老六十多年來治學的經驗和特點大致可以概括爲以下幾點：一、治學態度嚴謹。金老常説，歷史是一門科學，研究歷史"應把科學性、真理性放在第一位"。[①] 又説："歷史與小説不同。小説允許虛構，歷史則要求事事都有根據。"[②]金老研究歷史總是以大量的歷史資料爲依據，反對從主觀願望出發，"隨心所欲地尋找幾

----

①　《中國奴隸社會史》序。

②　同上。

條材料，用來證明自己的論點"。① 認爲那種"任意割裂、任意曲
解"史料的作法絕不是嚴肅的馬克思主義史學工作者應取的態度。
金老不僅對學術研究一絲不苟，對人材的培養也特別嚴肅認真。
他開設的專業課每講完一個單元，都要求我們寫一篇文章或讀書
心得。我們完成後金老總是認真批改，思想内容、篇章結構、文字、
語法、標點以及資料的引用有不當之處，金老都一一指正。不合格
的，金老就嚴厲批評，或者退回重寫。我們在學業上能很快進步是
與金老的嚴格要求分不開的。

　　二、金老向來主張搞學術研究要説自己的話、走自己的路，反
對依草附木，隨波逐流。金老在學術上不迷信，不盲從，敢於堅持
真理，敢於與權威爭鳴。在《古代史分期商榷》一文中，金老對郭沫
若的分期説提出八條意見。在《論宗法制度》、《論井田制度》等文
章中，對王國維、郭沫若、范文瀾等人的一些觀點也提出過異議。
他甚至對斯大林的錯誤也敢於公開批判，這充分表現了一個學者
應有的唯真理是從的理論勇氣。

　　三、金老主張研究中國古代史必須認真讀古書，并且要讀深、
讀透，做到融會貫通。金老是依靠自學成名的，在古書上下過苦
功。金老讀古書，喜讀無注釋的白文。金老總結自己的經驗説：
"不要認爲注釋都對。讀書應從本文開始，最後還要回到本文上
來，祇有這樣，才能真正瞭解本文的思想，並能識別注釋的對錯。
我認爲讀書貴在抓住要點，發現問題，解決問題，尤貴獨立思
考。"②不認真讀古書，往往容易産生誤解，或跟前人的注釋犯錯誤
而懵然不知，金老指出：一些有影響的史學著作把井田説成是"分
配給臣下的俸禄"，把天子説成是"天下的大宗"，把周宣王"不籍千
畝"説成是"井田制在王畿内開始崩潰的標誌"，把魯國的"四分公

─────────

① 《中國奴隷社會史》序。
② 《自學能成才》，《名家談自學》，蘭州大學出版社，第59頁。

室"説成是封建制取代奴隸制的標誌，等等，都是因爲不認真讀古書，曲解誤解古書而産生的謬誤。

　　四、金老認爲研究中國古代史，特別是文明社會的歷史，應當堅持文獻與實物並重，而以文獻爲主。地下出土的文物對於古史研究是非常珍貴的，但文物史料本身有較大的局限性，遠不及文獻史料系統、詳盡。文獻史料當然存在真僞的問題，運用文獻史料應首先鑒別。對古代留傳下來的歷史文獻不能盲目信從，但也不可毫無根據地全盤否定。一般説來，中國古代歷史文獻是可信或基本可信的，對研究中國古代史是極其寶貴的。金老對全盤否定中國古代典籍的民族虛無主義態度深惡痛絶。

　　　　　　　　　　　（《吉林大學社會科學學報》1990 年第 5 期）

金景芳學術成就記略

呂文郁

金景芳,字曉邨,1902年生於遼寧義縣。1923年畢業於遼寧省立第四師範學校,曾在小學、初級中學、高級中學任教多年。1936年流亡關内。1940年就讀於著名學者馬一浮先生主講的四川樂山復性書院。1942年受聘於當時在四川三臺的東北大學,任文書組主任,後任中文系講師、副教授、教授。日本投降後,於1946年隨東北大學遷返瀋陽。1948年因解放戰爭,隨東北大學暫遷北京。1949年全國解放後再次回到瀋陽,任東北文物管理處和東北圖書館研究員,1954年調任東北人民大學(即今吉林大學)歷史系教授,曾任歷史系主任、圖書館館長、校工會主席。現任吉林大學歷史系名譽主任,吉林大學古籍研究所顧問,博士生導師,吉林省史學會顧問,中國先秦史學會副理事長,中國孔子基金會副會長。

金先生沒有上過大學,完全靠刻苦自學成名。早年讀書,興趣廣泛,經、史、子、集之書無所不讀。四十年代初,先生執教於東北大學中文系,講授經學概論、《春秋》三傳等課,對於經學用力尤勤,儒家經典《詩》、《書》、《易》、《春秋》三傳、"三禮"等等都下過大功夫,其中尤喜《周易》。1939年,先生把多年研究《周易》的心得寫成《易通》一書。該書獲1941年教育部學術獎勵三等獎,1945年由商務印書館出版。這是先生的第一部學術著作,也是先生的成名之作。在東北大學任教期間,先生還發表過《春秋釋要》、《周易和老子》、《研治經學之方法》等論文。先生有深厚的經學根柢，這爲後來的史學研究打下了堅實的基礎。張之洞曾説過："由經學入史學，其史學可信。"①金先生的史學成就是與早年的經學研究分不開的。早在三十年代，金先生就開始接受馬克思主義的唯物史觀。解放以後，更加系統地學習、研究馬克思主義經典作家的理論著作，並用以指導自己的學術研究。與此同時，金先生開始係統地研究中國古代史。由於先生熟悉古代典籍，又有馬克思主義理論作指導，能够抓住關鍵性的問題進行深入探討，很快就取得了令人矚目的研究成果。

　　1958 年，先生在《東北人民大學人文科學學報》第 2 期發表了《論宗法制度》一文。宗法問題在先秦史研究中占有重要地位，古今許多知名學者都論述過宗法制度，但多不得要領。金先生用馬克思主義的"兩種生產"的理論來解釋宗法制度，認爲周代的宗法制度是在階級關係充分發展的歷史條件下，統治者對血緣關係進行的改造、限制和利用，目的是隔斷血緣關係對天子、諸侯君權的干擾，同時發揮族權對君權的捍衛作用。宗法制度是對血緣關係的削弱而不是加强。金先生抓住了問題的要害，道破了宗法制的本質。關鍵性的問題解決了，與此相關的一系列問題也就迎刃而解了。例如，宗統與君統的區別與聯繫，爲什麽大宗百世不遷而小宗五世則遷，宗法制與周代的分封制、嫡長子繼承制有何關係，宗法制度實行的範圍和起止的時代等等。這些問題前人花費很多心血都未能論述清楚，金先生卻舉重若輕，把這些紛紜複雜、長期爭論不休的問題解釋得一清二楚。《論宗法制度》一文充分顯示了金先生在史學研究方面的雄厚實力和真知灼見。

　　井田制度也是研究先秦史中非常重要的問題。金老在對井田問題進行深入研究的基礎上明確指出，井田制實際上就是馬克思

---

　　①　《書目答問·姓名略》。

和恩格斯所論述的農村公社(或稱馬爾克)的土地制度在中國的具體表現形式、其本質特徵就在於把國有土地分配給單個家庭並定期重新分配,爲便於分配,土地往往被劃分爲大小相等的"豆腐乾塊"。這種制度從夏初開始實行,到西周達到充分發展,戰國時期走向崩潰。井田制與奴隸社會相始終,是中國奴隸社會的經濟基礎。金先生在《井田制的發生和發展》、①《論井田制度》②等論著中,對這一制度的發生、發展和滅亡的過程進行了系統論述,對和井田制相關的許多問題也都進行了深入的辨析,批判了那些否定井田制存在、歪曲或誤解井田制的錯誤觀點,在井田制的研究中獨樹一幟,爲解決這一高難度問題作出了重要貢獻。

中國古代史分期問題是建國以來史學界爭論時間最長、分歧意見最多的問題。金先生在 1962 年出版的《中國奴隸社會的幾個問題》一書中已經概括地闡述了關於古史分期的基本意見。並在後來又發表了《談談中國由原始社會向奴隸社會過渡的問題》③等兩篇文章,對自己的分期意見進行了補充和深入闡述。1979 年,《歷史研究》雜志在第 2、第 3 兩期連載了金先生的《中國古代史分期商榷》一文。金先生在這篇文章中首次對郭沫若的分期説提出了全面批評,並系統地論述了自己對古史分期問題的意見。這篇文章在史學界引起很大反響。金先生認爲:由原始社會進入奴隸社會,應以國家的產生爲標誌。私有制和階級的出現是階級社會產生的原因,而不是標誌。中國奴隸社會應以夏啓殺益奪權,建立夏朝爲開端。金先生特別強調由原始社會向奴隸社會轉變必然有一個漫長的過渡時期,夏朝雖然建立了國家,但還帶有過渡的性質。整個夏朝是由氏族社會向階級社會發展的過渡時期。由奴隸

---

① 《歷史研究》1965 年 4 期。
② 《吉林大學社會科學學報》1981 年 1 至 4 期連載,齊魯書社 1982 年出版。
③ 《光明日報》1978 年 2 月 2 日。

社會向封建社會轉變也有一個相應的過渡時期。金先生認爲戰國時代就是中國奴隸社會向封建社會轉變的過渡時期，中國封建制度全面確定是由秦始皇統一六國完成的。金先生把中國奴隸社會與封建社會作如下概括："中國奴隸社會的經濟基礎主要是井田制，即土地公有，而中國封建社會的經濟基礎則爲土地私有制；中國奴隸社會的政治制度是分封制，而中國封建社會的政治制度則爲郡縣制；中國奴隸社會的意識形態主要是禮治，而中國封建社會的意識形態則主要是法治。所以，中國奴隸社會向封建社會的轉變，從經濟基礎和上層建築來説，實際上，就是從井田制、分封制和禮治向土地私有制、郡縣制和法治的轉變。"①金先生的這種分期意見被史學界稱爲"秦統一封建説"，這一分期説已經在史學界產生越來越廣泛的影響。

關於中國奴隸社會的階級和階級鬥爭問題的精闢論述，是金先生在古代史研究中的重大創見之一。金老根據馬克思、恩格斯和列寧的有關論述，結合中國奴隸社會的歷史實際，明確指出，奴隸社會的階級是等級的階級，而資本主義社會的階級是非等級的階級。在資本主義社會裏，"階級對立簡單化了，整個社會日益分裂爲兩大敵對陣營，分裂爲兩大相互直接對立的階級：資產階級和無產階級"②。因此，資本主義社會的階級鬥爭也就表現爲兩大對立階級的公開對抗。很多人在研究奴隸社會的階級鬥爭問題時，總是套搬資本主義社會階級鬥爭的公式。實際上，正如馬克思所説："古代的羅馬，階級鬥爭祇是在享有特權的少數人内部進行，祇是在自由富人與自由窮人之間進行，而從事生產的廣大民衆，即奴隸，則不過爲這些鬥士充當消極的舞臺臺柱。"③在奴隸社會裏，不

---

① 《中國古代史分期商榷（下）》，見《古史論集》，齊魯書社，1981年，第47頁。

② 《共產黨宣言》。

③ 《馬克思恩格斯全集》第16卷，第406頁。

存在奴隸起義消滅奴隸制的事情,中國的奴隸社會屬於家庭奴隸制,與古代希臘、羅馬的勞動奴隸制大不相同,因而更不可能出現足以推翻奴隸主階級的大規模奴隸起義。長期以來,史學界流行一種錯誤的觀點,即認爲奴隸革命把奴隸主消滅了,把奴隸主剝削勞動者的形式廢除了。金先生研究了這種錯誤觀點的來源,發現最先提出這種錯誤觀點的是斯大林。後來前蘇聯經濟學家列昂節夫在一本普及讀物中對斯大林的觀點加以引用,遂在中國廣泛傳播。此後在相當長的時間内這種違背馬克思主義的錯誤觀點竟被當作金科玉律,從未有人對此提出疑義。金先生首先發難,於1980 年在《中國社會科學》雜志第 3 期發表了題爲《論中國奴隸社會的階級和階級鬥爭》的文章,對上述觀點進行了尖鋭批判,在理論界起到了正本清源的作用。

　　金先生在易學研究中頗多建樹。四十年代出版《易通》,解放後陸續發表《易論》、《説易》、《關於周易作者問題》、《關於周易研究的若干問題》等論文,八十年代又連續出版《學易四種》、《周易講座》、《周易全解》等易學著作,形成了獨具特色的易學思想體系。先生的易學思想内容極爲豐富,其中最主要的可概括爲以下幾點:1.《周易》是蘊含豐富、思想深刻的古代政治學和哲學著作。它產生於原始宗教,卜筮祇是其外部表現形式。把《周易》視爲純粹卜筮之書,就抹殺了《周易》一書的價值。2. 漢人搞"象數學"、宋人搞"圖書學",清人回頭又搞漢易,把易學研究引向岐路,是應該徹底批判的。3.《易經》與《易傳》是密不可分的。《易傳》是解釋《易經》的,没有《易傳》,後人就無法理解《易經》。《易經》與《易傳》產生的時代不同一,但兩者的思想是一致的。4. 孔子對《周易》有偉大的貢獻,《易傳》基本上是孔子所作,孔子通過《易傳》對《易經》所蘊藏的哲學思想,進行了全面深入的闡發。5.《周易》六十四卦的排列結構有深刻的思想意義。《繫辭》云:"乾坤其《易》之緼耶!""乾坤其《易》之門耶!"表明乾坤兩卦在六十四卦中有特殊重要的地位。

其餘各卦都是乾坤兩卦的發展和變化。六十四卦以既濟、未濟兩卦結尾也含有深義。從乾坤到既濟、未濟，表示事物發展的全過程。《序卦》云：“物不可窮也，故受之以未濟終焉。”這反映了《易經》作者深刻的辯證法思想。6. 殷易《歸藏》（又名《坤乾》）首坤次乾，《周易》首乾次坤，反映殷周兩代思想觀念的重大區別。首坤次乾，反映“殷道親親”，表明殷代重視血緣關係；首乾次坤，反映“周道尊尊”，表明周代的政治統治已居於主導地位，更重視階級關係。《歸藏》和《周易》的這種區別是我們正確瞭解殷周二代本質特徵的一把鑰匙，對研究商周歷史有重大的意義。

　　孔子研究也是金先生用力勤、創獲多的領域。孔子是中國古代最偉大的思想家和教育家。他的思想對中華民族乃至全人類有極其深遠的影響。先生曾說：“中國之有孔子，毋寧說，是中華民族的光榮。”①先生認爲，孔子思想並不是孔子個人的思想。孔子“信而好古”，他“祖述堯舜，憲章文武”，中國古代的全部優秀思想文化都經孔子繼承并發揚光大。孔子在研究、整理和傳播古代思想文化方面有重大貢獻，“六經”就是孔子留給後人的珍貴遺產。研究孔子思想不能僅依據《論語》，必須認真研究“六經”。金先生認爲孔子學說有兩個核心，一個是“時”，一個是“仁義”。由“時”派生出“中”，由“仁義”派生出“禮”。“時”是更基本的，表現孔子的自然觀，“仁義”是從屬的，表現孔子的歷史觀。孔子的“仁義”有超時代的意義，在今天甚至將來仍有存在的價值。孔子的政治思想有其保守的一面，因而每當社會面臨重大變革時，孔子及其學說往往遭到激烈批判，這是必然的。孔子強調倫理道德，強調社會秩序的穩定，這有利於實現社會的安定團結。封建統治者經常把經過改造的孔子思想當作統治工具，正是因爲孔子思想基本上適應了他們的政治需要。

---

　　①　《孔子思想述略》，《古史論集》，第 309 頁。

　　金先生的學術研究領域是比較廣闊的。除上述諸項外,先生在先秦思想史研究、先秦諸子研究、史學方法論研究、古史考證等方面,也都富有創見,卓然成一家之言。

　　金先生從事教育和學術研究已六十餘年。如今已八十九高齡,仍然精神矍鑠,爲多出成果,多出人才,孜孜不倦地工作着。自1979年以來,金先生指導並已獲得學位的碩士研究生有十六名,博士研究生有六名。現在,還有三屆共七名博士生正在先生指導下攻讀學位,已發表的學術論文近四十篇,出版學術著作六部,在教學和科研兩方面都取得了豐碩成果。現在,先生正組織吉林大學古籍所先秦文獻研究室的全體同志爲完成國家教委博士點科研項目《春秋史》而努力工作,並與學生合作,撰寫《孔子新傳》一書。先生老驥伏櫪,志在千里,決心爲國家的教育和學術事業做出更大的貢獻。

　　附,金景芳著作目錄

　　1.《易通》,15萬字,商務印書館1945年出版。

　　2.《中國奴隸社會的幾個問題》,8.5萬字,中華書局1962年出版。

　　3.《古史論集》,30.3萬字,齊魯書社1981年出版。

　　4.《論井田制度》,7.5萬字,齊魯書社1982年出版。

　　5.《中國奴隸社會史》,37萬字,上海人民出版社1983年版。1986年再版。

　　6.《學易四種》,19.4萬字,吉林文史出版社1987年出版。

　　7.《周易講座》,33.2萬字,金景芳講述,呂紹綱整理,1987年吉林大學出版社出版。

　　8.《周易全解》,44萬字,與呂紹綱合著,吉林大學出版社1989年出版。

（《古籍整理研究學刊》1991年第1期）

金景芳與中國古代史研究

呂文郁

金景芳先生字曉邨，1902年6月3日出生於遼寧義縣一個貧苦農民家庭。先生1923年畢業於遼寧省立第四師範學校，此後做過家庭教師，教過初級小學、高級小學、初級中學，曾任縣教育局局長、省教育廳股長。"九一八"事變後又回到中學教書。1936年流亡到關內，輾轉於陝西、江蘇、安徽、湖北、湖南、四川等地。1940年9月入四川樂山復性書院師從"一代儒宗"馬一浮先生學習。1941年11月到流亡於四川三臺的東北大學任教，先後任講師、副教授、教授。解放後曾先後任東北文物管理處研究員、東北圖書館研究員兼研究組組長。1954年1月到長春東北人民大學（1958年更名爲吉林大學）歷史系任教。曾任吉林大學工會主席、圖書館館長、歷史系主任。"文革"後曾任中國先秦史學會副理事長、中國孔子基金會副會長、吉林省史學會名譽理事長。現任吉林大學歷史系名譽主任，吉林大學古籍研究所顧問、教授、博士生導師，中國先秦史學會顧問，中國孔子基金會顧問，吉林省史學會顧問，國際儒學聯合會顧問，東方國際易學研究院（前美芝靈國際易學研究院）顧問，國家古籍整理出版規劃小組顧問。

先生是當代著名的歷史學家、文獻學家，尤以《周易》研究和孔學研究的卓著成就而享譽國內外。現已出版學術著作14種，發表論文近百篇。他的許多學術成果獲得國家和省部級獎勵。其中《中國奴隸社會史》獲國家教委第一次社會科學研究成果二等獎，此書還與先生所著《學易四種》共同獲得吉林省社會科學優秀成果特別獎,《周易全解》獲國家教委優秀學術著作獎和光明杯優秀哲學社會科學著作獎,吉林省圖書一等獎,《〈尚書·虞夏書〉新解》獲教育部第二次社會科學優秀科研成果二等獎。

先生早年讀書,遍及群經和諸子百家。就讀於復性書院時,先生集中精力研讀清人的經學著作,並撰寫了《春秋釋要》一文,深受復性書院主講馬一浮先生贊許。執教於東北大學時,先生爲中文系學生講授經學,並在東北大學《志林》學刊上發表了《研治經學的方法》等論文。可見先生早年的學術興趣主要在經學。調入東北人民大學歷史系之後,先生爲適應教學和科研工作的需要,系統地學習了馬克思主義理論知識,同時又充分發揮自己熟悉先秦典籍的優長,從而開始了對中國古代社會、古代的典章制度和古代思想文化的深入研究,並不斷開拓新的研究領域,很快成爲蜚聲中外的歷史學家。清人張之洞說:"由經學入史學者,其史學可信。"先生走過的治學道路,正是"由經學入史學"之路。

現將先生的主要學術成就概述如下:

一、《周易》研究

先生是國內外著名的易學專家。早在 20 世紀二十年代,先生就開始鑽研《周易》,自稱"讀《易》成癖"。然而《周易》是一部奇特之書,先生當時雖然讀了許多研究或注釋《周易》的書,但有些問題一直弄不清楚。1939 年夏,先生讀了列寧的《談談辯證法問題》,深受啓發,遂覺《周易》中的許多難題都可以渙然冰釋、怡然理順了。於是利用寒假時間寫成《易通》一書。該書是最早用馬克思主義理論指導《周易》研究的著作,也是先生的成名之作。1942 年,《易通》一書獲國民政府教育部著作發明及美術獎勵三等獎。1945年,該書由商務印書館正式出版。解放後,先生陸續發表了《易論》、《說易》、《關於〈周易〉的作者問題》等研究易學的論文二十餘篇。八十年代,先生連續出版了《學易四種》、《周易講座》、《周易全解》等易學著作。最近,先生又出版了《〈周易繫辭傳〉新編詳解》一書。先生在七十多年的易學研究中,形成了獨特的易學思想體系,對《周易》的研究做出了重大貢獻。先生的易學思想可以簡要地概括爲以下幾點:(1)《周易》是蘊含豐富、思想深刻的古代哲學著作。它產生於原始宗教,卜筮衹是它的外殼,哲學才是它的本質。(2)漢人在易學研究中搞"象數學",宋人在易學研究中搞"圖書學",清人又回頭搞漢易,把易學研究引向了歧路,這是應當徹底批判的。由孔子奠基,由王弼、程頤發揚的義理派的易學觀點和方法是應該加以繼承的。(3)《易傳》是解釋《易經》的,没有《易傳》,後人就無法理解《易經》。《易經》與《易傳》產生的時代不同,但兩者的思想是一致的。(4)孔子對《周易》有偉大的貢獻,《易傳》基本上是孔子所作,孔子通過《易傳》對《周易》所蘊含的思想進行了全面深入的闡發。(5)《周易》六十四卦的排列結構包含着深刻的思想內容。《繫辭》説:"乾坤其《易》之緼耶!"又説:"乾坤其《易》之門耶!"表明乾、坤兩卦在六十四卦中有特别重要的地位。其餘各卦都是乾坤兩封的發展和變化。六十四卦以既濟、未濟兩卦結尾,也含有深義。從乾、坤到既濟、未濟,表示事物發展的全過程,《序卦》云:"物不可窮也、故受之以未濟終焉。"這反映了《周易》作者深刻的辯證法思想。(6)殷易《歸藏》(又名《坤乾》)首坤次乾,《周易》首乾次坤,反映殷周兩代思想觀念和政治制度的重大區别。首坤次乾,反映"殷道親親",表明殷代氏族社會殘餘較多,重視血緣關係;首乾次坤,反映"周道尊尊",表明周代政治統治已居於主導地位,更重視階級關係。《歸藏》和《周易》一書實際上是用辯證法理論寫成的。《周易》的作者雖然並不知道什麼是辯證法,可是他創作的《周易》卻無意中與辯證法暗合。先生認爲《周易》的作者不是自覺地而是自發地表達了辯證法思想。著名哲學家高清海教授在該書的《序》中對金老在易學和中國傳統文化研究方面作出的重要貢獻給予高度評價：“中國作爲古老文明的大國，賦有豐富的辯證法思想傳統。我們不能不承認，對於這方面的思想資源過去我們開掘得很不夠。這裏的原因有多方面，其中‘思想障礙’不能不認爲是一個重要的因素。我們往往局限於辯證法、哲學的名稱、詞語而遮蔽了它的特有内容和實質，對《周易》的認識狀況就説明了這點。我認爲金景芳先生以辯證法解《易》是做了一件極爲重要的開拓性工作，它定會在未來的思想史上結出豐厚的碩果。”

二、孔子研究

孔子是中國古代偉大的思想家和教育家，他的思想對中華民族乃至全人類都有極其深遠的影響。先生對孔子的研究曾下過大力氣。“文革”期間，先生因研究孔子而被稱爲“孔教徒”。除《孔子新傳》外，先生研究孔學的文章有將近 20 篇。其中比較重要的有：《論孔子思想》（1957）、《論孔子學説的仁和禮》（1962）、《關於孔子研究的方法論問題》（1979）、《孔子對〈周易〉的偉大貢獻》（1987）、《孔子所説的仁義有没有超時代意義？》（1989）、《論孔子的思想有兩個核心》（1990）、《孔子的天道觀與人性論》（1990）、《孔子的這一份珍貴遺産——六經》（1991）、《論孔子》（1994）、《關於孔子及其思想的評價問題》（1995）、《論孔子的仁説及其相關問題》（1996）等等。先生曾説：“中國之有孔子，毋寧説，是中華民族的光榮。”先生認爲，孔子思想並不是孔子個人的思想，孔子是中國傳統思想文化的集大成者。孔子“信而好古”，他“祖述堯舜，憲章文武”，中國古代全部優秀的思想文化都經孔子繼承并發揚光大。孔子在研究、整理和傳播古代思想文化方面有偉大貢獻。“六經”就是孔子留給後人的珍貴遺産。研究孔子思想必須研究“六經”，而不能僅依據《論語》。“六經”中的《周易》與《春秋》對研究孔子思想尤爲重要。先生認爲孔子學説有兩個核心，一個是“時”，一個是“仁義”。由

"時"派生出"中"，由"仁義"派生出"禮"，"時"是更基本的，表現孔子的宇宙觀；"仁義"則是從屬的，表現孔子的歷史觀。孔子所説的"仁義"既有時代性，又有超時代的意義，在今天甚至將來仍有其存在的價值。先生認爲孔子的世界觀和人生觀是正確的，應該説基本上是唯物的、辯證的。今日欲弘揚中國的傳統思想文化，應當很好地繼承孔子的這筆精神財富。孔子的政治思想有其保守的一面，因而每當社會面臨重大變革時，孔子及其學説往往遭到激烈批判，這是必然的。孔子强調倫理道德，强調社會秩序的穩定，因此每當革命風暴過後或動盪局面結束，統治者總要搬出孔子，宣傳孔子的學説，用以維護自己的統治。一般説來，孔子思想適用於"治"世而不適用於"亂"世。歷史的發展總是一"亂"一"治"，因而孔子及其學説的歷史命運就是這樣：不斷地被批判，又不斷地被尊崇，這恰好反映了不同歷史時代不同的政治需求。先生特別强調，在孔子研究中，應當把孔學與儒學嚴格地區別開來。孔學是指研究孔子及其思想學説的學問，而儒學主要是指漢儒之學和宋儒之學。漢儒和宋儒雖然打的都是孔子的旗號，實際上他們所傳承的多半是孔子學説中的糟粕。因此，絕不能把孔學和儒學混爲一談。此問題先生在《孔子新傳序》中有詳細的論述。

三、史學理論研究

先生在自己的史學研究實踐中深刻體會到：理論工作者必須認真學習馬克思主義理論，必須努力掌握馬克思主義的基本原理，深刻領會馬克思主義的精神實質，而不能僅在詞句上下工夫。作爲史學工作者，必須用馬克思主義理論武裝自己，用馬克思主義理論去指導史學研究。先生的史學研究能夠取得豐碩成果，特別是在史學理論研究上作出重大貢獻，直接得益於馬克思主義理論學習。他先後在史學理論研究上的重要貢獻主要有以下三個方面：

(1)關於中國古史分期問題。這個問題是建國以來史學界爭論最多的問題之一。爭論的最大焦點是中國奴隸社會向封建社會轉變的時間問題。五十年代初,史學界曾召開過全國規模的古史分期問題學術討論會,很多著名的史學家都參加了當時的大論戰。《歷史研究》編輯部先後編輯了《中國的奴隸制與封建制分期問題論文選集》和《中國古代史分期問題討論集》,由三聯書店分別於 1955年和 1957 年先後出版。後來關於古史分期問題的討論一度中斷,原因是毛澤東曾公開表示贊同郭沫若的古史分期説。一時間,古史分期問題幾成定論。郭沫若的古史分期説被當作官方認可的學術觀點寫進了各種歷史教科書,原先積極參加討論的多數學者祇能三緘其口。先生没有參加五十年代古史分期問題的討論。在1962 年出版的《中國奴隸社會的幾個問題》一書中,先生已經概括地闡述了關於古史分期問題的基本意見。1979 年,《歷史研究》在第 2、3 兩期連載了先生的《中國古代史分期商榷》一文。先生在這篇文章中首次對郭沫若的古史分期説公開提出異議,並系統地論述了自己對古史分期問題的意見。這篇文章在史學界引起很大反響。之後,先生又在《社會科學戰綫》1985 年第 1 期發表了題爲《馬克思主義關於奴隸制社會的科學概念與中國古代史分期》的文章,對古史分期問題討論中的一些錯誤觀點提出了批評意見。先生認爲,由原始社會進入奴隸社會,應以國家的產生爲標誌。私有制和階級的出現是階級社會產生的原因,而不是標誌。因此,中國奴隸社會以夏啓殺益奪權,建立夏朝爲開端。先生認爲戰國時代是中國奴隸社會向封建社會轉變的過渡時期。中國的封建制度全面確立是由秦始皇統一六國完成的。先生對中國奴隸社會和封建社會的特徵作如下概括:"中國奴隸社會的經濟基礎主要是井田制,即土地公有制,而中國封建社會的經濟基礎則是土地私有制;中國奴隸社會的政治制度是分封制,而中國封建社會的政治制度則爲郡縣制;中國奴隸社會的意識形態主要是禮治,而中國封建社會的意識形態則主要是法治。所以，中國奴隸社會向封建社會的轉變，從經濟基礎和上層建築來説，實際上就是從井田制、分封制和禮治向土地私有制、郡縣制和法治的轉變。"先生的這種分期意見被學術界稱爲"秦統一封建説"。這種分期説已經在史學界産生越來越廣泛的影響。(2)關於原始社會向奴隸社會過渡問題。由原始社會向階級社會的轉變，其間必然要經歷一個漫長的過渡時期。中國是怎樣由原始社會過渡到階級社會的？這一過渡時期從何時開始？又到何時完成？在以往的史學研究中，很少有人對此進行過系統論述。先生認爲這是研究中國古代史無法迴避的重要課題。先生在着手撰寫《中國奴隸社會史》時，遇到的第一個難題也就是這個過渡時期的問題。1977 年，先生寫成了《談談中國由原始社會向奴隸社會過渡的問題》，發表於該年《理論學習》第 11、12 期合刊。《光明日報》1978 年 2 月 1 日也刊登了這篇文章。先生認爲：中國由原始社會向奴隸社會轉變是由夏后啓殺益奪權開始的。夏、商、周雖然都是奴隸社會，但夏代與商、周兩代是有差別的，夏代具有由原始社會向奴隸社會過渡的性質。當時蘭州大學的劉文英先生看過這篇文章後，寫了一篇與先生商榷的文章，寄給了《吉林大學社會科學學報》編輯部。先生讀後，建議《吉林大學學報》發表劉文英先生的文章，同時又寫了一篇《關於中國原始社會向奴隸社會過渡問題的討論——答劉文英同志》，與劉文英的文章一同發表於該刊 1978 年第 5、6 期合刊。先生在這篇文章中重申了自己的觀點，並就劉文英文章提到的一些具體問題作了進一步探討、商榷，從而使過渡時期這一問題的研究進一步深化。先生指出：由無階級的社會向階級社會的轉變不同於階級社會内部的一種社會形態向另一種社會形態的轉變。它勢必要經歷一個相當漫長的過渡時期，這個過渡時期由國家部分出現開始，到國家完全形成爲止。在過渡時期内以氏族爲基礎的社會和以領土爲基礎的國家并存；經過若干世紀變革，才逐步由後者完全取代了前者。古代典籍中記載夏代有伯明氏、斟尋氏、豢龍氏、有窮氏、有鬲氏、昆吾氏等等,正是夏代還大量存在氏族制度的證明,因此不能說夏朝的建立是過渡時期完成的標誌。(3)關於中國奴隸社會的階級和階級鬥爭問題。關於中國奴隸社會的階級和階級鬥爭問題的精闢論述,是先生在古代史研究中的重大理論創見之一。先生根據馬克思、恩格斯和列寧的有關論述,結合中國奴隸社會的歷史實際,明確指出,奴隸社會的階級是等級的階級,而資本主義社會的階級是非等級的階級。因此,資本主義社會的階級鬥爭表現為兩大對立階級的公開對抗。一些史學家在研究奴隸社會階級鬥爭問題時,總是套搬資本主義社會階級鬥爭的公式。實際上,在奴隸社會,不存在用勝利的奴隸起義來消滅奴隸制的事情。中國的奴隸社會與希臘、羅馬不同。中國古代的奴隸制是家庭奴隸制,不存在大規模的奴隸勞動,因而也不可能出現足以推翻奴隸主階級的大規模奴隸起義。長期以來,史學界流行一種錯誤觀點,即認為奴隸革命把奴隸主消滅了;把奴隸主剝削勞動者的形式廢除了。先生研究了這種錯誤觀點的來源,發現提出這種錯誤觀點的是斯大林。後來前蘇聯經濟學家列昂節夫在一本普及讀物中對斯大林的觀點加以引用,遂在中國廣泛傳播。此後在相當長的時期內,這種違背馬克思主義的錯誤觀點竟被當作金科玉律。先生率先對此提出質疑,於 1980 年在《中國社會科學》第 3 期發表了題為《論中國奴隸社會的階級和階級鬥爭》一文,對上述觀點進行了尖銳的批判,在理論界起到了正本清源的作用。

四、古代典章制度研究

先生在中國古代典章制度研究方面取得了豐碩成果。其中成就最突出、在史學界影響最大的是關於宗法制度的研究和井田制度的研究。

（1）宗法問題在先秦史研究中占有重要地位。古今許多學者都論述過宗法制度，但大都不得要領。與宗法制度相關的很多重要問題長時間未能解決。先生 1956 年在《東北人民大學人文科學學報》第 2 期發表了《論宗法制度》一文。這篇論文用馬克思主義的"兩種生產"的理論來解釋宗法制度，認爲宗法制度產生於周代，是在階級關係充分發展的歷史條件下，統治者對血緣關係進行的改造、限制和利用，目的是隔斷血緣關係對天子、諸侯之君權的干擾，同時發揮宗族對君權的捍衛作用。這就抓住了問題的要害，道破了宗法的本質。關鍵問題解決了，與此相關的一系列問題也就迎刃而解。例如，宗統與君統的區別與聯繫；爲什麼大宗百世不遷，而小宗五世則遷；宗法制與周代分封制、嫡長子繼承制有何關係；宗法制實行的範圍和起止的時代等等。這些問題前人花費很多心血都未能論述清楚，而先生卻舉重若輕，把這些紛紜複雜、長期爭論不休的問題解釋得一清二楚。《論宗法制度》一文充分顯示了先生在史學研究方面的雄厚功底和真知灼見。先生是以《論宗法制度》一文爲起點正式步入史學論壇的。先生在史學論壇上甫一亮相，便引起學術界的廣泛注意。因爲《論宗法制度》一文在古代史研究的重大難點問題上取得了突破性進展，廓清了史學界長期流行的一些錯誤觀點。

（2）井田制度是先秦史研究中的重要課題。因爲井田制度實質上涉及中國奴隸社會土地所有制問題，是中國奴隸社會賴以存在和發展的根本問題。對井田制度缺乏瞭解，研究中國奴隸社會的歷史就無從着手。20 世紀初，學術界曾就井田制度展開激烈的爭論。當時很多學者都否定井田制度的存在，有的學者雖然承認井田制度的存在，但卻對井田制度的具體形態做了錯誤的解釋。先生在《歷史研究》雜志 1965 年第 4 期發表了《井田制度的發生和發展》一文。1981 年，《吉林大學社會科學學報》1 至 4 期連載了先生的《論井田制度》。1982 年，齊魯書社出版了《論井田制度》的單行本。先生認為，井田制實際上就是馬克思和恩格斯所論述的農業公社或馬爾克的土地制度在中國的具體表現形式。井田制度的本質特徵就在於把土地分配給單個家庭並定期重新分配。胡適戲稱井田為"豆腐乾塊"，其意在否定井田的存在。"豆腐乾塊"雖非莊語，但卻恰當地道出了井田的最大特點。古代耕地之所以要劃分為"豆腐乾塊"，與歐洲的"棋盤狀耕地"或"大小相等的狹長帶狀地塊"一樣，都是為了便於把這些耕地分配給單個家庭並定期重新分配。這種制度的實行不是出於某種政治的需要或某個大人物的設想，而是由當時的生產力水平決定的，是歷史發展的必然。先生認為，中國井田制度從夏初開始實行，經商代到西周，井田制達到充分發展。春秋時期井田制開始瓦解，到戰國時期井田制出現全面崩潰的趨勢。至秦統一中國，井田制在全國範圍內被土地私有制取代。因此，井田制與奴隸社會相始終，是中國奴隸制時代的土地制度。先生以大量歷史事實批駁了否定井田制存在的錯誤觀點。《論井田制度》一書對於和井田制密切相關的一些問題，諸如國與野，國人與野人，公田與私田，畎畝，南畝、東畝，井田法、溝洫法，貢、助、徹，"五十"、"七十"、"百畝"，"九一"、什一"，圭田、餘夫，耦耕，籍田，等等，都進行了深入的研究和考證。對於井田制發展過程中出現的一些重要問題，諸如隸農、作爰田、作州兵、初稅畝、作丘甲、為田洫、作丘賦、用田賦、賣宅圃、相地而衰徵、書社等等，也都做了全面、細緻的論述，解決了一些長期爭論不休的重要問題。

五、中國古代思想文化研究

　　中國古代思想文化研究是先生學術研究的重要領域，也是先生取得學術成果最多的研究領域。1996 年，著名學者、西北大學名譽校長、清華大學中國思想文化研究所教授張豈之先生寫了一篇題爲《金老與中國思想史研究》的文章,被編入《金景芳九五誕辰紀念文集》(吉林文史出版社 1996 年 4 月出版)中。張豈之教授在文章中指出,金老在中國古代思想史研究方面有三個顯著的特點:第一,金老很注意文獻學研究與思想史研究的結合。前人從事中國文化學術研究的,没有不在文獻學上下功夫的。但前人研究文獻,往往過於偏重訓詁考據,而忽視了文獻的思想内涵。金老在學術研究上力戒漢學與宋學的偏頗,兼取二者之長,將文獻學的研究與思想文化的探討融爲一體,從而提出許多新的見解。第二,金老注重經學研究與思想史研究相結合。如果不研究經學,而要求在思想史研究中取得重大成果,那是不可能的。金老能把經學研究與思想史研究融爲一體,使我們從經中看到古代思想的淵源,又從古代思想文化中看到經的學術價值。第三,金老善於把中國思想史的研究與中國社會史的研究密切結合。張豈之先生指出:在歷史上,任何一種有體系的思想理論都是植根於一定的社會歷史土壤。因此,思想史研究的難點就是科學地揭示歷史演變和邏輯演變的一致性。張教授説:"金老在中國社會史研究中,是作出了很大成績的。他的《中國奴隸社會的階級結構》、《中國古代史分期商榷》、《論井田制度》、《馬克思主義關於奴隸制的科學概念與中國古代史分期》等論文,實際上構成了金老關於中國古代社會史理論體系的基礎。而金老關於中國古代思想史和經學史的若干觀點都與他的社會史觀點密切聯繫着,形成了一個整體。金老的研究成果充分顯示他是一位有系統的社會史理論的古史專家、古文獻學家和思想史家。"張豈之教授的論述可以説是對金老關於中國古代思想文化研究的成就和特點所做的最精確、最全面的概括。先生有關中國古代思想文化方面的論文有三十多篇,其中比較重要的有:《也談關於老子哲學的兩個問題》、《關於荀子的幾個問題》、《關於馬王堆一號漢墓帛畫名稱問題》、《商文化起源於我國北方説》、《中國古代思想的淵源》、《經學與史學》、《談禮》、《論天和人的關係》、

《論中國傳統文化》等，這些文章發表後都在學術界産生很大反響。如《關於馬王堆一號漢墓帛畫名稱問題》一文，先生根據《周禮》等典籍的記載，指出馬王堆出土的所謂帛畫，實際上是古代的一種旗幟，應當稱作"銘旌"，糾正了當時一些權威歷史學家、考古學家的錯誤結論。在《商文化起源於我國北方説》一文中，先生依據大量的文獻記載和考古資料，提出商人祖先昭明所居的砥石即今内蒙昭烏達盟克什克騰旗的白岔山，而昭明之父契所居的番即燕亳，今遼寧、吉林兩省都出土不少商代文物，證明商文化起源於我國北方，這一新説受到學術界的重視，其後有不少學者對先生的商文化起源於我國北方説表示贊同或提出新的證據對此説加以補充。

六、古代典籍考辨研究

先生熟諳中國古代文化典籍，是著名的文獻學家。對古籍的考辨研究是先生學術研究的重要組成部分。先秦典籍中的群經、諸子及歷史著作先生都曾下過苦功，其中在儒家經典上所下工夫最多，取得的成就也最大。先生考辨、研究古籍的著作共六種，文章二十餘篇，其中研究《周易》的論著所占比重最大。先生在這些論著中，既有對某種先秦典籍編纂背景的分析介紹，如對《尚書》中《堯典》和《禹貢》的研究；也有對某一典籍思想底蘊的深入系統的闡釋，如對《周易·繫辭傳》的研究；還有對這些典籍中某些關鍵問題的詳細考證，如先生在《釋"二南"、"初吉"、"三淪"、"麟止"》一文中的精彩辨析，以及對《易傳》中因錯簡、缺文、誤增、誤改、移入等造成的多處訛誤的考證，都極富創見，能發前人所未發，這些都充分顯示了先生在古籍研究和考辨方面的深厚功力。

按照我國傳統虛歲記歲法，先生今年已經高壽百歲。回顧自己近一個世紀的生活和學術歷程，先生説自己主要做了三件事，即讀書、教書、寫書。先生常説自己是個"永不褪色的書生"。先生治學的最大特點是：説自己的話，走自己的路，從不依草附木，隨波逐流。在學術上勇於創新，敢於堅持自己的獨立見解，敢於向任何學術權威挑戰，故能自成一家，以其獨特的學術風格贏得學界的尊重。

　　　　　　　　　　　　　　　（《煙臺師院學報》2001 年第 1 期）

金老晚年的學術追求

呂文郁

我 1964 年入大學本科,學的是漢語言文學專業,那時我最感興趣的是中國古典文學。入學不到兩年,"文革"開始了。1970年,我們這些人通統被當作"廢品"掃地出門。我被發配到一個地處偏遠山區的"三綫"工廠,從事與所學專業毫不相干的行政工作。工廠的軍代表知道我是學文科出身的,很注重發揮我的"一技之長",讓我爲廠領導寫總結、寫報告,寫"講用材料"之類,一幹就是十年。改革開放之後,蒙金老不棄,收我作研究生,開始跟隨金老學習先秦史,至今已二十餘年矣。二十多年來,金老學術根底之深厚,學術興趣之廣泛、理論修養之精湛,學術思想體系之恢宏博大,以及探討學術的那種孜孜矻矻的勤奮精神,都使我極爲嘆服。我生性駑鈍,自歸金老門下之後,雖不敢稍懈,但自愧至今尚在金老學術殿堂的宮墻之外,離登堂入室還差得很遠。幾年前,應一家學術刊物編輯之約,我寫了一篇評介金老學術思想的短文。在文章的結尾處,我就當時的認識,對金老治學的主要特點作了如下的概括:

一、治學態度嚴謹。金老常說,歷史是一門科學,研究歷史"應把科學性、真理性放在第一位"(《中國奴隸社會史序》)。又說:"歷史與小説不同。小説允許虛構,歷史則要求事事都有根據。"(同上)金老研究歷史總是以大量的歷史資料爲依據,反對從主觀願望出發,"隨心所欲地尋找幾個材料,用來證明自己的論點"(同上)。

認爲那種"任意割裂、任意曲解"史料的作法絕不是嚴肅的馬克思主義史學工作者應取的態度。金老研究任何一個問題，總是先鈎稽全部相關的史料，然後仔細研究，反復斟酌，再下結論。金老反對那種在史學研究中衹挑選對自己有利的史料，而對那些與自己觀點相左的史料則不聞不問，或避之唯恐不遠的作法。金老不僅對學術研究一絲不苟，對人才的培養也特別嚴肅認真。我們跟金老學習時，金老每周都親自授課。金老給我們開設的專業課程每講完一個單元，都要求我們寫一篇文章或讀書心得，爲的是培養我們分析問題和解決問題的能力，提高我們文字表達的水平。我們完成後金老總是認真批改，對我們習作的思想內容、篇章結構、文字、語法、標點以及資料的引用有不當之處，金老都一一指正。不合格的，金老就嚴厲批評，或者退回重寫。我們在學業上能很快進步，是與金老的嚴格要求分不開的。

　　二、金老向來主張搞學術研究要説自己的話、走自己的路，反對依草附木，隨波逐流。金老在學術上不迷信，不盲從，敢於堅持真理，敢於向權威挑戰。1978 年，金老寫成了《古代史分期商榷》一文，本擬在一家創刊不久的學術刊物上發表。但這家學術刊物的主管領導不敢發表。因爲金老在這篇文章中對郭沫若的中國古代史分期説進行了十分尖銳的批判。一年後，這篇文章連載於《歷史研究》雜志。在七十年代末，人們的思想尚未完全解放，金老敢於對郭沫若那樣的學術權威指名道姓地進行批判，是要有足够勇氣的。文章發表前，有人曾告誡金老不要貿然行事。文章發表後在學術界引起極大反響。當時有人説金老的文章在史學界"引起一場大地震"。在《論宗法制度》、《論井田制度》等文章中，對王國維、郭沫若、范文瀾、呂振羽、周谷城等著名史學家的一些觀點也都曾提出過尖銳批評。甚至對斯大林的錯誤也敢於公開批評，這充分表現了一個學者應有的唯真理是從的理論勇氣。

　　三、金老主張研究中國古代史必須認真讀古書，並且要讀深、讀透,做到融會貫通。金老是依靠自學成名的,在古書上下過苦功。金老讀古書,喜讀無注釋的白文。金老總結自己的經驗説:"不要認爲注釋都對。讀書應從本文開始,最後還要回到本文上來,祇有這樣,才能真正瞭解本文的思想,並能識別注釋的對錯。我認爲讀書貴在抓住要點,發現問題,解決問題,尤貴獨立思考。"不認真讀古書,往往容易産生誤解,或跟着前人的注釋犯錯誤而懵然不知。金老指出:一些有影響的史學著作把井田説成是"分配給臣下的俸禄",把天子説成是"天下的大宗",把周宣王"不籍千畝"説成是"井田制在王畿内開始崩潰的標誌",把魯國的"四分公室"説成是封建制取代奴隸制的標誌,等等,都是因爲不認真讀古書,曲解或誤解古書而産生的謬誤。

四、金老認爲研究中國古代史,特別是文明社會的歷史,應當堅持文獻與實物並重,而以文獻爲主。地下出土的文物對於古史研究是非常珍貴的,但文物史料本身有較大的局限性,遠不及文獻史料系統、詳盡。文獻史料當然存在真僞的問題,運用文獻史料應首先鑒別真僞。對古代留傳下來的歷史文獻不能盲目信從,但也不可毫無根據地全盤否定。金老認爲,中國古代歷史文獻絶大多數是可信或基本可信的,對研究中國古代史是極其寶貴的。金老對全盤否定中國古代典籍的民族虛無主義態度深惡痛絶。1992年5月,我陪金老去北京西郊的香山飯店參加第三次全國古籍整理出版規劃會議。這次大會由吉林大學前校長、國務院古籍整理出版規劃小組組長匡亞明教授主持。大會邀請了全國最著名的專家學者一百多位,共商古籍整理出版工作大計。真可謂群賢畢至,名流薈萃。金老在會議發言中指出,要把古籍整理出版工作做好,首先要肅清疑古學派的餘毒。這些人把許多古代文化典籍都稱之爲僞書,對古書製造了許多冤假錯案。要整理出版古籍,首先要爲古籍正名。疑古派的遺毒不肅清,古籍整理出版工作將舉步唯艱。金老的發言得到許多與會代表的贊同。當時在座的恰好有一位疑古派主帥顧頡剛的弟子。他聽了金老的發言後馬上站起來爲顧頡剛的疑古觀點進行辯解，説金老的發言是對顧頡剛學術思想的誤解，云云。後來，這位先生還不止一次地在他的文章中提到金老的發言。可見他對此事耿耿於懷。近年來隨着地下出土文獻的大量問世，以無可辯駁的事實證明了當年被疑古派宣佈爲僞書的許多古籍其實不僞，而且有很高的史料價值。著名歷史學家、文獻學家李學勤先生倡導"走出疑古時代"，金老是非常贊同的。

以上這幾點不過是我當時的一點粗淺認識，遠不足以反映金老治學的全部優長。後來，我受金老委托，爲北京大學中文系王岳川教授主編的"20世紀中國學術文化隨筆大系"編寫《金景芳學術文化隨筆》一書，把金老的著述從頭瀏覽一遍。緊接着，又協助金老完成了由浙江人民出版社出版的《金景芳學述》，再次仔細體味金老的學術思想體系，大有"仰之彌高，鑽之彌堅；瞻之在前，忽焉在後"之感。

金老總結自己一生的歷程，認爲主要做了三件事，即讀書、教書和著書。金老一生都在和書打交道，自稱是"永不褪色的書生"。直至98歲高齡時，仍頭腦清晰，思維敏捷，每月仍堅持給博士生講課兩次。金老幾乎每天都在思考學術問題。我每次到金老家，金老經常談論的話題往往是：我最近又有了新的觀點。關於某某問題，我經過仔細思考，現在又有了新的體會。接着，金老便滔滔不絕地向我講述他的新觀點、新體會。每當此時，我的心頭總是不由自主地涌起對這位學術老人的由衷敬意。同時也常常爲我有這樣的導師而感到幸運。

1998年1月28日是春節，即舊曆正月初一，我依照慣例到金老家去拜年。那天我去得稍早，金老剛剛吃過早飯。我拜完年後坐下來陪金老喝茶、聊天。金老興致頗高，三五句話之後便和我談起學問。他説最近讀《周易》又有新的收穫，準備寫一部書，重點闡述《周易·繫辭傳》的辯證法思想。接着，便拿出一本大字本的《周易程氏傳》,詳細地向我講解《繫辭傳》的辯證法思想究竟體現在哪裏,並一一舉出證據。金老還向我講述擬議中的這本書將如何寫,書中包括哪幾個部分,甚至連每一章的題目都已心中有數。這就是後來由金老講述,由他的學生張全民等記錄、整理而成的《〈周易・繫辭傳〉新編詳解》。那一天金老談得很投入,我聽得也很入神,我們似乎完全忘記了那一天是大年初一。若不是因爲給金老拜年的人陸續到來,金老關於《周易》的話題還會繼續下去。

金老晚年生活起居很有規律,身體一直很健康,在學術園地裏始終筆耕不輟。金老很欣賞孔子的這幾句話,並常用這幾句話自勉:"發憤忘食,樂以忘憂,不知老之將至。"金老年過九旬之後,仍常常構築自己新的研究規劃,可謂雄心勃勃。金老曾計劃編纂一部《名物大辭典》,爲學習和研究先秦歷史文化的人提供方便。還計劃寫一部紀傳體的《春秋史》,已經設計好了編纂體例和整體框架,并且已經在研究室內進行了初步分工。後來由於研究室人手少,每個人各自承擔的科研和教學任務都很沉重,這樣任務重而又工期長的大部頭的著作終難完成,最後不得不放棄。金老晚年想做的事情很多,但畢竟年齡不饒人,長時間伏案寫作,金老已感到體力有所不支,因而也時時向我們流露出"終焉"之志。1991年,巴蜀書社爲編輯、出版"學術自傳叢書",向金老約稿。金老在《自傳》的末尾説:"我這個《學術自傳》寫畢,就不準備再寫什麼了。"可事實上自那以後,金老每年都有新作問世。從1992年到1996年這五年時間裏,金老又發表學術論文18篇,其中還沒有包括與助手呂紹綱教授合作完成的8篇論文。這18篇論文中,有的長達3.7萬字,都是金老一字一句親筆寫成。在此期間,還出版了與呂紹綱合著的《〈尚書・虞夏書〉新解》。

1996年9月,金老突然感到左眼視綫模糊,物像變形。我陪金老到白求恩醫科大學第一臨床醫院幹部病房檢查,確診爲眼底出血。金老的右眼因患白內障多年,已喪失視力,看書、寫字全靠左眼。現在左眼又出了問題，連讀書、看報都不能了，這對一輩子都離不開書本的金老無疑是個重大打擊。後來經過積極治療，眼底出血被有效控制，血斑開始被慢慢吸收，金老左眼的視力稍有恢復。報刊上三號字以上的標題能夠看清，大字的綫裝書也可以勉强閱讀，但寫字則很困難了。1997 年年初，東北師範大學出版社主編、中國先秦史學會副會長詹子慶教授決定爲金老出一部學術論文集，向金老徵詢書名，金老定書名爲《知止老人論學》。金老自名其書房曰"知止齋"。"知止"一詞最早似見於《老子》。《老子》云："知止不殆。"（第四十四章）《莊子·庚桑楚》亦云："知止乎其所不能知，至矣！"《禮記·大學》則説："知止而後有定。"這"知止"二字是金老"終焉"之志的再次流露，同時也表達了金老晚年不甘寂寞卻又力不從心的情境。然而事實上金老對學術的追求和思考卻從未停止過。這似乎是一種巨大的慣性力量在發揮着作用。正如一艘在海洋中高速行駛的巨輪，讓這艘巨輪突然停止前進，談何容易！巨大的慣性力量仍會使這艘巨輪乘風破浪，向前航行很遠很遠。金老這艘在學術海洋中游弋了一輩子的巨輪，至今仍在向前行駛。學無止境啊！在學術的海洋中航行，似乎永遠也達到不了彼岸。前進就是追求，探索就是樂趣！這也許就是金老在治學的道路上欲止而不能止的奧秘所在！

上個世紀九十年代後期，金老曾萌生修改《中國奴隸社會史》的念頭。金老認爲《中國奴隸社會史》是他的代表作，是他大半生心血的結晶。這部書出版後受到學術界的重視，並被教育部確定爲全國高等院校人文社會學科選用教材。然而這部書畢竟完稿於七十年代末，隨着史學研究的深入和人們認識水平的提高，金老認識到這部書中有些提法已經過時，有些章節需要補充新的材料。比如書中第一章第一節把堯舜禹時代的社會組織稱作部落聯盟，認爲堯舜禹同族同源。這種觀點顯然太陳舊了。事實上中國的堯舜禹時代早已超越了部落聯盟階段，這個時代的社會組織不可能是部落聯盟,而是比部落聯盟要複雜得多的更高級社會組織。但堯舜禹時代的這種社會組織究竟應當怎樣命名,金老當時尚未考慮成熟。他不贊同借用西方學者經常使用的"酋邦"一詞。但又找不到更恰當的詞語來表述。金老把這一問題交給我來考慮。我重新研讀恩格斯《家庭、私有制和國家的起源》等著作,經過反復考慮和仔細研究,向金老提出可否使用"部族聯合體"這一概念。我向金老簡要地敍述了這一詞語的內涵和來源。我認爲中國古代早期國家是領土國家,而西方早期國家主要是城邦國家。雅典國家的產生形式被恩格斯稱爲"最純粹、最精典的形式",這種在部落聯盟基礎上直接產生的國家衹能是人口稀少、國土狹小的城邦國家。雅典由氏族社會進入文明社會的模式可以概括爲:氏族→胞族→部落→部落聯盟→城邦國家;而中國的模式則是:氏族→胞族→部落→部落聯盟→部族→部族聯合體→領土國家。堯舜禹時代的社會組織不是部落聯盟,而是部族聯合體。這種部族聯合體實際上就是中國古代的早期國家。金老聽後很高興,連聲説好! 好! 就用這個概念。當時恰好金老剛剛收到黑龍江省社會科學院《北方論叢》編輯部的一封約稿函,爲紀念創刊二十周年,該刊要出版紀念專號,邀請金老賜稿。金老説:好吧,我們就寫堯舜禹問題,由你來起草,我負責定稿,題目就叫做《論堯舜禹時代是由原始社會向國家過渡的中間環節》。文章寫成後由金老做了刪節。這篇文章可以説是修訂《中國奴隸社會史》的前奏。可惜的是這一修訂計劃最終未能完全落實。須知,把一部將近 40 萬字的學術著作從頭到尾認真修訂,對於這位年近百歲的老人來説,那是何等的艱難。

　　金老離開我們已經將近四年了。這位百歲老人帶着他豐碩的學術成果,帶着他不懈的追求,也帶着他些許的遺憾,永遠永遠地離開了了我們。金老生於 1902 年,卒於 2001 年,是 20 世紀的歷史見證人,也是 20 世紀中國一代學人的優秀代表。金老以其卓越的學術成就、崇高的道德修養和誨人不倦的精神,鑄就了一代學術大師的風範，爲後學者樹立了楷模。

　　我爲我有這樣的導師而驕傲。

　　本文是應吉林大學研究生會之邀約而撰寫的，發表於共青團吉林大學研究生院委員會和吉林大學研究生會主辦的思想文化期刊《秋泓》第 15 期，2005 年 6 月）。

論金景芳先生的
易學思想及其學術地位

康學偉

金景芳(1902—2001)先生是國内外最著名的易學專家之一。早在 20 世紀二十年代,先生就開始鑽研《周易》,並達到"讀易成癖"(《自傳》語)的程度。先生于 1939 年寫成《易通》一書,該書是較早用唯物辯證法指導易學研究的著作,並於 1942 年獲得國民政府教育部學術獎勵三等獎,成爲早年的成名作。之後,先生陸續發表了《周易和老子》、《易論》、《説易》、《關於周易研究的若干問題》、《三易思想的產生不在堯前》、《周易的兩個問題》、《論孔老易學思想》等研究易學的論文二十餘篇。八十年代後,先生連續出版了《學易四種》、《周易講座》、《周易全解》等易學研究專著。1998 年,先生以 96 歲高齡又出版了《〈周易·繫辭傳〉新編詳解》一書。此外,先生的《孔子新傳》、《金景芳古史論集》、《知止老人論學》等著作及《孔子思想述略》、《中國古代思想的淵源》、《孔子與六經》、《孔子的這一份珍貴遺產——六經》等並非專題研究《周易》的論文中,也都多方論及易學的一些重要問題。在七十餘年的易學研究中,先生形成了獨特的易學思想體系,内容巨集富,特色鮮明。概括起來説,金景芳先生的易學思想主要包括如下幾個方面。

一、《周易》是一部蘊含豐富、思想深刻的古代哲學著作。

《周易》雖然產生於原始宗教,但它的價值在於它所講的思想,卜筮不過是它不能缺少的外部形式,哲學才是它的本質。先生早

在上世紀 30 年代寫作《易通》時就明確指出：先哲作《周易》之目的
是講"天之道"與"民之故"，亦即講自然法則與社會法則。當然，
《周易》本是卜筮之書，這一點，無論從《周易》卦、爻辭本身來看，從
《周禮》、《左傳》、《國語》諸書所引的有關記載來看，還是從《漢書·
儒林傳》"及秦禁學，《易》以筮卜之書獨不禁"的説法來看，都是鐵
的事實。但是《易大傳》中雖不諱言卜筮，卻再三申明《周易》的義
理學内涵，如"夫易何爲者也？夫易開物成務，冒天下之道，如斯而
已者也"，"是以明於天之道而察於民之故，是興神物，以前民用"，
"昔者，聖人之作易也，將以順性命之理"等等，其實這就是《周易》
一書的哲學屬性。《周易》兼具宗教與哲學這兩種性質並不矛盾，
因爲從根源上談哲學就是由原始宗教中產生的。馬克思在談到哲
學與宗教的的關係時曾説："這正像哲學一樣，哲學最初在意識的
宗教形式中形成。從而一方面消滅宗教本身，另一方面，從它的積
極内容來説，它自己還只能在這個理論化的、化爲思想的宗教領域
内活動。"①最初的哲學產生於宗教而且離不開宗教，不得不以宗
教爲形式進行活動，這是符合古代哲學產生的一般規律的。先生
發表於五十年代的《易論》一文和八十年代出版的《周易講座》序言
中，對此問題都有通俗和透徹的分析。

　　衆所周知，古來治《易》者大抵分爲兩途：一是精英易學；二是
繼續沿卜筮道路發展的江湖易學。後者在漢代已被納入數術中，
與經典易學分道揚鑣了。精英易學又叫經典易學，包括"象數學"
與"義理易學"兩部分。"象數學"以漢代易學所講的互體、爻辰、納
甲、飛伏、卦氣諸説爲代表，多雜數術之學，以緯書解易。至宋儒則
另創所謂河洛圖書之學，其要旨是尋找一種可以預見未來和説明
現實的象數公式，本質上與漢易相通，並未與卜筮易學割斷聯繫。
義理易學當首推儒家《易傳》，孔子用哲學的語言解釋了難懂的卜

筮語言,顯微闡幽,揭開了易的思想内涵和哲學本質。至魏代王弼
《易注》盡掃象數,以老解易,但其要旨並不在於用老子思想解説
《周易》,而是重在闡述義理,與《易傳》的思維是一脈相承的。宋代
以降的義理學派則以宋儒程頤《易傳》、張載《易論》及明清之際王
夫之《周易内傳》、《周易外傳》等爲代表,以研究《周易》中豐富的宇
宙人生哲理爲治學之宗旨,深入發掘《周易》有關“天地人”三才之
道的思想。金先生一貫高揭義理派大旗,明確説他對《周易》的解
説是恪遵孔子《易大傳》所開闢的道路,研究的著眼點不在卜筮而
在於《周易》所藴藏的豐富思想内容。馬王堆帛書之《要篇》記載:
子貢問孔子“夫子亦信其筮乎?”孔子則明確回答:“吾觀其德義耳。
吾與史巫同途而殊歸。”先生晚年得見孔子此語,深感千古上下同
此一心,因先生一生治《易》所孜孜以求者,正在於“觀其德義”。

　　據《周禮·春官·大卜》載,殷代之易名曰《歸藏》,又名《坤
乾》,與《周易》都是“其經卦皆八,其別卦皆六十有四”。然而,其別
卦之卦序卻是首坤次乾,與《周易》的首乾次坤恰恰相反。先生認
爲,從殷易到周易的乾坤顛倒,絶非無關宏旨,而是大有深意,實反
映了殷周二代政治思想和政治制度存在的重大差異。先生曾舉例
説明這個問題:《禮記·禮運》記孔子曰:“我欲觀夏道,是故之杞而
不足徵也,吾得《夏時》焉。我欲觀殷道,是故之宋而不足徵也,吾
得《坤乾》焉。《坤乾》之意,《夏時》之等,吾以是觀之。”孔子從《坤
乾》觀殷道,考察殷代的思想特點,證明《坤乾》是殷代之易。《史
記·梁孝王世家》記載:“梁王西入朝謁竇太后。燕見,與景帝俱坐
于太后前,語言私説。太后謂帝曰:‘吾聞殷道親親,周道尊尊,其
義一也……’帝召袁盎諸大臣通經術者曰:‘太后言如是,何謂也?’
皆對曰,太后意欲立梁王爲太子。帝問其狀,袁盎等曰,殷道親親
者立弟,周道尊尊者立子,殷道質,質者法天,親其所親,故立弟。
周道文,文者法地,尊者敬也,敬其本始,故立長子。周道太子死立
嫡孫,殷道太子死立其弟。”將此説法與《禮記·表記》中“母親而不

尊,父尊而不親"的觀點相印證,可知"殷道親親"是重母統,表明殷代氏族社會殘餘較多,重視血緣關係;"周道尊尊"是重父統,表明周代政治統治已居於主導地位,更重視政治關係。《周易》的首乾次坤、乾尊坤卑思想是周代父家長制思想的反映。周人的宗法制、分封制、嫡長子繼承制、禮制等政治制度,無不以這一思想為基礎。所以,金先生認爲"殷道親親"的首坤次乾,和"周道尊尊"的首乾次坤,無異是我們理解殷周二代歷史文化的一把鑰匙。先生這樣認識《周易》的思想內涵與歷史價值,正體現了做爲一位歷史學家和易學義理派大師善於深層次探討問題的獨到之處。

二、《周易》經傳思想是一致的,兩者密不可分。

學界有人不承認《易傳》是解釋《易經》的,生硬地將《周易》經傳割裂開來,說《易傳》有哲學,《易經》沒有哲學。先生認爲,學易要首先讀《易傳》,《易傳》是學《易經》的一把鑰匙,兩者密切相連,不可分割。《易傳》全部是對《易經》的解說與闡發,如《序卦傳》說"有天地然後萬物生焉",《繫辭傳》講乾坤易之門,易之蘊;乾之策二百一十有六,坤之策百四十有四,乾坤之策三百六十,當期之日;二篇之策萬有一千五百二十,當萬物之數等等,講的都是《易經》本身。不學習《易傳》,就不能真正瞭解《易經》。完全可以說,沒有《易傳》的闡發,《易經》深奧的哲學內涵就不能爲世人所瞭解;沒有《易傳》對《易經》的根本性改造,《易經》就不可能擺脫巫術的束縛,上升到哲學著作的高度。

《易傳》對《易經》的闡發是多方面的,但有兩點必須指明:

一是明確地指出《周易》是哲學著作,如《繫辭傳上》:"易與天地准,故能彌綸天下之道。""子曰:夫易何爲者也? 夫易開物成務,冒天下之道,如斯而已者也。"《繫辭傳下》:"易之爲書也,廣大悉備,有天道焉,有人道焉,有地道焉,兼三才而兩之,故六,六者非它也,三才之道也。"都是講《周易》蘊藏著鮮明的哲學思想,而不是單純的卜筮之書。

　　二是對構成《周易》的蓍、卦、爻、辭四個要素逐一做了詳悉的闡釋。如《繫辭傳上》"是故蓍之德圓而神，卦之德方以知，六爻之義易以貢"，是對蓍、卦、爻三者不同性質的說明。《説卦傳》"昔者，聖人之作易也，幽贊於神明而生蓍，參天兩地而倚數，觀變於陰陽而立卦，發揮於剛柔而生爻"，是對蓍、卦、爻三者產生次序先後的説明。《繫辭傳上》"聖人設卦觀象繫辭焉而明吉凶。剛柔相推而生變化。是故吉凶者，失得之象也；悔吝者，憂虞之象也；變化者，進退之象也；剛柔者，晝夜之象也。六爻之動，三極之道也"，"象者，言乎象者也。爻者，言乎變者也"，解釋的都是卦辭和爻辭。

　　此外，先生特別看重《繫辭傳》中講筮法的那段文字，因爲筮在《易》中至關重要，筮是卦之所從出，筮不明，卦亦難明。正因爲這段文字十分重要，先生反復玩味後以其精深的古文獻功底據文理分析而得出結論：這段文字有脱文，"大衍之數五十"之下當脱"有五"二字，以致自京房、馬融、荀爽、鄭玄、姚信、董遇至於朱熹，都將"大衍之數五十"作了非常錯誤的解釋，先生的考釋十分精當，且先生弟子陳恩林、郭守信等又已找到了古文獻中的確證[1]，已足可信據。

　　至於《易傳》對卦的解釋，先生最看重且多所發明的是《繫辭傳》對六十四卦結構的説明。最能説明問題的有三條：

　　　乾坤其易之蘊耶！乾坤成列，而易立乎其中矣。乾坤毀則無以見易，易不可見，則乾坤或幾乎息矣。（《繫辭傳上》）

　　　子曰：乾坤其易之門耶！乾，陽物也；坤，陰物也。陰陽合德而剛柔有體，以體天地之撰，以通神明之德。（《繫辭傳下》）

---

[1]　《關於〈周易〉"大衍之數"的問題》，見《中國哲學史》1998年第3期。

> 在天成象，在地成形，變化見矣。是故剛柔相摩。八
> 卦相蕩，鼓之以雷霆，潤之以風雨，日月運行，一寒一暑，
> 乾道成男，坤道成女。（《繫辭傳上》）

據先生對此三條文字的分析考察，足以肯定，《周易》六十四卦的結構是體現了完整的思想體系的，《周易》一書的精華所在在於思想，而思想則主要寓於六十四卦的結構之中。

當然，《易傳》對《易經》並不僅限於解釋和闡發，而是在闡發的過程中予以了根本性的改造。按我的學兄陳恩林先生的理解，說傳改造了經，主要包含了三個方面：

第一，把筮法的蓍草之數改造成爲"成變化而行鬼神"的自然陰陽之數。古人認爲，蓍草百莖，是靈草，它與龍、麟、龜、鳳一樣，都是吉祥之物，有通靈功能。而《繫辭傳上》卻對蓍數進行了改造，說：

> 天一，地二，天三，地四，天五，地六，天七，地八，天
> 九，地十。天數五，地數五，五位相得而各有合。天數二
> 十有五，地數三十，凡天地之數五十有五。此所以成變化
> 而行鬼神也。大衍之數五十（有五），其用四十有九……

這裏所謂的"天地之數"、"大衍之數"是一回事，就是由一至十這十個自然數的總和。其中一、三、五、七、九是奇數，稱作天數；二、四、六、八、十是偶數，稱作地數。單數也叫陽數，雙數又叫陰數。如此一來，從一至十這十個數就被分作了兩類：即奇偶，或叫天地、陰陽，都是對立統一的意思。這樣，揲蓍成卦的數字，就失去了所謂通靈的性質，被《易傳》改造成了具有普遍哲學意義的陰陽對立統一的符號。《繫辭傳上》曰"一陰一陽之謂道"，說的是一陰一陽對立的不斷變化，才推動事物的發展，這個"道"正是事物發展變化的規律。

第二，把作爲卜筮之書《周易》中反映神意的六十四卦改造成

能彌綸天地人三才之道的六十四種發展模式。在原始《周易》中，六十四卦其實是自然或祖先神回答人們卜問的六十四種答案，但經《易傳》對著數的改造，卦也隨之變成了"陰陽合德而剛柔有體"的各種事物，藉以表現"天地之撰"和"以通神明之德"的工具了。故《繫辭傳上》説：

> 易與天地準，故能彌綸天地之道。仰以觀于天文，俯以察于地理，是故知幽明之故。

這是説，《周易》是依照天地的陰陽法則作成的，是天地的摹本，所以，易與天地不相違背，宇宙間有天地，易則有乾坤；天地生萬物，乾坤則生六十四卦。易的發展變化反映天地的發展變化，易的陰陽規律含在天下一切事物之中，易的陰陽之道存在於六十四卦之中而又普遍反映自然界與人類社會萬事萬物的規律，能夠解決自然界和人類社會的所有問題。

第三，對《易經》中的"原始神"概念進行了重新解釋。此説出於張岱年先生①，陳恩林學兄引來用以説明《周易》中的"神"字不再具有神祇或上帝的含義。在原始《周易》一書中，神多指自然神或祖先神，是人格化的可以賜福降禍的神。而《易傳》卻講"陰陽不測之謂神"，"神"成了事物發展的一種存在狀態，被納入到陰陽對立統一學説中來了，從此，《周易》中沒有了上帝的位置。《繫辭傳上》説：

> 原始反終，故知生死之説。精氣爲物，遊魂爲變，是故知鬼神之情狀。

天地之間的萬物處在永遠不停息的聚散存亡生死的運動變化之中，這運動變化是人難以把握難以測知的，故稱之爲鬼神。這裏説的鬼神沒有什麼神秘，不過是天地間萬事萬物之聚散存亡生死

---

① 見張岱年《論〈易大傳〉的著作年代與哲學思想》，《中國哲學》1987 年第 1 輯。

的過程而已，亦即古人所謂的造化之迹，陰陽二氣之良能，都屬於唯物論的命題。陳師兄的理解很深刻，有力地佐證了金師的經傳統一說。《繫辭傳上》下文又說：

與天地相似，故不違。知周乎萬物而道濟天下，故不過。

旁行而不流，樂天知命，故不憂。安土敦乎仁，故能愛。

所謂"樂天知命"，"天"是自然界，"樂天"就是順應自然；"命"是不以人的意志爲轉移的客觀規律，"知命"就是承認並順應客觀的規律。這與孟子講的"莫之爲而爲者天也，莫之致而至者命也"是一致的，都是以天爲自然，以命爲規律。《周易》所理解的"天"與"命"，都是自然而然，不爲而爲，没有意志或主宰，都不是人格化的上帝和上帝的旨意。《繫辭傳上》中如下兩句話更能説明問題：

子曰："知變化之道者，其知神之所爲乎！"

這裹把"變化之道"與"神之所爲"視作同一事，明確地説"神"就是變化之道。很多人以爲《周易》所講的神是有意志的神，這是一個根本性的錯誤。《易》是講變化的書，它所常用的三個概念"易"、"道"、"神"都是用以表述變化的。例如"生生之謂易"，是説陰生陽，陽生陰，陰陽生生不已，不斷變化就叫"易"。例如"一陰一陽之謂道"，是説陰陽交替變動，推向前進就是"道"，實際上就是變化的規律。例如"陰陽不測之謂神"，這個"神"只是指撲著求卦的過程中無法預知得七得八或得九得六，即結果是陰是陽不可前知，並没有別的什麼意義。"神"與"道"的關係，如果説道是變化的規律而規律就是必然性的話，那麼神就是必然性藉以表現出來的偶然性。《易》中的變化之道總是要通過"神"表現出來，這就是偶然性表現必然性。"神之所爲"，也就是表現變化之道。

所以，《易傳》的貢獻，就在於用哲學語言詮釋了《易經》，雖然保留了卜筮的神秘外衣，但卻把其卜筮形式與《易傳》闡釋的新的哲理性內容有機結合起來了，從而形成了以陰陽對立統一爲内核的易學新體系，進而使《周易》跳出了巫術的窠臼。因而，否定《易傳》與《易經》的內在聯繫，也就否定了《易經》的思想內涵，其要害仍在於使《易經》永遠等同于史巫之書。其實，在《漢書·藝文志》中，班固只將帶有《易傳》的《周易》列入《六藝略》，承認是經典易學，沒有《易傳》解讀的《周易》則被列入《術數略》，它們仍然沿著卜筮方向發展，成了江湖易學。先生幾十年來反復強調《周易》經傳的不可分割，其用意是十分深遠的。

行文至此，有一個基本的問題不能不附帶說明。傳統儒家所稱的《易經》，本來就指的是經傳合一的本子，離開了《易傳》就無所謂"周易古經"，將所謂"古經"與"傳文"分裂開來，是疑古派的說法。"經"字的原本含義便是特指儒家經典，抽掉了《易傳》，"易經"的叫法也便不成立了。

三、孔子對《周易》有偉大的貢獻，《易傳》應該視爲孔子所作。

關於《易傳》與孔子的關係，無疑是易學研究中重要而又複雜的一個大問題。孔子作《易傳》，其說首見於《史記》。《史記·孔子世家》說："孔子晚而喜《易》，序《彖》、《系》、《象》、《說卦》、《文言》。讀《易》韋編三絕，曰：假我數年，若是，我于易則彬彬矣。"司馬遷之父司馬談受《易》于楊何，楊何爲孔子九傳弟子，明見於《史記·儒林列傳》，故其說最爲可信。但宋人歐陽修開始有懷疑，以後圍繞《易傳》是否孔子所作形成了兩種說法。尤其疑古派史學家，對古來成說多有存疑，使得問題又人爲的複雜化了。因爲事關如何研究和評價孔子，所以先生一貫非常重視這個問題。早年寫的《易通》中就有《周易與孔子》一章，認爲《易傳》即便不是孔子手編，亦當爲孔子門人所輯，視爲孔子所作未爲不可。1984 年發表的《關於周易的作者問題》和 1987 年出版的《周易講座》一書的緒論中，又詳盡分析了《易傳》內容構成的情況：一是孔子以前就有的成說或《連山》、《歸藏》的舊說，被孔子保留了下來。如《說卦傳》中前邊那些說法及對八經卦性質的解說，《文言傳》中解釋"元亨利貞"四德的一段話等等。二是孔門弟子平日對孔子講述所作之記錄，如

"文言傳"裏邊有不少"子曰"如何如何之處，與《論語》的情況差不多，思想應屬於孔子。三是後人竄入的一部分。除上述三種情況而外，其餘都應是孔子所作。1995 年先生又發表了《周易的兩個問題》一文，對有關《易傳》非孔子所作的有代表性的一系列説法做了認真的分析辨正。比如説，有論者認爲《左傳》魯襄公九年，魯穆姜論元亨利貞四德與今《文言》篇首略同。以文勢論，只見是《周易》抄《左傳》，不見是《左傳》抄《周易》。先生分析説：孔子生於穆姜之後，《左傳》作者見過這幾句話，孔子也可能見過這幾句話。作爲孔子以前之成説，孔子作《易傳》時吸收進來了，又豈足怪？再如，論者舉證説，《繫辭》中屢稱"子曰"，明非孔子手筆。先生認爲，古書所謂作，不必親自寫定，《莊子》、《孟子》都是如此。孔門弟子記述老師的話，其思想當然應屬孔子。又如，有論者針對《論語·述而》中"加我數年，五十以學易，可以無大過矣"一條，引用陸德明《經典釋文》中"魯讀'易'爲'亦'"的説法，試圖以此證明孔子未曾自述學易，進而否定孔子作《易傳》之説。先生反駁説："孔子明明説'吾十有五而志於學'，爲什麽又説'加我數年，五十以學'呢？'五十以學'與'亦可以無大過矣'怎能聯繫在一起呢！"顯然，若"易"字爲"亦"，説孔子希望自己從五十歲開始學習，實在於理難通。此語當以《古論》所記爲準，況且又可與《孔子世家》"假我數年，若是，我于《易》則彬彬矣"互相證明。李學勤先生同金先生的看法一致，在所著《周易經傳探源》中指出："《論語·述而》所載孔子自言'五十以學易'等語，是孔子同《周易》一書直接有關的明證。雖有作'亦'的異文，實乃晚起，與作'易'的本子没有平等的價值。我們探討《周易》與孔子的關係時，可以放心地引用《述而》這一章，不必顧慮種種異説干擾。"

除歷史文獻方面的證據外，馬王堆帛書的發現與研究成果，也以新的考古文獻材料證明了先生《易傳》爲孔子所作這一觀點的不容動搖。如帛書之《要篇》記載："夫子老而好《易》，居則在席，行則在橐。有古之遺言焉。予非安其用，而樂其辭，後世之士疑丘者，或以《易》乎？（子貢問）夫子亦信其筮乎？子曰：我觀其德義耳。吾與史巫同途而殊歸。”幾乎無需分析，便可看出孔子對《易經》的看法和態度，他是對《易經》下過大工夫的，把它看做一部哲學書，從著卦中發掘其中蘊含的義理，不相信卜筮而重視其“德義”。孔子的這一思想，正是今本《易傳》的思想。

　　先生對《易傳》構成內容的分析，則是《易傳》出於孔子的內證。《繫辭傳》之“夫易何爲者也？夫易開物成務，冒天下之道，如斯而已者也”這一章，說出了對《易經》性質、內容、特點的總認識，深刻簡明，概括性極強，先生認爲是孔子讀易韋編三絕之後得出的結論。詳細研讀《周易》尤其是《易傳》的內容，就會發現，《易經》、《易傳》的思想與孔子的思想是一致的。《論語》講“子在川上曰：逝者如斯夫”，《易經》、《易傳》也重變化；《論語》講“天何言哉，四時行焉，百物生焉，天何言哉”，《易經》、《易傳》也講天地開闢，四時運行，萬物生長。《論語》與《周易》經傳的相同思想決不是偶然的巧合，應當說，在春秋末世那個時代，非孔子別人是寫不出來《易傳》的。正由於《易傳》的哲學思想非常豐富而高深，一些學者又不願意將其著作權判給孔子，便轉而到老子及其學派中去尋找淵源，試圖證明《易傳》哲學是在《老子》思想的影響下產生的，二者屬於同一個思想體系。因爲此說關涉到中國哲學史、思想史上的重大問題，先生在《論孔老易學思想》等論文中多次對《易傳》和《老子》的內容與各自的思想淵源進行過比較研究。簡而言之，《易傳》思想與《老子》不但不同甚至表現爲深刻對立：在天道觀上《易傳》的最高範疇是“太極”這一物質性實體，而《老子》哲學則標舉超物質的“道”；在神道問題上《易傳》既在理論上排除上帝鬼神的存在，又在實際上重視祭祀，主張“以神道設教”，《老子》則不言鬼神上帝，反對任何形式的教化；在辯證法上《易傳》認爲“一陰一陽之謂道”，主張“知柔知剛”、又強調陽剛和“變通趣時”，《老子》雖然也講事物雙方的對立與轉化，但强調"弱者道之用"，主張守柔抱一、自然無爲。從思想淵源上説，《老子》受殷易《坤乾》的影響較深，重母尚柔；《易傳》思想則來自《易經》，主張仁義禮樂刑政，與孔子及其儒家學派一致。因此，《易傳》的思想主幹無疑得自孔子及儒家，而與《老子》、道家無關。

　　四、用辯證法思想解釋《周易》，論定《周易》是講辯證法的書。

　　《周易》有辯證法思想，這一認識先生在 30 年代寫《易通》時就有了，並以《繫辭傳》之"易有太極"章的説法及《周易》六十四卦的排列方式等爲例來説明。在《周易全解序》中，先生進一步闡述了《周易》一書關於變化過程的思想主要反映在六十四卦結構之中的觀點。先生在詳盡細緻地分析了《繫辭傳》、《序卦傳》、《雜卦傳》以及乾坤兩卦《象傳》的基礎上，認爲《周易》作者通過六十四卦的排列反映世間萬事萬物的一個大的發展過程，乾坤兩卦代表這個過程的開始，中間六十卦是這個過程的展開，既濟未濟兩卦是這個過程的結束。其中每兩卦完全按反對關係排列，構成三十二個環節，即三十二個矛盾統一體。然而乾坤兩卦作用特殊，在六十四卦中具有決定性的意義，有了乾坤才有其他六十二卦，猶如宇宙，有了天地才有萬物。這其中蘊含的哲學意義十分鮮明：天地以及由天地生成的萬物構成了我們人類賴以生存的這個客觀世界。將六十四卦作爲一個發展過程來看，開始時乾純陽、坤純陰，最不平衡；而當發展到既濟，則六爻不但陰陽皆應，而且都當位，達到了平衡。乾坤之發展變化，本來是由於不平衡，一旦達到平衡了，矛盾已經全部解決，過程已宣告終結，這就是《雜卦傳》所説的"既濟定也"。既濟表示乾坤已經毁滅，事物已經窮盡。然而實際上乾坤不能毁滅，事物不能窮盡，所以既濟之後是未濟，表明舊的過程結束，新的過程又將開始，發展變化是永無終止的。六十四卦的最後兩卦是既濟、未濟，其意義如同將乾坤兩卦置諸六十四卦開頭同樣深刻，它反映《易經》作者具有著清晰的"物不可窮"的偉大辯證觀點。

　　先生于九十六歲高齡寫作的《〈周易・繫辭傳〉新編詳解》一書中，認識又有了新發展。在讀懂讀通《繫辭傳》、《說卦傳》的基礎上，先生認爲，《周易》一書是用辯證法理論寫成的，就是一本講辯證法的書。在本書前言中列舉了《易經》中的八條言論作爲證明，言之鑿鑿，事實昭昭，已足可信據。在此，先生有三大發現：一是認定《周易》是周文王針對殷王朝指導思想的理論基礎《歸藏》而作的。先生《自序》中說："文王被囚羑里時，思想發生了根本變化。被囚以前，是《論語》所說的'三分天下有其二，以服事殷'，被囚以後，是《尚書》所說的'西伯戡黎'，……他想推翻殷上的王權，因而也想推翻殷商王權的指導思想，即殷商哲學《歸藏》易，由於改造《歸藏》易爲《周易》，不知不覺的在事實上已經創造了辯證法。"這一結論是先生經過精深研究而得出的，確是一個史無前例的突破。二是認定《周易》辯證法的核心是對立統一，但強調統一，不強調對立。呂紹綱先生在該書序言中總括說："先生認爲《繫辭傳》中'易與天地准'一句蘊含極深，它反映《周易》辯證法以乾坤哲學爲基本。《周易》六十四卦，爲首的乾坤兩卦當然'與天地准'，其餘六十二卦，屯卦是'剛柔始交'，既濟是'剛柔正而位當'，剛柔即乾坤，剛柔始交即乾坤始交。既然屯卦是乾坤始交，則六十二卦都是乾坤相交的結果。六十二卦的序列實質是乾坤相交的過程，應包括在乾坤二卦的範圍內。乾坤就是天地，故云'易與天地准'。'易與天地准'表明天地既對立又統一，故對立統一是《周易》辯證法的核心。這一點與西方辯證法是一樣的。《周易》辯證法的特殊之處，是強調統一，不強調對立，乾坤總是相交不分，共在一體，不是坤否定乾，乾再否定坤。"此外，先生又列舉了泰卦、否卦的《象傳》作爲證據，進一步說明了《周易》辯證法"顯然是強調統一而不是強調對立"的特點。講《周易》辯證法的核心是對立統一且強調統一不強調對立，這在學術史上還是首次。三是認定《周易》辯證法講到並重視"合二而一"這個哲學範疇。《繫辭傳下》有三處文字講的都是辯證法的合二而一，這三處文字是：

> 吉凶者，貞勝者也。天地之道，貞觀者也。日月之
> 道，
>
> 貞明者也。天下之動，貞夫一者也。
>
> 《易》曰："憧憧往來，朋從爾思。"子曰："天下何思何
> 慮？天下同歸而殊途，一致而百慮。天下何思何慮？日
> 往則月來，月往則日來，日月相推而明生焉。寒往則暑
> 來，暑往則寒來，寒暑相推而歲成焉。往者屈也，來者信
> 也。屈信相感而利生焉。"
>
> 天地絪緼，萬物化醇。男女構精，萬物化生。《易》
> 曰："三人行則損一人，一人行則得其友。言致一也。"

先生《自序》中解釋說"縱觀這三處傳文，都是利用個別的具體的事實作例子，遵照邏輯推理而得出一般的抽象的理論，即'合二而一'。具體說，第一處傳文吉凶是二，勝是一；天地是二，觀是一；日月是二，明是一。根據這三個例子而得出一般的抽象的理論：'天下之動，貞夫一者也'，即'合二而一'。第二處傳文日月是二，明是一；寒暑是二，歲是一；往來是二，利是一。根據這三個例子而得出一般的抽象的理論：'天下同歸而殊途，一致而百慮'，即'合二而一'。第三處傳文天地是二，醇是一；男女是二，生是一。根據這兩個例子，而得出一般的抽象的理論：'《易》曰三人行則損一人，一人行則得其友。言致一也'，即'合二而一'。"辯證法中"一分爲二"、"合二而一"這兩個命題本就互爲前提，密不可分。《周易》重視"合二而一"，"一分爲二"即寓於"合二而一"之中。

　　按照先生的研究結論，《周易》辯證法的產生要比希臘早四、五百年，是人類辯證法理論的真正的最早源頭。著名哲學家高清海教授在《〈周易·繫辭傳〉新編詳解》的序言中評價先生的易學說："金老經過多年思考和研究得出的認識是：'《周易》一書是用辯證

法的理論寫成的,它所體現的是事物深層既對立又統一的辯證法本性;《易》與天地准,講三才,講天地人,實際目的在人身上。'我認爲這些看法很精闢,都是對的。"

　　先生弱冠學易,壯歲有成,晚年鑽之彌深,識見精卓,于易可謂彬彬矣。其易學思想實代表了20世紀義理派易學的最高水準,其易學之宏深,非本篇小文所能涵蓋的。要而言之,先生著書授徒以傳《易》,所傳者道也,非小術也。孔子曰:"後世之士疑丘者,或以《易》乎?"吾人則言:後世之士知先生者,其以先生之易學乎!

金景芳的易學

梁韋弦　康學偉

　　金景芳教授是我們在吉林大學攻讀博士學位時的導師。先生1902年4月出生於遼寧義縣，按中國傳統算法，今年正臻百齡，是真正壽登期頤的世紀老人。先生一生致力於中國古史與中國傳統思想文化的研究和教學工作，學而不厭，誨人不倦，對祖國的文化教育事業做出了不可磨滅的貢獻。

　　先生於古史研究領域的著述《古史論集》、《論井田制度》和《中國奴隸社會史》系統地解決了長期以來在中國古史研究中不能正確解決的很多重要的實際問題與相關的重大理論問題，奠定了先生於20世紀中國古史研究學術史上不可動搖的地位。先生是一位杰出的史學家，更是一位杰出的易學家。先生有關易學的著作有：《易通》(1945年商務印書館)[①]、《學易四種》(1987年吉林文史出版社))、《周易講座》(1987年吉林大學出版社)、《周易全解》(1989年吉林大學出版社)、《〈周易・繫辭傳〉新編詳解》(1998年遼海出版社)。並另有《周易和老子》、《關於周易研究的若干問題》、《三易思想的産生不在堯前》、《周易的兩個問題》、《論孔老易學思想》等論文發表。此外，有《孔子新傳》、《知止老人論學》、《金景芳古史論集》及《中國古代思想的淵源》、《中國奴隸社會誕生和

[①]　是書爲1939年底先生流亡於四川時在自流井静寧寺之東北中學寫成，1941年獲當時教育部學術獎勵，1945年由商務印書館出版，後編入《學易四種》。

上升時期的思想》、《孔子的這一份珍貴遺産——六經》等。先生的
許多著述中，對易學亦頗多論述。先生弱齡學易，壯歲有成，晚年
鑽之彌深，識見精卓。《周易講座》、《周易全解》，都是先生八十五
歲以後的著作，而《〈周易繫辭傳〉新編詳解》則是先生九十六歲高
齡時的著述。先生的易學内容宏富，特色鮮明，形成了自己系統的
觀點和學術風格，故我們稱之爲"金景芳易學"是名實相符的，絶非
出於學生之偏愛。

　　先生治《易》繼承了孔子《易傳》開創的探求義理的學風，而因
先生有着深厚的理論修養和精熟的傳統經學修養，並對中國先秦
時期的社會歷史和文化有着自己的真知卓見，故先生對《周易》經
傳義理的發明，不僅超越了王弼、程頤諸古賢，可以説，也當之無愧
地代表了 20 世紀義理易學的水平。所以，今天當我們回顧百年來
的易學研究，研究 20 世紀的易學著作和人物的時候，就不能不談
到先生和他的易學。

　　先生一直堅持認爲《周易》是一部講思想的書，它的價值在它
所講的思想，而卜筮不過是它的軀殼。早在三十年代先生寫作《易
通》時就指出，先哲作《易》之目的是講"天之道"與"民之故"，它是
一部講自然法則與社會法則的書。并且《易通》中已有《周易與唯
物辯證法》的專章，論述了《周易》中的辯證法思想。先生發表於五
十年代的論文《易論》則進一步回答了卜筮既是一種原始宗教爲什
麽會産生哲學的問題，同時也進一步論述了《周易》中包含的對立
統一規律和量變質變規律的思想。1984 年發表的《説易》指出，
《易傳》將著與卦視爲"神物"，在於這個神物背後貯藏着關於"天之
道"與"民之故"的高深知識，作《易經》和作《易傳》的人都不相信著
卦有靈、可以前知，他們是利用著卦以神道設教。

　　衆所周知，自古以來治《易》大體分爲兩途，一是所謂象數之
學，一是所謂義理之學。前者以漢人易學所講的卦氣、納甲、爻辰
等説及宋儒一些人所講的河洛圖書之學爲最有代表性的。河洛圖

書之學主要是想尋找可以預解未來的象數公式,故本質上與漢易有一致之處,實際都是將《周易》當作卜筮之書來研究。後者以魏王弼之《易注》、宋儒程頤之《易傳》、張載之《易説》及明清之際王夫之的《周易内傳》、《周易外傳》等爲代表,以研究《周易》包含的有關宇宙人生的哲理爲治學宗旨。先生爲其所著之《周易全解》作序時曾明確説他對《周易》的解説是恪遵孔子《易大傳》所開闢的道路,這就是雖不否認《周易》是卜筮之書,但研究的着眼點卻不在卜筮,而在於它内部所蘊藏的思想,説得明白些,就是我們不應宣傳迷信,祇應宣傳真理。20世紀八十年代以來,社會上求卜占卦之風日盛,冒充學術研究的卜筮易學之書充斥於肆,改頭換面的河洛圖書之學振振有詞地用一些似是而非的東西混淆科學規律與神秘主義詭説的界限。這些東西對於我們民族精神文明乃至社會進步的消極影響是不容低估的。祇有充分認識到這一現實的存在,我們才能真正理解先生作爲一位歷史學家、思想史專家反復強調正確理解《周易》一書的性質和提倡義理之學的深意。馬王堆帛書之《要篇》記載:子貢曾問孔子:"夫子亦信其筮乎?"孔子的回答是:"吾觀其德義耳。吾與史巫同途而殊歸。"先生晚年方見孔子此語,而一生治《易》所孜孜以求者,亦正此意,這恰用得上宋明學者的一句語:"千古上下,同此一心。"

在《易通》中,先生就曾以《繫辭傳》之"易有太極"章的説法及《周易》六十四卦的排列方式等爲例説明《周易》中包含的辯證法思想。在《易論》①中先生指出,《周易》的哲學成就比之古代希臘哲學家,正如赫拉克里特,恩格斯對由他所表述出來的萬物皆動皆變、皆生皆滅的原始樸素但實質上是正確的宇宙觀的評價完全適用於《周易》。在《周易全解序》中先生進一步闡述了《周易》一書的

---

①　原分爲上下篇,發表於東北人民大學文科學報1955年第2期和1956年第1期,後收入《學易四種》。

精華在於它的思想，而其思想主要寓於六十四卦結構之中的觀點。認爲《周易》作者事實上是利用六十四卦結構來反映他的世界觀，而用爲首的乾坤兩卦代表天地，這就是《序卦傳》説的"有天地，然後萬物生焉"、《繫辭傳》"乾坤其《易》之緼耶！乾坤成列而《易》立乎其中矣。乾坤毀則無以見《易》，《易》不可見，則乾坤或幾乎息矣"等説法，説明了乾坤是一個矛盾統一體，由這個矛盾統一體的變化發展而產生了六十四卦，六十四卦的排列，每兩卦不反則對，結合《序卦傳》的解説來看，這種變化發展是有規律的。將六十四卦作爲一個發展過程來看，開始時，乾純陽，坤純陰，最不平衡。當發展到既濟，則六爻剛柔正而位當，即達到平衡。乾坤之變化發展，本來由於不平衡，一旦達到平衡，即"乾坤毀則無以見易"了，矛盾既已解決，就再也看不到變化發展了。《雜卦傳》説"既濟定也"，説的就是這個問題。但是，"幾乎息"實際又是説沒有息，祇是像息罷了。像息是指既濟，沒有息是指未濟。《序卦傳》説"物不可窮，故受之以未濟終焉"，正是説明未濟是沒有息。從乾坤到既濟、未濟祇是完成一個大的發展階段，發展變化是永無終止的。《周易全解》一書對《周易》的哲學思想做了許多如此細微的分析。

　　先生晚年作《〈周易・繫辭傳〉新編詳解》，認識又有新發展。認爲《周易》一書是用辯證法理論寫成的，是周文王針對殷王朝的指道思想《歸藏》而作的。文王被囚羑里之前，思想還是"三分天下有其二，以服事殷"，被囚羑里後思想發生了根本性的變化，以推翻商王朝的統治爲目標，於是創造了《周易》這樣一種新的思想來取代反映殷商指道思想的《歸藏》。在改造《歸藏》爲《周易》的過程中，周文王不知不覺地創造了辯證法。先生認爲《繫辭傳》所説"《易》與天地準"一句，説明《周易》辯證法以乾坤哲學爲基本。《周易》六十四卦爲首的乾坤兩卦固然是"與天地準"，而其餘六十二卦，屯卦是"剛柔始交"，既濟是"剛柔正而位當"，講的都是剛柔亦即乾坤的相交變化。既然屯卦是乾坤始交，那六十二卦就是乾坤相交的結果。六十二卦的序列實質是乾坤相交的過程，應包括在乾坤兩卦的範圍內。乾坤就是天地，故《繫辭傳》乃云"《易》與天地準"。"《易》與天地準"，講的是天地之既對立又統一，這是《周易》辯證法的核心。先生又據泰、否等卦之《象傳》說明了《周易》所講的辯證法不是強調對立而是強調統一的特點。此外，《繫辭傳下》中有這樣三處文字，向來不易理解。一是："吉凶者，貞勝者也。天地之道，貞觀者也。日月之道，貞明者也。天下之動，貞夫一者也。"二是："易曰：'憧憧往來，朋從爾思。'子曰：'天下何思何慮？日往則月來，月往則日來，日月相推而明生焉。寒往則暑來，暑往則寒來，寒暑相推而歲成焉。往者屈也，來者信也。屈信相感而利生焉。'"三是："天地絪縕，萬物化醇。男女構精，萬物化生。《易》曰'三人行則損一人，一人行則得其友。'言致一也。"先生認爲此三處傳文都是講辯證法的合二而一，亦即強調對立統一之統一的一面，而且都由合二而一的具體實例抽象出合二而一的一般理論。先生說，吉凶是二，勝是一；天地是二，觀是一；日月是二，明是一；寒暑是二，歲是一；往來是二，利是一；天地是二，醇是一；男女是二，生是一。這些是合二而一的具體實例。"天下之動，貞夫一者也"，"天下同歸而殊涂，一致而百慮"，"三人行則損一人，一人行則得其友。言致一也"，這幾句話是由合二而一的實例抽象出來的合二而一的一般理論。辯證法一分爲二、合二而一這兩個命題互爲前提，密不可分。《周易》重視合二而一，一分爲二即寓於合二而一之中。

在有些人看來，先生的這些說法是不是有些抬高了《周易》的思想水平呢？我們認爲這是一個很重要的問題，這個問題的意義超出了它本身，很值得思考。

著名哲學家高青海教授評價先生的易學說："金老經過多年思考和研究得出的認識是：'《周易》一書是用辯證法的理論寫成的，它所體現的是事物深層既對立又統一的辯證法本性；《易》與天地準,講三才,講天地人,實際目的在人身上。'我認爲這些看法很精闢,都是對的。'"我們通常講'辯證法是關於自然、社會和思維的運動發展的普遍規律'理論,這裏的'規律'與科學理解的規律並不完全相同。科學的規律屬於事物的自在客觀本性,辯證法的規律雖然也根源於事物的本性,但它同人的認識和活動的實踐本性又是密切相關的。所説'普遍'於自然、社會和思維的普遍含義,就其實質來説乃指'貫穿、溝通、融合、結合'的意思,並非指自然、社會、思維共性的簡單抽象。因爲人性與物性不同,所以才需要理論去溝通,以便在人的實踐行爲中達到二者的一致和融合,即所謂'彌綸天地之道'。這是人的行爲宗旨,同時也就是辯證法理論的根本意義。辯證法所以那樣看重'對立而又統一'這個思想,在我看來要旨也正在於此。'"所以'辯證法'問題主要不是個科學知識問題,而是一種理論思想問題,有無辯證法不在於辯證法的名稱,應該主要看人如何對待自己和世界的思想關係和行爲態度。辯證法可以説本質上是作爲'人'自覺了的本能思維方式和行爲方式,當人已意識到自己爲人,並試圖要用人的眼光看待自己,對待世界,開始追求人的生活和行爲方式之時,不論東方或西方,都會產生出辯證法理論來。西方古代希臘的哲學家公認多數都具有自發辯證法思想,人們承認他們有辯證法並不是根據他們最早使用了辯證法名稱,赫拉克利特被稱爲'古代辯證法的奠基人',其實那時他根本還不知道'辯證法'爲何物。辯證法一詞是他之後的柏拉圖創立的,而且它的最初含義與我們現在理解的'辯證法'也大不相同。所以説《易》經是用辯證法理論寫成的',我看不出有何不妥,希臘人説得爲什麼中國人就不可以?問題應該看它實際上是有還是没有,這才是實事求是的態度。"高先生指出:"中國作爲古老文明的大國,賦有豐富的辯證法思想傳統,我們不能不承認,對於這方面的思想資源過去我們開掘得不夠。這裏的原因有多方面,其中'思想障礙'不能不認爲是一個重要因素。我們往往局限於辯證法、哲學名稱、詞語而遮蔽了它的特有内容和實質,對《周易》的認識狀況就説明了這一點。我認爲金景芳先生以辯證法解《易》是做了一件極爲重要的開拓性工作,它會在未來的思想史上結出豐厚的碩果。"①高青海先生作爲一位有自己深刻思想的哲學家,對金先生闡揚《周易》之辯證法給予的肯定是有其深刻意義的。據我們的理解,金先生的易學不僅有揭示出《周易》作爲具有東方品格的以天道論人道、天地人一體的哲學是人類哲學思想發源之東方揺籃的意義,更有着學術上解放思想的意義。中國漫長的封建社會形成的經學思維方式、中國近百年殖民地半殖民地的屈辱歷史、以"文化大革命"爲代表的左的思想和猖獗的教條主義,給中國知識分子的腦子留下了帶有後遺症的傷痕,談問題缺少那種權威説得凡人也説得的精神,缺少外國人説得中國人爲何就説不得的精神,缺少應該看事實到底是如何的精神。先生的易學研究正表現出這種缺少的精神。

　　先生的易學不僅揭示了《周易》的哲理,也注意到其中所反映的社會政治思想和倫理觀念。先生於《周易全解序》中曾指出:《周易》、《歸藏》二書,從"其經卦皆八,其别卦皆六十有四"來看,是相同的。然而别卦之卦序,《歸藏》首坤次乾,《周易》首乾次坤,二者卻恰恰相反。這絶非偶然,實反映了殷周二代政治思想上有重大的差别。例如《史記·梁孝王世家》褚先生補記有這樣一段文字:竇太后和漢景帝説"吾聞殷道親親,周道尊尊,其義一也"。袁盎等解釋説"殷道親親者立弟,周道尊尊者立子……周道太子死立嫡孫,殷道太子死立其弟"。將這種説法與《禮記·表記》所説"母親而不尊,父尊而不親"的説法結合起來看,我們可以知道"殷道親親"是重母統,"周道尊尊"是重父統。唯其重母統,故殷易首坤次乾,唯其重父統,故《周易》首乾次坤。親親重母,反映母權制殘餘

――――――――――

① 　以上見《〈周易·繫辭傳〉新編詳解》之高青海序。

的存在，尊尊重父，反映父權制已完全確立。《周易》首乾次坤是周人君尊臣卑、父尊子卑、夫尊婦卑思想的集中反映。《禮記·禮運》記孔子語曰：“我欲觀夏道，是故之杞，而不足徵也，吾得夏時焉；我欲觀殷道，是故之宋，而不足徵也，吾得《坤乾》焉。《坤乾》之義，《夏時》之等，吾是以觀之。”孔子所得《坤乾》即殷易《歸藏》，孔子用以觀殷道，足見其中蘊藏着殷商一代的哲學思想或政治方面的特點。《坤乾》與《周易》的上述不同，正是殷周社會思想不同的反映。

先生於其所作《易論》、《論孔老易學思想》①兩文中還指出，殷道親親，重母統，多樸仁，殘存有氏族社會之遺意，表現爲哲學思想則爲《坤乾》的首坤次乾，這是老子思想的淵源。《老子》其書每言“萬物之母”，“有國之母”，“既得其母，以知其子，既知其子，復守其母”，“天下有始，以爲天下母”；《呂氏春秋·不二》說“老子貴柔”，這些都表明老子的重母和尚柔。《老子》一書的思想主張無爲，崇尚自然，反對仁義、慧智、巧利，向往小國寡民，正是受《坤乾》保留之原始社會觀念影響的反映。周道尊尊，重父統，多義節，是文明社會發育成熟，或者說是全盛時期奴隸社會意識的反映，其表現於哲學思想則爲《周易》的首乾次坤，這是孔子思想形成的基礎。《易傳》兼言乾坤而尚剛健，《論語》父母並稱而重父子，孔子主張仁義禮樂刑政，崇尚的正是《周易》所蘊含之周道。先生還認爲《坤乾》之占七八不變爻，《周易》之占九六變爻，這種不同實代表兩種思想方法，這兩種思想方法於《老子》與《易傳》中都可得到説明。“反者道之動，弱者道之用”，是《老子》五千言之精義。反者道之動，是符合辯證法的，弱者道之用則是形而上學的，老子講“抱一”、“抱樸”、“執古之道以御今之有”，《漢書·藝文志》敍道家曰：“秉要執本，清虛以自守，卑弱自持，”都是講無爲的，講不變的。《坤乾》之占七八

---

① 1995年8月發表於臺灣東海大學《中國文化月刊》，後收入1989年東北師範大學出版社出版的《知止老人論學》。

不變爻，其意大抵如此。而《繫辭傳》曰："吉凶悔吝者，生乎動者也。剛柔者，立本者也。變通者，趣時者也"，"化而裁之謂之變，推而行之謂之通，舉而錯之天下之民謂之事業。"《易傳》講的"趣時"、"化裁"、有所作爲之義即《周易》占九六變爻之意義。

　　先生由《歸藏》即《坤乾》與《周易》由首坤次乾到首乾次坤之變化，看到老子與孔子思想之所自從出的不同，看到了"殷道親親"與"周道尊尊"之不同實反映了殷周二代意識形態與政治制度發育成熟程度的差別，指出了商周社會重大歷史變革的內容，爲我們提供了認識商周社會變革的一把鑰匙。如此研究《周易》的歷史內涵和歷史價值，正體現了先生作爲一位史學家所獨具的慧眼。

　　先生的易學以義理見稱於世，而先生的易學研究又不限於此。可以說，先生僅於《周易》經傳所做的考釋工作，已足以卓然成家。先生指出：傳本《繫辭傳》講筮法那段文字有脫文，長期以來得不到更正，而自京房、馬融、荀爽、鄭玄、姚信、董遇及至朱熹，都將"大衍之數五十"作了非常錯誤的解釋。先生以其對文獻之精熟而據文理分析得此結論，後來有先生的兩名學生先後從文獻中找到前人相同的論斷，並以《舊唐書·禮儀志》所載唐高宗就明堂制所下詔書內容爲證，說明隋唐之時必有"大衍之數五十有五"的《易傳》傳本存在，且爲官方所本。[①]　先生的觀點早於 1939 年寫《易通》時就已闡明，此後於《易論》、《説易》、《周易講座》中反復論證，我們的幾位同門師兄又窮索古書考辨證明，已足可信據，然而時至今日海內之談《易》者仍延續先儒之誤説如故，傳統經學學風之頑疾亦於此可見矣！

　　《説卦傳》自古以來學者皆以爲難以解索。先生經過研究，認爲《説卦傳》並非祇講《周易》，又有《歸藏》、《連山》二易之遺説存

----

　　① 　見 1992 年第 1 期《周易研究》郭鴻林《評宋人陸秉對周易"大衍之數"的解説》及《〈周易·繫辭傳〉新編詳解》第八章。

焉。人們祇按《周易》讀解它,故矛盾重重。先生認爲,《周易》與《歸藏》、《連山》二易有同有異。它們講八卦和六十四卦,都講萬物生成問題,這是三易之相同處。《歸藏》、《連山》二易强調六子,而《周易》則强調乾坤。於萬物生成及其發展變化,《連山》、《歸藏》二易實際上都是認爲帝與神在背後起作用。而《周易》則强調乾坤是生成、發展變化之根據。這是《周易》與《歸藏》、《連山》二易之不同處。①

《〈周易・繫辭傳〉新編詳解》之所以稱爲新編,就是指先生對《繫辭傳》進行了系統的整理。例如,今通行本《繫辭傳下》"古者包犧氏之王天下也"至"蓋取諸夬"一大段文字,先生認爲是後人誤增,應予刪除。先生還指明了《繫辭傳》的錯簡問題。② 今通行本《說卦傳》篇首從"昔者聖人之作《易》也"到"故《易》六位而成章"兩段文字,先生認爲當依馬王堆帛書移入《繫辭傳》中做爲最後兩章。又如,今通行本《繫辭傳上》的"《易》有四象,所以示也。繫辭焉,所以告也",其中"四象",先生認爲當爲"爻象","四象"恐爲後人誤改所至。先生對《繫辭傳》所做整理不祇這些,此祇略舉幾類而已。

《繫辭傳》文字雜蕪,多繁衍叢脞,觀點或自相乖戾,這古人已注意到了。宋歐陽修嘗作《易童子問》,以爲其非孔子所作,後人亦有以其說爲是者,然而卻都没做很實在的工作,祇是都輕率否定《繫辭傳》與孔子的關係而已。像先生這樣積數十年之深思研究,不避繁難,修葺補闕,去僞存真,竟使傳文幾近原貌的工作,可以說是前無古人的。這對易學研究發展的意義是不言而喻的。

說到《易傳》與孔子的關係,無疑屬易學研究中帶有根本性的重要問題。關於《易傳》的作者,自宋人以後始有異辭,至近代疑古風起,後又經"文革"批孔浪潮,使得問題更加人爲的複雜化了。這

---

① 其詳説見《〈周易・繫辭傳〉新編詳解》,第 170～172 頁。
② 詳見《周易・繫辭傳》新編詳解》,第 177 頁。

個問題先生一直高度重視，1939 年寫作《易通》時即有《周易與孔子》一章，認爲《易傳》即便不是孔子手編，也是孔子門人所輯，視爲孔子所作未爲不可。1984 年所作《關於周易的作者問題》①分析了《易傳》內容構成的四種情況：一部分是孔子以前就有的舊說，被孔子接受下來。一部分是後世好事者竄入，與孔子無關。還有一部分是孔門弟子在平日對孔子講述所作之記錄，應屬孔子思想。除此三種情況，其餘部分是大量的，當爲孔子所作。1995 年先生寫了《周易的兩個問題》②一文，對有關《易傳》非孔子所作的一系列說法系統地做了認真的分析辨正。比如說，持《易傳》非孔子所作說者每言：“《論語》學《易》事，祇有‘加我數年五十以學易可以無大過矣’一條。據《魯論》‘易’字當作‘亦’。”試圖證明孔子與《易經》無關，談不到作《易傳》的問題。先生指出，《論語》中明確記有孔子自述“吾十有五而志於學”的話，若從《魯論》將此語作“加我數年五十以學，亦可以無大過矣”，則“五十以學”與“十有五而志於學”又是何關係？且爲何“五十以學”就可以“無大過矣”，這又是何道理？顯然，此語以《古論》所記爲準確。對古書簡編不同，字有歧異者，應當擇善而從。李學勤先生所著《周易經傳探源》考明：“《論語·述而》所載孔子自言‘五十以學易’等語，是孔子同《周易》一書直接有關的明證。雖有作‘亦’的異文，實乃晚起，與作‘易’的本子沒有平等的價值。我們探討《周易》與孔子的關係時，可以放心地引用《述而》這一章，不必顧慮種種異說干擾。”金先生關於《易傳》構成內容的分析及對否定孔子與《易傳》關係諸說的辨正，如非有意固執偏見，則都是能够接受的。

　　先生始終認爲，《周易》經傳思想是有內在聯繫的，是一致的，兩者是密不可分的。孔子作《易傳》的貢獻，就在於用哲學語言詮

---

　　① 見《學易四種》。
　　② 發表於《傳統文化與現代化》1995 年第 1 期，後收入《知止老人論學》。

釋了《易經》神秘外衣後的思想,使易學成爲哲學。李學勤先生説:
"衹要我們把《周易》看作儒家經典,那麼《易傳》可視爲理解《周易》
的鑰匙。"可見,《周易》經傳是不可分割的,這是有識學者之共識。
馬王堆帛書之《要篇》記曰:"夫子老而好《易》,居則在席,行則在
橐。""有古之遺言焉。予非安其用,而樂其辭。""後世之疑丘者,或
以《易》乎?"子貢問曰:"夫子亦信其筮乎?"孔子答曰:"我觀其德義
耳。吾與史巫同途而殊歸。"帛書之中的類似有關文字不僅證明
《史記》關於孔子與《周易》的記載是不容懷疑的,同時其所述孔子
極重《易》之"德義"語,又與《易傳》闡發義理的宗旨也正相吻合。
倘孔子對《周易》果真無所述作,所謂後世之以《易》疑丘又從何説
起呢? 沒有孔子《易傳》,《周易》恐仍淪於史巫之術,其寶貴的思想
很難見明於世;否定《易傳》與《易經》的内在聯繫,就否定了《易經》
的思想内涵,使之仍等同於史巫之術。李學勤先生以爲《易傳》是
理解《易經》的鑰匙,金先生幾十年來反覆强調《周易》經傳是不可
分割的,其用意之深遠,豈可等閑視之。

　　先生易學之宏深,不是這一篇文字所能含容的。先生著書講
學以傳《易》,要而言之,先生所傳者道也,非"小術"也。今世、後世
之達人知先生者,其以先生之易學乎!

(《松遼學刊》2001 年第 2 期)

金景芳：研究《周易》權威

廖 一

> 無論在舊中國的亂世中，抑或"文革"期間，他始終以
> 求真理的勇氣，對錯誤、模糊的歷史文化現象予以訂正；
> 老人一生未讀過大學，郤能從家庭教師一直當到大學教
> 授，並帶出衆多的學士、碩士和博士。

盛夏炎炎，由繁囂鬧市進入金景芳老人的家，猶如進入一個古籍文獻室，瀏覽滿室經卷、古籍，聽九十七歲的金老暢談《周易》，則如斫桂之月，清輝朗朗。

治學：擲地鏗鏘皆風骨

中國傳統文化研究，尤其是經史文獻研究，傳統的方式是考據。金老生於世紀初的 1902 年，早年家貧，讀到中師即輟學教書，其間從家教做起，經初小、高小、初中直至大學，後來帶碩士、博士，以八十餘歲高齡，居然帶出二十餘位博士生。他在治學上，崇尚孔子的"知之爲知之，不知爲不知，"從不自欺欺人；並以真理爲歸，決不隨俗俯仰，不求虛譽；不立異以嘩衆取寵；提倡創新，不拾牙慧；貴精，不持兩可之見；貴平實確鑿；貴客觀。因而，在學術争鳴上，擲地有聲，敢於挑戰權威，保持學人風骨。從三十年代起，他自覺地用辯證法研究《周易》中的許多難點，所著《易通》一書在 1942 年獲當時教育部著作發明及美術獎勵三等獎，應是中國最早運用辯

證法研究《周易》的著作。

中國古代史的分期問題，是建國以來史學界爭論最多的問題之一，分歧在於中國奴隸社會向封建社會轉變的時間。史學界曾召開過全國規模的古史分期討論會，許多著名史論家參戰，後論戰中斷是因爲毛澤東曾公開表示贊同郭沫若的分期觀點，從而使這個問題幾成定論，並被寫進歷史教科書，使多數學者沉默下來。金老對郭沫若的學說提出異議，在學術界反響很大。先生以爲由原始社會進入奴隸社會，應以國家產生爲標誌，私有制和階級的出現是階級社會產生的原因而不是標誌，從而認爲中國奴隸社會應以夏啓殺益奪權建立夏朝爲開端，並認爲戰國時代是中國奴隸社會向封建社會轉變的過渡時期。中國封建制度的全面確立是由秦王掃六合成一統完成的。金老這"秦統一封建說"在學術界產生廣泛影響，而金老這種敢於挑戰權威的學人風骨，在當時更爲難能可貴。

由於金老在學術上不依草附木，故受到了種種不公待遇，"文革"時他被打成"三反分子"、"反動學術權威"、"孔教徒"而多次遭到批鬥，但他沉默着，在大孤獨中尋求真理，無畏而無悔。

筆者就發掘傳統文化，包括易學、孔學、儒學的批判與繼承的時代價值和意義問題向金老請益，他的思路是那麼清晰。他指出，在世紀末的回眸中，有一種觀念傾向於回歸宗教，社會上也確有沈渣泛起，世紀末的傳說預測之書一時成爲時尚。而中國傳統文化，由易經→易傳→孔學→儒學，直至宋代朱熹把孔學儒學神學化並使儒釋道化爲一種三位一體不可分的宗教，其對華夏文明及人類文化史影響是源遠流長，對社會和人們的生活是影響至深的。而金老談易、孔學、漢儒與宋儒對中國文化影響及時代價值時，思緒如泉，他認爲《易經》有東方文化的神秘一面，是卦書，但更是具有理性的哲學著作，自發地充滿辯證思想。《易傳》是孔子對華夏文化的最大貢獻。他主張還孔學以本來面目，剔除社會對孔學的不當闡發。他認爲從漢代董仲舒獨尊儒術到宋代朱熹將易學、孔學、儒學宗教化、神學化,是有偏差於學術研究,並對人們生活起到了一定誤導作用的。他認爲孔子思想代表傳統文化優秀的一面,孔子在《易傳》中很好地解讀《易經》的哲學思想,是對中國傳統哲學的貢獻,並認爲在乾坤的對立統一中,窮則變,變則通,通再窮,由此往復,是社會發展的必然規律。而"通則久"卻是後人附會上去的,是不對的。因此,他講到毛澤東將階級鬥爭這一機制引入和平建設時期,是搞亂了社會的理念上的錯誤。金老一生研《易》,但不信神鬼,尊重科學,更不研卦,也不會算卦。曾有一個六十多歲的農村婦女,從黑龍江省風塵僕僕找金老,説她兒子丢了,讓金老算算兒子在哪裏。先生的學生吕文郁費了不少口舌,解釋先生研究周易,但不會算卦也不信那一套,結果農村婦女失望而歸。這樣的事在金老一生中怕不少見。對一些西方人宣揚的絕對平等、自由、民主,金老也認爲是荒謬的。他説,世界上絕没有絕對的平等、自由,社會要有序地發展,就有層面,就存在等級,社會的進步,歷史的發展,是有規律的矛盾對立統一體,亂治交替,綿亘不息。信科學、求真理,是老人保持一生的操守和信仰。這不僅是學人的操守,亦應是世人的人生追求。

建樹:孤桑好勇獨撐風

縱觀金老一生,無論在舊中國的亂世動盪之中,抑或"文革"期間遭受種種不公待遇的景況下,在對中國的古代史的研究求索中,始終以求真理的勇氣,無畏地尋求歷史真諦,並時時對錯誤、模糊的歷史文化現象予以訂正。老人的學術研究頗有建樹的領域第一應爲《周易》研究,老人不僅在三十年代已就《周易》中的辯證思想著書立説,而且在以後的歲月中,求索不止,陸續發表了《易論》、《説易》、《關於〈周易〉的作者問題》等研究易學的論文二十餘篇,出版《學易四種》、《周易講座》、《周易全解》等多種易學著作，最近又出版了《〈周易·繫辭傳〉新編詳解》一書。更難能可貴處，在於金老剝離易書原始宗教卜筮之外殼，從哲學角度去發掘其本質，並批判歷代以來種種易學流派的流弊。在易學研究中，研究孔子，還孔學以本來面目，尤其是對內地批林批孔政治運動造成的種種誤導，做了正本清源的工作。第二，老人對孔子的研究成果是堅實的，孔子的思想對華夏文化乃至人類文化的影響是源遠流長的。先生以爲，孔子思想受歷代統治階級尊崇是有其內在的歷史淵源的，孔子思想較保守，適於治世不適於亂世，因此，歷史上盛世則尊孔，亂世則批孔，是符合其歷史發展實際的。先生認爲，孔子的思想並不是孔子個人的思想，而是由於其"信而好古"，故"祖述堯舜，憲章文武"，中國古代思想文化經孔子繼承並發揚光大。孔子學説值得世人研究弘揚，先生嚴格區分孔學與儒學，認爲孔學指研究孔子及其思想學説，儒學是指漢儒之學和宋儒之學，漢儒、宋儒雖打孔子旗號，實傳承孔學糟粕，先生認爲研究中國古代文化，祇有把儒學從孔學中劃分出來，才會"斫桂清輝遠"。第三，先生對中國歷史研究的貢獻除文中講到的中國歷史分期外，對於原始社會向奴隸社會過渡問題，奴隸社會的階級、階級鬥爭問題的學説，在理論界產生了廣泛影響。第四，對於古代宗法制度等方面，廓清了史學界長期流行的一些錯誤觀點，解決了一些長期爭論不休的重要問題。第五，中國古代思想文化研究，在方法論與研究成果上，都取得了突破性進展，在古代典籍考辯方面，從思想脈絡去粗取精，去偽存真，做了極富創見性的工作，既表現了老人對古代典籍爛熟於心，引經據典，隨手拈來的一面，又表現了老人在理性思辯上高人一籌之處。

弟子：根深葉茂果正豐

金老稱自己爲“永不褪色的書生”，又説自己一生主要做了三件事，即讀書、教書、寫書。教書的許多佳話也是老人獨特的學術風格的構成。老人一生未讀過大學，教書的經歷卻從家庭教師、初小、初中、高中直至教到大學，大學裏又帶出衆多的學士、碩士、博士。這不能不説是教育史上的一個特例。未讀大學而靠自學成名，其學術見地由於其深厚紮實的史學功匠和獨特的治學方法而在中國史學研究中獨樹一幟，影響深廣。

（香港《文匯報》1999 年 9 月 13 日《中華風系》副刊）

無徵不信　知止不殆
——記金景芳先生的學術道路

常金倉

　　1979 年，"文化大革命"結束不久，關於真理標準的大討論方興未艾，金景芳先生在其代表著作《中國奴隸社會史》一書的序言中這樣寫道："由於馬克思主義水平和歷史專業水平的限制，我寫的這部書不可能没有缺點錯誤，但有一點敢奉告讀者，就是我没有依草附木，隨波逐流。我説的是自己的話，走的是自己的道路。"這既是時年已經 77 歲的金先生發自肺腑的語言，更是他幾十年來從事學術研究、追求科學真理的如實寫照。

　　金景芳 1902 年出生於遼寧省義縣。由於家境貧寒，他没有上過大學，祇是在父親的多方籌措下，才讀完了初級師範本科。1923 年夏師範畢業後，他開始從事中小學教學工作。1936 年，他從東北淪陷區流亡至關内，任教於東北中學。1940 年考入樂山復性書院，師從馬一浮先生從事儒學研究。1941 年起任教於東北大學。1954 年，由東北圖書館調至東北人民大學（即今吉林大學），先後任教於歷史系和古籍整理研究所，曾擔任校圖書館館長、歷史系主任等職。現爲吉林大學古籍整理研究所教授、先秦史方向博士生導師，並任吉林大學歷史系名譽系主任。

　　金景芳走上學術研究的道路主要是靠自學。在他擔任中小學教員的時候，在工作之餘自學不輟，系統地研究了大量的先秦古文獻和當時一些著名學者的學術著作。他早年的成名著作《易通》即是在流亡關內，任教於東北中學時撰成。雖然没有師承，但他治學卻常能於時賢之外而有獨立見解。他曾經對學生説，治學貴在不斷創新，要敢於向權威挑戰。三十年代末，他撰寫《易通》，在序言中就爲自己定下了治學的八個戒條，即不自欺欺人，不枉己徇人，不立異，不炫博，貴創，貴精，貴平實，貴客觀。這“四不”與“四貴”，始終貫穿在他幾十年學術追求的生涯之中。他早年撰寫的《春秋釋要》、《易通》以及解放後撰寫的論文如《論宗法制度》、《中國奴隸社會的階級結構》、《也談關於老子哲學的兩個問題》、《釋“二南”、“初吉”、“三餐”、“麟止”》、《關於長沙馬王堆一號漢墓帛畫的名稱問題》、《中國古代史分期商榷》、《商文化起源於我國北方説》、《孔子的思想有兩個核心》以及著作《中國奴隸社會的幾個問題》、《論井田制度》、《中國奴隸社會史》、《周易講座》、《孔子新傳》、《〈尚書·虞夏書〉新解》等等，皆能對先秦史研究領域的一些重大的基本問題提出自己的獨立見解。他在晚年主要從事中國古代思想史的研究，除撰寫了大量論著外，還積極致力於將這一研究與古代文獻學研究、經學研究和古代社會史研究融爲一體，從而爲中國思想史研究的方法論建設作出了創造性的貢獻。

金景芳是國內較早用馬克思主義的理論與方法從事《周易》研究的學者之一。他自小愛好《周易》，然而遍讀前人各家著述，對於這部典籍的一些基本問題總是不能完全理解。三十年代末，他隨東北中學流亡於湖南與四川之間，偶得傅子東所譯列寧著《唯物論與經驗批判論》，書的附錄中有《談談辯證法問題》一文。他讀後，立覺前此讀《周易》所遇到的一些難題渙然冰釋，於是廢寢忘食，僅月餘便寫就《易通》一書，用辯證法的觀點對《周易》一書的基本思想進行了闡述。

黨的十一屆三中全會後，隨著思想解放的深入，金景芳迎來了自己學術研究的又一個春天。雖然他已進入耄耋之年，但仍昕夕握管，筆耕不輟，勤奮甚至有過於少年。他的大多數論著就是在這一時期完成的。雖然他現在已接近百歲，但仍擔任著中國先秦史學會顧問、吉林省史學會顧問、中國孔子基金會副會長、國務院古籍整理出版規劃小組顧問、東方國際易學研究院顧問等社會職務。

　　儘管贏得了這麼多的榮譽，但他總是謙虛地説自己衹不過是一個地道的教書匠。確實，他過去的絶大多數時間，都是在教書育人中度過的。他在自己九十五歲華誕的慶典上曾經風趣地對來賓和他的學生説："除了幼兒園外，所有各級學校的學生，我都教過。"經歷了近八十年教壇的風風雨雨，他的學生可謂桃李滿天下。僅他所指導的先秦史方向的博士研究生，即有 23 名之多。其中，不少已成爲國内學術界的知名學者，正在各自的教學與科研崗位上爲祖國的學術繁榮做出自己的貢獻。

　　　　　　　　　　　　　　　《光明日報》2000 年 10 月 13 日）

金景芳:給馬王堆一個説法

楊永泉

　　東北著名國學大師金景芳,學開一派。他在中國古史分期、《周易》研究、孔子研究、井田制度、宗法制度以及上古社會及其他文化研究領域,都卓有創見,自成特色。

鍥而不舍　自學成才

　　金景芳,字曉邨,1902年6月3日出生於遼寧省義縣。由於家境貧寒,金景芳没上過大學,祇是由父親多方籌措,才讀完初級師範。1936年,日本侵占東北後,他輾轉於陝北、江蘇、安徽、湖北、湖南、四川等地求學。1940年,他終於考入四川樂山復性書院,師從"一代宗師"馬一浮先生,從事儒學研究。

　　金景芳走的是自學道路。他系統地研究了大量先秦古文獻及著名學者著作。他早年成名著作《易通》,即是流亡關内、在遷至四川的東北中學擔任教員時寫成的。他雖無師承,但在治學中卻常常能有獨立見解。

　　金景芳早年自學,主要在經學上下功夫。他遍讀群經和諸子百家。就讀四川復性書院時,他集中精力研究清人的經學著作,並撰寫了《春秋釋要》一文,深受書院掌門人馬一浮先生贊許。他的學術興趣主要在經學。即使多年後執教東北大學中文系時仍講授經學。清人張之洞説過:"由經學入史學者,其史學可信。"金景芳走的正是"由經學入史學"的正確之路。

早在上個世紀二十年代，金景芳就已經開始自學研究《周易》。他還稱自己是個"讀《易》成癖"的人。然而，《周易》是一部奇特的書，他當時雖然讀了許多研究或注釋《周易》的書籍、文章，但仍有些問題一直弄不清楚。直到 1939 年，他偶爾讀了列寧《談談辯證法問題》一文，才茅塞頓開，《周易》中許多問題頓時冰釋，怡然理順了。於是，他僅用一個寒假時間便寫成《易通》一書。該書是我國最早用馬克思主義理論指導《周易》研究的著作，也是金景芳的成名作。

爲適應後來的教學和學術科研工作，金景芳又系統地學習了馬克思主義理論知識，同時還充分發揮了自己熟悉先秦典籍的特長，從而開始了他對中國古代社會、古代典章制度和古代思想文化的深入研究，並不斷開拓新的研究領域，取得了令人矚目的學術成果，很快他就成爲蜚聲中外學術界的著名歷史學家。

敢挑戰　立新説

金景芳在治學上，堅持走自己的路，説自己的話，從不"依草附木，隨波逐流"。他在學術上勇於創新，敢於堅持自己的獨立見解，敢於向學術權威挑戰，故而自成一家，以其獨特學術風格贏得學界的尊重。

中國古代文化研究是金景芳學術研究的重要領域，也是他取得學術成果最多的領域。他敢於撥正學術權威的某些錯誤結論。如《關於馬王堆一號漢墓帛畫名稱問題》一文，他根據《周禮》等典籍記載，指出馬王堆出土的所謂帛畫，實際上是古代的一種旗幟，應稱做"銘旌"。糾正了當時一些史學、考古權威的錯誤結論。在《商文化起源於我國北方説》一文中，他依據大量文獻記載和考古資料，提出商人祖先昭明所居的砥石，即是今内蒙古昭烏達盟克什克騰旗的白岔山,而昭明之父契所居住的番,即今燕亳。今遼寧、吉林兩省都出土過不少商代文物,證明商文化起源於我國北方。這一新説受到學術界的重視,其後有不少學者對金景芳的商文化起源於我國北方説,表示贊同或提出新的證據,對此説加以補證。

老而彌堅　著書育人不輟

　　回顧自己近一個世紀的生活及學術生涯,金景芳先生説自己主要做了三件事,即:讀書、教書、寫書。他給自己定位爲一個"永不褪色的書生"。

　　上世紀八十年代初,隨着思想解放的不斷深入,金景芳先生迎來了他學術研究的又一個春天。雖然他已進入耄耋之年,但他精神矍鑠,筆耕不輟,勤奮甚於少年。他的大多論著就是在這一時期完成的。全國各地出版社相繼出版了他不同時期的論文集、學術著作多部。看到多年心血凝成的學術碩果,其喜其樂,可想而知。

　　金景芳到了晚年,時常對弟子們説:"我老矣,寫完某本書,送走某批學生,我就不打算再寫再招學生了。"而且他還曾將自己的雅號取名爲"知止老人"。可是,他常不能如願。他一生學養的積累,一生治學的經歷,使他進入學究天人、洞達幽微的境界。一個博學的學者面對改革、開放、民族文化復興的今天,他怎能停止不前,而傚夫子"予欲無言"呢? 於是他不顧年事已高,繼續伏案寫作研究不輟。這期間,他主要集中研究中國古代思想史。除了撰寫大量論文外,他還積極致力於將這一研究與古代文獻研究、經學研究和古代社會史研究融爲一體,造詣可謂精深。晚年他又爲中國思想史研究的方法論建設作出了創造性的貢獻。

　　1985 年至 1986 年,金景芳以 84 歲高齡主辦了全國最早也是當時唯一的《周易》研討班,擔負起培養高校中青年《易》學愛好者和中國傳統文化教育者、研究者的重任。耄耋老人,每周堅持給學員授課，析微闡幽，妙語聯珠。一年下來，其講稿《周易講座》，經助手呂紹綱整理，由吉林大學出版社出版（1987 年），後又相繼出版了多部學術著作。

金景芳自謂“平生無多嗜好。一生執教，樂育人才”。這就是金景芳的世紀人生。他耕耘於三尺講壇，歷時六十多個春秋，桃李滿天下。據學人統計，全國得其教益的學生達 500 人之多。金景芳自 1961 年開始招研究生，到 1978 年又作爲首批博士生導師，開始招收培養博士研究生，使吉林大學成爲國内培養國學高級人才的重鎮。經他培養的碩士才俊、博士弟子，分佈四方，各守師業。北起黑龍江、吉林、遼寧、北京，南至南京、廣東、湖南，東至上海，西至西安、成都，都有他的弟子。可謂“自西自東，自南自北，無思不服”。

“儒門道脈傳千古，天地長留草木春。”金景芳一生著作等身，學開一派，立德、立言、立功兼而有之。立己立人，達己達人，培養了大批後學，頗具大儒風範。先生所創學派，弟子門生薪盡火傳，後繼有人，根深葉茂。

爲寄託和表達對先師育澤之恩的緬懷與紀念，金景芳先生的弟子們近年編撰了反映先生學術之精粹以及弟子們學術成就的《金景芳學案》一書，以示金景芳“學開一派”學術之樹長青不衰。

（《東北之窗》2009 年第 23 期）

回憶與紀念

老驥伏櫪　壯心猶存

——記吉林大學老教授金景芳培養研究生的事迹

吉林大學研究生院

　　吉林大學歷史系和古籍研究所83歲的老教授、博士導師金景芳同志,自黨的十一屆三中全會以來,培養了三屆十名碩士和兩名博士生,爲四化建設輸送高級人才作出了貢獻。金老教授所培養的研究生已在各自的工作崗位上發揮作用。博士生謝維揚分配到華東師大歷史所工作,很受器重,給吳澤教授的研究生開了先秦文獻課。他的二十五萬字的博士論文已交中國科學出版社出版。最近,《中國大百科全書·歷史卷》編委會正式邀請他撰寫難度較大的"宗法"條的譯文,美國王安學院正在考慮接納他赴美研究中國古代史。其他幾位研究生,工作也很出色,都發表了一些有水平的文章。他們有的成了骨幹教師,有的做了歷史系的領導,工作單位都給予很高的評價。

　　金老是怎樣培養研究生的呢?概括起來就是這麼幾句話:堅持標準,嚴格要求,教書育人,認真培養。

　　錄取考生,他既重才也重德。入學考試必須符合標準,不合格就是不合格,不能放寬錄取。考試成績合格,政治品格有問題也堅決不收。有個考生業務考試通過,但思想意識方面有些問題,幾經研究,金老終於不取。

　　培養研究生,他着重全面訓練。金老的研究方向是先秦史。攻讀先秦史的研究生必須讀古書,而現在大學歷史系的本科生多半不讀或者很少讀古書。文科大學生還有一種不好的傾向，習慣於記筆記，背筆記，考筆記，不善於獨立思考。他們文字表達能力一般不高，尤其不會做學術論文。學習馬列主義則往往不深入，人云亦云。金老師針對這些情況采取了有力的施措，務使研究生在學習期間得到全面的鍛煉。這些措施是：(1)指定他們讀幾本馬列原著，要求讀懂讀透。(2)每人發一份需讀的古書目録，鼓勵他們廣泛涉獵，有的書，還要求精讀。(3)每人都要學會做筆記，寫心得，導師定期進行檢查。(4)平時訓練研究寫小論文，每學期一至二篇，發現問題及時指導。這些措施取得良好的效果。研究生們都讀了許多書，寫了不少筆記，加強了基礎，開拓了視野，爲做學位論文作了充分的準備。

講授專業課，他不但毫無保留，而且反對自我封閉。金老認爲研究生攻讀學位主要靠自學，但是自學要有導師的積極引導，不可放任自流。金老開始時每周上兩次課，每次半天，概要講授《詩經》、《書經》、《易經》、《左傳》、《公羊傳》、《穀梁傳》、《周禮》、《儀禮》、《禮記》以及《老子》、《莊子》等先秦文獻。後來逐漸形成了"三傳"研究、《詩》、《書》、《易》研究和先秦諸子研究等四門學位課。講這些古書不僅講經傳原文，重要的是研究探索這些古籍的精華和存在的問題。金老對這些書研究了幾十年，他毫無保留地把自己的體會和見解傳授給研究生們。金老作爲一位自成一家的老學者，能把自己一生治學的積累和治學方法教給青年一代，已屬不易；更爲難能可貴的是他治學和教學都主張開放式，反對自我封閉，搞"小國寡民"。他胸臆洞開，不愧學者風度。例如他研究《周易》幾十年，還要請校外一位中年學者講《周易》第一課，因爲那位中年學者掌握當今國外内《周易》研究的最新信息。金老擅長文獻，但不拘泥於文獻，提倡多學科滲透。他要求學生學好文獻以外，還必須學好古文字和考古學。他常告誡學生："我老了，没有精力研究這些東西，你們卻一定要學好。"

指導學位論文,他嘔心瀝血,層層把關。學位論文的選題、擬定大綱、寫初稿、定稿這幾個重要步驟,金老都要親自把關,注入自己的心血。題目不能太大或太小,有創造性、有新東西,不合這個要求的,都要推倒重來,絕不遷就;擬定寫作大綱這一關更不含糊,幾乎每一個研究生的論文大綱都要經他多次修改。論文初稿,學生一章一節地寫,導師一章一節地看。寫了看,看了改,最後還要總覽兩遍,方算定稿。三屆研究生的論文,近一百二十萬字,通過年逾八旬老人的一千六百度近視的雙眼,一字一句地過濾出來。在培養人才上高度負責的精神和一絲不苟的作風,多麼令人感動!

思想教育,他身體力行。金老對學位論文有三條基本要求。第一,必須用馬克思主義理論做指導,有足够的史料,不許説沒有根據的空話。第二,必須解決問題,有自己的見解,不許東拚西抄,講別人講過的話。第三,不要受導師思想的局限,不要導師説什麼自己也説什麼,要青出於藍而勝於藍。這三條要求表現了這位老教授崇高而廣闊的内心世界,也表現了老教授對後輩親切而科學的教育。當一位博士生論文得到諸如"是理足神完的作品"等高度評價時,作爲導師的金老自己卻説:"他的成功之外,是他突破了我的範圍,超越了我。"金老教授正是這樣時時處處以自己純正的心靈和模範的行動來時時影響學生的思想,陶冶學生的情操。

金老對研究生的組織紀律性也極端重視。例如他曾親自多次登上研究生宿舍的四層樓上,瞭解研究生的學習動態。當他發現研究生溜號回家的時候,立即找助手來商量辦法,并且上報學校,學校出牌處分了溜號的學生。開始時學生們很不好受,過後還是對他充滿感激之情。

人們贊譽金老説,他不是在教書,他是在把整個身心奉獻給下一代,奉獻給人民。

金老"文革"前帶過兩期研究生。現在他有兩名博士生和兩名碩士生,明年還招三名博士生、三名碩士生。人們問他,八十三歲

高齡爲什麼這樣拚博，老人家總是報以一句質樸的話：“趁身體還
行，多做點貢獻！”

　　　　　　　　　　　（《學位與研究生教育》1986 年第 2 期）

教書育人、潛心治學的一生

——深切懷念金景芳教授

著名歷史學家、歷史文獻學家、吉林大學教授金景芳先生，因病醫治無效，於 2001 年 5 月 1 日在長春逝世，享年 99 歲。金景芳先生的一生是教書育人、潛心治學的一生。

金景芳先生，字曉邨，遼寧義縣人，1902 年 6 月 3 日出生。1923 年畢業於遼寧省立第四師範學校。曾當過家庭教師、小學、初中教員、通遼縣教育局長、遼寧省教育廳股長、東北大學中文系講師、副教授、教授。全國解放後，在東北文物管理處、東北圖書館任研究員。1954 年 1 月，調到東北人民大學（後更名爲吉林大學）工作。先後任歷史系教授、圖書館館長、校工會主席、歷史系主任。1956 年加入中國共產黨。1980 年以後，任歷史系名譽系主任、吉林大學社會科學學術委員會副主任委員、古籍研究所教授、中國古代史專業博士生導師。兼任國家古籍整理出版規劃小組顧問、中國孔子基金會顧問、國際儒學聯合會顧問、東方易學研究院顧問、中國先秦史學會顧問等。

先生是國內外著名的《易》學專家。1939 年撰寫成《易通》，這是最早用馬克思主義理論指導研究《周易》的著作之一。到吉林大學後先生陸續發表了《易論》、《説易》、《關於〈周易〉的作者問題》等易學論文二十餘篇，出版《學易四種》、《周易講座》、《周易全解》、《〈周易·繫辭傳〉新編詳解》等 4 種易學著作。在海內外易學研究領域獨樹一幟，被稱爲金派。

在孔子研究領域先生創獲頗多。先生一直堅定地認爲："中國

之有孔子，毋寧説，是中華民族的光榮。"先生研究孔子的代表作
《孔子新傳》及相關論文二十餘篇，在學術界有重要影響。

　　先生在馬克思主義史學理論研究方面也多有建樹：在中國古
代史分期問題上創立了秦統一封建説；在由原始社會向文明社會
轉化問題上，提出了過渡時期的理論。並依據這一理論論斷夏代
即具有這種過渡的性質；先生根據馬克思、恩格斯和列寧的相關論
述，在中國奴隸社會的階級和階級鬥爭問題上，指出奴隸社會的階
級和階級鬥爭是等級制階級和各等級之間的鬥爭；在先秦社會制
度史研究上，先生用馬克思"兩種生產"的理論來解釋宗法問題，認
爲宗法是在階級關係充分發展的歷史條件下，統治者對血緣關係
加以改造、限制和利用，使之爲維護君權服務的一種制度，廓清了
史學界在這一問題上長期流行的錯誤觀點。先生還指出井田制度
實際上就是馬克思和恩格斯所論述的農村公社或馬爾克土地制度
在中國的具體表現形式，令人信服地解決了學術界關於井田制度
及其相關的許多紛爭。

　　在古代思想文化研究領域，先生關於中國古代思想的淵源、關
於西周在哲學上的兩大貢獻、關於商文化起源於我國北方説、關於
經學與史學等論述，在學術界都有着廣泛的影響。先生的研究成
果表明他是一位具有系統社會史理論的思想史專家。

　　在歷史文獻學研究領域，先生共出版研究、考辨古代典籍等著
作6種，文章近30篇。這些論著既有對某些古代典籍編撰背景的
分析介紹，也有對某一典籍思想底蘊的深入闡發。還有對典籍中
疑難問題的詳細考證，往往新意迭出，發前人所未發，充分顯示了
先生古籍考辨的深厚功力。

　　先生從教近80年，教授過的學生多達數千人，爲國家培養了
大批本科生、碩士研究生與博士研究生等有用人才。又以畢生精
力潛心學問，共出版學術著作16部，發表學術論文一百餘篇，在學
術上做出了不可磨滅的貢獻，堪稱史學界的一代學術大師。

　　金景芳先生治學嚴謹，讀書爲學善於獨立思考，敢於説自己的話，走自己的路，從不依草附木，隨波逐流。他的逝世，使我們後學者痛失敬愛的導師，也使我國文化教育事業失去了一代名師。讓我們學習先生教書育人、潛心治學的高尚精神，發揚光大先生的學術思想，沿着先生開創的學術道路不斷前進。

　　　　（《吉林大學社會科學學報》2001 年第 4 期）

祝賀金景芳先生九五壽辰

張岱年

老友金景芳先生是當代著名的史學家、易學大師，主要著作有《易通》(1945 年)、《古史論集》(1981 年)、《中國奴隸社會史》(1983 年)、《學易四種》(1987 年)、《周易講座》(1987 年)等，對於中國上古史有深入的研究，提出了對中國古代社會的獨到見解；對於《周易》研究尤深，對於《周易》經傳進行了深入的考察和精切的闡釋，做出了重要貢獻。

我與金景芳先生相識，是在 1979 年太原開的一次哲學史方法論討會上，在會前已讀過金先生的文章。金先生長我 7 歲，而論學見解頗多契合。十幾年來，多次會晤，議論多相合處。

金景芳先生治學的特長是以馬克思主義的觀點對中國古代史料進行深入的考察，從而得出實事求是的論斷，如《中國奴隸社會史》對於中國古代的井田制、宗法制等，都提出獨到的見解，做到了理論與史料的密切結合。這是難得的。《中國奴隸社會史》的自序中說："我沒有依草附木，隨波逐流，我說的是自己的話，走的是自己的道路。"這表現了一個真誠的學者敢於獨立思考的理論勇氣。

景芳先生對於易學造詣尤深，早年著《易通》，晚年又著《學易四種》、《周易講座》等著作，闡明易學的義理，擯斥關於象數的迷信，同時堅信孔子作《易傳》的記載。《史記·孔子世家》說："孔子晚而喜易，序彖、繫、象、說卦、文言，讀易韋編三絕。"此係漢儒舊說，晉唐並無異詞；至宋代歐陽修始提出《繫辭》非孔子所作，清代崔述更發揮其説，二十年代疑古思潮盛行，許多人都不信孔子作《易傳》的記載，甚至認爲《易傳》係漢代人著作。金景芳先生獨抒己見，堅持認爲孔子作《易傳》是歷史事實，也表現了獨立不懼的勇氣。按《繫辭》中有對於“顏氏之子”的稱贊，顯然是孔子的語氣。清季以來，對於《老子》五千言和《孫子》十三篇的作者，都提出懷疑和否定的見解。當代史學家已多承認《老子》是春秋時老聃所著，《孫子》十三篇是吳王闔閭時的孫武所著，則與老聃、孫武先後同時的孔子撰寫《易傳》，從歷史條件來説是完全可能的。古代史的許多歷史事實，不可能有百分之百的證據，但是也不容百分之百地加以否定。肯定《易傳》係孔子所著，還是有一定根據的。

接景芳先生的弟子呂紹綱同志來信説，1996 年 6 月是金景芳先生 95 歲壽辰，我十分高興，於是略述我與景芳先生的友誼，表示對於景芳先生的祝賀，敬祝景芳先生健康長壽！

（《金景芳教授九五誕辰紀念文集》，吉林大學出版社，1996年）

祝賀金老九十三芳壽長

老　驥　伏　櫪
志　在　千　里
烈　士　暮　年
壯　心　不　已

借用曹操詩句

匡亞明敬書

一九九三年三月廿日

（《金景芳教授九五誕辰紀念文集》，吉林文史出版社，1996 年）

白山黑水，齊魯宗師壽。沐浴儒育華壽。

研經宣妙理，辨史明玄竅，人共祝神清。

步從韶音奏。　　兩袖清風送明月，

一拂宗，披風雨，知風候，彈鋏揚皓首，

韶智曜碧岫，經世變，江山永順瓊林茂。

斌千條夢一闌政況

景芳學長九十五華誕　　銘祝

博大精深　通达古今

蘖英腾茂　一代史家

敬贺金老景芳师九三华诞

刘中树

青峰為木濃蔭茂

欲到黄花聽壽兵

景芳先生九十晉五大壽之祝

後學趙儷主敬賀時己丑年屆八十

恭祝　景芳金老九十五高
龄华诞兼为纪念文集献诗

九五依然老健身　　　寿翁学养日常新
曾将铁笔惊流俗　　　每把金针渡世人
易理详参知造化　　　文心历炼见精神
儒门道脉传千古　　　天地长留草木春

书海遨游不计年　　　雄心未老志弥坚
已随学府开新运　　　更向儒林续逸篇
指点江山添寿色　　　缤纷桃李贺华延
文章传世非无我　　　得住人间自在天

后学　李锦全敬贺
一九九五年十二月五日

史學泰斗

人間祥瑞

恭祝金景芳先生九五壽辰　晚鄒逸麟敬書

一九九六年五月

紀念金景芳教授誕辰一百周年

張岱年

　　老友金景芳先生是史學名家,又是易學名家。在史學方面,對於中國古代史有湛深的研究,聲言"走自己的路",提出自己的獨到見解。關於易學方面,對於《周易》經傳探幽闡微,尤多創獲。我與金景芳先生是在 1978 年在太原召開的中國哲學史討論會上相見的,金景芳先生長我七歲,論學頗多契合,關於《周易》的研討,彼此見解尤多契合,嗣後金景芳先生又贈我易學著作多種,我很感謝!方期慶祝金先生茶壽(108 歲),忽聞百歲仙逝,壽臻期頤,亦屬難能矣。金景芳先生的學術成就將永放光輝!

　　(《金景芳教授百年誕辰紀念文集》,吉林大學出版社,2002 年)

金曉邨教授九五壽言

羅繼祖

　　我納交於金曉邨（景芳）教授在 1950 年之冬。時解放已 5 年，東北一隅兵事戢，民生方漸恢復，王修處長綜理東北圖、博兩館於焦爛之餘，旁羅俊義。我時自旅大來，王處長召入博物館充研究員。於時兩館人才濟濟，計博有李公鳬（文信）、沈公卓（著）、齊子茹（良琨）、胡龍公（文效），圖有金老（以後文中用以簡稱）、宋蔭谷（玉嘉）、王某某（士修）、楊和溪（仁愷），皆來自祖國四方，炳炳麟麟，一時稱盛，有梁園鄴下之慨。

　　無何，抗美援朝戰事起，又逢接收旅大被蘇軍暫占的滿鐵圖書館，任務倥傯，士俊與我被留於旅大館，轉瞬五年過去，時金老與蔭翁轉職於長春東北人民大學（今吉林大學前身），是秋我也自旅大館來長春，雖出部調，實由金老先爲説項，故自今感之。時校務草創，匡（亞明）、劉（靖）兩公主校務，金老任歷史系主任，我也當上一名歷史系的講師。

　　我既走上新國家的講臺，對馬列主義應有所體會。我平日恥作日本殖民主義順民，但由於在東北年久又深居謝客不預外事，進步書刊言論很少接觸，幾同一張白紙。這一點不如金老遠甚。金老雖“九一八”後才離東北，但必深諳革命理論，解放後能夠運用新觀點，尤精於《易》及《春秋》兩經。我的理論水平太低，雖教過兩門課，都没能教好。

　　後此 17 年中，由於“二戰”雖告熄滅而冷戰、糖衣戰仍在肆虐，

故接二連三的運動不能停。最後借"海瑞"一劇發動了空前的政治
悲劇,宵人趁之,於是所謂"文化大革命"勃然以起,擾攘十年,國是
靡寧。傷心話不想多說了。

　　"三中全會"以後全國教育形勢起了變化,吉林大學也蹶然以
興,要跟上全國步伐。僅一個歷史系就分出三項合爲古籍研究所。
研究古籍是新的任務。三項是以金老爲首的"先秦史",于思泊(省
吾)教授爲首的"古文字學",我的"古文獻學"。同時也招收各專業
的研究生,分別授以碩士、博士學位,誠國家盛事。金于二老皆碩
學淵識,口碑在人,并且他們都做得很好。金老的兩部弘著,獨出
冠時,且獲盛獎。于老晚歲盡瘁傳經,繼起有人。醫我學殖本疏,
更兼病廢(兩耳俱聾),不能授課,但又做了第二次濫竽,實抱愧無
比,兼爲學校帶來損失。

　　猶記我壽金老八四壽詩云:"說士忝項斯,喁於恕無狀。俛仰
卅餘年,驚濤逐駭浪。嘉會慶三中,多士心懷暢。新著一倍添,衛
道公何讓。蟠桃壽千春,瑤池溢仙釀。緬懷造士勤,吾衰曷敢望。"

　　五言短古才六十字,卻無一字不自肺腑中流出。及 1988 年
夏,我離休去大連,瀕行往謁金老,鄭重握別,時金老精神強固勝
我。今一別又已七載矣,我衰病杜門時多。大連又兩爲俄日殖民
地,奴化教育使士不悅學。解放後又未注意此點,市中雖設有大
學,然而向學之士無多。我以衰病之身居乎此,何敢望長春金老老
驥伏櫪,孜孜不倦!

　　太上有立德,其次有立言。金老有德兼有言,更宜有壽。今屆
九五嵩降之辰,謹獻南山之頌與難老之祝。百歲壽翁其翻然而嚼
一觴乎。是爲祝。

　　(《金景芳教授九五誕辰紀念文集》,吉林文史出版社,1996 年)

在金景芳老師啓導下

——讀《老子》札記片斷

張松如

1969年夏,我有緣與金老師一同編入由吉大文科師生組成的教改工作隊,結伴下放舒蘭農村。我時年六十,金老師長我八歲,已近古稀,都作爲隊中被關照成員,與農民同吃同住同勞動,約兩個月。在那激情似火的非常時期,最高指示幾乎成爲每個人的口頭禪,獨見金老師坦誠樸直,不改碩儒長者風度,在任何情況下,不躁不慍,也不隱瞞自己觀點,總是説真心話,辦實在事。他和大伙一道下地,插秧薅草,全無難色:"莊稼活兒,我年輕時幹過。"大有返老還童之神態。在教改問題上,他認真提出"辦書院"的建議。我不時聽到嘖嘖竊笑聲,不禁插話説:"這些辦法,對於培養研究生還是大可借鑒的。"在勞動之餘,於地頭河邊,他經常爲我講説古史:"井田制","初税畝","田氏代齊","三家分晉",以及"商鞅變法"……娓娓説來,且時見義憤,有慨於每遭誤解。這樣,經過五六十天的共同生活,使我對金老師的學問道德有了進一步認識,從而在内心裏領略到一種純真耿直的學人風範,暗暗産生敬佩之情。

返校後,過了半年,又得一同搬入東中華路"十八家"校舍,住隔壁,作近鄰,接談問學,更方便了。當時,適逢"批儒評法",我趁機翻閲了部分《詩》、《書》及周秦諸子,先寫了一册《商頌論》;繼而長沙馬王堆三號漢墓出土了大批帛書,又據以校讀《老子》。在這些作業中,每遇難字,於音讀訓詁,多得同室于思泊老師指點;凡有關史識義理,則向金景芳老師求教。至今已逾二十有五年,實爲我後半生的主要時日。惜于師在七年前逝世,幸金師身心均健,獎掖後學,惠我孔多。近年《商頌論》已增訂爲《商頌研究》出版;在老學方面,也結集爲《老子校讀》、《老子説解》及《老莊論集》,且在續寫《道德經講讀》。我當然不可能把全部科研方方面面的師承關係條分縷析反思出來,正如不可能指明骨胳筋肉的生長是源自哪口乳汁或何種營養。但是,在讀老注老過程中,有些論點和判斷,是直接或間接受到金景芳老師的啓導,這些大致還是可以數點出來的。謹就此一端,特作讀老札記片斷,把給我影響最深的四點,簡述如下。

一、關於道家文化傳統

傳統凝聚在千百萬年的歷史之中,一個民族是無法擺脱自己與生俱來的文化傳統的,中華民族的文化傳統大略分前後兩種:一是有史以來母系氏族公社女性崇拜的原始宗教經過若干萬年積澱下來的老傳統;一是夏商周三代以來父權家長制逐步形成,特別是周代正式確立的宗法禮教新傳統。如果説由孔子創立的儒家繼承了後者;那麼以老子開宗的道家則是遙接前者。這論斷已爲當今多數治老學人所首肯,看來是非常精當的。據我所知,這一命題與這一論點,實首聞於金老師之口並首見於金老師著作。金老師認爲老子思想不但有社會根源,而且還有思想根源,並明確指出:“孔子思想受《周易》的影響很深,老子受《歸藏》思想影響。”他説:“這一點很少有人談及。據我看,這一點是可以肯定的。”同時進行了深刻詳細的分析,説明可用以“觀周道”的《周易》,表現出“尊尊是重父,反映父權制已完全確定”;可用以觀殷道的《歸藏》,表現出“親親是重母,反映還存在母權制的殘餘”。並從《老子》書中,摘引出大量章句,分別歸屬於“重母性”與“重柔弱”兩個條目下,以作

"老子繼承和發展了《歸藏》首坤次乾思想的證據"。① 在這裏金老師所説的"老子思想的思想根源"，當然便是有關道家的文化傳統。順着金老師指出的這一思路，來做老子思想的文化解讀，便不難發現大量被三代特别是周朝父權文化所吞没的遠古女神宗教的原型與象徵，谷神、玄牝、象帝，直到以大母神作爲"道"的原型意象，諸如"有物混成，先天地生……可以爲天下母"（二十五章）；"無名、天地始，有名、萬物母"（一章）；"天下有始，以爲天下母"（五十二章）；凡此都稱"母"表現爲神秘的"道"及其創生功能的隱喻。又如"我欲獨異於人，而貴食母"（二十章）；"既知其子，復守其母，没身不殆"（五十二章）；"有國之母，可以長久"（五十九章）；這些"母"則又被用作生命力的源頭或生命持久的隱喻。總之，知雄守雌，以牝勝牡，崇拜嬰兒，崇拜母性，可視作首坤次乾思想的章句或辭語，在五千言中俯拾即是，豈不都可視作老子思想實遠紹母系氏族公社女性崇拜的原始宗教老傳統的顯證嗎？把握這一特點，對於正確闡釋道家文化思想是極爲重要的。

二、《老子》書的年代和它與老子的關係

老子即老聃，生於春秋後期，略早於孔子；《老子》書屬於老子著作，書中所講的哲學思想屬於老子本人；偶有後學竄入，也非主要部分。這在先秦、兩漢、魏晉、南北朝以迄隋唐五代，一直没有異説。首先提出問題的是北宋中世陳師道（1053—1101）。他説："世謂孔、老同時，非也。孟子辟楊墨而不及老，荀子非墨老而不及楊，莊子先六經，而墨、宋、慎次之，關、老次之，莊、惠終焉。其關楊之後，孟荀之間乎？"（《後山先生集》第二十二《理究》）此後學人著述，關於這一問題，偶有涉及，呼聲不響。祇有到了 1922 年以後一二

---

① 請參讀《古史論集》，第 274～281 頁及《中國奴隸社會史》，第 287～288 頁。

十年間,才成爲學術界集中討論的重要問題。回憶當年在大學讀書時,羅根澤教授與王重民、劉汝霖等學長,都大講特講,異説騰起,蔚爲一時風尚。這種"標新"與"疑古"的精神,影響至今。雖然不無創意,間亦有所啓發,其實多爲"翻案"而翻案,理據每苦不足。頃讀金老師《也談關於老子哲學的兩個問題》,於此與馮友蘭先生有所辯論,特將其要點摘録備考。

馮友蘭先生主張《老子》書出於戰國中期或稍後,雖然書中所講的哲學思想有一部分是屬於老子本人的,但不是主要的。就主要內容看,其書晚出,理由可分爲兩個方面:一是《老子》書中似曾提出了反對《墨子》與《孟子》的口號。二是"從大處看也不合於先秦的一般學術發展的情况"。對此,金老師逐條給予了回答與反駁:

首先,馮先生所持的理由和證據之一,即"《老子》書裹説'不尚賢,使民不争'。'尚賢'是墨子所提出的政治鬥争的口號。老子説'不尚賢',是反對墨家的政治口號,同墨家樹立對立面"。金老師經過詳細辯析,指出墨子的"尚賢"確乎是反對"親親、尊尊",而主張"官無常貴,民無終賤",是政治鬥争口號;"而老子的'不尚賢',則同'不貴難得之貨'一例,是爲了宣傳他的'無爲'、'玄同'的觀點",與墨子的政治鬥争口號爲風馬牛。這是再簡明不過的了。再者,馮先生還有另一理由和根據,即"老子主張'絶仁棄義',墨子和孟子注重仁義,把'仁'、'義',平列地提出來。老子主張'絶仁棄義',這也是同他們樹立一個對立面"。金老師指出,馮先生這個提法"是應用形而上學的方法看問題,衹從問題的表面現象着眼"。爲什麽這樣説?"誰都知道,墨子以'兼愛'爲仁,以'非攻'爲義;而孟子則以'親親'爲仁,不反對'義戰'。"至於《老子》書裹'絶仁棄義',在文法上顯而易見是與'絶聖棄智','絶巧棄利'等詞句平列的。證明老子是把'仁'、'義'看同'聖'、'智'、'巧'、'利'一例,没有什麽獨特之處。'仁'、'義'、'聖'、'智'、'巧'、'利'等等,實代表一切名相，一切差別。這些名相、差別，在老子以前早已存在，老子反對它們，正是爲了宣傳他的'無爲'、'玄同'觀點。怎能看到這裏出現'仁'、'義'二字，便認爲是同墨、孟樹立一個對立面呢？"應該肯定，這批判是犀利而深刻的。

其次，馮先生主張《老子》書晚出，還有"從大處看"的三點理由。其實也都難成立。具體説，第一點，是"關於先秦學術的發展的規律，在孔子以前'無私人著作之事'，私人著作是跟着私人講學來的"。又説，春秋以前"是所謂'學在官府'，到了奴隸主貴族的統治開始崩潰以後，這才有私人講學的事情"。金老師經過史的分析，指出："'學在官府'衹是説明奴隸階級不掌握學術文化，即没有奴隸著作之事，並不能説明奴隸主没有私人著作之事。"又説："在私人講學還没有發生以前，就衹能有本人自撰的著作，不可能有學生們記録老師講話的著作。"於是指出："我們知道，《詩》三百篇和《書經》裏的許多篇都是保存下來的私人著作。周公、史佚等，都是歷史上有名的著作家。怎能説孔子以前没有私人著作呢？"最後説："依我看，如果把這條，即'在孔子以前無私人著作之事'，看成是什麽'發展的規律'。應該説，這條規律是不存在的。"誠然，"没有"可以"創例"，爲什麽老子不能開"私家著作"之風呢？近人江瑔《讀老巵言》甚至説，老子爲百家諸子所從出的開山祖師，他説："上古三代之世，學在官而不在民，草野之民莫由登大雅之堂。惟老子世爲史官，得以掌數千年學庫之管鑰，而司其啓閉。故老子一出，遂盡泄天地之秘藏，集古今之大成，學者宗之，天下風靡，道家之學遂普及於民間。"①這豈不正好説明私家著作之風似應始倡於老子嗎？第二點，是"從思想鬥爭的觀點看"，孔子、墨子、孟子都絶對不能與老子的思想和平共處。而《論語》、《墨子》、《孟子》中"都没有跟老子的思想作鬥爭，甚至没有提到老聃的名字"，以此來反證《老

①　轉引自蕭兵、葉舒憲：《老子的文化解讀》，第960頁。

子》書裏的思想不是老聃的。這論據顯然是薄弱的,大前提就失之太絕對化了,以或然當作必然,亦陷於主觀臆造。再從結論來看,也把"思想鬥爭"這一極端複雜的活動過分簡單化了。金老師指出:"老子之學,是以自隱無名爲務,不同於孔墨兩家的聚徒講學,到處求售,所以他的學説傳播比較慢,是可以理解的。"這才是合情合理的論斷。第三點,是"從先秦哲學思想的發展看",應該如同"一切事物的發展都是從低級到高級,從簡單到複雜";而馮先生認爲《老子》書裏所講的東西比其他諸子講的都"高級"、"複雜"。因此判定《老子》書是百家爭鳴以後出現的,是必晚出。應該説,這結論是想當然,並不是根據《老子》書的具體內容判定的。金老師指出,這實際上也是把"一般"、"概括"的概念置換爲"高級"、"複雜",把"具體"、"特殊"的概念置換爲"低級"、"簡單"。用這些概念作標準來論斷《老子》書與諸子百家思想的先後,是欠準確的,是不科學的。

　　總之,馮先生關於《老子》書晚出的全部論證,都是站不住脚的。這是因爲老子其人其書史傳原本不誤。當然,他是怎樣上承傳統,他是如何下啓後學,尚有許多具體問題,有待發掘研討。一時尚難論定的,兹不贅。

三、《老子》第一章的判句問題

　　《老子》開宗明義第一章:"道可道,非常道;名可名,非常名。無名、天地之始;有名、萬物之母。故常無欲,以觀其妙;常有欲,以觀其徼。此兩者,同出而異名,同謂之玄。玄之又玄,衆妙之門。"這段文字,各家多有不同的斷句,這個問題必須解決。因爲它不是細節的問題,而是關係到對於老子道論的根本看法的問題。

　　上述問題是金老師於 1960 年時在《也談關於老子哲學的兩個問題》中提出的,並作了明確肯定的答復。其中關於首尾兩段,雖亦稍有參差，而爭議不大，最主要的是中間四句，是以“無”字、“有”字爲逗呢？還是以“無名”、“有名”爲逗呢？是以“常無”、“常有”爲句呢？還是以“常無欲”、“常有欲”爲句呢？像這一些，自古分歧，於今爲烈。

金老師認爲，前兩句必以“名”字爲逗，“無名”應前“常名”，“有名”應前“非常名”即“可名”，承接很緊湊。若以“無”，“有”爲逗，則與上句黏連不上，覺得突兀；且“無”，祇可稱“天地之先”，不得説是“天地之始”，“天地之始”便是“有”了，更不得再以“有”稱“萬物之母”。後二句，“應於兩‘欲’字處點斷，不應於‘無’、‘有’二字處點斷”。於兩“欲”字點斷，猶云“常以無欲觀其妙”，“常以有欲觀其徼”。蓋“無欲”“有欲”都是老子熟語，用以“觀其妙”與“觀其徼”，亦文通義顯。若從“無”、“有”點斷，則如高亨所云，兩句當即讀作“欲以常無觀其妙”，“欲以常有觀其徼”，這種讀法雖爲時人如關鋒、林聿時等所贊同，但實不通。“把‘欲’字故意提到前頭，是什麼道理呢？難道老子平時主張‘無欲’，而當“觀妙”，‘觀徼’的時候，就這樣要倚靠‘欲’來解決問題嗎？無論如何是説不通的。”更説不通的是“常無”、“常有”俱非老子習用熟語，在老子道論中就根本没有“常無”“常有”這兩個詞，有之就是誤讀錯解“校詁”出來的。因爲“有無相生”，不得偏舉，在自然及生活中從無所謂“常無”或“常有”也。於此金老師總結説：“‘無’、‘有’二字，於文法爲同動詞。同動詞‘無’、‘有’的後面，須有賓詞。不管這個賓詞省略與否，總歸是有的。那末，這裏同動詞‘無’、‘有’的賓詞，如果説不是‘欲’，又是什麼呢？令人費解。又次，‘妙’、‘徼’是頂接‘無名’、‘有名’來説的，‘無名’、‘有名’又是頂接‘常名’、‘非常名’來説的。總之，都是談有，而不是論無。如果説用‘常無’來‘觀妙’，也是説不通的。”這些話説的是極爲明白確切的。另外關於首尾兩段，也都作了分析解讀，均有新意，因爭議不大，不摘記了。再者這裏摘記的祇是有關點讀斷句部分，金老師的論文中，猶多有關章旨義理的解釋,時見精華,文長未録。我在七五年校讀帛書時,得知金老師有關《老子》第一章句讀,已全部爲帛書《老子》甲乙本所證實,因斷然從以寫定。

四、作爲本體的道是"無"呢,
還是"有無的統一"呢?

這個問題,歷來特別是近現代注老諸家没有不接觸到的,但立論往往恍惚其詞,使人難以明確把握。頃讀金老師著作,所作論斷斬釘截鐵:道是無,不是有無的統一。論點鮮明,邏輯嚴謹,啓人深思,有利探討。且讓我撮述梗概,並綴以商榷意見,借機領教吧。金老師認爲:

(一)老子是把道分爲兩種:一種是"非常道",即可道的道;另一種是"常道",即不可道的道。老子認爲,"常道"的道,是普遍的,是根本的;"非常道"的道,是特殊的,是派生的。兩種道如果説可以統一起來的話,那末,老子認爲統一於"常道",而不統一於"非常道"。

(二)"非常道"實兼德而言,"常道"不兼德而言;"非常道"的道,在物之中;"常道"的道,在物之外。關於道與德的含義,《管子·術心》篇有很好的解釋。《心術》篇説:"虛無無形謂之道,化育萬物謂之德。"又説:"德者道之舍,物得以生。生知得以識道之精。"又説:"故德者,得也。得也者,其謂所得以然也。無爲之謂道,舍之之謂德。故道之與德無間,故言之者不別也。間之理者,謂其所以舍也。"(王引之云:"之理"二字因注而衍,"間者"上脱"無"字。)以上文字大意説,道與德二詞,在一般用法上没有什麼區別。……二者的區別,祇爭一個"舍"字,(所謂"間之理者,謂其所以舍也。")即道之爲道,無"舍",德之爲道,有"舍"。(所謂"虛無無形謂之道"和"德者、道之舍。")換言之,"常道"、無舍,"非常道"、有

“舍”。

　　（三）道是規律。有“舍”的“非常道”，是説明這種規律存在於物質客體中。如《老子》書中所説的“天之道”、“地之道”、“聖人之道”，以及《莊子》書裏所説的“在螻蟻”、“在稊稗”、“在瓦甓”、在“屎溺”的道等等。無舍的“常道”，依老子的看法，這種規律是離開了物質客體而單獨存在着。諸如“有物混成，先天地生”（二十五章），“道生一、一生二、二生三、三生萬物”（四十二章），“道之爲物，惟恍惟惚”（二十一章）等等。這些道“先天地生”，正説明它是第一性的，是没有物質客體的單獨存在的。“可以爲天地母”，説明它是宇宙的根源。“寂兮寥兮”等等形容，説明它的抽象性、絕對性和普遍性。

　　（四）老子所説的“非常道”是具體的、特殊的道，所説的“常道”是抽象的、普遍的道。在抽象和具體的關係的問題上，老子並不是把感性認識和理性認識看成是統一的認識過程的兩個階段，而是以爲理性認識可以不從感性認識得來，認爲概念是獨立地，不依賴於現實事物而存在，概念是現實的創造者。在單一、特殊和普遍的關係的問題上，老子不瞭解特殊的事物是和普遍的事物聯結着的，普遍性即存在於特殊性之中，無個性即無共性，而是把普遍性絕對化，認爲普遍先於單一並創造單一。毫無疑問，老子這種哲學思想是客觀唯心主義，而與唯物主義無共同之處。

　　（五）老子不但認爲道是在物質之外存在着的規律，而且認爲德也是規律居留於物質之中，還保留着可以分離的關係。不僅如此，他還認爲道是絕對的、根本的；德是相對的、派生的。這樣，老子所謂的道的實質，在某種程度上，可以説還與古人所謂靈魂一脈相通。恩格斯説：“在遠古的時候，人們還没有關於人體構造的任何概念，還不會解釋夢裏的現象，所以就有了這樣一種想法，以爲他們的思維與感覺並不是他們身體的活動，而是一種什麽特殊的東西——靈魂的活動。這種靈魂居留人的身體之内，在人死後就離開肉體了——自從那時候起，人們就不得不深思到這種靈魂對外界的關係。要是靈魂在死亡之際就與肉體分離而繼續活着，那麼便没有絲毫理由去設想靈魂還有什麼單獨的死亡了。關於靈魂不死的觀念就是這樣發生的。"①請看，如果把老子所説的"道"，改用"靈魂"來代替，豈不是更直接，更容易瞭解嗎？

（六）結論："先天地生"又"可以爲天地母"的道，作爲規律，如同靈魂一樣，存在於自然界之前之外，又是自然界的創造者。依此來讀《老子》四十二章"道生一"，這"一"顯然就是自然界；"一生二、二生三，三生萬物"，就是自然界創生萬物的過程。再依此讀《老子》四十章"天下萬物生於有"，這"有"就是"一"，萬物生於自然界；"有生於無"，亦即自然界生於"道"，亦即"道生一"。這樣，"無"就是道；自然，"道"就是"無"了。道衹能是無，不得説是有與無的統一。

《老子》注家，稱道是無，無即道者多矣，如金老師這般論斷明確，對我説來，尚屬僅見，從而更深富啓發性，自然也便引起一些聯想，或者可以説是在學習過程中生發的相對思維吧。現在一並簡記下來。

（一）老子賦"道"以本體論意義，《老子》書中的"道"當具有本原與規律兩種性質，衹説它是規律，似乎簡單了些。"道生一"，這個"一"，説是氣，是太極，是自然界，固無不可，但主要的還是"混而爲一"的"一"，實即道，衹是强調了它的唯一性即本體性。

（二）《老子》書中諸"道"字，既然都是"强名之日道"，理應一例都是"非常道"，因爲"常道"是不可名、不可道的。但豈不是又一例都寄寓着或表象着"常道"嗎？"常道"決定着產生着"非常道"，"非常道"寄寓着表象着"常道"。"常道"與"非常道"這二者，正是普遍與特殊、無限與有限、絕對與相對、永恒與短暫的關係，這普遍、無

---

①　《費爾巴哈與德國古典哲學的終結》，第18～19頁。

限、絕對、永恒就處在這特殊、有限、相對、短暫之中，而並非處在它們之上的彼岸。哲人老聃於此當深有理會，否則他便不會反反復復論說五千言了。

（三）"德者道之舍，物得以生。生知得以識道之精。"這是說物得道而爲德，道經德而生物。從這生物中看出道的創生功能。這裏泛言道，未分"常道"與"非常道"，下面說"故道之與德無間，故言之者不別也"，亦泛言道，不得說"非常道"兼德而言、有"舍"，"常道"不兼德而言、無"舍"，那樣便遮斷"道生之，德畜之"的道路了。這裏，"之"即"萬物"。假如說"道生之，德畜之"，猶處於"無名、萬物之始"；那麼，"物形之，勢（器）成之"，便進入"有名、萬物之母"了。此"物"與"勢"（器）都在執行着道創生萬物的任務。"物"乃"道"的體現，"勢"（器）乃道的功用，都是由道與德生發出的哲理性範疇。特別值得注意的是"物形之"這個"物"，它義如"物質"，並非任何實體。

（四）作爲本體的"道"，是物物者，而本身不是物，不是萬物中任何一種實體之物。天地人都是由道創生，都是有其開始的，而"物質及其存在形式、運動，是不能創造的，因而是它們自己的終極原因"。這是恩格斯在《自然辯證法》中指出的，那麼，這個"物質"是什麼呢？恩格斯接着說："物質本身是純粹的思想創造物和純粹的抽象。當我們把各種有形的存在着的事物概括在物質這一概念下的時候，我們是把它們的質的差異撇開了。因此，物質本身和各種特定的、實存的物質不同，它不是感性存在着的東西。"①試設想看，老子所構想的"道"，豈不是可以和恩格斯如此這般界定的"物質"劃上全稱等號嗎？較之"靈魂"，可能更貼切些吧。

（五）這樣來讀"天下萬物生於有，有生於無"，那便祇好把"有"解作"有名"，把"無"解作"無名"。再不然，就讀作"天下之物生於有無相生之道”。總之，“無”與“有”俱屬“道”之一偏，尚“無”崇“有”，都是片面性。看來還是把道視作“有無的統一”更恰當些。

這個結論，形似兩歧，但仍然是在金老師立論的啓導下得出的，故附贅於此，以備參考。

金老師主治中國古代史，學貫六經，識鎔百家。這裏祇就有關老學兩篇論文，結合學習體會，寫了一段讀書札記，不啻在汪洋學海中，管窺蠡測，未逮一粟。即僅按 30 年來斷續加惠於我者，也還不過是片面點滴。來日方長，知也無涯，苟一息尚存，定不懈求進。所幸金老師直與世紀同步，頤道高年，心身兩健，光古耀今，實爲我輩垂範。同隸已跨上“211”工程大道的吉林大學，老驥不伏櫪，均未離教職，祝龍頭挂帥，願綴梯尾，共躋中國乃至世界一流學術殿堂。時代之光，山高水長。

（《金景芳教授九五誕辰紀念文集》，吉林文史出版社，1996年）

記金景芳先生

吳榮曾

　　我對金景芳先生的瞭解，是由他的《論宗法制度》一文而引起的。1957 年時，我老師張苑峰先生和我談起宗法制的問題。他特別肯定金先生這篇文章，他說從文章看出金先生的經學根基好，否則難以寫出這樣的論文。張先生平時對人或文章不輕易表態。他這番話使我深信這位金先生是位學問很好的學者，從此我對這位從未見過面的前輩產生了敬重的心情。

　　1959 年，歷史所在京討論通史大綱。當時與會的有金先生和佟冬，另外還有尚鉞、韓連琪等位，我當時剛 31 歲，是與會者中最年輕的一個。這是我第一次見到和結識了心儀已久的前輩學者。"文革"以後，先生出來開會機會較多，路過北京時我常去拜訪他，彼此也就更加熟悉起來。1990 年以後，先生多次召我前去參加他的學生的論文答辯，對先生的瞭解也隨之而加深，另外還結識了先生的許多高業弟子。

　　先生的舊學根基很好，對經學尤爲專精。具備這種優勢，給研究古文提供了有利的條件。先生對宗法制、井田制的研究，都得力於先生在經學上的深厚造詣。《商文化起源於我國北方説》一文，主要以"昭明居砥石"和契稱"玄王"以及商人重視"玄鳥"爲突破口，以爲砥石是遼水之源，玄是黑色，古人以爲黑代表北方。根據這兩條就可證明商人先世當出於北土。文章的説服力也在於此。近年根據對殷墓人骨的測定，知道貴族與平民體質特徵不同，貴族

具有北方民族的特點，即具有戎狄的某些血統，可見精確的考據和
考古學上的發現，常會不謀而合。

　　先生對古籍、古史非常熟悉，但這並未妨礙他對新思想、新事
物的追求與接受。解放後大家都處在學習馬克思主義的熱潮中，
先生除了熟讀馬、恩著作外，就是能够運用馬克思主義的觀點、方
法，和古史研究很好地結合起來，而且能避免教條式的理解和貼標
籤式的運用。這在他關於《易》和諸子思想的研究中有所體現。
"文革"前史學領域受到極左思潮的影響較大，現實中以階級鬥爭
爲綱也擴散到具體的歷史研究中，有不少問題不能研究而出現了
不少的"禁區"。像古史分期問題就碰到這種麻煩，凡撰文或講課，
都祇許采用郭沫若的"戰國封建論"。在"文革"結束後不久，先生
舉出郭說不能自圓其說者八點，認爲郭的古代史分期說不能成立。
在另一些文章中專門探討奴隸社會的階級鬥争問題，他認爲在春
秋時期很難找到奴隸和奴隸主的鬥争，反而是奴隸主内部諸等級
之間的傾軋和鬥争表現得很爲突出。還認爲"奴隸革命不能消滅
奴隸主階級，奴隸制度也不是奴隸革命廢止的"。又指出有些人把
資本主義階級鬥争規律套用到古代，這樣就把理論、歷史都給搞亂
了。他還追溯到五十年代之初，大家都學過《社會發展史》，實際上
此書起到一些不好的誤導作用，而且後來也未能得到改正，他認爲
没有認真地貫徹執行"雙百"方針是一個重要原因，到"四人幫"横
行的時期，情況就更糟，有人鼓吹"以論帶史"，大搞"影射史學"，歷
史這門科學已被踐踏得不成樣子。在清除史學領域中左的流毒
時，先生的態度積極而勇敢，可見他所關心的並非是個人的得失，
而是表達出一個知識分子爲史學的撥亂反正而應有的歷史使命
感。

　　先生在培養古史的後繼人才方面貢獻很大。他從年過古稀到
九十開外，一直未離開過帶研究生的崗位。這樣的情況在國内並
不多見。先生在治學上的信念是"要走自己的路"，在教學上同樣

如此，他根據自己的條件和專長，要求學生主要在古文獻上狠下功夫，他明白地表示，治古史必須地下材料和文獻並重，而以文獻爲主。我非常贊同這一看法。中國和其他文明古國不同，一是中國不少古籍一直流傳至今，其次是歷代都有人去整理和研究這些古籍，所謂的經學即包括在其中，前人詮釋、研究古文獻方面留下極爲豐富的資料，我們如能很好地去利用和繼承，可以推陳出新，對古史研究的發展，會有推動的作用。由於"五四"以來大家對經學的鄙厭，經學研究的成果被大家所疏遠，這對治古史者極爲不利。先生則能獨具隻眼，仍相信前人由經而入史的經驗，他認爲有些研究古文者"多半不讀古書"，"不讀"是指不肯下功夫去讀。所以他要求學生必須去讀先秦著名的經籍，而且還必須"讀深、讀透"以達到"融會貫通"。根據我參加先生弟子的論文答辯，所留下的印象，知道論文的題目多出於《三禮》或《春秋》三傳。先生要求初學者從熟悉一部書入手，通過這種訓練，可以打下一個結實的根基，然後才能提高研究的能力。事實證明，先生所樹立的良好而帶有特色的學風，他的學生或再傳弟子，都受到不同程度的影響和薰陶。如今，先生親手栽培出來的幾十名學生，都是學有所成。他們各自在先秦的哲學思想、軍制、刑法、文獻學等方面的研究中做出了不少的成績，作品不空浮而紮實是其特點。這也正是先生在吉大辛勤耕耘數十年所留下的一個豐碩成果。

（《金景芳教授百年誕辰紀念文集》，吉林大學出版社，2002年）

自强不息，不知老之將至
——記在金老周邊的一些感受

朱日耀

1955 年，匡亞明同志來校任校長，竭力延攬飽學之士，增強教師隊伍。在新來的教師中，聽到有一位曾在東北大學教授經學，造詣極高的金老先生。但衹慕其名，不識其人。後來，雖有接觸，卻無往來。直到 1960 年，我才有機會身爲弟子，親聆教誨。當時我對中國古籍幾乎是一竅不通，金老成了我的啓蒙老師。最初開的課是《周易》和《周禮》的一部分。這是學古代思想史和瞭解古代典章制度的基本教材，但又是些難學難懂的老古董。金老講得簡明扼要，深入淺出，富有啓發性。艱澀的文句，深邃的道理，講得理喻生動，津津有味，令人神往。我們既學到了知識，又學到了基本功。

同金老多年接觸中，受到的教益是多方面的，體會很多，不是一篇短文能説清的，衹能擇其要者。

金老治學嚴謹，而又勇於創新。金老在引述許逸雲對王國維學風的評價時，説王在"治學上繼承了乾嘉學派實事求是，無徵不信的優良學風"。"治學嚴謹，敢於突破前人定論，推翻權威學説。"對此深表贊同，並自謙地説："我幾十年來一貫以這種學風自勵。"金老治學其實也如此嚴謹，求實，富有批判精神。

金老博覽群書，涉獵百家，珍視優秀遺産，尊重先哲，但絶不迷信古人，總是用批判的眼光，分辨精華與糟粕，是與非。他對儒家經典和諸子，如《詩》、《書》、《禮》、《易》、《春秋》、《左傳》、《論語》、

《孟子》、《荀子》、《墨子》、《韓非子》等原文和注疏中的一些錯簡謬誤，以及鄭玄、杜預、何休、朱熹、孫詒讓等人注釋中的一些不確之處，都以史爲據，旁征博引，予以準確解詁，或提出獨到見解，多有發明。這種不泥守古訓，敢於突破前人的精神，充分體現出一位善於繼往，勇於開來的杰出學者的氣魄。

批判古人，需要膽識；批判今人，則需要更大的膽識，需要有一種堅持真理的勇氣。在一段時期内，權威是碰不得的，被權威肯定的結論是動不得的。在學術和政治不分的年代裏，一種學術觀點，一種學説，稍有不慎，就可能招致滅頂之災或身家不幸的大禍。

關於中國古代史分期問題，建國前在根據地，曾有數家之言，自由爭辯，相互切磋。然而，後來卻獨尊一家，權威結論，不容他説。持異議，則被視爲離經叛道。金老則從史實出發，面對權威，提出己見。金老依據大量的史書、文獻；參驗古代的"井田制"、"宗法制"、"國"與"野"、貢助徹等各種制度；並以馬克思主義理論爲指導，得出結論，認爲三王、五霸、七雄時代，是奴隸社會發展的不同階段，秦以後則爲封建社會，不同意戰國封建論，以同權威抗爭。金老的觀點集中載於《中國奴隸社會史》一書，在書的序言中，金老説：這本書中的觀點，"没有依草附木，隨波逐流，我説的是自己的話，走的是自己的道路。"並説所以要這樣做，因爲當時存在一種極不利於史學發展的風氣，因而，我要"敢於以自己的意見徑直地與若干權威人士相抗争"。

金老這種不迷信古人，不屈從於今人，唯真理是從的科學態度和批判精神，當爲後世法。

金老身上充滿了自强不息，不知老之將至的精神。"四人幫"的覆滅是中國知識界的再解放，是中國學術繁榮的新曙光，然而在年華上，金老已過古稀，將進入耄耋之年。金老硬是不服老，抓着這個大好時機，奮力筆耕，要把積蓄在胸中的真知灼見，全部傾注出來，傳給世人，留給後代。金老在新中國建立後發表的論著，專著有 8 部，論文五十餘篇，數百萬字。而其中 80％以上是"四人幫"垮臺後刊出的；絕大部分是在 80 左右高齡時寫成的，真正體現了孔子那種"發憤忘食，樂以忘憂，不知老之將至云爾"的氣慨和精神。不過孔子說這話時，可能是在"耳順"之年，至多不過是"從心所欲，不逾距"之秋。金老則是在更高壽時。這樣的"不知老之將至"，"發憤忘食"，"樂以忘憂"，確屬繼承和發揚了中國知識分子的優秀傳統和宏偉志氣。

　　至於師德，金老更是表率。他關懷學生，提携後進，對弟子盡心教誨，全力相助，而又高標準，嚴要求。他一生勤奮，坦白直率。與人友善而又疾惡如仇。他身上體現的美德，在潛移默化地熏陶着周邊的弟子。

　　《左傳》載："大上有立德，其次有立功，其次有立言，雖久不廢，此之謂不朽。"金老的"立言"，大部成爲傳世之作，其"立德"，也將成爲哺育學子的珍貴遺産。這些都將"惠澤被於無窮"，永遠造福於後代！

　　（《金景芳教授九五誕辰紀念文集》，吉林文史出版社，1996年）

金景芳教授"九五"華誕慶祝會暨國際儒學研討會在長春舉行

呂紹綱

1996年7月31日,吉林大學在長春春誼賓館舉行盛會,隆重慶祝我國當代著名歷史學家、易學家、孔學家金景芳教授"九五"華誕,同時召開國際儒學研討會。

參加慶祝會的有國家古籍整理出版規劃小組秘書長、中華書局總編輯傅璇琮,北京大學教授、東方國際易學研究院院長朱伯崑,中國科學院自然科學史研究所研究員、東方國際易學研究院副院長董光璧,吉林省社會科學聯合會常務副主席李紹庚,吉林省社會科學院院長孫乃民,吉林大學教授張松如,吉林大學教授高清海,吉林大學教授、長春東方大學校長朱日耀,吉林大學教授何鵬,東北師範大學教授朱寰,東北師範大學教授詹子慶,東北師範大學教授宋衍申,吉林文史出版社社長兼總編輯宋一夫,遼寧古籍出版社社長兼總編輯徐徹,遼寧省博物館館長、東北地方史專家王綿厚,臺灣歐洲文教基金會董事長朱高正博士,臺北景德書院主講施純德,臺灣畫家白淑芬,韓國大邱東洋古典研究所董事長、所長曹皓哲博士,嶺南大學教授李章佑,韓國大邱華僑總會副會長劉先發,以及金先生的其他老朋友、老同事、歷屆學生共180人。

慶祝會由吉林大學黨委副書記邴正主持。黨委書記王文金到會並講話。傅璇琮代表國家古籍整理出版規劃小組組長匡亞明致祝詞。致祝詞的還有朱高正、曹皓哲、李紹庚、孫乃民、李章佑、朱

日耀、施純德和金先生學生的代表、華東師範大學教授謝維揚等 8
人。會議接到許多賀電、賀信和題詩。致賀信、賀電或寄來題詩的
有：谷牧、汪道涵、匡亞明、張岱年、任繼愈、孔德成、蔣緯國、吳大
猷、嚴靈峰等海峽兩岸知名人士和學者二十餘人。

慶祝會之後接着開儒學國際研討會。出席研討會的有國內外
知名學者三十多人。

會議對金老卓越的學術成就、教書育人的業績和堅定的愛國
主義精神給予高度的評價。

金老遼寧義縣人，生於 1902 年。自 1923 年從遼寧省立高橋
師範學校畢業到現在，七十多年一直堅守在教學崗位上，從小學、
中學教到大學，從本科生、碩士生教到博士生，一輩子教書育人，奮
鬥不息，爲我們偉大的祖國，爲中華民族，培育了衆多的人才。特
別是黨的十一屆三中全會以後，我們的國家進入一個改革開放、全
面振興的新階段，金老更激發起可貴的愛國熱情，在黨組織的領導
和關注下，在吉大建立起先秦史研究室，招收一批又一批的進修
生、碩士生、博士生，要求既出成果又出人才。他以七十多歲的高
齡，親自上課堂，親自指導論文，既要求受業者提高業務能力和研
究素質，又熏陶年輕人在思想品德上追求真善的美德，嚴格要求，
一絲不苟。他培養出來的學生現在已徧佈全國東西南北，無論博
士、碩士，還是進修生，都不愧爲優秀的人才，不少成爲學術骨幹、
學科梯隊帶頭人，或者兼任重要的行政領導職務。篳路春風，春風
化雨；滿園桃李，桃李芬芳。金老以自己的道德學問培育了一代學
子，而他自己已經成爲中青年學者景仰、學習的永恒楷模。

金老不但是受人敬仰的教授，更是享譽中外、卓有成就的學術
大師。他幼年家境貧寒，没有條件上大學，一輩子走着一條刻苦自
學的道路。但正因此，金老在治學上建立起獨立思考、大膽探索、
不斷創新、永無止境的可貴業績和精神。從本世紀三十年代後期
起，金老又學習和接受了馬克思主義，並把馬克思主義同中國傳統

思想文化研究相結合,在經學、儒學、諸子學、史學等領域内,都有令人矚目的新開拓,形成一個内容宏富、理論深刻的學術體系。在古代宗法制度研究、《周易》研究、孔子研究等方面,都能創立新説,並且言之成理,有極深厚的文獻基礎。他的《中國奴隸社會的幾個問題》、《中國奴隸社會史》、《論井田制度》、《周易講座》、《周易全解》、《孔子新傳》、《古史論集》等專著,已成爲20世紀中國學術史極可寶貴的財富。他的治學道路和學術成果,將永遠給後學以睿智的啓示。

金老一輩子教書寫書,又一輩子把自己的命運同國家興亡緊緊聯繫在一起。他是個堅定的愛國主義者,有一顆火熱的中國心。"九一八"事變之後,他不甘做亡國奴,拋下妻子兒女,隻身從瀋陽逃往關内。在流亡中的東北中學和東北大學教書時,敢於主持正義,同國民黨特務做鬥爭。全國解放前夕,毅然拒絕隨國民黨逃往臺灣的勸誘,堅定不移地留下來爲新中國服務。他熱愛新中國,對鄧小平改革開放的政策,建設有中國特色社會主義的理論,由衷擁護。堅信兩岸必將統一。對美國一再打中國主意的霸權主義行徑深惡痛絶,義憤填膺。

與會者一致認爲,金老作爲一位學者,把馬克思主義同中國傳統思想文化結合起來,堅持獨立思考,解決問題,形成自己的學術體系,是有突出貢獻的。作爲一位教師,堅持一貫既教書又育人,爲國家培養優秀人才,是令人欽敬的。作爲一位知識分子,腳踏實地,心繫祖國,教書寫書不忘國事天下事,是難能可貴的。大家祝願他健康長壽,成爲跨世紀的老人,爲祖國培育人才作出更多更大的貢獻。

[《古籍整理出版情況簡報》1996年第9期(總310期)]

記金老最後三年半

呂紹綱

5月1日，金老走了，走得從容坦然。《史學集刊》希望我寫一點關於金老學術的文字，以爲紀念。我做金老助手 22 年，天天跟金老學習，金老的學術特點吃得比較透。我在金老 95 歲壽慶時寫過一篇專門介紹金老學術的文章，以《我的老師金景芳先生的學術精神》爲題發表在《社會科學戰綫》1996 年第 3 期上。要説的話那裏都説了，這裏祇須説説 96 年 7 月 95 大壽以後的事。從 95 大壽到 2000 年春節最後住院，是三年半時間。金老最後這三年半，該休閑卻一點没休閑，搶着幹了許多事情。

1996 年 7 月辦完 95 大壽之後，金老自己曾表示學術研究到此爲止，以後不幹了。1997 年東北師大出版社給他出第三本論文集，金老自命書名曰《知止老人論學》，意謂學術的事情止於此。大家當然贊同。但是，這祇是主觀願望。依金老的性情，是想閑也閑不住的。祇要腦子能轉動，他絕不會停止思考。

果然不出所料，金老最後三年半，不但没休息，工作反而"變本加厲"了。1998 年秋，東方國際易經研究院在西安開《周易》國際研討會，金老在給會議的賀信中表白了心迹："我研《易》七十多年，有些問題還没有解決，我要繼續研究下去。"其實早在 1996 年對《周易》的繼續研究就開始了。有段時間，我們幾乎每次見面都討論《周易》。金老寫了一篇文章，題爲《談談周易辯證法》。1997 年做爲一門課給博士生專門講了這篇文章。這篇文章後來在《社會科學戰綫》發表了。還和我合寫一篇文章,題爲《周易辯證法的突出特點及其對中國傳統的影響》。這個階段金老認識到《周易》辯證法的突出特點是強調和諧,即合二而一,與歐洲辯證法過分強調一分爲二,對立鬥爭者不同。

金老沒有到此爲止,而是繼續深入研究,取得豐碩成果,認識上有許多突破。第一,認識到《周易》一書是用辯證法理論寫成的。《史記》説文王“囚羑裏,演《周易》”,是可信的。文王爲推翻殷商王權的指導思想,改造《歸藏》易爲《周易》,不知不覺中創造了辯證法。第二,發現並認定《周易》與《連山》、《歸藏》二易根本不同。二易重六子,《周易》重乾坤。《周易》哲學就是乾坤哲學。《周易》講的對立統一,表現在乾坤的對立統一上。所以《繫辭傳》説:“易與天地準。”《屯象》説:“剛柔始交而難生。”第三,讀明白了《説卦傳》,認爲《説卦傳》是孔子有意保存下來的《連山》、《歸藏》二易的遺説。第四,整理《繫辭傳》並重新作了編排,解決了《繫辭傳》固有的問題:錯簡、闕文、誤增、誤改、脱字、疑惑、移入等。

金老是急性子人,什麽事情説幹就幹,現在老了,緊迫感更強。有了新想法,急欲寫成書。1998 年春節,因眼睛看不見,請張全民、朱紅林兩位博士生協助,開始了撰寫《〈周易·繫辭傳〉新編詳解》的工作。每天上午金老口述,張全民記錄。下午張全民把記錄整理出來,朱紅林謄清。第二天上午先把整理好的昨天的記錄念給金老聽。滿意後再接着往下口述。這樣進行了三個月,書稿完成。遼海出版社立即進入印制操作過程。1998 年 10 月出版面世。寫作、出版之迅速,是罕見的。

這本書出版引起反響。金老對此書十分看重,認爲它是自己的一部代表作。的確,這本書是易學精品,金老的重要遺產,代表金老最高、最後的水平。它可以傳世。

同時,金老對先秦歷史問題也進行了深入思考。對《中國奴隸社會史》中堯舜禹時代是部落聯盟的提法做了修正。認爲部落聯盟的概念不妥當，近幾十年西方學者酋邦的提法也不適用於中國的情況，乃用"部族聯合體"的概念取代部落聯盟。這個問題是與呂文郁教授合作研究的，撰寫成一篇題爲《論堯舜禹時代是中國原始社會向國家過渡的中間環節》的文章，發表在黑龍江《學習與探索》1999 年第 3 期上。

　　金老最後三年半還進行一次對臺學術活動，成功地接待了臺灣學者施純德先生的訪學。施先生留學美國學經濟管理，回臺後辦了一個傳統式的書院，研究國學。雖受過洋教育，但有一顆中國心。對五經四書有相當修養，對宋明理學極有興趣。我 1995 年夏赴臺開兩岸《周易》研討會，認識了施先生。施先生因崇拜馬一浮而崇拜金先生。他得知金先生是馬一浮唯一在世的弟子，產生了生前來面謁的念頭。大約 1996 年春，專程來長春面見金老一次。1996 年 7 月，來參加金老 95 歲壽慶活動，執弟子禮。1997、1998 年又來兩次。每次二人都促膝長談。問者誠心，答者熱心。幾乎成了校外師生，忘年朋友。2000 年金老住院期間，施先生夫婦專程自臺北和美國（時施夫人在美國）前來探望，這是金老對兩岸學術交流做的一大貢獻。

　　金老從 1996 年 95 歲壽慶起到逝世，整整五年。去掉最後住院的 15 個月，還有三年半工作時間。三年半裹，金老抓緊做了不少事情。上述幾點是主要的。這很重要，想幹的事情都幹了，爲一生畫了完滿的句號。最後心中無悔無憾，所以走得從容坦然。或許有人會說，假設金老不寫那部《〈周易·繫辭傳〉新編詳解》，也許不至於最後一病不起。但是我想，人生沒有假設。

　　　　　　　　　　　　　　（《史學集刊》2001 年第 3 期）

金老舊事

呂紹綱

一、放謝維揚回上海

華東師範大學歷史系教授謝維揚，當年在吉林大學念博士，由於博士論文作得太棒，吉大的有關領導和他的導師金景芳先生有意把他留下。頗費一番斟酌之後，還是放他回了上海。我是金先生的助手，此事我知道，且與我有一點關係。

謝維揚，祖籍安徽，1947年生於上海。高中未及畢業，1968年隨上海百萬知青到黑龍江生產建設兵團支邊。1978年考到吉林大學金景芳先生門下讀先秦史。1981年獲歷史學碩士學位，分配到上海某出版社工作。謝維揚的妻子也是上海知青，此前已從黑龍江帶着小女兒回到上海，得到一份滿意的工作。謝維揚畢業回上海，當然是她的願望。

謝維揚那期金先生共招六名研究生。金先生對六名研究生都很賞識，而認爲謝維揚出類拔萃。這有三點緣由：一是謝維揚聰明勤奮。金先生強調學生課後自己讀書，寫讀書札記，先生定期審閱。這方法是金先生當年在四川樂山烏尤寺復性書院從他的老師馬一浮先生那裏學來的。實質性精神是強調學生自學。金先生自己的一生證明，這方法是成功的。謝維揚這方法掌握得很好。金先生講《詩書易研究》、《三禮研究》、《三傳研究》、《先秦諸子研究》，要求研究生課後自己讀十三經原著及注疏。謝維揚書讀得最多，札記寫得最多。二是謝維揚外語學得好，入學俄語考試九十多分，全校第一。入學後又學英語。兩種外語都達到能讀專業書的水平。金先生不通外語，但對外語十分重視。常説，謝維揚善讀古書又懂外語，學術前途無可限量。三是謝維揚當時剛過三十歲，六個同學中年紀最小，資歷也最淺，別人都上過大學，祇有他高中畢業。同等情況，年紀小資歷淺的人更令人欽佩。

1981 年秋金先生首次招博士生，考慮招生對象時，想到謝維揚，命我給謝維揚寫信，問他想不想回來念博士。幾次書信往還，發現謝維揚猶疑不定，博士既想念，又怕念完回不了上海。我把謝維揚的心理分析給金先生聽。金先生讓我告知謝維揚：念完博士，來去自由，願回上海，吉大不留。得到我代表金先生的承諾，謝維揚於 1981 年秋季來吉大攻讀博士（當然經過報名、考試等步驟）。經過三年苦讀，1984 年夏提出博士論文，題目爲《周代家庭形態》。論文寫得太好，引起震動。

首先，題目選得好。過去人們研究歷史祇注意階級關係，極少涉及血緣關係。而據恩格斯《家庭、私有制和國家的起源》的觀點，文明社會以來，人類一直生活在兩種社會關係之中。越是在古代，血緣關係的影響越大，中國史學界忽略了這一方面，謝維揚的論文做周代家庭形態這個題目，幾乎等於填補一個空白。

其次，方法很新。它將人類學的概念系列系統地應用在周代家庭史的研究上，用世系和世系集團的概念解釋周代家庭形態和整個血緣關係的面貌，從世系問題入手，依次分析周代的婚姻、親屬制度、世系集團，最後水到渠成地歸結到血緣關係的一個聚合點——家庭上，從而把在周代血緣關係方面家庭與以家庭爲基礎的其他世系集團並存這一重要特徵清晰地反映出來。這就避開了兩個容易出現的偏差：一是把家庭和以家庭爲基礎的世系集團混爲一談；二是忽略二者的關係，講家庭就祇講家庭而無論其他。於是《周代家庭形態》形成自己有特色的研究體系。

第三，結論有很高的學術價值。它的結論是：周代貴族的家庭是早期宗法家庭,庶人的家庭是農村公社家庭。兩種家庭規模都不大,主要形式是由夫妻及其子女構成而不含旁系的個體家庭和含一個旁系的簡單擴展家庭。含兩個旁系的很少,含三個旁系的則屬罕見。作者據此有力地批評了周代還存在着"家長制家庭公社"或"父家長大家族"的意見,正確地指出了父系家庭公社與周代貴族家庭的實質性區別。二者屬於不同的社會發展階段,前者存在於父系氏族制度之下,受氏族的約束,是不脫離生產的血緣團體,規模很大。後者是氏族制度瓦解的產物,在本質上與氏族制度不相容,它已脫離生產,完全不是生產單位,而且規模很小,它是早期宗法家庭,與漢代以後形成的宗法大家庭以及現代個體家庭都不同。周代庶人家庭處在農村公社制度下,在它與貴族或國家之間橫着一個公社共同體,庶人通過公社成爲貴族或國家的"普遍奴隸"。謝維揚得出這些結論,與他對人類學中家庭這一概念的理解有關。他摒棄了摩爾根的家庭概念。摩爾根的家庭概念是不確定的,把群婚時代發生婚姻關係的集團都稱作家庭,極容易把婚姻關係和親子關係誤認爲家庭。謝維揚把家庭定義爲:由婚姻和親子關係聯繫在一起的,在經濟上有共同利益的,同居的人們的共同體。他特別强調同居是家庭存在的前提。

第四,對周代歷史的一些具體問題提出了令人信服的精闢見解。如他説,由於周代天子與諸侯、諸侯與卿大夫之間血緣關係的被隔斷,周代天子與諸侯代表的兩級國家政權,已經把政治關係與血緣關係區分開來,它的活動具有充分的政權性質與公開性質,把基於血緣關係的活動限制在極其有限的範圍內。它不是"家庭組織的國家化",也不是"擴大化的家族",而是真正的國家政權。他認爲有人不承認周代王朝和諸侯兩級政權的公共性質及其同卿大夫政權的區別,是不對的。又如,周代親親與尊尊這兩個著名的命題,其區別究竟是在哪裏,謝維揚在對周代父系宗族內部血緣關係狀況作過詳細分析之後指出,親親是就廣泛的父系宗族關係而言,亦即把旁系親屬考慮在内；尊尊則是專指父系直系親屬關係，就是説，祗考慮直系，不考慮旁系。這是很有見識的，別人未曾這樣講過。

論文提出之後引起很大反響。導師金先生欣賞他思路廣闊，有所突破。答辯委員會的專家們給予很高的評價。答辯由李學勤主持，委員有胡厚宣、張政烺、陳連慶、張忠培、林沄等史界名流。這些先生在學術上從不輕許人，讓他們説出個"好"來，實不容易。謝維揚的論文得到他們一致的充分肯定，當然是大好事，但也給他帶來了不小的麻煩，險些被留在吉大，回不了上海。

問題出在張忠培身上。張忠培，湖南長沙人，北大出身，蘇秉琦的高足，在考古學界享有盛名。時任吉大考古學系教授，兼研究生院副院長，主持工作。後調任故宫博物院院長。我們是同齡人，性格也有相似之處，見面無話不談。此人突出特點是學術强勁，性格直率，深知學科和師資建設的重要性。誰是人才倘被他發現，休想跑掉，可謂惜才如金。他對謝維揚的論文讚嘆不已，説這樣難得的人才，吉大一定要留下。由於他的鼓動，金先生也活了心，表示謝維揚留下也好。

在這種情形之下，我持什麼態度就極重要了。我是金先生的助手，又是古籍研究所副所長，我祗要附合一下金先生和張副院長的意見，謝維揚就沒得説，祗好留下。可是我有另外的想法，我覺得應放人家回上海：一、學生尤其博士，應允許人家按自己意願選擇去向；二、謝維揚老婆孩子在上海，當然應回上海；三、當初我代表金先生曾有過畢業回上海、吉大不留的承諾。現在説話不算數，有失吉大風度。

我本着這樣的想法，向金先生進言：好學生不一定都留在身邊，到別處發展，發揮更大的影響。金先生接受了我的意見，決定放。張忠培也讓了一步，留在吉大幹上三、五年，然後回上海。站在吉大師資建設的立場，張忠培的意見是有道理的。由於我的堅持,張忠培最終同意放謝維揚回上海。

謝維揚回上海,進入華東師範大學吳澤教授主持的中國史學研究所工作,今已 16 年。現任中國史學研究所所長、教授、博士生導師,出版《中國早期國家》等專著多種。正在主持大項目《王國維全集》的工作,已是國内外知名的中年史學家。

事實證明,放謝維揚回上海是正確的,既照顧了謝維揚與妻子女兒團聚,也擴大了吉林大學的影響。而這些實不重要,重要的是堅持了博士畢業自由謀職的原則精神。

二、勇於挑戰自我的人

今年是金老誕辰一百周年暨忌辰一周年,所裏張羅出紀念文集,要大家寫文章。我給金老做了二十多年助手,文章是要寫的。寫什麽呢? 學術文章以外,要寫一點關於金老本人的東西,以爲紀念。

在去年金老喪期裏,我寫了一副挽聯"熱血一腔灌世紀,清風兩腋拂百年",挂在靈堂。我以爲熱血和清風最能反映金老一生的特點。金老的長孫吉光也説,用這兩個詞概括祖父一生最爲恰當。但是我越來越感到恰當固然恰當,卻不全面。另外一方面的特點未能凸顯出來。金老的學術精神,我曾講過不少,有重要的一點卻被忽略了,那就是學術上勇於挑戰自我的精神。金老的勇敢精神表現在兩方面,一是挑戰權威,一是挑戰自我。七十年代向權威挑戰,轟轟烈烈,是十分著名的,大家都知道。九十年代他向自己指導的博士生認錯。這件事外界不大知道,我因爲是金老助手,瞭解事情原委。當年挑戰郭沫若,不過是小勇,這次向小輩認錯,等於挑戰自我,才是大勇。按照孔夫子的要求,君子必須知仁勇三者俱備,所謂"知、仁、勇三者,天下之達德也"(《中庸》)。"一腔熱血"、"兩腋清風"莫非仁知。挑戰自我,正是大勇。

　　九十年代初,本校哲學系中哲史青年教師李景林跟金老讀在職博士。博士論文題爲《孔孟心性思想研究》。李景林攻博前教了幾年中哲史,這個題目比較熟悉,而且有一套想法。可是文章做起來,在金老那裏卡住了,幾次都不放行,致使答辯一再延期。李景林急得心灰意冷,直想打退堂鼓。問題出在學術觀點分歧上。李景林認爲先秦儒家的性善思想從孔子、子思到孟子一條綫下來。而金老一向認爲性善論到孟子才有,孔子沒有性善論。還有,《中庸》"率性之謂道"的"率"字,李景林依鄭玄、朱熹説訓循。金老主張訓帥,訓循不對。這兩個問題在李景林的論文中都極關鍵,和金老頂了牛,而且針鋒相對,僵持不下。

　　金老對我説,李景林思想已定型,對問題都有一套看法,不好改變。意思是李景林的論文難完成。李景林對我説,他的確已有一套成型的看法,若按金老的意思寫,他寫不出。即使因此得不到學位,也得認了。

　　我怎麼辦?我看師生二人缺乏交流。李景林的思路,金老還沒有十分瞭解。於是我把李景林心裏想的,一點點慢慢滲透給金老。金老當時未加可否,但有一段時間對李景林論文問題沉默不語。這意味着什麼,當時我不知道。

　　我心裏暗暗琢磨,這師徒二人學術觀點有分歧,而性格卻有點相像。李景林寧折不彎的倔勁兒簡直就是年輕時代的金老。金老當年在四川樂山烏尤寺復性書院念書時有過類似的經歷。書院主講馬一浮先生要他讀宋明理學,讀佛老,他卻另有主意,硬是讀春秋三傳。而後,一輩子獨立思考,走上自學成才的道路,終於成爲一代國學大家。年輕時代倔勁兒如此,到老倔勁兒絲毫不減。"文革"期間,吉大校工宣隊成立工農兵評論組點評《荀子》,請金老擔任顧問。工宣隊根據上頭精神欽定荀子是法家,不是儒家。金老説不,荀子是儒家,不是法家。工宣隊竟容忍了他,允許他保留個人意見。

　　兩人都是寧折不彎的老倔，李景林寧可學位不要，也堅持自己的觀點，我十分佩服。我更佩服金老，金老一輩子保持"捨得一身剮，敢把皇帝拉下馬"的勁頭兒。祗要自己認準是對的，天王老子他也敢對着幹。

　　李景林的論文危機能否順利解決，我心裏七上八下。可是正在這時，奇迹出現了。

　　有一天，金老打電話召來李景林，高興地告訴他："你説孔子講性善，看來是對的。"並舉出孔子"仁者人也"（《中庸》）一語，證明孔子確有人性善的思想，祗是未明言。孔子用人這個概念定義仁者，説人與仁是一回事，這的確是人性善的意思。金老把孔子的性善思想講得極明白，可謂一語破的。李景林論文危機問題一下子解決了。

　　後來又有一天，金老照例給幾位博士生講《中庸》，一開始金老講讀古書不容易，反復讀才能讀通。以"率性之謂道"爲例，講他以前讀《中庸》，以爲此句作"道統率性"講。近來又讀《中庸》，聯繫上下文義，覺得還是鄭玄、朱熹訓率爲循是對的。"率性"解爲循性，全句才通。同時明確表示：李景林是對的，是他自己錯了。

　　李景林激動不已，逢人就講：金老才是真正的學者，他祗相信真理。真理可以在名家手裏，也可以在小輩手裏。在真理面前没有老少尊卑之分。

　　李景林是幸運的。我替李景林高興，他遇上一位知、仁、勇兼具的好導師，一位嚴格認真、一絲不苟的好導師，一位真正有學問的好導師。什麽是有學問？像金老這樣勇於挑戰自我，承認自己有錯，才是真正有學問。挑戰權威固然難能可貴，但那是小勇，挑戰自我，説自己有錯，才是大勇。金老是一位勇於挑戰自我的人，一位知、仁、勇三全的君子儒。

　　（《金景芳教授百年誕辰紀念文集》，吉林大學出版社，2002年）

懷念金景芳老師

劉煥曾

2000 年 9 月，我去長春探視重病住院的金老，他當時還比較清醒，握着我的手問："你還在錦州嗎?"我回答之後，他又十分關切地問："曹國彦還在那裏?"我回答說："還在任邱油田。"金老又和同去的李衡眉等談了許多，關心他關於《易經》的文章是否已譯成英文……没想到從此竟成永訣。2001 年 5 月，參加金老的追悼會，向先生致最後的敬意。從 1961 年 10 月和曹國彦一道考取吉林大學歷史系研究生，在金老的指導下學習先秦史，迄今已整整 40 年了。1964 年 10 月，被迫離開吉大，一度聯繫中斷，但 1979 年平反後，又恢復了往來。這一時期，是金老一生中教學和研究成果最輝煌的時期，培養了大批碩士、博士，學術著作也不斷發表，每出版一部新作，都送我一部，或面贈或郵寄……看着金老這些大作，40 年往事浮上心頭。金老雖然永遠離開了我們，但他對我的教導，永遠牢記在心間，他的人品和學問，永遠是我的學習榜樣。

一、誨人不倦　嚴格要求

金先生是當代著名的史學家、經學家、國學大師，他的生平事迹和學術，吕文郁兄撰寫的《金景芳學述》已作了較爲詳盡的介紹，自己成爲金老的首批研究生，實在是極大的幸事。

金老先後爲我們開了《歷史文選》和《先秦史》兩門課。《文選》

課主要介紹和講解了先秦古籍，先後講授了《尚書》、《詩經》、《易經》、《三禮》和《國語》、《三傳》。《先秦史》主要講先生自己研究成果和學術見解。每周上二次課，一次 2～3 小時。在北京大學歷史系讀書時，中國古代史基礎課的老師都是全國知名專家教授。以中國古代史爲例：先秦史張政烺，秦漢魏晉南北朝史田餘慶，隋唐五代史汪篯，宋遼金元史鄧廣銘，明清史許大齡，而《歷史文選》第一年是商鴻逵，第二年是楊伯峻。但從 1957 年夏以後，不斷參加各種政治運動和勞動，五年中真正坐下來學習不過二三年。況且當時埋頭讀書就有祇專不紅，甚至有走白專道路之嫌，稍一不慎，就可能被批判。所以，我們的基礎還是較差的。金老根據我們的現狀，千方百計要我們打好基礎，講課時，真是字斟句酌，對前人多種解釋加以介紹，對前人解釋的不妥之處，金老都提出質疑，並講出自己的看法。同時不斷鼓勵我們提出問題，獨立思考。金老對先秦典籍熟諳程度讓人吃驚，如《左傳》某一句話在哪一年，絕無差錯。儘管如此，金老每次都還是認真備課。

金老平時不苟言笑，言行必合"禮"，對我們的要求十分嚴格，無論做學問還是做人，都如此。在待人接物上，特別要我們注重禮節，他本人也是率先做到。無論平時或上課，他總是親自開門迎接；走時一定送到門外。我們也是恭恭敬敬執弟子禮，金老不發話，我們都恭敬侍立，不能坐下。而一起聽課的還有哲學系的幾位先生，客人不走，我們是不能離開的。客人走了之後，我們才可以離開，處處都表示出金老對人的尊重。

記得當時某青年夫婦開玩笑，問孩子："我們離婚後，你跟誰？"金老針對此事講了好多，認爲這太荒唐，而且對孩子影響極壞……至今還記憶猶新。

教學計劃要求我們有學期論文、學年論文。金老對我們的文章審閱得十分嚴格而且耐心。我的學期論文是《讀〈周易・繫辭〉》，我認爲《易》並不是宣揚迷信鬼神的，而是充滿了樸素的辯證法思想，矛盾、質量互變、肯定否定等認識，與馬克思主義哲學中的辯證法並不相悖，是中華民族的古老文明的瑰寶。金老比較滿意，但對其中不妥之處，包括標點符號，都用紅筆一一改正。這篇文章，至今我還珍藏着，每當給學生批改作業時，金老爲我批改文章的情形就在眼前浮現，不敢有一絲偷懶和馬虎！

1962 年暑假，因爲忙着回家，學年論文抄寫得比較潦草，我請曹國彥幫我送給金老，金老看過之後，勃然大怒，告訴老曹："讓劉煥曾重抄！"於是我祇好退掉車票，重新一筆一劃地抄了兩天。我沒敢自己送，還是請老曹代勞，據他回來講："金老問這是不是你自己抄的，還不錯！"就是這篇學年論文，成爲日後評副教授的論文之一。

在嚴格要求的同時，金老和師母對我們生活也十分關心。1961 年冬，正是生活困難時期，食堂伙食很差，一個冬天吃的白菜都未見綠色，都是被踐踏過的白菜幫子，更談不上肉和油了。師母不知費了多少力，養了一頭小猪，宰掉之後，把我們叫了去，飽餐一頓，一直到現在還没忘記！

1963 年，曹國彥突發急性闌尾炎住進醫院，金老專程前去探視，臨走時，送給幾十元錢，大約相當於一個工人一個月的工資。

二、勤奮讀書　嚴謹治學

金老很早就接受了馬克思主義的歷史觀，歷史研究一直是在辯證唯物主義和歷史唯物主義指導下進行的。早在 1939 年寫的研究《易經》的作品《易通》，就引用了列寧的《唯物論與經驗批判論》。解放後馬克思主義成爲我國的指導思想，金老更是如虎添翼，發表了一系列有真知灼見的論文，關於歷史分期，關於孔子等儒家人物的思想研究等。因爲材料詳實，觀點新穎，對傳統史學見解提出了挑戰。郭沫若先生是當代史學泰斗，關鋒先生則是當時官方代表,金老對他們的文章和見解提出不同的意見。在一片反對孔子聲中,金老堅持把孔子的思想和漢以後儒家思想嚴格區別,肯定孔子對中國文化、對教育諸方面不可磨滅的貢獻,還孔子以本來面目。這在當時需要多大的理論勇氣啊!

金老的史學研究,以文獻見長。雖然有時被譏爲文獻派,但金老並不以爲然,他充分認識自己的優勢和由於歷史原因造成的不足。爲了培養我們成爲全面發展的史學人才,請陳世輝先生講《古文字學》,請張忠培先生講《先秦考古》,並由于省吾、張忠培二位先生帶領我們參加考古實習,前往北京、大同、侯馬、西安、洛陽、鄭州、安陽等地進行實地參觀考察數月,一生受益無窮。

金老在行政上擔任系主任,又給本科生上課,十分忙碌。但他一直勤奮學習、讀書,尤其讀馬克思主義著作。無論夏秋寒暑早上都三、四點鐘就起來讀書,從不間斷。他從來不要我們幫助做什麼,連文章也是親自抄寫,不要我們幫忙,事必躬親。這樣的學者已寥若晨星了。

三、謹言慎行　明哲保身

建國伊始至中共十一屆三中全會,一系列政治運動中,較大規模的有 1955 年的反胡風運動,1957 年的反右派鬥爭,1959 年的反右傾機會主義鬥爭,1964 年的四清運動……數以百萬計的人被打成各種分子,分別受到了殺頭、坐牢、勞教、開除公職、降職降薪等不同處分。在這些運動中,金老都得以僥幸避免,而每次運動之後,地位都得以提升。祇是到了"文革",所有高級知識分子都幾乎被一網打盡,金老也在劫難逃,被打成什麼"三反分子"、"反動學術權威"、"孔教徒之類",從教授樓趕到收發室。

當時我正在農場接受勞教,吉大的造反派要我揭發金老的所謂反黨罪行。金先生是我的指導教師,中國有"一日爲師,終身爲父"的古訓,我確實把老師當成長輩來尊敬,學生怎麼能揭發自己的老師呢? 雖然造反派口口聲聲說"這是你立功贖罪的機會",但我是無功可立也無罪可贖,向他們做了如下表述(大意):"第一,金老出身貧苦,舊社會顛沛流離,新中國建立後,才得以翻身解放,他是熱愛黨和社會主義的;第二,他是中共黨員,一直是黨叫幹啥就幹啥,叫說啥就說啥,三年中,我連一句不滿或牢騷的話都沒聽到過;第三,他有堅強的黨性,不徇私情,保守黨的機密。早在1964年3月,以×××爲書記的吉大黨委就以莫須有的罪名,做出了把我開除研究生學籍實行勞動教養二年的決定。金老是清楚的,但絲毫未有泄露或暗示,該上課就上課,該改作業就改作業。這樣的人怎麼能反黨反社會主義呢?"造反派没得到什麼材料,祇好悻悻地離開了。

1968年,我又回到了吉大歷史系,和全體師生一道,參加所謂鬥批改,實際上祇是旁聽而已! 不到四年,歷史系發生了多麼大的變化! 令人啼笑皆非的是,1964年9月批判我的大會上,同我根本没有任何往來的教師×××之流,居然聲色俱厲地把我罵了個狗血淋頭,但到1968年時一個被打成日本特務,一個是什麼三青團骨幹分子,一天天戰戰兢兢地接受批鬥。這時又常和金老見面,祇是點點頭,從没詳細談過什麼。在整改中,金老因發言積極,批判深刻,很快就恢復了組織生活,而王藻教授卻多次檢查過不了關。

金老絕不是那種不關心祖國前途命運的人,日僞統治時,爲了不當亡國奴,拋家舍業,隻身流浪於遙遠的四川,需要多大的勇氣! 對於建國後的許多錯誤做法,金老不是没有自己的看法,在講課和平時閑談中,也流露過,祇是我們没有注意而已。他多次講孔子的辯證法思想,有人問孔子,你父親要體罰你怎麼辦? 孔子回答說:"小杖則受,大杖則走。"金老就此問題講了許多,如識時務者爲俊杰,小不忍則亂大謀,不可以卵擊石等等。有一次提到寫詩,金老明確表示反對："寫什麼詩？古人早就講過寫詩是'損心力，招悔吝'的事。你們不要寫什麼詩，因爲'詩無達詁'，別人隨便怎麼解釋都行。"講《論語》時，金老特別講了"子入太廟，見金人三緘其口，曰：古之慎言人也！"要我們謹言慎行，可惜這些並未引起重視。

俗話說："知子莫若父。"瞭解學生的莫若老師。我的罪狀多是無中生有，捏造事實，斷章取義，無限上綱。爲了證明我的反動是歷史的、一貫的，竟把1943年即已去世的外祖父（中農）説成是"大地主，土改時被鬥，因此對黨懷有刻骨仇恨；爲了發泄對社會主義的仇恨，竟在寢室中高唱'明月幾時有，把酒問青天'（蘇軾：《水調歌頭》），甚至在寢室黑板上寫了'廟堂之上朽木爲棺'用以影射和攻擊社會主義制度"。這些是否是"反動言行"，金老是清楚的，但以他的黨性原則不但沒有辯護，而且高度保密。對此，我沒有任何責怪他的意思，因爲根據當時的邏輯，爲敵人辯護的人就是敵人，何必讓金老做這樣無謂的犧牲呢？金老對所謂的各種分子，內心還是同情的，如當時被打成右派而且不肯認錯的滕飛先生也參加聽課，金老每次必稱滕飛同志，這在當時也不容易啊！

《詩》云"既明且哲，以保厥身"，後來簡化爲"明哲保身"。這句話從何時變成貶義詞，沒有考證過。生活實踐證明"明哲保身"是最平常的真理，連自己身家性命都保不住，做的都是無謂的犧牲，除了是傻瓜之外，還能是什麼呢？

金老永遠離我們而去，但他對學生誨人不倦，學術上嚴謹治學，生活中謹言慎行是我們學習的榜樣，是留給我們的寶貴精神財富！今年是金老誕辰一百周年，他永遠活在我們心中。

（《金景芳教授百年誕辰紀念文集》，吉林大學出版社，2002年）

布衣傲王侯

——我的老師金景芳先生

宋德金

金景芳先生（1902—2001）是我國著名歷史學家、文獻學家。先生有許多職銜，如吉林大學古籍所教授，首批中國古代史專業博士生導師，中國先秦史學會副理事長、顧問，國家古籍整理出版規劃小組顧問，中國孔子基金會副會長、顧問，國際儒學聯合會顧問，等等。著有專著十多部，論文百餘篇，在中國古史分期、《周易》研究、孔子研究、井田制度和宗法制度研究領域，卓有建樹，自成一家。

這裏不想過多評述先生在學術上的卓越建樹，想説的、也是給我印象最深的是先生從家庭教師到名教授的曲折經歷，那種布衣傲王侯的風骨，以及把培養學生視爲樂事的敬業精神。

從家庭教師到名教授的曲折經歷

金景芳，字曉邨，遼寧義縣項家臺人，1902 年出生在一個貧苦的家庭。八歲的時候，開始在本村上小學。初小畢業後，由於家中無力承擔其進縣城讀書所必須的伙食費，祇好在外祖父家附近的村子裏讀了半年高小預備科。後因學校解散，輟學回家，在家從事農業生産兩年，於 1916 年重新進入高小學習。

1918 年暑期，錦西高橋的省立第四師範學校招生，他於同年

10月間參加插班考試合格,被録取爲半公費生。在學校學習期間,成績優異,除了頭一個學期考第四名外,一直獨占班中第一名。

1923年暑期,他讀完師範,由於家庭生活困難,未能上大學繼續深造。經友人推薦,當了幾個月家庭教師。後來回到義縣教小學、初中,並擔任學校訓育主任。當時,省教育廳實行通過考試選拔教育局長的辦法,先生考試合格,調任通遼教育局局長,後改任省教育廳股長。

1931年"九一八"事變後,先生一度回到家鄉義縣。次年,爲了生計,去瀋陽第二中學教國文課,於1936年無故被校方解職。這時,金毓黻(1887—1962)正在編印《遼海叢書》和編修《奉天通志》,先生便在那裏幫助做些工作。後來與金毓黻相約,同走關內。於是年夏天,金毓黻經日本轉赴上海,先生則經山海關到了西安。到西安後,經郭維城(1912—1995,曾任張學良機要秘書,1955年被授中國人民解放軍少將軍銜)介紹,到東北大學工學院當秘書(東北大學工學院是"九一八"後從東北遷到西安的)。是年12月12日,西安事變發生,國民黨接收了這所學校,先生離開西安,後到武漢。經過金毓黻的介紹,到河南、湖北交界處雞公山東北中學任教。以後,又隨學校輾轉搬遷到四川自流井,1940年任該校教務主任。這個學校裏的一部分人同中共領導的進步組織有聯繫,而另一部分人則屬於國民黨三民主義青年團系統,兩種勢力經常發生衝突,先生當了半年的教務主任,被國民黨當局撤職,祇好另謀出路。

1941年11月,先生到四川三臺東北大學當文書主任。前此,在1939年底到1940年初,先生利用教課之餘,撰寫了《易通》一書。該書曾榮獲當時國民政府教育部頒發的"全國著作發明獎"三等獎。《易通》全書共分十章,前七章爲對《周易》自身的研究,後三章兼論孔子、老子與唯物辯證法。先生在序言中説:"自弱嗜《易》,沉潛垂二十年,博觀冥契,悠然有得,因筆之於篇。"可見,《易通》一書凝聚着先生二十年的心血,也是他的成名之作。1942年,任東北大學中文系講師。1945年抗戰勝利後,東北大學遷回瀋陽。1947年,由副教授陞爲教授。1948年,由於解放戰爭影響,東北大學又遷回北平。1949年北平解放,隨東北各院校遷回東北,先生又到了瀋陽。

先生回瀋陽之後,曾在東北文物管理處(後改東北文化部文物處)任研究員。後來文物處又改爲東北文化事業管理處,該處不設研究室,因此先生調任東北圖書館研究員,並擔任組長。1954年1月,調到長春東北人民大學(1958年改名吉林大學)任歷史系教授,並先後任校工會主席、圖書館長及歷史系主任、古籍研究所所長等職。1956年加入中國共產黨。先生從20世紀五十年代起到生命終結,一直在吉林大學歷史系、古籍所工作。

以上內容,是三十年前我在《社會科學戰綫》雜志當編輯時,在先生寓所對他所做采訪後寫成的一篇訪問記中的部分文字,並經先生親自過目。

先生生於農村,出身貧苦,祇讀過小學和中級師範,沒有上過大學。在那個戰亂年代,輾轉於遼寧、陝西、湖北、四川、北平等地。在幾十年的動盪生活中,一邊求職謀生,一邊潛心學問,並從一名中小學教師成爲大學教授。特別是他到東北人民大學(吉林大學)後的二十多年間,儘管政治運動不斷,但是比起解放前畢竟有了一個較爲安定的生活、教學和科研環境。幾十年來,先生培養出一大批從事歷史研究的專業人才,桃李滿天下。先生在中國古史特別是在先秦史研究上獨樹一幟,著作等身。專著除20世紀四十年代的《易通》之外,有《中國奴隸社會的幾個問題》(1962)、《古史論集》(1981)、《論井田制度》(1982)、《中國奴隸社會史》、《易學四種》(1987)、《易學講座》(1987)等。

我初識先生是在1957年。那年,我考入東北人民大學(1958年改爲吉林大學)歷史學系,先生是歷史系教授、系主任。不過,當時祇是在歷史系及班級舉行活動時才能見到先生。先生多次對我們説，他自幼家境貧寒，没上過大學，並用他的經歷激勵我們，要我們珍惜時光，刻苦學習，將來報效國家。先生從一個祇受過中等教育的農家少年，經過自己幾十年的不懈努力，成爲名揚海内外的著名教授、學者，不僅給我留下了終生難忘的印象，也不斷鞭策我勤勉向前。

布衣傲王侯的風骨

也許是因爲出身貧寒，經歷坎坷，砥礪出先生耿介剛毅、不畏權勢的性格。

在 20 世紀四十年代，先生曾在《述懷》詩中寫道："草木有本性，不畏霜雪虐。歲寒識後凋，生氣豈銷鑠。"可以説這是先生畢生品格的寫照。

我們在大學讀書時，先生除了講授功課之外，還告誡學生要有"布衣傲王侯"的精神。雖然我離開做學生時已經五十多年了，可是先生的教導至今還常在耳際回響。

"布衣傲王侯"本是歷史上許多士人的傳統價值取向。如，宋陸游有"狂夫與世本難諧，醉傲王侯亦壯哉"（《狂夫》）句；高斯得有"何不學孔明，草堂傲王侯"（《題錢可則茨雪庵》）句；明倪謙有"深隱層臺把釣鈎，獨將名節傲王侯"（《過嚴先生釣臺》）句，詩題中的"嚴先生"即嚴光（子陵），少與劉秀遊學，劉秀即位後，嚴光變姓名隱遁，不受徵召，退隱於富春山。

先生的"布衣傲王侯"除了傳承古訓之外，當是直接從孫中山的名聯中化出的。據説，當年孫中山出國留學歸來，途經湖北武昌，想見湖廣總督張之洞。孫中山到總督府門前，遞上名片，並在名片上寫"學者孫中山求見之洞兄"。張之洞看了，命人拿來紙筆，寫了"持三字貼，見一品官，儒生妄敢稱兄弟"，讓警衛交給孫中山。

孫中山遂對上"行千里路,讀萬卷書,布衣亦可傲王侯"。張之洞看了下聯,趕快令人開門迎接孫中山。

先生作爲一位學者,這種布衣傲王侯的品格在做學問上有充分的體現。

先生的研究專長是中國奴隸社會史和經學(或稱孔學),他說過,自己"一輩子都在思考、研究"孔子問題,並認爲孔子學說是我國傳統思想文化的主幹,它的許多東西有超時代意義,今天仍是真理,我們應當加以繼承。

1962年,學術界在山東濟南召開紀念孔子逝世2440周年學術討論會,先生也應邀參加了會議,並提交題爲《談談孔子的評價問題——兼與關鋒、林聿時兩同志商榷》的文章。就是在這次會上,關鋒、林聿時把學術提到政治問題的高度,對正面評價孔子的學者,如周予同、嚴北溟、馮友蘭、金景芳等進行批判。後來有人在一份内部動態上,批判先生與馮友蘭、周予同、于省吾等人向孔子墓頂禮膜拜,成爲尊孔的一大罪狀。"文革"期間,先生像所有學者、特別是尊孔論者一樣受到更爲猛烈的批判。不過,先生並未放棄自己的觀點和研究。"文革"結束後,先生關於中國奴隸社會史及孔學研究的論著接連出版,就是明證。

在關於中國奴隸社會和封建社會分期問題的探討上,更體現了先生的探索精神和挑戰權威的勇氣。關於中國奴隸社會和封建社會分期問題,通常稱爲中國古代史分期問題,是20世紀後半期我國史學界議論最多、分歧最大的一個問題。有以郭沫若爲代表的戰國封建說,以范文瀾、翦伯贊爲代表的西周封建說。此外,還有春秋封建說、西漢封建說、東漢封建說、魏晉封建說等。其中,郭沫若的戰國封建說經毛澤東指示采用,遂成教科書及通行的説法。先生則先是在《中國奴隸社會的幾個問題》(1962)一書中述及自己關於古史分期的看法,1978年,又在《歷史研究》、《社會科學戰綫》召開的中國古代史分期學術討論會上,對"欽定"的郭沫若戰國封建説提出異議,首創秦統一封建説。後經修改,以《中國古代史分期商榷》爲題,發表在《歷史研究》1979 年第 2、3 期上。三十多年前,先生雖然在學術上已經取得許多成就,但是和郭沫若的地位是無法相比的,竟敢質疑、批駁"欽定"的理論,無疑是需要極大勇氣的。

這裏説一個小插曲。先生平時在給學生講課及自己的著述中,常對郭沫若的相關觀點發表異議。恰好在這次中國古代史分期學術討論會召開前不久,郭沫若逝世。大約由於失去論敵,先生頗感失落。會前,先生對我們(我是這次討論會主辦方工作人員)説,郭老已經過世,我似乎沒有必要再就這個問題過多地發表意見了。我們勸他還是要講的,先生在會上闡述了獨樹一幟的觀點。

把培養學生視爲樂事的敬業精神

先生説過:"我平生最大的樂事,一是我教出一大批的學生,一是出版了十幾本書。"先生無論在講堂還是在課下,對學生總是循循善誘,誨人不倦,確實把教學生看成一件樂事。

我在入大學之初,對歷史專業本無多大興趣。直到第五個學年,系裏開設選修課,我選擇了先生的先秦思想史課,才開始喜歡上歷史學專業,並逐漸確立起終生學習、研究中國古代歷史與文化的信念。畢業前幾個月,按規定每人要寫一篇作業,作爲畢業考核之用。我擬寫一篇關於老子哲學思想的文章,題目確定後,跟先生談了想法和要點,得到先生的首肯。論文完成後,先生閱過,十分滿意,最後給我的論文批語是:"能抓住主要問題,反復推闡,警策透闢,應給五分。"因爲當時沒有學士學位制度,無須答辯,我以此文順利畢業。我們畢業時,正值國家處在"調整、鞏固、充實、提高"的經濟整頓時期,許多企事業紛紛下馬,分配工作困難,本年級絕大多數同學要去中學和部隊,而多數人想去科研部門,於是組建不久的東北文史研究所(吉林省社會科學院的前身之一)便成了大家首選的去處。先生對我説:"根據你的論文成績,我可推薦你去東北文史研究所。至於政治審查,我就管不了了。"後來,我如願以償地被分配到東北文史研究所,就這個意義上説,是先生決定了我後半生從事學術研究的命運。

"文革"中,我的命運多舛,幾經波折,曾被發配到長春一家大工廠當工人。1978 年才回到省哲學社會科學研究所(今吉林省社會科學院)工作。一天,我在新華書店旁等公共汽車時與先生邂逅,師生經過十多年的風風雨雨後再度相逢,可謂别有一番滋味在心頭。我説:已從工廠調回研究所當編輯。此前,我曾想去吉林大學,怕你們不要。先生説,怎麽會呢? 系里正需要人,你應該跟我説。

從上個世紀七十年代後期至退休前,我一直做學術期刊編輯工作,同先生保持着密切的聯繫。先生每有新作,大都寄贈給我,並工工整整地簽上名字,使我感到十分親切。每當我收到先生寄來的著作時,往往會不由自主地想到,由於工作需要,没能在最初産生興趣及先生期望的先秦史領域裏鑽研下去,爲此深感遺憾和愧疚。

在某種意義上説,金景芳先生開啓了我的學術生涯,是我終生不會忘記的。

(《文史知識》2009 年第 10 期)

悠悠四十載，帷下憶師恩——代自序

陳恩林

金景芳師百年誕辰即將到來。先生惜於去年辭世。先生辭世前，囑我幫他帶好最後兩名博士生，殷殷話語，言猶在耳，乃不久先生竟殁，令人悲不自勝。

我在先生門下受教四十餘載，耳提面命，受益良多。撫今追昔，往事歷歷，師恩深重，莫敢忘懷。今特撿幾件鮮爲人知的故事，筆之於策，以志永哀。

一、初沐師恩

我於1959年進入吉林大學歷史系學習，先生時任系主任。在全系迎新會上，始睹先生風采。先生爲一代飽學碩儒，一席迎新辭，慷慨激昂，勉勵學生好學勤思，掌握馬列理論，做紅色歷史學家。聲音洪亮，中氣充沛，給我留下深刻印象。

1961年，先生爲歷史系幾個年級合班講授《中國史學名著選讀》，從此得親聆先生教導。先生精研文獻，廣涉百家，學識淵博，授課生動活潑，揮灑自如，善於駕馭學生心理，引發學生進入文章境界。記得先生在講授《史記・留侯世家》開篇時，隨口咏誦李白《經下邳圯橋懷張子房》的五言古詩："子房未虎嘯，破産不爲家。滄海得壯士，椎秦博浪沙。報韓雖不成，天下皆震動……"使整個課堂爲之振奮，聽課者無不全神貫注，全塲鴉雀無聲。課後，不少學生去查閱這首詩,並背誦下來。先生教學的誘人魅力,於此可見一斑。

1961 年秋,我與同班張雲鵬、孟昕伯同學有幸師從歷史文獻學家羅繼祖先生,學習史學史、版本目錄學。1962 年,又學《論語》。當時,我們對儒家典籍及先秦諸子之學所知甚少,在學習中自然遇到了許多不甚了了的問題。時逢羅先生回大連度假。於是,我們便産生了向金先生請教的念頭。但是,幾名大三學生,去向身爲教授、系主任的先生請教,先生能接待我們嗎?我們抱着試一試的忐忑心情敲開了先生的家門。先生問明來意,臉上現出了既驚訝而又喜悦的表情。我們懸着的一顆心才放下來。令先生驚訝的是,竟有大三學生在讀《論語》;令先生喜悦的是,幾名本科生竟直接找他來請教。聽説我們在跟羅先生學《論語》,先生很中肯地評價説:"羅繼祖先生没有上過公學,但他師承家學,漢學功底深厚,於宋、遼、金、元文獻很有研究,尤其擅長寫文言,文言文爐火純青。現在這樣的人已經不可多得了。你們能跟羅先生學習,是很幸運的。"接着,我們向先生提出了幾個具體問題,還記得其中一個是:《論語·微子》所載荷蓧丈人云"四體不勤,五穀不分"兩句話,注疏家解説歧疑,令我們疑惑。先生夸奬説這個問題提得好。他拿出劉寶楠《論語正義》作爲示範,説關於這一問題,朱熹《四書集注》説是丈人批評子路的;包注説是指孔子説的,此説流傳最廣;劉寶楠《論語正義》引宋人説:"四體不勤二語,荷蓧丈人自謂。"劉寶楠、宋翔鳳贊成此説,我也贊成此説。三説中以朱注最無道理。至於包説,孔子明言"吾少也賤,故能多鄙事",並做過"委吏、乘田"等小吏,怎能不識五穀?包説之所以流行,那是因爲它最適應當代批孔的政治需要。先生教育我們,學習《論語》已不能再走尊孔讀經的老路,應當采取批判繼承的態度,分清精華和糟粕,辟如孔子説"唯女子與小人爲難養也"等,就是糟粕。又説學習《論語》這類儒學經典,不但要弄懂文字訓詁,更重要的是要弄懂思想本質,從學説體系上去掌握。孔子思想的核心有二點：一是仁；二是中庸。前者是思想本質，後者是思想方法。"仁"的主要内容是"親親"，講血緣關係，强調父權。"義"是仁的外延，主要内容講"尊尊"，講政治關係，强調君權。"禮"是仁義的表現形式，故曰："親親之殺，尊賢之等，禮所生也。""中庸"不是折中主義，不是模棱兩可，而是適中。孟子繼承發展了孔子的仁，提出"四端"、"性善"、"仁政"等，《大學》、《中庸》又提出正心誠意，致知格物及修、齊、治、平之道，都是對孔子仁學的進一步發揮。孔孟的這一思想即爲儒家一脉相承的"内聖外王"之道。先生娓娓道來，像給研究生講課一樣，講了一個多小時，使我們受到了一次深刻的儒學教育，也使我們見識了先生誨人不倦的大儒風範。從先生家出來，我們都很慶幸，開玩笑説："咱們大學没畢業，卻當了一回先生的研究生。"先生的談話令我們感受至深，久久不能忘懷。

　　1963 年，先生應唐長孺教授之邀，赴武漢大學講學。歸來後，我與雲鵬去府上拜謁，順便爲系裏學生主辦的《春秋文苑》徵稿。先生興致勃勃地談起了在武大講學的事，説講的是關於老子及《老子》書的問題。先生説《老子》一書雖不免有後人羼入部分，這是先秦古書流傳中的通例，但它的成書年代在春秋而非戰國，根據是比較充分的，僅在於信不信而已。現在學術界有些學者硬把他的成書時代往後拉，明顯是受到疑古思潮的影響。我有勇氣向他們挑戰。對《老子》第一章中的幾個疑難斷句，先生也講了自己的意見，認爲應從《老子》的思想本質出發，做出自己的判斷。先生還談了《老子》書中的"道"有"常道"與"非常道"兩重性及《老子》一書的"重母統"等問題。儘管我們對這些問題似懂非懂，無法與先生對話，但先生談鋒甚健，滔滔不絶，使師生間的情感交流十分融洽。先生還談到他在武大東湖赴唐先生宴會時，有感於 1938 年赴川路過武漢，遂作一首七律，並交給我們，作爲他對學生刊物《春秋文苑》的支持。這首詩被我們編入《春秋文苑》第三期。因"文革"禍

亂,原詩稿已失。由於歲月悠遠,經我與孟昕伯回憶,僅得其中五
句,特録於此,以俟知情者補充。詩曰:

　　　　嘉召啜茗在高樓,
　　　　眼底東湖一望收。
　　　　墩尋九女瞻遺迹,
　　　　館認三閭得勝游。
　　　　……
　　　　……
　　　　……
　　　　裁箋染翰足風流。

　　與先生接觸愈多,我們愈深切地感受到先生談論的總是學生、
學習、學術,很少談論日常瑣事。他常用自己的治學經歷啓發教育
後學,讀書要脚踏實地,爲學要獨立思考。伴隨着這些交往,師生
之間的情誼也愈加深厚了。

　　1963年秋,先生爲我們班開設《先秦思想史》專題課。田居儉
先生時任金老助手,爲這門課編寫了講義,分緒論、儒、道、法、墨、
結語六章。先生講先秦思想,勇於突破學術界成見,提出自己的獨
到見解。如學術界普遍認爲孔子思想是唯心主義,先生則認爲是
唯物主義;學術界批判"中庸"爲折中主義,先生説"中庸"反對"過"
與"不及",符合辯證法精神。其他如否定荀子爲法家,主張《老子》
成書於春秋等皆是。先生精闢的學術見解和敢於堅持真理的勇
氣,淵源於他深厚的古代文獻功底和較高的馬列主義理論水平。
但關於先生的馬列主義水平,在當時是很少有人承認的。因爲先
生學習馬列,一没出國深造,二没進過理論研討班,全靠自學。先
生悟性頗高,每當讀過一部理論著作,常有出人意表的見地。1978
年發表的《談談中國原始社會向奴隸社會過渡的問題》,1980年發
表的《論中國奴隸社會的階級和階級鬥争》,1982年發表的《論井

田制度》等論著，都是他運用馬列主義理論指導學術研究的範例。

先生授課還注重發揮學生的主觀能動性。他多次組織課堂討論，讓持相反學術觀點的學生充分發表意見，不搞一言堂。對與先生相左的意見，先生也不正面批評，而是在分析材料中循循善誘，收到以理服人之效。我與孟昕伯在專題課中表現突出，深受先生青睞。畢業時，先生鼓勵我們報考他的研究生。

每當我回憶起在本科讀書時的這一段生活，就會深深感到我之所以有今天，實與兩位先生的教導分不開，一位是羅繼祖先生，一位就是金先生。尤其是金先生，倘若當時沒有他爲我指示一條治學門徑，我便不會考研究生，也不會在大學搞教學和科研。所沐師恩，遠勝滴水，報效終生，當不遺憾。

二、入帷師門

1964 年，我考上先生的研究生，如願以償地成爲先生門下弟子。當時先生共有五名研究生。1961 年招收二名：一名曹國晏；一名劉煥曾，二人皆北大歷史系畢業。1964 年招收了三名，除我以外，還有王治功（內蒙古大學畢業），黃雲峰（吉林大學畢業）。

孰料入學僅一月，就按國家要求到吉林省梨樹縣參加社會主義教育運動去了。

1965 年，隨着國內社教運動轟轟烈烈地展開，高教戰綫有了較大變化：一是決定停止招收文科研究生，要文科人才在階級鬥爭中培養；二是調整 1964 年入學研究生指標，減少傳統學科名額。

當我們返校時，這第二項工作正在進行。記得先生鄭重地約我到他家，語重心長地說：這次國家調整傳統學科研究生指標，規定古代史專業衹能保留一個人。你們三個人都不錯，我本想把你們都培養出來。但是這已不可能了。我和系總支反復研究，決定把你留下繼續讀書。王治功和黃雲峰兩人調整到系裏王藻先生的印度史研究室去。我之所以留下你，是考慮到你過去學得不錯，很有培養前途。希望你今後謹言慎行，把書讀好，能在古史領域爲國家做出成績來。臨別，先生特地把珍藏多年的復性書院選刊《吹萬集》及所發表的《論宗法制度》、《易論》等文章的抽印本贈給我，勉勵我努力學習。

調整工作結束後，我開始了緊張的學習生活。由於先生祇帶我一個人，所以對課業要求極爲嚴格。

首先，開了一張閱讀目錄，有必讀書，參考書。分類有馬列經典、專業文獻、今人著作。囑我對所列目錄，要做到有的精讀，如《左傳》，能吃透精神。有的要通讀，如《周禮正義》，掌握其主要内容。對一般文獻要泛讀。對於精讀、通讀和泛讀還要根據所研究問題具體而定，凡與研究問題有直接關係的資料都要精讀，參考資料則通讀、泛讀。

六十年代初，在國内人文界流行三句話："讀死書、死讀書、讀書死。"吉大領導對這幾句話也很重視，把它作爲警句張貼於學生閱覽室。先生與我談到這一問題時說："我贊成這一名言的頭二句'讀死書，死讀書'，我們古史專業讀的都是死書，所以'讀死書'我贊成。讀書麽，就要下死功夫，古代典籍汗牛充棟，浩如烟海，不下死功夫，是不會有成績的。所以'死讀書'，我也贊成。但'讀書死'一句，我就不贊成了。書是死的，人卻是活的，應該讓死書爲活人服務，而不是讓活人被死書牽了鼻子。提倡讀書死，豈不是讓人們陷入死書堆中無法自拔嗎？做學問講求厚積薄發，所以要多讀書，而讀書死充其量不過是書蠹，怎麽能發揚光大書的精神。"先生要求學生要"死讀書"，能鑽到書中去，但要鑽出來，把書讀透、讀活，切實掌握古代文獻的精華。

其次，先生要求我做學習筆記。先生一貫提倡讀書要多動腦，勤思考。說"子云：'學而不思則罔'"，指的就是學習不動腦的弊端。作讀書筆記，可以是論點摘鈔，可以是對疑難問題的認識，可以是比較注釋家的不同訓釋，可以是不同觀點的爭鳴，形式可以多種多樣。但必須讀完導師指定的書目，必須要有自己的學習心得。先生總結自己一生治學的經驗，認識到祇有經過自己頭腦思考的知識，才能真正變成自己的知識。

在 1965－1966 學年第一學期，先生要求我讀完杜預《春秋經傳集解》；讀完李光地《周易折中》的《繫辭傳》部分，其他部分讀得越多越好。每兩周檢查一次讀書筆記。

第三，寫學年論文。從 1964 年 9 月入學算起，到 1965 年 9 月正式學習專業課，已經一年。為檢查我的學習成果，先生要求我在 1966 年 3 月，即下學期開學時，交一篇學年論文。字數不限，但要言之有物。最好結合學習毛澤東的《實踐論》、《矛盾論》兩論，寫一篇運用毛澤東哲學思想分析歷史材料的文章。我用兩個月時間就讀完了《左傳》，並將筆記交給先生。先生閱後，表示滿意。然後，我集中力量學習《周易折中》，並用矛盾論的觀點寫了一個《論〈周易〉辯證法思想》的寫作提綱。先生對提綱提了修改意見後，我便着手去寫。文章初稿尚未寫完，一場批判新編歷史劇《海瑞罷官》，批判三家村的鬥爭已在全國範圍展開，吉林大學文科師生悉數被卷入到了這一浪潮中。十年浩劫以後，我重新回校攻讀研究生，才得再續舊稿，寫出《論〈周易〉的哲學思想》一文，發表於《史學集刊》（1982 年第 3 期）。"文革"中斷了我的學業。1968 年，我被分配到中學任教。但是，這一段學習經歷奠定了我後來治學的基礎。先生的治學道路、治學思想和治學方法，深深地影響着我的一生。

三、師品高潔

先生常對我講做人要講道德文章，文章固然要好，道德更要好。先生道德高尚，有如寒梅、青松，令人景仰。尤其是在左傾思潮泛濫的那些年代，先生依然敢頂逆流，操守不改。

　　1962 年,在吉大黨委召開的神仙會上,先生針對總路綫、大躍進、人民公社所謂"三面紅旗"引發的一些問題,引用《老子》"治大國若烹小鮮"的話,尖銳批評 1958 年以來國家折騰得太厲害。說出了許多人想說而不敢說的話,代表了當時的民意。在幾年後的"文革"中,先生因爲這些話,不斷遭到批判。

　　1965 年冬,姚文元發表《評新編歷史劇〈海瑞罷官〉》,標誌所謂"無産階級文化大革命"已經發動,當時學術界還蒙在鼓裏,圍繞着"海瑞評價","清官","道德繼承"等學術問題進行爭鳴。但多數人已逐漸明白了這場學術爭論有着重大政治背景,所以噤若寒蟬,不敢再講真話。先生獨不然,不改剛直本性,在吉林大學老教師學術討論會上,旗幟鮮明地提出"統治階級的道德可以批判繼承",向堅持"統治階級道德不能批判繼承"的極左思潮挑戰,並聲稱要和他們"大戰三百回合"。這件事不僅在吉林大學掀起了軒然大波,甚至驚動了省委。省委宣傳部已把先生列爲批判對象,組織人力準備批判。後因"文革"進展迅速,省委宣傳部部長也被揪出而未及實行。

　　我作爲學生,當時確爲先生捏一把汗,到家裏去探望他。先生心情很平靜,說"批判繼承"是馬克思主義對待一切歷史文化遺産的基本態度,爲什麽不能對待"統治階級的道德"? 難道統治階級的道德不包括在歷史文化遺産中嗎? 毛主席也曾說過歷史上的統治階級在其上升時期是朝氣蓬勃的,革命的,具有人民性的,那麽它上進時期的一些先進品德也不能繼承嗎?

　　先生還針對當時極左思潮的一些其他表現進行了抨擊。說前兩年批判巴人的人性論,巴人錯在哪裏? 馬克思主義認爲人性就是人的社會性,而人的社會性有很多內容,其中階級性是主要的。但現在把主要的當作了唯一的,說人性就是階級性,並還據此批判別人,這不對嘛! 關於批判"合二而一",先生說毛澤東同志自己講世界上的一切事都是對立統一的,"合二而一"作爲"一分爲二"的反命題,兩者正是一對矛盾統一體。若沒有"合二而一","一分爲二"怎麼單獨存在呢？一些人號稱懂得馬列主義，到處教訓人，其實他們講的並不是馬克思主義。至於咱們學校叫囂要批判我的那些人，他們講的不是馬克思主義，他們沒有真理，我根本不怕他們。

當然，先生這些大義凜然的話，在當時特殊的歷史條件下，祇能在私下對我說了。但是，先生面對逆流，敢講真話，敢於堅持真理的精神，全校有目共睹，受到了多數人的贊譽。

1966年8月，學校爆發了"鬥鬼"事件，造反的學生把代校長劉靖、黨委副書記陳靜波等領導及幾乎全部老教授揪到文科樓小操場游鬥。先生被戴上寫有孔教徒的高帽，赫然列於其中。事後，我到先生家慰問，先生說青年學生麼，有過激行為可以理解，但對上層領導支持這麼搞表示很不理解，擔心國家越搞越亂，說着潸然淚下。這是我第一次看到先生落淚。

接着，先生被造反派強占了房子，趕到柳條路他原住宅的門房裏。不久就有兩名歹徒蒙面入室強搶，劫走先生部分現金及衣物。聽說後，我每次都頂着政治壓力，前去探望先生。祇見這是棟東西向的平房，不僅房間狹小，僅一厨房一居室，而且沒有暖氣設備，祇有一段自己燒的火牆，供冬天取暖。先生與師母年事已高，就在這簡陋潮濕的門房裏苦渡了四個嚴冬。這時，先生已話語無多，失去了昔日侃侃健談的興致，往往是師生默坐，相對無言。

七十年代初，學校開始招收工農兵學員，先生的狀況多少有些轉變。隨着"批林批孔"的深入發展，中山大學楊榮國教授秉承上層意旨，到長春來發動批儒評法。先生參加了他的學術報告會。會後有關部門組織專家討論，稱贊者有之，附合者有之，發揮者有之。獨先生再持異議，指責楊榮國的講座有問題。楊在講到《論語·陽貨》篇時，把陽貨"歸孔子豚"之"豚"字，講成了小猪。在一般意義上，講"豚"為"小猪"並不錯，因為"豚"之本義確是"猪之小者"。但具體到《論語·陽貨》篇，就有問題了。因《陽貨》中的"豚"字，據《孟子·滕文公下》說乃是"蒸豚"，是一種熟食。所以楊說受到了先生指責,先生還談了自己對孔子的看法。先生敢於指責中央樹立的批儒評法理論權威的作法,自然又不合時宜,在吉林大學,乃至吉林省教育界、學術界又引起了不小的轟動。

粉碎"四人幫"以後,學術界迎來了科學的春天。先生得以回到教學崗位,一邊科研,一邊培養研究生。我也得以重返先生門墻。

先生一生就是這樣一個人:不論處在順境逆境,在學術上都敢於堅持真理,敢於向權威挑戰;從不依草附木,隨波逐流,一貫"說自己的話,走自己的路"。先生之所以能在古史學領域獨樹一幟,形成獨立的一派,正是基於他這種高潔的品格、堅毅的脾性。

先生一生著作等身,培育學生千餘、博士弟子二十有三,立德、立言、立功,名播海內外,可謂不朽。

我爲人治學,深受師恩。恩師一生誨人不倦,逆境時更顯品格高潔,令人銘諸肺腑。今記此數端,思以報於萬一,亦寄託對先生永遠的思念!

　　　　　　　　　　　　　　　　　　2002 年 4 月

　　　　　　識於吉林大學南區十宅逸齋

附記:

我自 1964 年師從先生學習先秦史,直至先生辭世,凡二十有八年。先生天資甚高,學識淵博,於古代經史子集諸學皆有深厚修養。我生性魯拙,雖亦步亦趨,仍難窺先生堂奧。在先生多年培育下,學術僅有小成。回首我的學術道路,可以說沒有先生的教導,就沒有我今天的成就。當我的研究文集即將由吉林文史社付梓時,尤感師恩難忘,特將紀念先生百年誕辰之文權代此集之序,以說明我之師承,以告慰先生在天之靈。

特此附記!

　　　　　　　　　　　　　　　2003 年 10 月於逸齋

　　　(《金景芳教授百年誕辰紀念文集》,吉林大學出版社,2002 年)

跟易學大師金景芳教授學《易》

李衡眉

　　在 20 世紀易學著作和人物的研究中，筆者的恩師、與世紀同行的 98 歲高齡的吉林大學金景芳教授理應占有最重要的一席。北京大學哲學系教授、中華孔子學會會長張岱年先生在《祝賀金景芳先生九五壽辰》一文中説：“老友金景芳先生是當代著名的史學家、易學大師……對於《周易》研究尤深，對於《周易》經傳進行了深入的考察和精切的闡述，做出了重要貢獻。”①岱老此評，確爲篤論。

　　金老學名景芳，字曉邨，1902 年生，遼寧義縣人。先生自少卓犖奇異，六歲學珠算，敏速超過長他九歲的長兄，爲父所喜，“矜爲早慧”。② 1929 年，年僅 28 歲的先生參加遼寧省教育廳舉行的縣教育局長、縣督學考試，結果以第一名録取，旋即被委任爲通遼縣教育局局長。“這在當時是一件新鮮事，曾轟動一時，被報紙稱爲‘新貴’。”③但因不願爲斗米折腰，“想潔身自好”，任職一年後便挂冠而去。其天性如此。《易·蠱卦·上九》爻辭云：“不事王侯，高尚其事。”先生有之矣。

　　金老弱齡嗜《易》，直至耄耋之年，始終讀《易》不輟，自稱學

---

① 　呂紹綱編：《金景芳九五誕辰紀念文集》，吉林文史出版社，1996 版。
② 　金景芳：《金景芳自傳》，巴蜀書社，1993 版。
③ 　同上。

《易》成癖。

　　早在二十年代，金老就開始鑽研《周易》。至今已發表了《易論》、《説易》等研究《易》學的論文近 20 篇，出版《易通》、《周易全解》等易學著作 5 部，在七十餘年的易學研究中，形成獨特的易學思想體系。

　　筆者曾兩度師從金師景芳先生，是先生誨人不倦、循循善誘將我導引上治《易》道路的。

　　我是 1978 年恢復研究生考試後金老的第一批碩士研究生。第一學年第二學期金老爲我們講授《周易》。金老講《易》有自己的見解。他對把《周易》當作純粹卜筮之書，爲了占卜而治《周易》的象數派易學不感興趣，他欣賞由王弼、程頤等人奠基的易學中的義理派，因爲他認爲義理派重視《周易》中蘊含着的哲學思想是正確的。

　　金老還爲我們開出了學習《周易》的書目，如《周易注疏》、《周易折中》、《易略例》、《周易集解》等十餘種，而且每讀一種，都要寫讀書筆記。此外，還把他早年寫的易學專著《易通》作爲我們學易的參考書。

　　《易通》是金老治《易》的奠基也是成名作。1939 底寫於流亡在四川自流井静寧寺的東北中學，1941 年獲教育部學術獎，1945 年由商務印書館出版，是我國較早用馬克思主義觀點系統研究《周易》的一部專著。金老的業師謝無量先生爲《易通》的題詞爲：

　　　　易道廣大，無所不包，善讀者乃能觀其通耳。此編綜
　　孔老之緒言，並合以當世新學之變，可謂得易之時義者。
　　由是進而不已，易道不難大明於今日也。[1]

　　謝老前輩的題詞，確爲不易之論。

————————————

[1]　金景芳：《學易四種》，吉林文史出版社，1987 版。

我讀《易通》，欽其元元本本，根底深厚。方知此是大家路數，要在講明大義，條別源流，揚榷利弊，與推敲文字相尚者，迥然不同。

《易通》不僅以其豐富的內容和精闢的見解給我留下了深刻的印象，更爲重要的是，金老在《自序》中爲自己立下的爲人治學的標準深深地震撼了我。當時我恭恭敬敬地鈔錄在自己的讀書筆記上。今特錄如下，以與青年學子共勉。

余草此稿，純本研究態度，目的在求真理。經始之日，私立戒條，期必遵守。

一、不自欺欺人。"知之爲知之，不知爲不知。"心有未安，輒便削稿。決不強書就己，因而隱匿證據，曲解證據，以自欺欺人。

二、不枉己徇人。以真理爲歸，決不隨俗俯仰，以要虛譽。

三、不立異。凡所論述，力求愜心當理，決不矯誣立異，以"嘩衆取寵"。

四、不炫博。徵引以足資證佐爲度，凡離奇之説，近似之見，謬悠之談，一概屏棄。

五、貴創。事爲前人所未發，或語焉不詳，而確知其爲真理者，推闡務求精審，人所熟知者，則從簡約；力以盲從、附和、拾人牙慧爲戒。

六、貴精。辨理力求簡當精確，不持兩可之見，而支蕪其詞。

七、貴平實。去取矜慎，以理之確鑿有據、至當不易者爲貴，不以平凡淺近爲羞。

八、貴客觀。純就原書分析綜合以推導條例，不以己見專輒武斷。凡門户之見，新舊之爭，皆不令闌入吾心。

　　徵之金老七十餘年的學術生涯，他的每篇論文，每部著作，都嚴格遵守着這私立的八大"戒條"。正如他在 1983 年出版的《中國奴隸社會史》一書的《序》中所說的"我没有依草附木，隨波逐流。我說的是自己的話，走的是自己的道路"一樣，這種一以貫之的學術精神與學術規範成爲我這個金門弟子一生一世的爲人爲學的座右銘。《中庸》有言："君子尊德性而道問學。"在學術道德失範的今天，重温金老這些鏗地有聲的語錄，足以警世，足以醒人。我跟金老學習的體會是：學《易》不易，學做人更難。金老的人格魅力如此。

　　按金老規定，每學完一門功課，就要寫一篇論文。我學習《周易》的論文題目，是《淺談〈周易〉中的唯物主義哲學思想》，副標題爲《學習〈周易〉札記》。内容目録除了前言、結束語外，尚有四個題目：一、從書名看《周易》的哲學思想；二、《周易》中所反映的唯物主義思想；三、《周易》中所反映的辯證法思想；四、關於《周易》的認識論。每個大題目下又分幾個子目，如在第二個題目下所列的三個子目爲：（一）"有天地，然後有萬物"——承認世界的物質性；（二）"變動不居""剛柔相易"——説明運動是物質的根本屬性；（三）"富有""日新"——《周易》的唯物主義時空觀。全文共一萬七千餘字。我交作業的日期爲 1979 年的 6 月 21 日。待發下作業後，帶有金老簽名的批語的日期竟是 6 月 22 日，其敬業、負責精神如此。金老的批語爲：

　　　　這篇文章，總的看來，寫得很好，確實反映學有心得。好處是，條理清楚，問題談的比較全面深入。不足之處是，語言文字未能仔細推敲，裏面還有不少謅脱的地方，需要作進一步加工。

　　我將金老閲過的作業重新翻檢一遍，發現凡是脱漏錯誤處，金老都一一補上與訂正了，甚至連標點符號都給改正了。其認真態度與一絲不苟的精神如此。

1981年秋,我們這一屆碩士研究生畢業,金老欲留包括我在內的4名學生在他主持的吉林大學古籍研究所先秦史研究室做研究工作,我因故土難離,婉言謝絕了金老的好意,回到了我的母校煙臺師範學院任教。1986年春,金老認爲我孺子可教,便寫信給我,要我報考他的博士研究生。其時我任煙臺師範學院政史系主任,並作爲院級領導人的培養對象。爲了不辜負金老的厚愛,我毅然辭去系主任職務,報名參加了考試,並被録取爲金老的博士研究生,其時我已四十有四歲,可能是全國年齡最大的學生了。

在我攻讀博士學位期間,金老又連續發表了《孔子對〈周易〉的偉大貢獻》、《關於〈周易〉的作者問題》、《關於〈周易〉研究的若干問題》等學術論文,出版了《學易四種》、《周易講座》、《周易全解》等易學著作。而每出版一種著作,金老都送我一本,並書有"衡梅同志指正"的字樣,簽上自己的名字與日期。其謙遜平易如此。在讀博期間,一面親自聆聽金老的教誨,一面通讀金老的易學論文與著作,使我對金老的易學思想更加瞭解與理解了。正如吕文郁兄所總結的那樣,金老的易學思想可以概括爲以下幾點:(1)《周易》是蘊含豐富、思想深刻的古代哲學著作,它產生於原始宗教,卜筮祇是它的外殼,哲學才是它的本質。(2)漢人搞"象數學",宋人搞"圖書學",清人回頭再搞漢易,把易學引向歧路,是應當批判的。由孔子奠基,由王弼、程頤發揚的義理派的易學觀點和方法應該加以繼承。(3)《易經》與《易傳》是密不可分的,《易傳》是解釋《易經》的,沒有《易傳》,後人就無法理解《易經》。《易經》與《易傳》產生的時代不同,但兩者的思想是一致的。(4)孔子對《周易》有偉大的貢獻,《易傳》基本上是孔子所作;孔子通過《易傳》對《周易》所蘊含的思想進行了全面深入的闡發。(5)《周易》六十四卦的排列結構包含着深刻的思想內容。《繫辭》說:"乾坤其《易》之縕耶!"又說:"乾坤其《易》之門耶!"表明乾坤兩卦在六十四卦中占有特殊重要的地位。其餘各卦都是乾坤兩卦的發展和變化。六十四卦以既濟、未濟兩卦結尾，也含有深義。從乾坤到既濟、未濟，表示事物發展的全過程，《序卦》云："物不可窮也，故受之以未濟終焉。"這反映了《周易》作者深刻的辯證法思想。（6）殷易《歸藏》（又名《坤乾》）首坤次乾，《周易》首乾次坤反映殷周兩代思想觀念和政治制度的重大區別。首坤次乾，反映"殷道親親"，表示殷代氏族社會殘餘較多，重視血緣關係；首乾次坤，反映"周道尊尊"，表明周代政治統治已居於主導地位，更重視階級關係。《歸藏》和《周易》的這種區別是我們正確理解殷周兩代本質特徵的一把鑰匙，對研究商周歷史有重大意義。①

在讀博期間，我發表了《周易占卜靈驗辨說》、《周易研究之反思》等幾篇論文，對金老的易學思想有繼承有補充。

對於《周易》研究，我認爲，非融會群書、貫通大義者不能道，我雖跟金老學《易》有年，但仍未登堂入室，所以博士畢業論文選題有意避開了易學研究，而選擇了先秦的典章制度研究，論文題目爲《論昭穆制度》。作爲導師，金老對此文的評語爲：

　　　　昭穆制度廣泛地見載於先秦古籍，它確實是早已存在的一種制度。但是爲什麼"父曰昭，子曰穆"？以及爲什麼"尸必以孫"，"君子抱孫不抱子，此言孫可以爲王父尸，子不可以爲父尸"呢？這個問題，前人祇知其然，而不知其所以然。自周至清，經過幾千年，誰也沒有把這個問題講清楚。今人如呂思勉、李玄伯等，借鑒西方社會學、民族學知識，有所說明。從大方向看，是對的。但於若干細節，還沒有解釋清楚。在目前來看，這真是一個老大難問題。作者不怕困難，博士學位論文，偏選擇這個題目。

① 　金景芳：《金景芳學述》，浙江人民出版社，1999 版。

他以驚人的毅力,付出了長期的勞勤,翻檢中外所有有關篇籍,最後,應該説,已經全面徹底地解決了這個問題。

……

且評語末尾一句話爲:"由這兩章看來,作者還有餘勇可賈。"證明金老對我屬望甚殷,慰勉有加。後來我在出版《昭穆制度研究》一書時,特徵得金老同意,將這個評語作爲序言。公開出版,志之終身,跬步不忘。

我在《聊城師範學院學報》1990年第3期上發表了《"〈易傳〉是借舊瓶裝新酒"説商兑——關於〈周易〉研究中的方法論的討論》一文。這是一篇發揮金老關於《易經》與《易傳》關係的易學思想的文章。我在文中引用了德國哲學家恩斯特·卡西爾在《人論》一書中的某些觀點來證明《易經》與《易傳》之間的辯證關係。兹摘三段如下:

哲學的歷史非常清楚地告訴我們:"一個概念的充分規定極少是第一個引進該概念的思想家的工作。因爲一個哲學的概念一般説來更多的是一個問題而不是對一個問題的解決——而這個問題祇是還處在它最初的潛在狀態時,它的全部意義就不可能被理解。爲了使人們理解它的真正意義,它就必須成爲明顯的,而這種從潛在狀態到明顯狀態的轉變則是未來的工作。"(卡西爾語)我們認爲,對《周易》的研究亦應作如是觀。從《周易》誕生那天起,包括《易傳》作者在內的各個時代的先儒賢哲們都做了大量的解釋工作,這些工作對弄清楚《周易》中的哲學概念無疑是有益的。

筆者認爲《易經》與《易傳》不僅在形式上,而且在內容上都有着内在的聯繫,是不可分割的。《易傳》因《易經》而緣發,《易經》賴有《易傳》爲作解釋方可理解。也就

是説，《易傳》是一把打開《易經》這座謎宮大門的鑰匙
……《易傳》做的正是"從潛在狀態到明顯狀態的轉變"的
工作。

　　《易傳》的真正價值就在於它是一個中間環節，是信
息傳遞的中轉站。《易經》所載，是來自以往社會的活生
生的信息，但這些信息對後人來説不是自明的。《易經》
是在用它自己的語言——蓍、卦、爻及卦爻辭——向人們
説話的。而《易傳》作者去古未遠，對這些信息還是相當
熟悉的。因此，《易傳》對《易經》的解釋不是什麼"不足爲
訓"，而大都是可以信據的。講《易經》不講《易傳》，"九
六"是什麼都不知道，乾坤是什麼也不知道，那末，《周易》
這部奇書也就真正成爲永世不得真解的天書了。

　　金老是否讀過這篇拙作，我不得而知，不過我猜想，如果老人
家讀了此文，一定會給予"聞一知二"的評價。

　　此後，我發表了幾篇與《周易》研究有關的文章，如《〈周易〉所
見古代婚姻禮俗考》等，然均平平，不足道。自己比較滿意的一篇
論文是近年新作《孔子作〈易傳〉之明證、補證與新證》一文。《孔子
研究》編輯部常務副主編王鈞林先生於收見稿件後回函説：

　　　　大作已收閲，以爲甚佳。三證乃三代學者所發見，略
　　與戴震與其後學論"光被四表"之"光"爲"横"相仿佛。後
　　事曾爲胡適所激賞。

　　該文刊於《孔子研究》1999 年第 4 期上。所謂"明證'是指金
老在《孔子對〈周易〉的偉大貢獻》文所列舉孔子作《易傳》的三條證
據。所謂"補正"是指李學勤先生在《走出疑古時代》與《綴古集》兩
書中所列舉孔子與《易傳》關係的幾條證據。所謂"新證"則是筆者
個人新讀書所發現的一條材料。我在文中是這樣論述的：

　　　　《史記·范雎蔡澤列傳》記蔡澤向應侯（范雎）歷述古

往今來將相名臣的成敗得失時提到："聖人曰：'飛龍在天，利見大人。'""不義而富且貴，於我如浮雲。"不難看出，文中兩句話都爲"聖人"所"曰"。"不義而富且貴，於我如浮雲"一語，見於《論語・述而》，全句爲"子曰：'飯疏食，飲水，曲肱而枕之，樂亦在其中矣。不義而富且貴，於我如浮雲。"可見，"不義而富且貴，於我如浮雲"，是孔子所説。《史記》中蔡澤在引用這句話時，把"子曰"改成"聖人曰"，其"聖人"係指孔子是不言而喻的。

"飛龍在天，利見大人"一語，原是《易・乾卦》"九五"爻辭，怎麼蔡澤把它也説成是"聖人曰"，即孔子所説的呢？此語孔子確實説過，見於《易傳・文言》。全文爲："九五曰飛龍在天，利見大人，何謂也？子曰：同聲相應，同氣相求。水流濕，火就燥，雲從龍，風從虎，聖人作而萬物睹。本乎天者親上，本乎地者親下，則各從其類也。"孔子爲解釋九五爻辭"飛龍在天，利見大人"，故先引爻辭以設問，然後再作答。這是古人行文的慣例，讀《公羊傳》、《穀梁傳》後便知。所以，蔡澤在引用"飛龍在天，利見大人"一語時，把它説成"聖人曰"，即孔子所説，是有所本的。《文言》係《易傳》十翼之一，司馬遷説孔子"著""文言"，兩相比較，若合符契。因此，孔子作《易傳》，又多一條新證。

此文收入筆者 1999 年出版的《先秦史論集》。李學勤先生於爲是書所作序文的結尾説：

> 《先秦史論集》的内涵當然不限於這一點，例如關於《周易》的論述，篇數不多，然而頗有新意。衆所周知，金景芳先生精於易學，李衡眉教授自有所得。其間關於孔子作《易傳》的論證，更是多所進益，希望讀者不要錯過。

　　李先生獎掖後進，樂導人善，早爲學術界所稱頌。更難能可貴的是，李先生把筆者對《周易》研究所取得的一點成就歸功於金老的教誨，確是慧眼獨具。知金老與衡眉者，學勤先生也。

　　1998 年金老在他的學生協助下，以 96 歲的高齡，又完成了一部易學研究的新作，名曰《〈周易·繫辭傳〉新編詳解》。金老非常重視這部新作，認爲這是他晚年對易學研究的重大貢獻。他在該書《自序》中説："可喜的是我學易七十多年，於行年已九十有六之際，竟有所突破。"金老的助手吕紹綱先生在爲該書所撰之《序》中認爲，金老這部書真正是"鑿破混沌"，"石破天驚"，"在易學研究史上將有似一塊里程碑"。金老把自己的"突破"歸結爲八條。限於篇幅，兹不臚列，詳見遼海出版社 1998 年出版的該書。

　　按照金老的一貫做法，新書甫出，便給我寄來一本，並附手書一封，令我將《〈周易·繫辭傳〉新編詳解》一書譯成英文出版。當時我便誠惶誠恐地接受了這一重任。我猜想，金老之所以命我翻譯該書，其原因有二。一是因爲我對老人家的易學思想領會還算深透，二是因爲金老知道我大學所學專業爲英語，且翻譯過一位美國朋友有關《周易》研究的一篇論文。①

　　由於 1997 年我忙於準備出國訪學，又因爲在美國耶魯大學做訪問學者期間罹患癌症做了手術，1998 年底回國後一直在休養中，譯文開了個頭便放下了。不幸，金老因年事已高，加之"不知老之將至"，筆耕不輟，積勞成疾，於 2000 年春患病住院。住院期間，仍不斷捎回信來詢問翻譯進行情況如何。每聞師言，悚然汗下，深愧負罪有日。

　　2000 年 9 月 21 日自煙臺北上春城探望金老，22 日 9 時至醫院金老榻前，老人家正在熟睡中。承守護在金老床前的他的外孫

－－－－－－－－－－

　　①　李衡眉：《結婚、離婚與革命——〈周易〉的言外之意》，《周易研究》1994 年第 2 期。

女相告，當昨日金老聽説我要去探望時，高興得一夜没睡好覺。待金老醒來時，一眼便認出了我。他嘴唇翕動，似乎説了句什麽，因吐字不清，我没有聽懂。他的外孫女轉告我説："問你書的事怎麽樣了?"我的心爲之一動，不禁眼淚奪眶而出。此時已乾瘦如柴的金老，在時清醒時迷糊的狀况下，關心的不是他的身體而是他的書的翻譯情况，這使我想起了孔子所説的"朝聞道，夕死可矣"的話來。我忙凑近金老的耳邊大聲説："請您老放心，我一定抓緊時間譯出來。"金老似乎聽到了我的承諾，臉上掠過一絲笑意，安静地閉上眼睛，睡了。我在金老的床頭仁立多時，浮想聯翩，往日先生與我論學析疑，談輒移晷的情景歷歷在目，仿佛就在昨日。先生精氣内斂，與世靡争，壽登九十又八，非偶然也。與人語輒喜論故事雅記，娓娓不倦。

當我將思緒從回憶中收回來再看病床上安睡着的金老時，心裏一邊爲老人家祈禱，願金老早日康復，師生共祝百年華誕，一邊又有"哲人其萎乎"的凄涼感覺。

筆者雖曾兩度拜席於金老門下學《易》，然我天性駑鈍，對易學又乏專攻，於《易》雖偶有所得，非但不足語於陞堂入室，簡直是還在數仞夫子宫墙之外。之所以書而記之，蓋不忘金老誨我良多之情。並申言：一定將金老的新作翻譯出版，使金老的易學思想播遷海外，惠於外邦。

(《金景芳教授百年誕辰紀念文集》，吉林大學出版社，2002年)

生有嚴師催我行

于永玉

吾師金景芳先生於 2001 年 5 月 1 日作古，享年 99 歲。

我有幸自 1978 年起師從先生學習先秦史並獲碩士學位，畢業後工作在長春，常於節慶假日省問起居，故常能得老師耳提面命，多有獲益。今吾師逝去已一週年，僅將心中常記二三事寫出，以表對恩師之念。

一、不拘一格，學品兼備育人才

吾師錄取學生，從不講"門第"，不論"科班"與否，不計個人恩怨，惟才是舉。

我師門同學，包括我在內，多有不是"科班"出身者，但從師畢業後著作等身，業績昭著者大有人在。

吾師錄取學生，非常注意學品兼備。有一年考試前，一考生向吾師送禮，吾師不但拒之門外，而且在其考試合格的情況下堅持不錄取入門。此事在校內外一時傳爲美談。

二、從嚴育人，誨人不倦

吾師授課，從來占滿課時，絕無敷衍壓縮之舉。吾師授課時，雖八秩高齡，依然聲動屋宇，長居斗室之中，意無稍懈。

　　吾師最喜學生提問，每答疑問，必遡本追源，旁徵博引，使問者如沐春風，如享甘霖。事後同學們經常慨嘆：聽師一席談，勝讀十年書。

　　吾師之嚴，盡人皆知。我個人體會其嚴有三：首爲要求嚴：凡講過的課程，一定要求學生通讀，精讀全書；凡讀書，一定要求學生做讀書筆記；每講一書或一單元課程結束必要求學生習作論文一篇。至今思之，吾師之嚴，令弟子受益匪淺。次爲檢查嚴：凡學生所作讀書筆記必須按時上交，吾師一一檢閱，並做詳盡批語，並與學生一道一一講評，指出寫作之敗所在；故同學們在學習期間多有公開發表學術習作者，此皆師嚴之功也。再次爲督促嚴：吾師於每屆學生，皆能定期親自檢查學習情況，尤其在課業結束寫作畢業論文期間督守更嚴。至今我還保存有老師親自督促學生的親筆公開信。其原文如下：

告 78 屆先秦史研究生：

　　現正在作畢業論文期間，作爲研究生，居然有的請假離校，日久不歸，有的未經請假，擅自離校，似此來去自由，紀律何在？

　　班長于永玉，應即通知各該生“見到通知，立即返校，切勿遲延”。至囑！至囑！

　　　　　　　　　　　　　　　　　金景芳

　　在我們的下一屆學生中，更有吾師檢查時不在校而受到處分者。這令研究生院大爲驚詫。當時導師多爲學生擅自離校開脫，獨吾師不開此門，其對學生要求之嚴，於此可見一斑。

三、願把金針度與人

　　吾師帶學生，可謂無私之至。老師每寫文章多徵求研究生們意見,大師兄陳恩林跟老師學習時間最長,功底最厚,往往有所發現,即時提出,老師亦經常采納。吾師此舉,對我們提高寫作論文水平大有裨益。吾師經常告訴我們:"寫文章應該是鳳頭、猪肚、豹尾。必要的是言之有物,又言之成理,且持之有故。"還深情地説:"過去的人是'繡出鴛鴦從人看,不把金針度與人',我不是這樣,一定讓學生知其然,也知其所以然,我願把'金針'教給你們。"

吾師多次講到:"我幼年家貧,無力上大學,全靠自學。求書也不易,衹是早年接受了馬克思主義,並用來指導研究古史,才有了今天的成就。"並要求我們加強對馬克思主義的研究,還給我們開列了有關書目。

吾師對一味疑古的學風和"文革"中"爲現實政治服務"的學風也表示了不同的意見,一再教育我們治學獨立思考"走自己的治學道路"。這對我們在以後的治學中、工作中敢於堅持自己的觀點,不人云亦云,起了至關重要的作用。

吾師身爲學界一代宗師,嚴謹治學,嚴格育人,一生桃李滿天下。弟子中成就斐然者,每届皆不乏其人,門庭可謂盛矣。

我爲老師門下弟子,工作屬於爲他人做嫁衣一類,然師恩不敢須臾以忘,生有嚴師催我前行,此生何憾!今師逝去已一載,恩師,請接受弟子永遠的敬禮和叩拜吧!

(《金景芳教授百年誕辰紀念文集》,吉林大學出版社,2002年)

"哲"字新解及其應用
——爲金老師九五大壽而作

李金聲

　　欣逢老師金景芳教授九十五歲華誕,我作爲老師五十八年前在東北中學教高中國文時的學生,以景慕的心情表示真誠的敬意和祝賀。我妻王若華也一同祝賀。

　　感激早年老師的關懷和教誨,如今我已七十又八,更要學習老師自強不息,在耄耋之年治學益勤的進取精神。老師 81 歲出版《中國奴隸社會史》。85 歲出版《周易講座》。又在得力助手呂紹綱先生輔助下,87 歲出版《周易全解》等重要著作。這都是大有助於後學、廣泛傳播中國古老文化精華的傳世好書,讀後獲益匪淺。特別是《繫辭傳上》講到《周易》主要任務的那一段:"子曰:夫《易》何爲者也? 夫《易》開物成務,冒天下之道,如斯而已者也。是故聖人用以通天下之志,以定天下之業,以斷天下之疑。"老師講解說:"孔子自己提出問題:《周易》是做什麼的呢? 以下自己回答問題說:《周易》包括事物的創始與完成,即事物發生、發展乃至終結的全過程都在《周易》的範圍之中。它把自然規律和社會規律都包括在內了。如此而已,別無其他。所以聖人用《周易》來統一天下人的思想,成就天下人的事業,解決天下人的問題。這講解充分顯示出《周易》這部中國古代真正哲學著作的恢宏氣魄。孔子揭示了《周易》利用卜筮形式表達的哲學內容。老師發揚了《周易》特別是《易傳》的偉大哲學思想。解決天下人的問題,用今天的話說,就是解決人類的問題。以解決人類的問題爲己任的偉大氣概，可以説是中國哲學的優良傳統。

師 恩 永 記

　　1933 到 1939 年，我在東北中學讀書六年。東中原爲 1931 年"九一八"事變後，張學良將軍在北平創辦，招收東北流亡青年就讀。學生以校爲家，師長爲父母，同學似兄弟姐妹。日寇繼而窺視華北，爲保存和培養抗日力量，東中遷至河南鷄公山。1936 年夏，我初中畢業，在暑假得到一本艾思奇的《大衆哲學》，讀得入迷。記得書中談到哲學的主要任務時説："哲學的主要任務是要能够真正解決人類生活上事實上的問題，要能真正解決這些問題，才足以證明它是事實上的真理。我們説哲學是人類對於事物的根本認識和根本態度，其意義也就在此，哲學不能單是説得好聽的東西，還要能指導我們做事。它的'重要問題是在於要改變世界'。"[1]

　　1938 年，又聆聽了金老師的國文課。老師和藹可親，視學生爲子弟，誨人不倦，學識淵博，講解明朗，深受同學們歡迎和尊敬。同學們有了問題，都樂意問老師。我至今還記得問過老師"自强不息"怎樣理解，自以爲懂得，但老師講得就深刻。老師説："你看，日出日落，天總在轉。其實是地球總在轉，老不休息。人也該這樣，自己要强，老不懈怠。這就是哲學。"後來知道，這是《周易》裏的話："天行健，君子以自强不息。"老師的話我一生受用不盡。

　　我從此以後，對哲學發生興趣。這時日寇步步入侵，東中一再内遷，由鷄公山遷湖南桃花坪，最後遷至四川自流井。1939 年夏，遷校途經貴陽時，我高中畢業，正趕上大學聯合在貴陽招生。因爲東中老師同學去了四川自流井，還有老師離校去重慶東北救亡總

────────

① 《艾恩奇文集》第 1 卷，人民出版社，1981 年，第 193～194 頁。

會工作，覺得去重慶熟人多，便考入重慶中央大學哲學系。系裏有教授五人：宗白華、方東美、何兆清、李正剛，和以後來校的陳康。

　　1940年暑假，讀完大學一年級，準備上二年級。這時曾收到金老師從復性書院給我寄來1939年寫成的《易通》一册。這是我國最早用唯物辯證法研究《周易》的佳作，在我國學術發展史上有重要價值。同年10月，老師知道我大學生活艱苦，給我匯來40元錢。直到前年，1994年，即五十四年後，讀了老師的《自傳》才知道，當時老師在復性書院進修，院方每月祇供給伙費10元，膏火費即生活津貼30元。真的是傾囊賜助。而且老師那時的實際生活狀況："我在復性書院攻苦食淡，軀體日益消瘦，有不可終日之勢。"①讀着不覺潸然淚下。老師對我如此厚待，情同父子，没齒難忘。

　　現在，我已從中國社會科學院哲學研究所離休多年。如今耳聾眼花，很少出門。和書爲伴，還可多思。近來想到這樣幾個題目：一、"哲"字新解，二、"哲"字源流，三、什麽是哲學，它有何用，四、智慧和愛智慧的鬥爭。並想談談我的拙見。

一、"哲"字新解

　　1940年秋，大學二年級開始。上面提到的李正剛先生開始講授《中國哲學史》。他名翊灼，1948年在江西病故。他畢生研究儒、道，尤重佛學，和歐陽競無是師兄弟，著述多爲内刊。那時他講中國哲學史，首先講到"哲"字。他說："'哲'，從口從析。析是解決的意思。口是問題的意思。哲就是解決問題。解決問題就是智。"聽後很受啓發，又易解易記，至今數十年不忘。李先生也是素養甚深的文字學家，這一新解，決非妄言，必有所本。可惜當時他没有

---

　　①　《金景芳自傳》，巴蜀書社，1993年，第22頁。

多説，我也没有多問。但日後覺得此解很重要，特別是知道“問題即矛盾”①以後，認爲應當進一步研究。

二、“哲”字源流

我國上古歷史文獻《尚書·舜典》中有“濬哲文明”。《疏》説：“濬，深也。哲，大智也。舜有深智，言其智之深，所知不淺近也。經緯天地曰文。照臨四方曰明。”又《尚書·皋陶謨》，相傳是皋陶和夏禹在虞舜面前對答、皋陶述説施政計謀之書。其中禹説：“知人則哲，能官人。”《疏》説：“人君知人善惡，則爲大智，能用官得其人矣。”

這就是説，哲是智的意思。

此後，《詩經·商頌·長發》有“濬哲維商”。意思是説，商朝世世有深智之王。

除上述古文獻釋哲爲智的例子以外，下面可從古文字學上的實物資料看一下：甲骨文未見哲字，兩周金文始有。兹舉兩例：

1. 公元前 10 世紀末期的“墻盤”爲西周恭王時屬官史墻所製，是“恭王時代絶對可靠的典型器物”。② 其銘文中有：“𤕎（淵）㥁（哲）康王。”③淵就是濬，就是深，是説深智的康王。

2. 公元前 9 世紀後半葉，西周厲王時期的“大克鼎”銘文中有：“天子明𢛣（哲）。”即天子明智。

金文𢛣從心，爲異體。漢字一直定形爲哲從口。

其後，西漢初，學者綴輯周漢諸書舊文，遞相增益而成的字書《爾雅·釋言》云：“哲，智也。”

① 《毛澤東選集》合訂一卷本，共 796 頁。
② 唐復年（唐蘭元子）：《金文鑒賞》，北京燕山出版社，1991 年，第 219 頁。
③ 同上，第 182 頁。

以上就有史以來，粗略舉證，“哲”字一直是智的意思。那麼，哲，爲什麼就是智？東漢經學家、文字學家許慎（約公元 58—約 147）的《說文解字》提供了一點綫索。

《說文》：“哲，知也。從口，折聲。”爲形聲字。許多文字學家指出，形聲字中的聲旁，不止是表聲，而是聲中有義的。此折字就不止是表聲，也兼表義。《說文》中的“禛”字及其下面的段玉裁注，也說明這一點。《說文》：“禛，以真受福也。從示，真聲。”這表面上是形聲字，實際是形聲兼會意字。請看下面段注：“此亦當云，從示從真，真亦聲。不言者，省也。聲與義同原。故諧聲之偏旁，多與義相近。此會意形聲兩兼之字致多也。說文或稱其會意，略其形聲。或稱其形聲，略其會意。雖則省文，實欲互見。不知此，則聲與義隔。又或如宋人字說，雖有會意，別無形聲。”此注不衹是注禛字，其他皆適用。所以“哲”字，同樣應是：“知也。從口從折，折亦聲。”即會意兼形聲字。

“從”就是從其義，作爲構成新字字義的一個成分。從口從折，就是從口義和從折義，構成“哲”字義。這裏的口義就是問題的意思。折義就是解決的意思。兩義合起來就構成哲字的本義。那就是解決問題，解決問題就是智。

怎麼見得口有問的意思？公元前 13 世紀後半葉到 12 世紀初，殷商武丁時期的甲骨文已有口字爲$\boldsymbol{\mathsf{H}}$，象口形，口有問義，可舉幾例：

1. 問字本身的口，即門下有口。這口就是問義。《說文》：“問，訊也。從口門聲。”爲形聲字。但是有人提出異議，認爲：“此字疑當從口從門，門亦聲。……門下有口，見問訊之意焉。會意兼形聲字也。”①這一解字，合理，可從。另據上述禛字的段注，亦應爲會意兼形聲字。這也可以證明這一解字是正確的。

---

① 張舜徽：《說文解字約注》卷上 3 章，中州書社，1983 年，第 27～28 頁。

2. 占字的口是問的意思。《說文》:“占,視兆問也。从口从卜。”古人用火灼龜甲。灼開的裂紋叫兆。卜字即兆的象形。古時占卜,是看着兆用口問疑。

3. 衹一口字,古時也有問義。如《公羊傳·隱公四年》:“公子翬恐若其言聞乎桓,於是謂桓曰:‘吾爲子口隱矣。’隱曰:‘吾不反也。’”其中的“口”就是問。

至於折字,殷商武丁時期的甲骨文也有了。作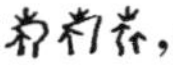,象以斤斷木之形。其初文爲,象以手持斤斷木之形。以後經過幾次改變:

1. 金文一變爲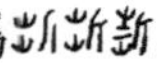,仍以斤斷木,但下面的樹根卻顛倒朝上了。

2. 籀文即大篆二變爲,改爲以斤斷草(草)。上下兩中之間的二横,原是用來表示已經斷開了。但《說文》解説這二横象仌水凝冰形,所謂冰寒故草折。不止一人指出這是誤解。

3. 小篆三變爲,雖然也是以斤斷草,卻是去掉二横的簡化。

4. 隸書四變爲從手之折。《說文》在折字末附篆體從手之。

有人指出,恐屬後人誤增。

“折”有解決的意思,見於“折獄”、“折訟”之類詞語,即解決獄訟、解決訴訟之義。如《周易·賁》云:“君子以明庶政,無敢折獄。”再如《論語·顔淵》云:“片言可以折獄者,其由也與。”又如《北史·楊春傳》云:“折訟公正。”

從以上哲字的概略考察和解字分析看,上面《哲字新解》中,李正剛先生所説,可以表述爲:“哲,從口從折,折亦聲。口是問題,折是解決。解決問題爲智。是會意兼形聲字。”

如果哲字這一新解可以成立,那就可以進而説明什麽是哲學以及它有何用。

三、什麼是哲學，它有何用

哲由口和折二字組成，口是問題，折是解決，解決問題是智慧。問題即矛盾，解決矛盾是智慧。哲學是智慧之學，就是解決問題即矛盾的學問。

哲學這一從漢語詞源上的釋義，優於這個常用的外來語：哲學這詞出自古希臘，由"愛"和"智慧"二字組成，意思是"愛智慧"。所謂"愛"智慧，這是宗教迷信的産物。原來古希臘人認爲神才有智慧，人沒有智慧，這才"愛"之。

除此以外，還有以下一些優點：

1. 什麼是智慧？見仁見智，説法很多。比如古希臘的柏拉圖（Piaton，前 427－前 347）認爲：認識到永恒不變的普遍理念是智慧。亞里士多德（Aristoteles，前 384—322）認爲：認識到原理和原因是智慧。馬克思説，哲學家們祇是用不同的方式解釋世界，而問題在於改變世界。這兩個哲學家所説的智慧，祇能解釋世界。顯然不如深入淺出的"解決問題即矛盾是智慧"。這樣的智慧才能改變世界。

2. 口折合成哲，解決問題爲智。這一造字是從感性認識上升到理性認識，是從形象思維上升到抽象思維。這是符合認識發展規律的。所以這一中國化的釋義，言簡意賅，易解易記。

3. 智慧祇能是人的智慧，或人類的智慧。① 人或人類的智慧是在不斷地解決問題即矛盾的活動中發展的。哲學的這一釋義反映着人類思維發展的真實情況。大家知道，舊哲學"直到今天還完全忽視了人的活動對他的思維的影響"。其實，"人的智力是按照

---

① 據説現代心理學實驗，動物如小白鼠、黑猩猩也能進行創造性地解決問題的智能活動。本文暫不考慮在內。

人如何學會改變自然界而發展的"。①

　　4.這一哲學釋義不僅可以和上述中國優良傳統哲學的任務"以斷天下之疑"、即用來解決人類的問題相聯繫,而且還可以和馬克思主義哲學相結合。因爲"馬克思主義哲學就是告訴人們如何分析矛盾解決矛盾"。②

　　以下從這一有中國特色的哲學釋義進而談談解決問題即矛盾的哲學内容。

　　人是生活在問題即矛盾之中的,因爲無論什麽世界都充滿着矛盾。世界是由矛盾組成的,没有矛盾就没有世界。社會主義社會,也是充滿着矛盾。③　而"問題就是事物的矛盾。哪裏有没有解決的矛盾,哪裏就有問題。"④這就是説,人們主觀面臨的問題,就是客觀事物的矛盾。哪裏有没有解決的矛盾,哪裏就有需要人去解決的問題。我們的任務就是正確地解決問題,正確地解決矛盾。

　　辯證唯物主義和歷史唯物主義是實踐唯物主義。對實踐唯物主義者説來,"全部問題都在於使現存世界革命化,實際地反對和改變事物的現狀"。⑤　因此這哲學不是純學理,而是和人們的生活、實踐、革命行動密切結合的。它是解決問題即矛盾的活動。它不祇是解釋世界,而主要是改變世界。而改變世界是通過不斷地解決實際問題即實際矛盾進行的。

　　民主革命時期,毛澤東曾經號召:"大家學會應用馬克思主義的方法去觀察問題、提出問題,分析問題和解決問題,我們所辦的事才能辦好,我們的革命事業才能勝利。""那時大家這樣做了,取

----

①　《馬克思恩格斯選集》第3卷,第551頁。

②　1988年1月26日李瑞環在同哲學家們談話時説的。轉引自中外名人研究中心編《馬克思主義哲學導讀》,上海人民出版社,1990年,第658頁。

③　《毛澤東選集》第5卷,第498頁。

④　《毛澤東選集》(合訂一卷本),第796頁。

⑤　《馬克思恩格斯選集》第1卷,第48頁。

得了革命的勝利。現今社會主義現代化建設時期也是如此。鄧小平明確指出："實現四個現代化是一場深刻的偉大的革命。在這場偉大的革命中，我們是在不斷地解決新的矛盾中前進的。"①並要求大家，"要向前看，就要及時地研究新情況和解決新問題，否則我們就不可能順利前進。各方面的新情況都要研究，各方面的新問題都要解決"。②

　　需要解決的問題即矛盾總是具體的，特殊的。列寧曾經指出，具體問題具體分析是馬克思主義的活的靈魂。毛澤東闡述唯物辯證法的核心——對立統一規律時指出，不僅要研究客觀事物矛盾的普遍性，尤其重要的是要研究矛盾的特殊性。對不同性質的矛盾，要用不同的方法去解決。

　　解決問題即矛盾忌帶主觀性。自然界、物質、存在是客觀，精神、意識、思維是主觀。在主客關係中，作爲實踐主體的主觀處於主動的一方，具有積極的能動性。但是人的大腦，特別是成年人的大腦，並不是一張白紙。其中儲存着經歷、閱歷、知識、理論、思維方式、價值觀念、心理品質，等等。這些精神因素，即使都是正確的，但是由於時間、地點、條件的不同，經驗可能産生經驗主義的毛病，理論可能産生教條主義的毛病。這就是説很容易主觀。所以在生活、實踐中發揮主觀能動性，去解決實際問題即實際矛盾時，必須牢牢掌握唯物主義精神，使思想和實際相符合，使主觀和客觀相符合，就是實事求是。

　　需要嚴重注意：從思想認識上正確地解決了哲學基本問題，知道客觀是第一性，主觀必須符合客觀，要實事求是，但是由於客觀現實極其複雜，由於主觀思考欠周，調查研究不够，遇到實際問題即矛盾，未必解決得成功。這是因爲實踐唯物主義，實踐性很强，

---

① 《毛澤東選集》（合訂一卷本），第 796 頁。
② 《鄧小平文選》第 2 卷，第 152～153 頁。

光有書本知識還不够,還要在實踐中鍛煉。現實告訴我們,無論個人或集體,有時所以犯錯誤,大多是由於主觀背離了客觀。由此可知,真正做到實事求是,正確地解决問題,並非易事。

鄧小平建設有中國特色社會主義理論關於"解决問題"的思想,内容極其豐富。下面摘録一段,以指導我們對於解决問題這一課題的深入研究。

他説:"我們開會,作報告,作决議,以及做任何工作,都爲的是解决問題。我們説的做的究竟能不能解决問題,問題解决得是不是正確,關鍵在於我們是否能够理論聯繫實際,是否善於總結經驗,針對客觀現實,采取實事求是的態度,一切從實際出發。我們祇有這樣做了,才有可能正確地或者比較正確地解决問題,而這樣地解决問題,究竟是否正確或者完全正確,還需要今後的實踐來檢驗。如果我們不這樣做,那我們就一定什麽問題也不可能解决,或者不可能正確地解决。"①

其中着重指出:"做任何工作都爲的是解决問題。"這個普遍性的全稱命題具有重要意義。接着指出,怎樣做才能正確地解决問題。最後指出,問題解决得究竟正確與否的標準是實踐。這一關於解决問題的具有重要理論和實踐意義的指導思想,需要認真領會。

近十多年來,社會生活中,人們遇事要求解决問題的呼聲多了。社會主義現代化建設工作中,要求研究新情况、解决新問題、解决新矛盾的號召多了。還有國際科學哲學界關於"問題"的理論研究在發展。國内科學哲學研究者幾年前就提出建立"問題學"、"問題論"或"問題哲學"的任務。科學哲學認爲:科學是解决問題的活動,科學是通過不斷地解决問題向前發展的,等等。因此關於解决問題即矛盾的理論研究已成爲客觀需要。

———————

① 《鄧小平文選》第 2 卷,第 149 頁。

　　本文最初曾提到,哲學的主要任務是要能夠真正解決人類生活上的問題。要能真正解決這些問題才足以證明它是事實上的真理。

　　我們現在處於社會主義階段。"主要問題或中心任務"①是社會主義現代化建設,是大力發展生產力,以解決生產不能滿足人們需要的主要矛盾。到了"共產主義高級階段,經濟高度發展了,物資極大豐富了,才能做到各盡所能,按需分配"。② 這就是真正解決人類生活上問題最具現實性的道路。③

　　至於本節前面説過的"愛智慧"這一哲學本義,在古希臘曾被錯誤地用來反對人有智慧,詳見下一節。

四、智慧和愛智慧的鬥争

　　哲學即愛智慧這個名詞,鴉片戰争以前漢語裏没有,是晚清詩人、學者、外交家、改良派積極活動家黄遵憲(1848—1905)最早介紹到中國來的。他是廣東嘉應州(今梅州市)人,自 1876 年始任駐日參贊多年。著有《日本國志》一書,1890 年在我國出版。這是中國人寫的第一部日本通志。書中第 32 卷記載東京大學文學部,分爲二科,一科爲"哲學"。這大概是哲學一詞最初出現在中國。

　　哲學,英語爲 philosophy,音譯爲菲洛索菲。原爲希臘語φιλοσοφξα,音譯爲菲洛索菲亞。前半原爲 φιλεω,是愛的動詞,音譯爲菲萊奧;後半 σοφια,音譯索菲亞,是智慧的意思。

　　據説在 1862 年日本學者西周助(1827—1897),把英語的philosophy 譯成"哲學"。④ "所以譯成'哲學'是依照中國古代字

①　《鄧小平文選》第 2 卷,第 113～114 頁。

②　同上,第 182 頁。

③　《鄧小平文選》第 3 卷,第 10 頁。

④　敬永和等編:《哲學基本概念的演變》,吉林人民出版社,1991 年,第 1 頁。

典《説文解字》的解釋：'哲，知也'，'知'就是'智'的意思。"①西周
助是 19 世紀日本最早的西方哲學介紹者和傳播者，有"日本近代
哲學之父"之稱。② 早年研究朱子學、儒學，漢語根柢很深。後轉
學英語，曾留學荷蘭，著述甚豐。其中 1874 年出版的《百一新論》
一書裏，首次用了"哲學"一詞。③ 此外，主觀、客觀、理性、悟性、現
象、歸納、演繹等詞，據説都是他譯自英語。④

　　古希臘最早祇有索菲亞 σοφια 智慧一詞，見於公元前 9 世紀
中葉至 8 世紀古希臘詩人荷馬（Homeros）史詩《伊利亞特》第 15
章第 412 節，指木工技巧。當時一般泛稱有一技之長的人爲"索菲
斯特"（σοφιστης, sophist）。隨着文化的發展，這詞又指賢人、哲
人、智者、教師，也指哲學家。

　　至於哲學即愛智慧這個詞，在古希臘出現較晚。最早出現在
公元前 6 世紀末期，赫拉克利特（Herakrit，約前 530—約前 480）
的殘篇第 35 節中："愛智慧的人應當熟悉很多事物。"⑤比我國金
文哲字晚出現四百多年。此後，在公元 5 世紀上半葉，古希臘歷史
學家希羅多德（Herodotus，約前 484—約前 430 或 425）所著《歷
史》第 1 章第 30 節，有 ωsφοσοφεω 字樣，意思是"爲了愛智慧"，或
"出於愛智慧"。稍晚又見於另一歷史學家修昔底德（Thueyd-
edes，約前 460—約前 404 或 400）所著《伯羅奔尼撒戰爭史》第 2
卷第 40 節的 φιλοσοφουι，意思是"我們愛智慧"。這是個哲學的動
詞，一個動詞即可成一句話。-μεγ 表示"我們做什麼"的詞尾，所
以前面無需"我們"這個主語。

---

①　《王力文集》第 3 卷，山東教育出版社，1985 年，第 276 頁。

②　李維周編著：《日本哲學思想交流與比較》，青島海洋大學出版社，1991 年，第
205 頁。

③　永田廣志：《日本思想史》，商務印書館，1978 年，第 276 頁。

④　近代日本思想研究會：《近代日本思想史》第 1 卷，1983 年第 2 版，第 42 頁。

⑤　轉引自汪子嵩等：《希臘哲學史》第 1 卷，人民出版社，1988 年，第 85 頁。

　　爲什麽"愛"智慧？前面説過了。到公元前 5 世紀後半葉，尤其是以蘇格拉底（Soerales，前 469—前 399）和柏拉圖深信神有智慧，人無智慧，其影響最大。如在柏拉圖的《申辯篇》第 9 節中，蘇格拉底説："神才是有真智慧的，而且神諭説，人的智慧簡直毫無價值。"再如，在柏拉圖的《斐德羅篇》第 144 和 145 節中，蘇格拉底先提到古希臘三位著名人物，雅典的雄辯家利西厄斯（Lysias，約前 450—約前 380）、詩人荷馬和雅典的政治改革家、相傳爲古希臘"七賢"之一的梭倫（Solon，約前 638—約前 559），然後，蘇格拉底説："在我看來，説他們這些人有智慧，這可是個重大問題，因爲智慧祇適用於神，而説他們是愛智者這樣的人，才比較合適和比較對頭。"（據 HenryCary 英譯本）這兩個人和亞里士多德頑固地攻擊以普羅塔哥拉（Protagoras，前 481—前 411）爲代表的智者派。原因在於普羅塔哥拉敢於蔑視神，自稱是索菲斯特，是智者，即認爲自己有智慧，而且能傳授智慧。他適應當時雅典民主政治的需要，講授演説、語法、修辭、辯論、訴訟、倫理、政治、天文學等知識，即以傳授智慧作爲自己的教師職業，做出了重大貢獻。他還以大無畏的精神提出"人是萬物的尺度"，即以人爲中心，反對以神爲中心。這就打破了傳統勢力和宗教神學的權威，起了積極的進步的作用。

　　但是那時，由於柏拉圖和亞里士多德有很高權威，誣善爲惡，以致哲學史上長期把智者派貶低爲詭辯家。直到黑格爾才開始有了改變，現在已有人從馬克思主義觀點重新評價。[1]

　　從以上古希臘智慧和愛智慧的鬥争看，愛智慧這個哲學的本義，對辯證唯物主義者來説，已是宗教神學糟粕，應該棄之不用了。至於哲學這個詞"已經融化在漢語裏"，[2]成爲常用詞，還是可以照

---

　　[1]　李淮春等：《現時代與現代思維方法》，河北人民出版社，1987 年，第 27～31 頁。

　　[2]　《王力論學新著》，廣西人民出版社，1983 年，第 286 頁。

用。《現代漢語詞典》的"哲學"詞條就是好的例子。如果需要從字
義上解説，李正剛先生的釋義很好，值得采用。

　　　　　　　　（《金景芳教授九五誕辰紀念文集》，吉林文史出版社 1996 年）

高山仰止，大氣磅礴

——賀金景芳先生九五大壽

李紹庚

金景芳先生未曾留洋，而聲名聞諸海外。解放之前在東北大學當教授，解放之後來吉林大學教書，先在歷史系，今在古籍研究所。七十多年不懈耕耘，學生一批又一批，桃李滿天下。先生學問至深，研究至廣，於經學、史學、易學、孔學尤淵博精湛。

先生因家貧未讀大學，靠自學不輟成爲大家。自學雖不免多費力，然而自學自有自學的好處。先生曾自述自學有三優點：無師自學，學必主動、積極；自學困難必多，恰可鍛煉敢於挑戰的勇氣；自學往往孤立無援，獨立思考之外別無選擇。自學使先生養成一種耿直的性格，不依草附木，不隨波逐流，説自己的話，走自己的路，唯真理是求。這是先生治學精神之所在，更是先生做人原則之所在。

我 1962 年畢業於北京大學哲學系，雖不是先生的弟子，亦未親聆先生的授課，但卻研讀了先生的諸多著作並在學術上有很多交往。先生的人品學識，深爲我仰慕，影響頗深，實際上我已成爲先生的一名真正學生。值此先生 95 大壽之際，即成拙文，以表祝賀之意及恭敬之情。

我覺得先生治學還有一種精神更難能可貴，那就是思考再思考，探索再探索，永不知足，永不止步。例如孔子思想，先生的研究早已知名全國，獨到的見識已爲學界所共知，人也老了，滿可以閉目養神,坐享清福,但是先生絕不,還是不斷地研究,不斷地想,不斷地提出新見解。孔子思想的哲學性質是唯物論和辯證法。孔子思想的核心是仁不是禮。研究孔子的史料不止一部《論語》,還有"六經",還有《易傳》,還有經七十子後學記錄下來的孔子眾多的言論。先生的這些觀點,是大家早已熟知的。近七、八年,先生繼續探索,一步步深入,陸續提出新觀點:一、孔子思想自漢以後爲後儒所扭曲,因此孔學、儒學不是一回事,須分開看。今日講弘揚傳統文化,主要應弘揚孔子的思想。後世儒學特別是宋明理學,研究可以,繼承之使其爲精神文明建設所用,則不可以。二、孔子思想有時代性也有超時代性,很大一部分有超時代性,至今仍有價值,今日應當汲取。三、孔子思想有兩個核心,一個是仁義,一個是時中,二者相互關聯,不可分割。四、孔子認爲歷史是有序發展的,可知的。孔子有一個正確的歷史觀,不是復古主義者。五、應怎樣對待孔子才算對,這問題不能籠統説,宜依時代而定。革命時代必須批孔,批孔是對的,例如"五四"時代批孔,無可指責。和平建設時代還批孔,就不合時宜了。例如今日之中國,亟須研究孔子,分析孔子,汲取其精華,使之爲我所用。六、仁的實質就是人,就是愛人,就是尊重人的獨立人格。人的實質表現在人與人的關係上,解決好關係問題,要求人人從自身做起,即反身修己,而不是厚責於人。這些觀點,一個深似一個,都是深刻的,正確的,科學的。至少我這樣認爲。

　　如果以爲先生身埋故紙堆,好古而不及今,那就錯了。瞭解先生的人都知道,先生總是站在今天看古人。先生書架上一應俱全的馬列著作絕非爲了裝點門面,是實實在在真讀的。讀過先生的書就知道,先生對馬克思主義理論理解深透,運用自如,非一般淺嘗者可比,據説鄧小平文選每出一卷,先生都托學生搶先購到,到手就讀,一頁頁一句句地研究、體會。先生生活儉樸,極少花錢,但是報紙、雜誌按期訂。每天無論怎樣忙,當日報紙必讀,電視新聞必看。校事國事天下事，盡在關懷中，愛是愛，憎是憎，從不含糊。先生與20世紀中國同齡，滄海桑田，歷歷在目。先生絕對是愛國主義者，常說中國人打跑了帝國主義，走上獨立富強的道路，共產黨功不可没。鄧小平最懂辯證法，設計改革開放政策，建設有中國特色的社會主義，是扭轉乾坤之舉。臺灣是中國領土，臺灣問題是中國内政，任何外國的任何覬覦行徑，任何人的任何臺獨圖謀，中國都不能容忍。

先生有一顆愛國心，同時有一個愛國身。先生作爲大學教授，名利看得澹，責任擔得重，心血全用在教書育人出成果上，可謂鞠躬盡瘁。先生教書，全身心地投入，一絲不保留，要求嚴格，有時近於嚴厲，卻又不失寬容。先生培育出的本科生、碩士生、博士生成批，才能有高低，稟賦有不同，但無一不是積極爲國家做事的人。

先生看上去是個普普通通的老人，普普通通的老教員，没有出奇之處；可是當我仔細透視先生一生所做所爲的時候，從平凡之中看見了高大。我想用"高山仰止，大氣磅礴"兩句話爲先生壽，實不爲過。

（《金景芳教授九五誕辰紀念文集》，吉林文史出版社，1996年）

國學大師，一代師表

曹德本

　　金景芳先生是中國當代著名國學大師。我從北京大學畢業後，幾經輾轉，來吉林大學念中國哲學研究生，隨後留校工作。有機會接受金老的教誨、熏陶，實在是很幸運的事。金老是歷史專業的教授，我在哲學系就讀，本無師生的名義，但是我旁聽金老"三禮"和《周易》的課，平時交往中受金老的指點就更多。我名義上不是金老的學生，實際上卻是金老的學生。

　　我聽金老課時，金老已近 80 歲，頭腦卻十分清晰，講課聲音洪亮，吐字清楚，一點看不出老態。金老國學造詣之深，自不待我說。金老對待學術問題獨立思考，實事求是，一絲不苟，勇於探索的精神留給我的印象最深，給我的影響也最深。這種可貴的精神足夠我學一輩子，而我一輩子恐怕也難學到手。

　　我研究生畢業之後不久，回到吉林大學出版社工作，金老有好幾種書就近在這裏出。在較多的接觸中我逐漸發現金老的為人極有特點，性格爽直，心地坦白，有話一向直說，絕不繞彎子搞折中，同意的就說同意，不同意就說不同意。他說出來的，就是他心裏有的；他沒說的，就是他心裏沒有。因此，同金老打交道，不必思前顧後，直來直去就行。金老對我們小輩既嚴格又寬宏。比如，我們給他出書，出現一點什麼漏洞，他都能體恤諒解，從不表示不滿，很尊重我們的勞動。這不容易，對於九十多歲的老人來說尤其不容易。

　　金老做到了孔子所說的"誨人不倦"。我有問題討教，他總是樂於指點，而且善於抓住要害，舉一反三。1993 年的一天，我在路上遇見老人家在散步，就向他彙報我正在寫《儒家治國方略》的事。他略作沉思後對我說，這是個大題目，不好寫，但是很重要，要寫。儒家的主要問題都包括在這個題目裏面了。儒家講修身齊家治國平天下，是以小農經濟爲基礎。如今時代變了，講市場經濟，儒家的東西不可以全搬來用，但是其中優秀的、今天仍有真理性的那一部分，是必須借鑒、弘揚的。一席話説得我心裏熱乎乎的，增强了我寫這書的信心，指出了我寫好這書的方向。後來我這書出版，反應還不錯。我不能忘記這裏有金老的幫助。

金老一生讀書教書，一身清白坦白。祇見他在學術領域奮勇冲殺，老來益壯，孜孜不息，名利場上見不到他的身影。所以他能心平氣和，榮不驚辱也不驚。生活日用簡單得很，儉樸得很。飲食，飽而已，不求佳美；衣着，齊而已，不求輕暖。人常問金老何以如此長壽，我想，長壽的原因就在於此。

金老生於 1902 年，與世紀同齡。世紀即將結束，而金老體健神怡依舊。我希望也相信金老會成爲跨世紀的老人，待到小康來到時，再爲金老壽。

（《金景芳教授九五誕辰紀念文集》，吉林文史出版社，1996年）

金老教我做學問

呂文郁

　　我在大學讀本科時學的是中文,主要興趣在中國古典文學。畢業後被分配到一個"三綫"工廠從事行政工作。後來由於非常偶然的機遇,我成爲金老的研究生。早在吉大中文系讀書時,就熟知金老的鼎鼎大名,但從未見過金老。不料工作了10年後又重返母校,并且有幸成爲金老的及門弟子,當時的心情是榮耀和恐懼兼而有之。感到榮耀的是,金老是我仰慕已久的著名歷史學家,我能有機會親聆金老的教誨,當然是求之不得的。感到恐懼的是,我的史學根基較差,聽説金老是位嚴師,我怕難以完成學習任務。報到後我第一次拜訪金老時,便向金老談出了我的顧慮。金老鼓勵我説:文史不分家嘛! 有較好的中文作基礎再來學歷史,更能發揮自己的優勢。特別是學習先秦史,要熟讀先秦典籍,没有堅實的古漢語功底是不行的。金老還説:我解放前在東北大學中文系教書,也不是學歷史的,來到吉林大學以後才開始搞歷史,全憑過去的中文功底。中文學得好,善於寫作,這對史學研究很重要。古代著名的史學家往往也是著名的文學家。祇要肯下工夫,掌握正確的方法,就一定能學好。我聽後茅塞頓開,大受鼓舞。這是金老作爲導師給我上的第一課,也是對我影響最深、啓發最大的一課。這一課堅定了我跟隨金老學好先秦史的決心。

　　我們投奔金老門下時,金老已年近八旬。當時金老身體康健,精神矍鑠。除寫作外,每周給我們授課兩次,每次講一個上午或一個下午。金老特別重視先秦文獻的學習。《尚書》、《詩經》、《周易》、《春秋》三傳、"三禮"等重要典籍都曾爲我們詳細講解。金老經常結合自己的研究成果,對先秦史、先秦文獻研究中的重要問題做專題講解。金老記憶力極强,群經諸子之書全都爛熟於胸中。講課時涉及某些典籍,金老常常大段大段地背誦,並能準確無誤地指出這些內容的出處。我們偶爾核對原書,會驚異地發現金老的背誦隻字不差。這使我們佩服得五體投地。我們常常慨嘆,金老的這種功夫,我們是無論如何也學不到了。金老的書桌上下,找不到一張卡片,也没有積累資料的筆記本,寫文章也不查索引之類的工具書,引用資料全憑記憶,偶爾才翻書核對原文。有人曾説,索引之類的工具書是爲懶人編的,金老並不完全同意這種説法。因爲我輩没有金老那樣的文獻功夫,所以離開索引和卡片就寫不出文章,這正是我們與金老的差距。

金老對我們要求很嚴格。攻讀碩士學位時我們住在柳條路二舍的四樓,金老住在東中華路"十八家"住宅樓的三樓。有時爲了掌握我們在寢室裏是否認真讀書,金老常拄着拐杖到寢室裏查看。並對我們説,讀書要刻苦,要分秒必争,不可浪費時間。記得有一個星期日,我的兩位師兄弟没向金老請假就回家了,金老到寢室見他倆不在,就問到哪去了,同寢室的人不敢撒謊,如實以告,第二天金老把他們狠狠地批評一頓。以後我們再也不敢隨便回家了。授課期間每講完一個單元,金老就讓我們寫一篇心得體會。交上去之後金老逐字逐句地批改,就像給小學生修改作文一樣。下一節課開始前,金老逐篇講評,寫得不認真的還要退回重寫。平時讀書,金老也要求我們寫讀書筆記,還經常檢查我們的讀書筆記。金老常説,歷史學是一門科學,從事科學研究來不得半點馬虎大意,更不能投機取巧。没有嚴謹的治學態度,寫不出高質量的學術論著。金老的這些教導我們至今仍銘記在心。

1985年,我在金老指導下開始攻讀博士學位。我選定的博士學位論文題目是《周代采邑制度研究》。開始金老不同意這一選題，擔心材料少，怕寫出來不够分量。後來我堅持要做這一題目，並表示有信心把這一題目做好，金老説，這個課題很重要，前人又未曾研究過，因而難度很大。你能知難而進，敢於打攻堅戰，這很好。搞學術研究就應該有這種敢於啃硬骨頭的精神。在金老的支持下我很快開始課題準備。其間每遇到疑難問題，就去金老那裏請教。有時候我對一些問題的看法和金老並不一致，但金老鼓勵我按照自己的看法去大膽探索。金老説，在具體的學術觀點上，允許和導師不一致。什麽問題都遵從導師，那就不會有重要的創見。我的論文寫出後金老很滿意，並給予充分肯定。有人説金老在學術上有"霸氣"，我認爲這是對金老的誤解。金老不迷信權威，敢於向權威挑戰，敢於堅持自己的學術觀點。如果説這就是"霸氣"，金老確實有。但金老對後學，對弟子，不但没有"霸氣"，而且鼓勵他們獨立思考，勇於探索。這是我的切身體驗。20 年來我能在學術上做出一點點成績，完全是金老栽培和鼓勵的結果。

金老永遠地離開了我們。但金老的人格，金老的品德，金老的學問，卻像一座巍峨的豐碑，永遠地矗立在我們的心中。

（《金景芳教授百年誕辰紀念文集》，吉林大學出版社，2002年）

師恩如海

孫曉春

　　2001 年 5 月 1 日，我們敬愛的老師，著名歷史學家金景芳先生在與死亡頑强搏鬥了 15 個月以後終於離開了我們，再過 19 天，老人就邁進了百歲的門檻。因五一放長假，我於節前回到家鄉長嶺看望病中的父親，直到 5 月 3 日，陳恩林兄才輾轉找到我，電話裏驚聞噩耗，大腦中頓時一片空白。這結果是早就預料到的，可萬没想到老師走得這樣突然，在老師遠行之際没能見上一面，可謂此生最大的憾事。

　　我能就讀於先生門下，也許是一種機緣。1979 年，也就是大學畢業前，我報考歷史系中國古代史專業研究生，因爲外語成績不好没能考上。當時，作爲學校最後一届工農兵學員，文科各專業普遍没有開外語課。没想到這次落榜竟變成了好事，後來，得知明年金老將招收學生，於是便打定了考先秦史專業研究生的主意。經過幾個月的苦讀外語，終於在第二年如願投到金老的門下。我們這一届 4 人，此前 78 届先生還招收了 6 人，前後兩届共 10 人跟隨金老學習。

　　以前我在歷史系讀書期間，雖未與金老有過接觸，但卻常聽系裏一些老師談起金老。感觸最深的一件事，就是先生在 78 年招收研究生時，曾有一位考生本來考試成績很好，也許是心裏不托底，便稍備了一些當時緊缺的米麵之類送到金老家裏，被先生嚴辭拒絶，此事後來竟致這位老兄未被録取。在跟隨先生學習以後，我們同門師兄弟愈加感受到先生不同流俗的學者品格。大概在我入學的第二年,因老師與師母年邁,先生的長女,大姐一家從外地搬到長春郊區,以便就近照顧老師,大姐家要蓋一個小棚子,苦於弄不到油苫紙,正好那時我家鄉有一個造紙廠,便託人從廠里弄到兩卷,紙送到老師家裏以後,老師便執意付款。虧得此前師兄們曾先行告誡,没忘記開了一張"收據"回來。1983 年,先生的《中國奴隸社會史》一書由上海人民出版社出版,照例要送給校内以及外地的一些朋友們,便委託我去辦此事,并且給我一些錢作爲郵資。那時,系裏常有老師通過辦公室向外寄書,在徵得辦公室同志同意以後,我也把一部分書以公函寄了出去。没想到,先生得知此事以後,嚴屬地斥責了我,因爲這是在"沾公家的便宜"。還是在場的師兄們百般解釋,説書已寄出,事已無法挽回,先生才肯作罷,但嚴屬説明下不爲例。可以肯定地説,與我同門的諸師兄弟在跟隨先生讀書時,與先生之間絶對没有時下所謂的"人情往來"。直到去年先生病重時,師兄謝維揚從上海趕來探望先生,想要給先生留下一點錢,還私下問我老師是否會因此而不高興。這些雖然都是小事,卻反映了先生的學者本色。及至畢業以後從教,我才真正地感受到,先生的所作所爲,恰恰是爲人師者不可棄守的道德底綫,如果説先生的學問我們學不到家的話,先生慎爲人師的品格我們卻没有理由學不到。

清人張之洞説:"由小學入經學,其經學可信,由經學入史學,其史學可信。"先生於經學,兼及今古,概得諸清代今文經學猶多,長於訓詁且深通義理,於《詩》、《書》、《易》、《禮》及《春秋》三傳,多所見樹。先生治史,精審獨到,每以"説自己的話,走自己的路,不依草附木,不隨波逐流"而自況;關於中國古史分期、中國奴隸社會的階級與階級鬥争、周代的宗法制度、井田制度等重大歷史問題,都有自己的獨到見解。我們在跟隨先生學習時,先生已年逾古稀,可是依然每周爲我們上一次午課,逐一講授六經以及先秦諸子(特別是老莊）。從學於先生，受惠莫大焉。

　　說到跟先生讀書，真是一件苦事。先生不惟嚴以律己，而且對學生要求也極爲嚴格。入學以後，先生在爲我們講解群經諸子的同時，也要求我們自學，并且要作讀書札記，也就是說讀書必須要有心得，不僅如此，先生還要定期檢查。試想，一個剛剛進門的學子，未及登堂入室，哪得知道許多奧妙，但也正是因爲如此，我才真正地知道了什麼是讀書。先生爲我們授課時，大率每月要求我們交上一篇論文，我們同期四人交上文章，先生必定逐一批閱，即使是標點符號錯誤，也會爲你改過來。如果文章寫得不好或字迹潦草，一定會受到嚴責。第一次交作業時，我與師兄李元（現黑龍江大學歷史系教授）的文章先生不滿意，大約是李兄的字迹欠工整，而我的文章卻是確實寫得不好，結果，在第二次上課時被先生當堂退了回來，并且限期重作一篇。在我的記憶裏，似乎我們每個人都因爲文章寫得不好而被先生批評過。可也正是在先生的嚴厲督責下，我們才從不會讀書到會讀書，從不會獨立思考到善於獨立思考，從不會寫學術論文到會寫學術論文。想來我之所以具有一定的學術研究能力，對於中國古代社會以及中國思想史能够有一個基本的理解，這一切都受賜於先生。

　　畢業以後，我留校任教。由於一些本不該發生的事情，我與先生之間有過一些誤會，以至於後來我離開了古籍所到了政治學系。隨着時間的推移，當一切都焕然冰釋時，爲時已經晚了。師生如同父子，有些時候真不知道他們之間會發生什麼事情。不過，我們這些弟子對於先生的景仰之情從來沒有改變。今天，我們惟一所能做到的，就是以學業的不斷進步來回報先生。

　　5月11日，在吉林大學第一醫院舉行了先生遺體告別儀式，遠在天南海北的師兄弟們都回來與先生作最後一別，這是我們這些弟子們最後一次齊聚在先生身邊，我們每個人眼裏都滿含着熱淚……老師的靈柩啓程了，師兄弟們都上車至殯儀館爲老師送行，可是,因爲要馬上乘車去瀋陽講課,無法再送老師一程。先生彌留之際不在身邊,死後又不能遠送,這怎能用"慚愧"兩個字説得清楚。

　　(《金景芳教授百年誕辰紀念文集》,吉林大學出版社,2002年)

在紀念金景芳教授誕辰一百周年大會上的講話

劉中樹

各位來賓、各位老師、各位同學：

今年是國內外著名的易學家、孔學家、文獻學家、歷史學家金景芳教授誕辰一百周年。爲了紀念這位對學術事業和教育事業都做出了重大貢獻的老前輩，我們舉辦了這次學術研討會。首先，請允許我代表吉林大學全體師生員工對各位來賓光臨這次大會表示熱烈歡迎！

金景芳教授出身貧寒，小學未畢業便輟學在家。後來在親屬幫助下才勉强讀完初級師範學校。爲了謀生，先生早年曾做過家庭教師，教過初小、高小、初中、高中。在極其困難的情況下，先生靠頑强的自學使學業不斷精進。東北淪陷後先生隻身逃往關內，輾轉於北平、陝西、江蘇、安徽、湖北、湖南、貴州、四川等地。十年逃亡生涯，先生飽嘗了顛沛流離、國破家亡的慘痛，但仍能自强不息，孜孜不倦地致力於學術和教育。四十年代初，先生曾在流亡於四川的東北大學中文系任教，由講師、副教授而晉陞爲教授。1954年，先生來到吉林大學的前身——東北人民大學，執教於剛剛籌建不久的歷史系。金景芳教授與呂振羽教授、佟冬教授、于省吾教授、丁則良教授、王藻教授、李時岳教授、羅繼祖教授等一大批著名的史學家一起，蓽路藍縷，爲吉林大學歷史學科的創建和發展做出了卓越的貢獻。

　　前不久,吉林大學文學院剛剛舉辦了紀念中文學科和歷史學科創建 50 周年的隆重慶典活動。吉林大學文史學科能有今天的規模和局面,是與金景芳教授等老一輩專家學者的艱苦奮鬥分不開的。吃水不忘打井人。老一輩專家學者們的光輝業績、他們的奉獻精神、他們爲吉林大學留下的優良傳統,都是值得我們永遠緬懷的。

　　金景芳教授在吉林大學歷史系辛勤耕耘了將近半個世紀,是在吉林大學歷史系工作時間最長的著名學者。可以説,他把自己後半生的全部精力都獻給了吉林大學。金老不僅爲我們留下了一大批豐厚的學術成果,而且還爲國家培養了一大批專門人材。我和我的夫人黄曼萍編審都是金老的學生,我們曾有幸親聆金老的諄諄教誨。當年金老爲我們傳道、授業、解惑的情景至今猶歷歷在目。金老執教以來,教過的學生多達數千人。改革開放之後,金老爲各類進修班、研討班培訓的學員共 16 人,親自指導的碩士研究生有 17 人,博士研究生 23 人,可謂桃李滿天下。金老培養的弟子絶大多數都已成爲所在單位教學或科研的骨幹,有一批人已經成爲學術帶頭人或博士生導師。金老生前共出版學術著作 16 部,發表學術論文一百餘篇,可謂著作等身。金老在孔子研究、《周易》研究、古代社會制度研究、古代思想文化研究、古代典籍研究、史學理論研究等學術領域,都有精深造詣,並做出了重大的貢獻。金老對古代宗法制度的研究,對井田制度的研究,對中國古代史分期問題的研究,對奴隸社會的階級和階級鬥爭的論述,對原始社會進入階級社會的過渡時期問題的論述,都曾在學術界引起巨大反響。有人稱金老《中國古代史分期商榷》一文的發表曾在學術界引起一場"大地震"。金老在學術上不迷信,不盲從,説自己的話,走自己的路,敢於堅持真理,勇於向權威挑戰,不依草附木,不隨波逐流,從而形成了自己獨特的學術風格和鮮明的學派特色。金老和他的弟子們被稱爲先秦史學界的"東北軍"。金老的學術成就爲吉林大學歷史學科贏得了榮譽，也爲吉林大學贏得了榮譽。

金老出生於上個世紀之初的 1902 年，去年逝世時按照中國的傳統算法剛好是一百歲。他是 20 世紀歷史的見證人。少年時代他經歷了清王朝的統治，中青年時代在中華民國度過，解放後他成爲中華人民共和國的公民。他的一生剛好在舊社會度過半個世紀，在新社會也度過半個世紀。他從自己的親身經歷中真誠地體驗到：袛有社會主義能够救中國，袛有共產黨能够領導中國人民走上富强之路。五十年代中期，金老毅然加入了中國共產黨，並更加努力地學習馬克思主義理論，自覺地運用馬克思主義理論指導自己的學術研究。此後無論經歷了怎樣的風風雨雨，包括六十年代初對他的錯誤批判，"文革"期間的遊街、批鬥和"牛棚生涯"，金老始終都没有動摇自己的堅定信念，他始終爲發展國家的學術文化和教育事業而努力拼搏，不斷進取。金老是靠自學而成名的。他没有讀過大學，但卻能够在著名的高等學府中培養碩士，指導博士。金老生前曾戲説自己是個永不退色的書生，是位普普通通的教書匠。他説自己一生袛做了三件事，就是讀書、教書、寫書。金老的一生就是由普通教師而成長爲深受景仰的一代國學大師的一生。金老雖已作古，但他卻爲我們留下了一大筆豐厚的寶貴精神財富。這些財富除了金老的等身著作外，還有金老的拳拳愛國之心，他的執着的敬業精神，他的嚴謹學風，他的道德風範，這些都爲我們樹立了學習的楷模。金老那種奮發向上和自强不息的精神也將永遠激勵着我們這些後學者。

最後，祝全體與會者身體健康，精神愉快！

預祝大會圓滿、成功！

謝謝！

（2002 年 11 月）

學習金老的時代精神

——劉德斌教授在"紀念金景芳教授百年誕辰學術研討會"開幕式上的講話

劉德斌

各位領導、各位老師、各位同學：

今天，我們在這裏隆重集會，紀念金景芳先生誕辰 100 周年。金景芳先生曾擔任過歷史系主任，如劉校長剛才所説，金先生在歷史系工作半個世紀，可以説爲歷史系和歷史學科的發展傾注了畢生的心血。我們歷史系一代又一代的人，無論是哪個專業，都得到過金先生的教誨和幫助。金先生晚年一直擔任歷史系名譽系主任，對歷史系的發展和進步給予了熱情的關懷和支持。特別是在我擔任系主任期間，金景芳先生雖然年事已高，疾病纏身，但對歷史系的事業仍然是傾注了諸多精力。金老的平易近人，金老的嚴肅認真，金老那種永遠與時代同步的奮鬥精神，給我們歷史系的老師和同學以極大的鼓舞和鞭策，并且激勵着我們把歷史系的工作不斷推向前進。

我第一次見到金老是在 1978 年。當時在省賓館召開了一次學術會議。我們這些剛剛入學的新生有幸旁聽。那天金老着一身中山套裝，精神矍鑠，聲若洪鐘，滔滔高論令我們折服不已，儒者風範在我們的腦海裏留下深深印記。在我們這些人心中，金老就像一尊奧林匹斯山神，是我們永遠也無法企及的偶像。當時我們渴望能有與金老對話的機會，但又覺得金老不會與我們這些凡人接語。後來竟發現金老出人意料地平易近人。我曾借工作之便多次向金老討教，也曾帶領歷史系的本科生和研究生專門采訪金老。金老的樸實無華、隨和爽朗、自信達觀，金老寓深刻的哲理於隨意的言談之中的溝通方式，都使我們受益匪淺，使我們在與金老的接觸中體悟到了許多書本裏和課堂上學不到的知識。

　　金老對同事、對朋友、對學生平易近人，對工作卻是格外的嚴肅認真。歷史學科人才培養與科學研究基地建立起來後，金老多次詢問基地建設情況。1998 年他還親自在《史學集刊》基地建設專欄發表文章，討論基地建設問題。爲了撰寫這篇文章，他曾兩次在早晨 6 點鐘親自給我挂電話，瞭解有關情況。最後，他還調去了有關文件，仔細研讀後方才落筆。這種嚴肅認真的工作態度和責任感令我們這些後來人深受感動。金老的有關基地建設的想法受到教育部高教司領導同志的高度重視。負責基地建設的劉鳳泰副司長來長春時曾親自到金老家拜訪，徵求金老對高教司工作的意見。

　　金老是一位世紀老人。從年齡上來講，他可以说是我們在座諸位的父輩、祖父輩，甚至太祖父輩。我第一次見到金老時，他已經是年近八旬的老人了。但我們卻能够非常容易地與金老溝通起來。我們從他的言談和作品中可以體會出悠悠歲月積累下來的人生智慧，但卻難以發現我們與他之間由於年齡差距所能產生的心理鴻溝。金老雖然從事古史研究，但他對當今世界時事的瞭解絕不亞於我們這些搞世界近現代史的人；金老雖然是學術界公認的國學大師，但他與我們談話時從來不用教訓人的口吻；金老畢生獻給了學術事業，但他卻非常願與我們交談一些學術以外的事情。從他的身上，我們看到的不是隨着年齡的增長而形成的保守和成見，而是一種永遠勃發着生命活力的、與時代同步的奮鬥精神。"與時俱進"是目前最流行的話語，金老可以说是與時俱進的典範，而且是在"與時俱進"成爲流行話語許多年前就已經身體力行了。

我想這是金老能够在長達一個世紀的時間裏,一直對生活保持一種隨和與樂觀的態度的原因所在,是金老能够健康長壽的原因所在,更是金老學術之樹常青的秘密所在。

金老已經離我們而去了。但他留給我們一筆寶貴的遺産。這筆遺産不僅包括他那豐富的學術思想和學術著作,也包括他平易近人的生活作風,嚴肅認真的工作態度和與時俱進的時代精神。我們要向金老學習,與偉大的時代同步,把我們的學習和工作搞得更好。金老是一座我們無法逾越的高峰,但衹要我們沿着金老開闢的道路前進,就會爲我們歷史學科開闢一個更加美好的明天。

　　　　　　　　　　　　　(吉林大學社會科學處網頁,2003 年)

金曉邨與金静庵先生交誼述略

梁啓政

　　金曉邨，名景芳，是我國著名歷史學家、文獻學家。一生發奮自學，勤勉苦思，孜孜不倦，卒成一代學術宗師。在其早年的生活與治學過程中，與 20 世紀我國著名的'歷史學家、考古學家、東北文獻史學家，史學泰斗，一代宗師"①金静庵之間的交往頗爲密切。二人雖然在學問上走的不是同一條道路，卻結成了深厚的師友情誼。

一

　　1902 年 6 月金景芳出生於遼寧省義縣農村一個貧苦的家庭，早年曾做過家庭教師，初級小學、高級小學、初級中學教師。1929年，經過考試，被委任爲當時的遼寧省通遼縣教育局局長。一年後，又被調任爲遼寧省教育廳第二科第一股股長兼第四科第二股股長。

　　金毓黻原名毓璽，字静庵，別號千華山民。1887 年 7 月出生於奉天省遼陽縣(今遼寧省遼陽市)，從年齡上講，金毓黻比金景芳大了近 15 歲。1916 年北京大學國文系畢業後回到東北，先後仕

―――――――

　　①　佟柱臣：《遼陽金毓黻先生》，張世林：《學林往事》(上冊)，北京：朝華出版社，2000 年。

宦於遼、黑、吉三省十餘年。1929年3月回到遼寧瀋陽任東北政務委員會機要處主任職,旋於1930年1月被任命爲遼寧省政府秘書長。1931年4月,遼寧省教育廳長吳家象陞任東北政務委員會和長官公署秘書長,教育廳長空缺,金毓黻即被委任爲遼寧省政府委員兼任教育廳長。正當金毓黻調任遼寧省教育廳廳長時,金景芳正在教育廳第二科第一股股長兼第四科第二股股長職上。二人之間也正是由於工作中的上下級關係而開始得以結識和交往,後來逐漸又開始了學問間的交流,從此開始了兩人後來將近三十年的交往,並在交往中結成了深厚的師友情誼。

"九一八"事變後,瀋陽淪陷。繼遼寧省主席臧式毅被捕之後,金毓黻亦爲日寇所拘捕。此時,金景芳携其家眷逃歸義縣故里。金毓黻在被暴力羈拘長達三個月後,由先行獲釋後就任僞奉天省長的臧式毅出面斡旋而被保釋。迫於時勢,金毓黻不得不屈身出任僞奉天省公署參議、參事官,僞國立奉天圖書館副館長,"日滿文化協會"理事,後來又改任奉天通志館總纂。然而此時的金毓黻把主要的精力放到了東北地方文獻、史料的搜集整理工作當中。

1932年春,金景芳潛回瀋陽取留存物品,遇見原教育廳同事,暫留瀋陽任小學教員。這時的金毓黻已經被保釋,仍得不到行動的自由。當得知金毓黻被解除羈拘後,金景芳找到了金毓黻。5月,經金毓黻的介紹,金景芳到了瀋陽第二初級中學任國文教員。當時人心惶懼,公私圖書流散街頭者很多,價格都很便宜,金景芳遂選購了大批圖書,閑暇時間潛心鑽研,並時常去金毓黻家請益。而金毓黻也儘可能地對金景芳加以指導和幫助,所以這期間金景芳的學問長進得很快,收獲也頗多。這時二人之間也就建立了純粹的師友關係。關於這一時期二人之間的往來,金毓黻在其日記中也多有記述:

　　金筱邨景芳撰《先秦社會要略》,先成一編,曰《禮俗考》,又分二目,曰婚姻,曰夫婦,首舉經文,次舉諸儒先之説，條理扶疏，不愧用心之作。全書甚葰，目次未定，姑草數篇。余頗盼其早成，誠通經致用之書也。①

關童全、金筱邨皆爲雅才，斐然有述作之志，惜童全汩於俗好，又以言語驕人，遂爲世論所不容，不若小邨之恂謹自飭也。②

金小邨文極條暢，長於説理而格境不高，此不能多讀古人名作之所致也。蓋小邨往歲喜讀近人策論文字，用筆頗能縱橫排奡如己意所之所欲言，然其短處亦正坐此。……③

余以患失眠不敢多校書，屬金筱邨代校，筱邨一人理此，未經他手，故校閲甚迅速，此業印書商最喜也。……，筱邨校書本極精細而猶不免有誤，蓋此事決非一人所能獨任，亦非閲一次即能必無譌誤。……④

二

1936年4月，當日寇對金毓黻防範有所鬆弛時，金毓黻認爲逃脱日寇控制的時機已經到來，於是便以考察文物爲名，出訪日本。幾經周折，歷盡艱險，經過三個多月，終於假途日本東京於7月轉往上海，擺脱了日寇的羈絆。此後，金毓黻由上海轉赴南京，經蔡元培、傅斯年介紹，受聘爲南京中央大學歷史系教授，同時兼任國民政府行政院參議。受金毓黻的影響，金景芳也於同年的8

---

① 金毓黻在日記中記載金景芳時有時記爲金筱邨、金小邨、金曉村、金小村等。另，本文所引《静晤室日記》內容，均以《金毓黻文集》編輯整理組校點《静晤室日記》（遼海書社1993年10月第1版）爲據。《静晤室日記》民國二十五年二月十六日。

② 《静晤室日記》民國二十五年二月十七日。

③ 《静晤室日記》民國二十五年二月二十五日。

④ 《静晤室日記》民國二十五年三月四日。

月，潛離瀋陽，取道北京，徑赴西安。經金毓黻介紹後，入東北大學任工學院院長秘書。西安事變後，金景芳又從西安經徐州至南京，投奔金毓黻。西安事變和平解決後，爲了安撫東北籍將領和安置東北流亡關内人員以及東北軍政人員的家屬，1937 年 4 月，國民黨政府任命當時東北元老之一的劉尚清爲安徽省政府主席。這時的金毓黻受劉之招，出任安徽省政府委員兼任秘書長職。而金景芳亦隨金毓黻前往安慶，任安徽省政府秘書處秘書。不久，"七七"事變爆發，蔣介石藉口安徽地當後方要衝，爲了統一協調對日抗戰，安徽省政府改組。原安徽省主席劉尚清調任國民政府委員，金毓黻、金景芳亦聯帶離職。

　　1938 年春，辭去安徽省政府委員兼秘書長職的金毓黻又回到中央大學歷史系任教並擔任系主任一職。他應金景芳之請又寫信給當時在鄂豫兩省交界處的鷄公山東北中學齊鐵生，介紹金景芳到東北中學工作。這樣金景芳便成了東北中學高中班的國文教師。是年夏，因徐州戰事吃緊，東北中學遷往湖南省邵陽縣桃花坪。不久，又離開桃花坪，經由溆浦、辰溪、晃縣、貴陽、重慶，最後遷入四川威遠縣之靜寧寺。而金景芳也隨同一起顛沛流離達半年之久。對於金景芳的這段經歷，金毓黻一直都很關注。"金君小邨授國文課於東北中學。自湖南桃花坪行經辰溪、益陽，轉貴陽入川，閲六、七月乃得至，可謂艱於行旅矣。"①此時的金景芳已經受聘爲東北中學教務主任。

　　1940 年，執掌東北中學教務的金景芳整頓東北中學秩序，頗見成效，卻引起了國民黨外圍組織三青團成員的忌恨，他們聯名向教育部等機構控告，結果金景芳被教育部撤職。是年 9 月，金景芳入馬一浮主講的樂山復性書院學習。

　　由於東北大學校長臧啓芳堅邀，從 1938 年秋開始，金毓黻開

---

① 《静晤室日記》民國二十八年六月二十八日。

始給在四川三臺的東北大學任教。1940年秋，東北大學建立東北
史地經濟研究室，金毓黻兼任東北史地經濟研究室主任。10月，
在收到金景芳的來信後，金毓黻回信詢問其是否願意就任東北大
學文書主任職。這樣，在金毓黻的介紹下，11月底，完成學業的金
景芳受聘於三臺東北大學，任文書組主任。1942年5月，再次經
金毓黻介紹，金景芳又兼任了東北大學中文系講師。7月，被聘爲
中文系專任講師。也就在這一年，由金毓黻和高亨推薦，金景芳所
撰寫的《易通》一書榮獲教育部著作發明及美術獎勵三等獎。《易
通》一書是金景芳在1939年底流亡於四川時在自流井静寧寺之東
北中學期間，讀了從生活書店購得的胡繩著《唯物辯證法入門》、傅
子東譯的列寧著《唯物論與經驗批判》等書，尤其是讀了列寧《唯物
論與經驗批判》附錄裏的《談談辯證法問題》後寫出的一部用馬克
思唯物辯證法解釋《周易》的著作。該書共分四卷，寫成後曾寄送
金毓黻審讀。金毓黻看後，給予了較高的評價，同時也提出了一些
自己的看法："又得金小邨函，寄來新著《易通》四册，陳義未能湛
深。"①"金君小邨撰《易通》四卷，以王弼《易注》、程頤《易傳》爲主，
已屬握得提綱，以此説《易》，必不迷惘。余微嫌其多引證而少申
釋，易陷空衍之弊。"②客觀地説，《易通》之所以能够獲獎，主要在
於它是較早運用辯證法解釋《周易》的著作，但也並非與金毓黻和
高亨這兩位當時的著名學者的推薦不無關係。此後，二人同在東
北大學任職，金景芳得以又一次地陪同在金毓黻身旁，兩人交往也
就更爲密切。他們常常在一起散步、郊遊，交流學習心得。

　　1945年3月金毓黻第三次回到中央大學任教。1945年"八一
五"抗日戰爭勝利後，金毓黻先後又曾任國民黨政府檢察院監察委
員，東北教育輔導委員會委員，清理戰時文物損失委員會委員。

---

①　《静晤室日記》民國三十年十月二十日。
②　《静晤室日記》民國三十年十月二十九日。

1947 年 2 月,金毓黻辭去監察委員及中央大學教授的職務,改任國史館纂修。同年 4 月,被聘爲瀋陽博物館籌備委員會主任,兼東北大學教授,直到 1949 年 1 月北平解放。而在這期間,金景芳則一直任教於東北大學,先後被聘爲中文系副教授、教授。兩人仍保持着較爲密切地交往。

三

1949 年 1 月北平解放,舊的國史館并入北京大學,金毓黻轉入北京大學文科研究所,兼任教授,同時還在輔仁大學兼課。1952 年,全國實行大學院系調整,金毓黻被調到中國科學院歷史研究所第三研究所任研究員,直到 1962 年去世,享年 75 歲。金景芳於北平解放後隨東北大學遷回瀋陽。不久,被分配到東北文物管理處工作,後調任東北圖書館研究員兼研究組組長。1954 年 1 月,經早年的學生、時任東北人民政府副主席的顧卓新介紹,到東北人民大學(後更名爲吉林大學)歷史系任教,先後任歷史系教授、圖書館館長、歷史系主任。改革開放後,任先秦史研究室主任、博士生導師、歷史系名譽主任、校社科學術委員會副主任委員,兼任國家古籍整理出版規劃小組顧問、中國孔子基金會顧問、國際儒學聯合會顧問、東方易學研究院顧問、中國先秦史學會顧問、吉林省史學會顧問、吉林省周易學會顧問。於 2001 年 5 月因病去世,享年 99 歲。

解放後,由於金毓黻一直在北京,而金景芳則一直在東北。由於地理條件的阻隔及當時社會環境的限制,二人的往來要少一些。

1955 年,金景芳第一次用語體寫了一篇文章,題爲《易論》,分爲上下兩部分,上“論易的起源和發展”,下“論《周易》的組成和應用”,分別在《東北人民大學人文科學學報》1955 年第 2 期和 1956 年第 1 期發表。這篇文章是金景芳學了更多的馬列著作以後,在舊作《易通》的基礎上，經過繼續研究而寫成的。特別是"論《周易》的組成和應用"部分，是他三十餘年來研究《周易》的結晶，其中有很多見解是前人没有説過的。"論易的起源和發展"一文發表後，金景芳便將其寄贈給金毓黻一份。金毓黻看後，對該作給予了高度的評價：

> 金筱邨以東北人民大學新印《人文科學報》第二期寄贈，其中《易論》一篇是筱邨近作。筱邨頗能結合馬克思列寧主義談《易》。其立論大旨以爲《周易》是歷史的産物，論其形式是陳舊的、落後的卜筮的形式，而其内容在當時卻是新生的先進的哲學的内容，這個具有舊的卜筮形式與新的哲學内容的矛盾的統一體，就是《周易》一書實質與特點。全文皆發揮此旨，立論甚邃。小邨向不以語體著論，今則引據甚博，言之有物，真所謂士別三日，便當刮目相待者也。①

四

金毓黻在其日記中記載了他與金景芳交往的一些片段。而金景芳在"文革"結束後寫的《自傳》中也對金毓黻對自己的知遇和幫助作了簡要回憶：

> 1931年四月間，金毓黻先生由遼寧省政府秘書長調任教育廳廳長。金先生是東北著名的績學之士，獎掖後進，不遺餘力。他來教育廳後，曾召見我談話，並曾命我代爲起草一篇序文。自此以後，我受特知於金毓黻先生。首尾近二十年，我在工作上、業務上，一直得到他的幫助。

---

① 《静晤室日記》一九五五年十一月十一日。

　　例如,"九一八"事變後,我在瀋陽市第二初級中學任教,
就是他的介紹。1936年8月,我從東北逃往關內,事前
也是同他約好了的。1937年,金毓黻先生任安徽省政府
委員兼秘書長,我作他的秘書。1938年2月,我到鷄公
山東北中學任教,他是我的介紹人。1941年11月,我由
樂山復性書院,調來三臺東北大學任文書組主任,1942
年轉任中文系講師,也是他的介紹。

　　並説:"我們做學問的路子不相同,但在方法上和師友見聞等
方面,他給予我的影響是很大的。"①而金景芳的弟子、四川大學古
籍所所長舒大剛也説:"先生初則受知於著名史學家金毓黻,金毓
黻係當代史學史、東北史、清史大家。蒙金毓黻多方嘉掖提拔,先
生卒得其學術經世、實學救國之精髓。"②可謂至言。

　　1985年,時任吉林省社會科學院名譽院長的佟冬提議組成
《金毓黻文集》編輯整理委員會,並首先編輯整理《静晤室日記》。
金景芳被邀請作爲《金毓黻文集》編輯整理委員會顧問,同時被邀
爲顧問的還有鄒有恒(金毓黻的女婿,東北師範大學歷史系教授)
和葉幼泉(吉林省社會科學院副研究員)。《社會科學戰綫》1986
年第2期發表了金景芳所撰寫的《金毓黻傳略》一文。③

　　該文"言簡意賅,基本上能反映概括先生一生行藏。以作者與
先生學兼師友,故能知之甚稔,言之有物"。④《金毓黻傳略》是金
景芳唯一發表的關於與他同時代師友中的人物傳記,由此也可看

　　①　金景芳:《金景芳自傳》,北京圖書館《文獻》叢刊編輯部,吉林省圖書館學會會
刊編輯部合編,中國當代社會科學家(第2輯),書目文獻出版社,1982年。
　　②　舒大剛:《金景芳學案·序》,陳恩林、舒大剛、康學偉主編:《金景芳學案》,綫
裝書局,2003年。
　　③　金景芳:《金毓黻傳略》,《社會科學戰綫》1986第2期。
　　④　楊仁愷:《史壇巨擘遺範流芳——記金毓黻先生治學和任事之道》,《遼海文物
學刊》1987年第2期。

出金毓黻在他心目中所占據的位置和地位。也正是因爲如此,所以當金景芳的弟子們在編《金景芳學案》一書時首列《金毓黻傳略》一文於"知遇與師承"目下。

　　1987年7月19日至23日,遼寧、吉林、黑龍江三省社會科學院和遼寧人民出版社、遼寧大學、遼寧省博物館等單位,聯合發起的紀念已故著名歷史學家、當代東北史研究的奠基者之一金毓黻誕辰100周年暨東北史學術討論會在遼陽召開。這時已是86歲高齡的金景芳也應邀出席了會議,並在會上回憶了金毓黻的治學經歷,介紹了自己所撰寫的《金毓黻傳略》一文。

　　　　　　　　　　　　(《通化師範學院學報》2007年第11期)

履迹而行

——記金景芳

黄耀河

　　"當我開始和讀書人接觸,和古書接觸的時候,總有一種神秘感,覺得他們或它們都是全知全能,高不可攀。接觸多了,久而久之發現他們或它們並不神秘。相反,還有很多缺點、弱點。從此,在我的頭腦裏,逐漸沒有了神的位置。到後來我認識到,不論古人也好,今人也好,他們都不是神,而且世界上本來就不存在神。我們尊重他們能發現真理、捍衛真理,爲人類造福,而不是對他們盲目崇拜。"這是民盟成員、吉林大學歷史系名譽系主任金景芳半個多世紀治學的經驗之談。它道破了治學之路的艱辛,同時更指出了取得成功的訣竅,這個訣竅便是敢於同諸神挑戰。金景芳正是以此訣竅而成爲在史學領域裏激揚文字,指點江山的一代大家。

艱難求學

　　1902 年農曆四月二十七日,金景芳出生於遼寧省義縣項家臺。父金寶政,是位銀匠,家裏土地很少,且又債臺高築,生活非常貧困。爲了養家糊口,父親終日勞作,打製銀器,所製工藝品由二叔在農閑時走街串屯去賣。

　　這個家庭原本也是個官宦世家、書香門第。金景芳的高祖是前清嘉慶辛未科進士,曾在四川作過幾任州縣官。曾祖原是候補知縣,到祖父時家道中落。儘管如此,祖父還是滿腹詩書。父親雖是爲生活整日勞作的銀匠，也喜歡讀書，爲彌補自己没有機會讀書的遺憾，便把希望寄託在小兒子金景芳身上。

1910年春天，金景芳入離家二里的白廟子小學。這裏讀書不花錢，又是洋學堂，所以其父很是滿意。剛上學的時候，學生們還在念着"張龍旗，乘長風，大風泱泱"。不久，發生了辛亥革命，學制由5年改爲4年。金景芳除了頭一學期考試名列第9，以後每次考試都是第1名。老師非常喜愛這個天資甚高的好學生，時常到金景芳家去，勸説其父送金景芳入高等小學。可是進高小必須到義縣城裏住宿，宿費從何而來？家裏實在没有餘力培養他了。正在此時，其舅父家的鄰村成立高小預備科。其父便同其舅父商定，送他進入高小預備科學習，食宿在舅父家。這樣，金景芳便於1914年春進了高小預備科。但是天拂人願，祇讀到暑假，學校便停辦了，他祇好回家務農。隨後兩年的農耕生活，幾乎斷了他讀書的念頭，因爲貧困，上學對他來説成了一個可望而不可及的奢想。好在老天相助，恰好舅父家的鄰村張家泥河子高等小學堂成立了。二叔便又去和舅父商量，讓金景芳進入該校，仍在他家食宿。其舅父家境不寬裕，便協議，金景芳在他家食宿一年，送高粱米一石。就這樣，他又上學了。此間，他不但讀小學裏的課程，還把私塾學生們念的《論語》《孟子》《大學》《中庸》找來讀。讀了不算，還要背下來。他甚至連《三國演義》《東周列國志》這樣大部頭的小説，也能大段大段地背下來。金景芳深知窮孩子讀書的難處，由於充分利用時間，他同時念完了高小和私塾的雙份課程。

1918年10月，金景芳高小畢業，回到家裏。家人爲他學成歸來感到高興，同時也爲他的前程傷腦筋。爲了讓他能繼續讀書，家裏最後決定借債。這年11月，金景芳考取奉天省立第四師範學校。在這裏，他讀書更加刻苦，興趣也更加廣泛了。當然，這也與國文課上發生的一件事情有關。一次，國文老師在他的作文上批了"層次不清，語無倫次"八個字。在小學時，金景芳的作文在同學中是首屈一指的,現在竟得到這樣嚴厲的批評,心裏很不是滋味。但他並不灰心,認爲文章没寫好,還是讀書少,由此,他更加廣泛涉獵古代名著。有的地方讀不懂,就借來一部袖珍本的《五經味根録》,有空便看。同時,他又經常練習着寫文章,又讀又寫,很快便成爲全校出名的作文能手了。

高橋師範的5年學習生活着實給他打下了從事文史研究的基礎。受那位嚴厲的國文老師的影響,金景芳也學作桐城派古文。他買來《古文辭類纂》,探求古文義法,揣摩所謂"神理氣味,格律聲色"。但是後來他逐漸感到桐城派古文有些矯揉造作,即便是唐宋八大家的文章也多是油腔滑調,不如漢魏文精嚴,有文采。因而他又轉向研讀《昭明文選》。

他在學作文章中瞭解到,要想把文章作好,形式固然重要,但内容必須充實。於是他攻讀史部的前"四史"、《資治通鑒》和子部、經部的《老子》、《莊子》、《周易》、《春秋》、"三禮"。就這樣,金景芳由學做文章的小天地一躍跳入古代文獻的汪洋大海之中。

結識金毓黻

1923年,金景芳從師範學校畢業,應聘爲義縣第一小學國文教員。因爲教學效果好,兩年後陞爲初中國文教員。在任初中國文教員期間,他仍然堅持自學。晚上,别人去聊天閑耍了,他却在煤油燈下讀書。數年下來,他已經成爲縣裏所稱道的好學多聞之人。

1929年10月,遼寧省教育廳廳長吳家象剛剛上任。他爲振新教育,用考試的辦法選拔教育局長。報考的條件是:大學畢業,從事教學工作3年以上;高等師範畢業,從事教學工作4年以上;初級師範畢業,從事教學工作5年以上。金景芳正好符合最後一種情況,但是報名應試者甚多,比較起來他的學歷又最淺。經過初試、復試、口試三關,金景芳出人意料地以第一名成績被錄取,旋被任命爲遼寧省通遼縣教育局局長。

1930年冬,金景芳調任遼寧教育廳第二科第一股股長兼第四科第二股股長。一年以後,一個人闖進金景芳的生活中,並且對他以後的生活產生了重大影響。這個人便是東北著名的績學之士金毓黻先生。金先生擔任廳長之初,金景芳心裏忐忑不安,他深知官場上歷來是一朝天子一朝臣,吳家象提拔起的他,在金毓黻手下會有好日子過嗎?其實此時,金景芳的名字早已記在金先生心裏。金先生到任後就單獨找他談話,兩人談得非常投機,後來金先生又命金景芳爲其代擬一篇序文。自此以後,金景芳受特知於金毓黻先生,前後近20年。

困境治學

1931年"九一八"事變,金景芳携眷由瀋陽回到義縣。自此,他過起了漂泊不定的生活。1936年,不甘當亡國奴的金景芳與金毓黻相約一起逃往西安。因當時張學良在西安,那裏便成了東北人的聚集之處。時值東北大學改組,經介紹,金景芳在東北大學工學院任秘書。數月之後西安事變發生,政局動蕩,他便搭乘東北軍搬家的火車抵達蚌埠,後轉赴南京尋找金毓黻。恰巧在找到金毓黻的當天,報紙上發表東北人劉尚清爲安徽省政府主席,金毓黻爲省政府秘書長。金先生於是留金景芳幫自己的忙,委其爲省政府秘書處秘書。1937年"七七"事變,抗日戰争爆發,安徽省政府改組,劉尚清調走,金毓黻也難留下,金景芳便離開安慶赴武漢,過了數月流浪生活,於1938年3月又經已任中央大學教授的金毓黻介紹,赴河南鷄公山任東北中學國文教員。

漂泊不定的生活並沒有泯滅金景芳的治學之心。在這期間,他一直潛心讀書,鑽研。1939年底,在清風孤燈相伴下,他寫了一

本研究《周易》的書，名爲《易通》，獲 1941 年教育部學術獎勵三等
獎。此書幫了金景芳的大忙。1940 年，他在東北中學任教務主任
時，有人攻擊他沒有上過大學，不合格。這本書獲獎後，金景芳不
但作中學教師合格，當大學教授也不過份。按照當時教育部的規
定，大學畢業可當助教；當助教 4 年，提出相當於碩士的論文，可當
講師；當講師 3 年，提出相當於博士的論文，可當副教授；當副教授
3 年，提出相當於得學術獎勵的論文，可當教授。獲得學術獎勵
後，大家都不敢小瞧他，再也不説三道四了。

《易通》一書是金景芳步入學術殿堂的奠基之作，也是他的成
名之作。這部書是他多年研究《周易》的結晶。他最初學《易》是因
爲聽人説《易經》最難讀。金景芳讀書有一個倔强的脾氣，越是難
讀的書他越要讀，讀了就一定要讀懂。當他開始接觸《易經》這部
書時，確實感到古怪，左看右看，也看不懂。但他不泄氣，借來許多
注釋書，冥思苦索逐漸找到了門徑。儘管這樣，對全書的思想體系
及若干具體問題，依然不得要領。1939 年，他所在的東北中學由
湖南邵陽桃花坪遷至四川自流井静寧寺。在遷校途中，他從生活
書店購得胡繩的《唯物辯證法入門》、傅子東譯的列寧著《唯物論與
經驗批判論》。這兩本書引起了他極大的興趣，從而悟到用辯證法
的理論解釋《易經》，可以解決過去很多長期不能解決的問題。就
這樣，金景芳利用整個寒假，夜以繼日，寫成了《易通》。

主持校務

東北中學並不是一片净土。這所學校是"九一八"事變後，張
學良將軍在關内創辦的，實屬張個人私産，張學良被囚禁後，它便
成了國民黨各派系爭相染指之地。由於他們的反動統治，該校學
潮迭起。爲了抑制學潮、平息公憤，他們不得不抬出爲人正直的金
景芳爲教務主任。起初金景芳厭惡與這些人爲伍共事，衹求安安

穩穩地教學，但 CC 派人物執意不肯，一連糾纏半個多月。後來他想這學校本是東北人在流亡之中的棲身之所，今天竟被弄到這種地步，如能爲家鄉子弟盡一點力也是一件好事。於是金景芳最後有條件地答應下來。任職期間，金景芳積極支持新聘的國文教員徐公振擔任訓導主任，開展工作。徐公振是東北救亡總會的成員，這個組織恰好同 CC 派的東北協會是對立的，所以開展的活動深受廣大同學們的歡迎。這樣一來，三青團搞的活動愈來愈被冷落，CC 派實際上在學校也不起什麼作用了。此時教師中有三種勢力，即三青團、CC 派和金景芳與徐公振爲首的進步教師，屬金、徐這派人數最多而且逐漸掌管了實權。就此，CC 派和三青團惡勢力極不甘心，他們驚呼學校的大權落入了共產黨手裏。其實這些人當中沒有一個是共產黨員。於是他們聯合起來，向重慶告狀。結果放暑假時，金景芳與徐公振首當其衝，被教育部電令撤職，立即離校。當時支持金、徐二人的進步教師都憤而辭職，表示不同 CC 派、三青團合作。

從師馬一浮

離開了東北中學，金景芳於同年 9 月前往四川樂山縣烏尤寺復性書院學習。初去時待遇很好，每日免費供給伙食，還發給每人膏火費 30 元。這兒在當時可以説是世外桃源了。書院的主講是馬一浮先生。馬先生爲江南耆宿，人品甚高，於書無所不讀，文章、詩詞、書法、篆刻、醫藥皆精，而尤深於宋明理學。由於金景芳的志趣本在經學，所以對馬先生教讀的《傳燈録》、《法華經》有抵觸情緒。他讀了熊十力先生所著《新唯識論》和《佛家名通釋》以後，又大膽評論，均與馬先生相悖。不久金景芳用半年的工夫閱讀“三傳”，寫出《春秋釋要》，解決了《春秋》學中的一個大問題。金景芳據《史記》講《春秋》，提出“據魯親周”的説法，糾正了何休的“黜周

王魯"之誤。馬一浮先生聞知此事則慰勉有加,特爲制序。略謂:
"曉村以半年之力,盡讀三傳,約其掌録,以爲是書,其於先儒之説
取捨頗爲不苟。而據《史記》主魯親周以糾何氏黜周王魯之誤,謂
三世内外,特以遠近詳略而異,不可並爲一談,皆其所自得。豈所
謂箴膏肓、起廢疾者邪?"1942 年,金景芳在東北大學中文系講授
"經學概論"時寫了一篇《研治經學之方法》在東北大學《志林》上發
表,曾寄馬先生教正。馬先生譽之爲"辭義並茂,不爲苟作。"金景
芳從馬先生那裏學到的不僅是知識,更重要的是爲人治學之德:不
抱成見,兼他人之長。

但好景不長。不到一年,由於貨幣貶值,烏尤寺復性書院的伙
食成了問題。又經金毓黻介紹,金景芳於 1941 年 11 月到四川三
臺縣東北大學任文書組主任兼中文系講師。日本投降後,金景芳
於 1946 年隨東北大學遷回瀋陽,次年下學期晋升爲教授。

由經入史

解放後,金景芳被分配在東北文物管理處任研究員,後又調任
東北圖書館研究員兼研究組組長。他去東北圖書館以後,深感那
裏的工作非所素習。雖然當研究員工資很高,而他們實際經驗卻
不如普通館員。因此,他渴望回到大學搞教學和科研,發揮自己的
特長,爲新中國多做一些工作。當時新上任的東北人民政府副主
席顧卓新原是他在義縣初中教過的學生。經顧介紹,通過東北人
民政府高教處,1954 年 1 月,金景芳被調至東北人民大學(今吉林
大學)歷史系。

這時他的學術意識也經歷着一次轉折,他把治學方向從經學
轉向史學。由此,他開始自覺地學習馬克思主義。他對馬克思主
義的哲學著作和史學著作——反復精讀,并且把馬克思主義理論
與中國實際結合起來研究中國古代史。金景芳勤奮鑽研,不到兩

年就寫出了《易論》、《論宗法制度》兩篇長文，先後發表在《東北人民大學學報》上。這是兩篇份量很重、水平很高的史學論文，標明他以高深的學術造詣正式進入了中國古代史的研究領域。

1955年發表的《易論》是金景芳第一次用語體寫的文章，分爲上下兩部分，上爲"論易的起源和發展"，下爲"論《周易》的組成和應用"。這篇文章是他在學習了馬列著作以後，在舊作《易通》的基礎上，經過繼續研究寫成的。今日看來，當時把殷代説成是氏族社會，把周代説成是封建社會是錯誤的，應當改正，其餘論點問題不大，特別是"論《周易》的組成和應用"這部分是他幾十年來研究《周易》的結晶，有其獨特的見解。

1956年發表的《論宗法制度》一文，用馬克思主義的"兩種生產"理論來解釋宗法制度，認爲宗法制產生於周代，是在階級關係充分發展的歷史條件下，統治者對血緣關係進行的改造、限制和利用，目的是隔斷血緣關係對天子、諸侯之君權的干擾，同時發揮宗族對君權的捍衛作用。這就抓住了問題的要害，道破了宗法制度的本質，從而使與此相關的一系列問題都迎刃而解。例如，宗統與君統的區別與聯繫；爲什麼大宗百世不遷，而小宗五世則遷；宗法制與周代分封制、嫡長子繼承制有何關係；宗法制實行的範圍和起止的時代等等，這些問題前人花費很多心血都未能論述清楚，而金景芳卻舉重若輕，把它們解釋得一清二楚。《論宗法制度》一文充分顯示了金景芳在史學研究方面的雄厚實力和真知灼見。金派的史學體系. 便是這時期奠定的。

逆境中奮爭

1957年，正在講授先秦思想史的金景芳，參加了是年7月東北人民大學舉辦的科學討論會，他帶去一篇《論孔子思想》的文章。文章總的來説對孔子評價頗高，這原本是學術上的見解，沒成想，在 1958 年批判資産階級學術思想運動中,此篇文章被《光明日報》列爲重點批判對象之一。從此,金景芳便以此爲媒與一次又一次的政治運動結緣,長達二十餘年。

由關鋒執筆的批判文章在《光明日報》登出後,一場政治風暴就要降臨金景芳頭上。時任吉林大學校長的匡亞明出於對金景芳的愛護,要他寫了一個自我批評文章,這場風波才算暫時平息下來。

1962 年山東曲阜爲紀念孔子誕生 2240 週年召開的學術討論會,金景芳參加了此會並在會上宣讀了《關於孔子的評價問題》。他在文中依然對孔子評價很高。恰在此時"千萬不要忘記階級鬥争"的口號已經提出,全國掀起了批孔浪潮。這樣的文章,這樣的觀點顯然與政治氣候相悖。很快金景芳就被撤銷了歷史系主任的職務,靠邊站了。

來自方方面面的壓力並沒有遏止住金景芳探索重大史學問題的熱情。隨後幾年金景芳陸續寫出了《中國奴隸社會的階級結構》、《談談關於孔子的評價問題》(副題爲"兼與關鋒、林聿時兩同志商榷")、《論孔子學説的仁和禮》、《關於荀子的幾個問題》、《中國奴隸社會的幾個問題》、《釋"二南"、"初吉"、"三餐"、"麟止"》、《井田制的發生和發展》等論文。

1966 年"文化大革命"開始後,造反派們又給金景芳冠以反動學術權威的帽子,編進反省隊,關押在學校數學樓内。當時造反派在數學樓私設監獄,牛鬼蛇神之類一律關押在此反省"罪行"。後來金景芳被"解放",放歸歷史系接受群衆監督,勞動改造。在歷史系改造時期,性耿心直的金景芳在全系教職工大會上對工宣隊的種種做法表示不滿,再一次被推入了批判的洪流中。一次又一次的批判剝奪了金景芳寶貴的治學時光,對此,惜時如命的他祇能扼腕長嘆了。

不唯上，祇唯真

粉碎"四人幫"後，禁錮人們思想的桎梏雖被砸碎，但學術界的"一言堂"或利用社會地位、政治力量來推行學術觀點的習慣，依舊存在。金景芳與他的同事們企望着社會科學春天的到來。

1979 年歷史學界權威刊物《歷史研究》在第 2、3 兩期赫然連載了金景芳的《中國古代史分期商榷》一文。金景芳在這篇文章中首次對郭沫若同志的分期說提出了 8 點異議，並系統論述了自己對古史分期問題的見解。他認爲，由原始社會進入奴隸社會，應以國家的產生爲標誌，私有制和階級的出現是階級社會產生的原因，而不是標誌，因此，中國奴隸社會應以夏啓殺益奪權建立夏朝爲開端。

此文在史學界引起了軒然大波。史學界的有識之士認爲金景芳以此文吹響了向權威商榷的號角；也有一些同事對此大爲不解，認爲金景芳在郭老剛剛去世之時發表此文太不適宜。事實上，此文的發表遠不是人們想象的那麽簡單。

1959 年，郭沫若同志主編《中國史稿》，因當時史學界對中國歷史分期觀點不一樣，毛澤東同志主張《中國史稿》不能用多種觀點，應統一於郭沫若同志的分期觀點。當時參加《中國史稿》編寫工作的金景芳對此提出了異議並寫了一個《中國奴隸社會幾個問題》的小冊子，提出了自己的觀點。"文革"期間，人民出版社某位同志向金景芳約寫《中國奴隸社會史》一書，金景芳將自己的古史分期觀點寫就寄去。在稿中，他特別叮囑出版社對於自己的觀點一定堅持，不要改寫。稿件寄出後，出版社的同志卻爲難了，幾經商量，決定束之高閣。後來，金景芳的助手調到《歷史研究》編輯部工作，他告知老師《歷史研究》編輯部要與吉林省社會科學院聯合出一部關於古史分期的書，特向金景芳約稿。金景芳在長春南湖賓館召開的書稿研討會上，提出了《中國奴隸社會幾個問題》的論文，仍堅持自己的觀點。會議將此情況向中共吉林省委彙報。省委負責同志提出以下意見：一、書稿要收入與金景芳觀點相反的文章。二、語言要溫和。最後告知金景芳，此時郭沫若同志正在住院，此文出後的影響不能不考慮。前兩條意見可以照辦，最後一條確實讓人爲難，於是金景芳的文章再度被擱置。

追求真理，傳播真理是一個治學嚴謹的學者義不容辭的責任。刊物上不給發表，他就開動雙腿，動用自己的一張嘴宣傳自己的見解。1978 年，年逾 70 的金景芳不顧年高體弱，先後去河南、上海、江蘇等省市高校舉辦關於古史分期問題的學術報告會。與會的人都被金景芳那獨樹一幟的觀點打動、折服。一個新的史學觀點就是這樣漸漸地被史學界同仁所瞭解和認同。

金景芳結束河南、上海、江蘇等地的宣講後，來到北京《歷史研究》編輯部。在《歷史研究》編輯部工作的前助手來看望他，談及金景芳的那篇文章，助手勸告金景芳將此文章觀點修改一下，《歷史研究》便給予發表，金景芳付之一笑。

黨的十一屆三中全會以後，學術界終於迎來了春天。一天《歷史研究》編輯部給金景芳寫來一封信，告知他《歷史研究》負責人黎澍同志決定發表他那篇古史分期的文章，要求金景芳將觀點論述得更加鮮明些。不久，《歷史研究》以《中國古代史分期商榷》爲題給予連載。金景芳的學術觀點費盡周折，衝破種種阻力，終於昭示於我國史學界。河北某高校一位老學者讀畢此文，不禁擊節讚嘆，稱金景芳"有膽、有識"。過後金景芳不無感慨地説："文章的發表應歸功於黨的十一屆三中全會，歸功於有魄力的黎澍同志。"

對郭沫若學術觀點的衝擊祇是金景芳對諸多大家、名人商榷戰的開始。此後，他在一些文章中，對王國維、范文瀾等人的一些觀點也提出了異議。他甚至對斯大林的某些錯誤歷史觀點也敢於公開批評。

長期以來,史學界流行一種錯誤觀點,認爲奴隸革命把奴隸主消滅了,把奴隸主剥削勞動者的形式廢除了。金景芳研究了這種錯誤觀點的來源,發現提出此種錯誤觀點的是斯大林,後來前蘇聯經濟學家列昂節夫在一本普及讀物中對這種觀點加以引用,遂在中國廣泛傳播。此後,在相當長的時期内這種違背馬克思主義的錯誤觀點被當成金科玉律,從來沒有人對此提出異議。金景芳却率先發難,他於 1980 年在《中國社會科學》雜誌第 3 期上發表題爲《論中國奴隸社會的階級和階級鬥争》一文,對上述觀點進行了尖鋭的批評,在理論界起到了正本清源的作用。金景芳的這些舉動不是爲了争一時口舌之快,實乃不得已而爲之。這個不得已就是唯真理是從的信念。

探究《易經》

八十年代末,在我國悄然興起了《易經》熱。某些自詡爲易學專家、學者的人爲了迎合一些人低層次的需要,紛紛編寫有關《易經》方面的書。這些書向人們介紹的祇是卜筮之類的東西,但在當時的圖書市場却很走俏,有些作者靠此大發橫財。一時間易學研究領域内魚目混珠,烏烟瘴氣。早在三十年代就以唯物辯證法爲指針研究《易經》的金景芳面對紛至沓來的種種易學觀點,連續出版《學易四種》、《周易講座》、《周易全解》等著作,提出了自己的見解,顯示了一代馬克思主義易學大師的本色。他在書中一針見血地指出,《周易》是蘊含豐富、思想深刻的古代哲學著作,它産生於原始宗教,卜筮祇是它的外殼,哲學才是它的本質。漢人搞象數學,宋人搞圖書學,清人回頭再搞漢易,把易學引向歧路,是應該批判的。我們應當繼承由孔子奠基,王弼、程頤發揚的義理派易學觀點和方法。

金景芳認爲《易經》與《易傳》是密不可分的,没有《易傳》後人就無法理解《易經》。《易經》與《易傳》產生的時代不同，但兩者的思想是一致的。孔子對《周易》有偉大的貢獻，《易傳》基本上是孔子所作。孔子通過《易傳》對《周易》所蘊含的思想進行了全面深入的闡發。《周易》六十四卦的排列結構包含着深刻的思想内容。《繫辭》說：“乾坤其《易》之縕耶！”又說：“乾坤其《易》之門耶！”表明乾坤兩卦在六十四卦中有特殊重要的地位。其餘各卦都是乾坤兩卦的發展和變化。六十四卦以既濟、未濟兩卦結尾，也含有深義。從乾坤到既濟、未濟，表示事物發展的全過程。《序卦》云：“物不可窮也，故受之以未濟終焉。”這反映出《周易》作者深刻的辯證法思想。殷易《歸藏》（又名《坤乾》）首坤次乾，《周易》首乾次坤，反映殷周兩代思想觀念和政治制度的重大區別。首坤次乾，反映“殷道親親”，表明殷代氏族社會殘餘較多，重視血緣關係；首乾次坤，反映“周道尊尊”，表明周代政治統治已居於主導地位，更重視階級關係。《歸藏》和《周易》的這種區別是我們正確理解殷周二代本質特徵的一把鑰匙，對研究商周歷史有重大意義。金景芳以其真知灼見撑去了蒙在《易經》上的迷信灰塵，使衆多《易經》愛好者重新認識了這部神秘之書。

辛勤育人

　　金景芳自 1923 年 7 月由初級師範畢業，即從事教學工作，至今近 70 年。70 年來，他教過初小、高小、初中、高中、大學和研究生院。而讓金景芳花費心血最多的還是對碩士和博士研究生的培養。

　　他録取考生，既重才又重德。入學考試必須符合標準，即使考試成績合格，思想品德有問題也堅決不收。培養研究生，他着重全面訓練。金景芳的研究方向是先秦史，攻讀先秦史的研究生必須讀古書，而現在大學歷史系本科生多半不讀或者很少讀古書。文科大學生還有一種不好的傾向，習慣於記筆記、背筆記，不善於獨立思考，文字表達能力有限，做起學術論文不能得心應手，對馬列主義的學習不很深入等等。金景芳針對這些情況采取了有力的措施。他指定研究生讀幾本馬列原著，要讀懂讀透。每人發一份需讀的古書目録，在廣泛涉獵的基礎上，力求精讀。每人都要學會做筆記，寫心得，導師定期進行檢查。平時訓練研究生寫小論文，每學期一至二篇，發現問題及時指導。這些措施取得良好的效果。

給研究生講授專業課，他不但毫無保留，而且反對自我封閉。在課堂上，他盡數講授《詩經》、《書經》、《易經》、《周禮》、《左傳》、《公羊傳》、《儀禮》、《禮記》以及《老子》、《莊子》等先秦文獻。後來逐漸形成了"三傳"研究，"三禮"研究，《詩》、《書》、《易》研究和先秦諸子研究等四門學位課。講這些古書不僅講經傳原文，重要的是研究探索這些古籍的精華和存在的問題。他毫無保留地把自己研究了幾十年所得的體會和見解傳授給研究生們。而更難能可貴的是他治學和教學都力主開放，兼他人之長。他研究《周易》幾十年，還要請校外一位中年學者講《周易》第一課，因爲那位中年學者掌握當今國内外《周易》研究最新信息。

指導學位論文，他嘔心瀝血，層層把關。學位論文的選題、擬定大綱、寫初稿、定稿這幾個重要步驟，他都要親自把關，注入自己的心血。

金景芳對學位論文有三條基本要求。第一條便是以辯證唯物主義做指導，要有足够的史料，不許説没有根據的空話。第二，必須解決問題，有自己的見解。第三，不要受導師思想的局限，要超越導師。當一位博士生論文得到"理足神完的作品"的高度評價時，作爲導師的他卻説："他的成功之處，是他突破了我的範圍，超越了我。"金景芳就是這樣甘當緑葉，扶持起一批又一批有爲的學者，作爲老師，他期求是"青出於藍而勝於藍"。

金景芳從事教育和學術研究已70年。70年來，他勤奮刻苦，孜孜不倦，如今雖已 89 歲高齡，仍堅持讀書、寫作、教學，爲多出成果、多出人才，辛勤工作着。自 1978 年以來，金景芳共培養碩士研究生 16 名，博士研究生 6 名。現在還有 3 屆共 7 名博士生正在金景芳指導下攻讀學位。近十幾年來，他發表學術論文 40 篇，出版學術著作 6 部，在教學與科研兩方面都取得了令人矚目的成果。

　　古有履巨人迹而生太昊、生弃的神話。金景芳正是邁著堅實的步伐，履着中華民族燦爛文化這個巨人之迹，創造出豐碩的科研成果，培養出一批歷史驕子的一代史學大家。

　　我們深深地祝願金景芳教授跨越 20 世紀，繼續他的世紀行！

　　[《勝友懿範各千秋》，長春市各民主黨派人物傳，長春市政協文史資料委員會編《長春市文史資料》1991 年，第三、四輯（總第三十六、三十七合輯）]

回憶老師金景芳先生

郭鴻林

　　1983 年教育部委托吉林大學金景芳教授主辦"先秦文獻教師研究班"，面向全國招收講師、助研以上職稱的工作人員作爲進修生。我入"先秦文獻教師研究班"進修，是由天津市文化局按吉大要求條件推薦，由國家文物局委托吉林大學代培的。進修期限從 1983 年 9 月至 1984 年 7 月。進修科目包括《詩》、《書》、"三禮"、《周易》、"三傳"、"老莊"研究，由金景芳先生講授；《説文解字》研究，由姚孝遂先生講授；先秦史專題研究，由吕紹綱先生講授。

　　金老接受我班同學的請求，先講授《周易》。第一堂課上課前，教室内除了我們班同學以外，四周坐滿、站滿了吉大師生和校外學人，他們都是來旁聽的，連教室門口都是圍上了人。當金老步入教室時，人們起立熱烈鼓掌歡迎。那時金老年届八十有一，大病初愈，由於長時間中斷授課，對自己身體能否允許講滿一堂課，心裏没底，於是金老説："今天試試看，講到哪，算到哪。"金老講課的頭十幾分鐘，吐字還有些吃力。又講了一會兒，逐漸有氣力了。爲了闡明一個問題，旁徵博引，左右逢源，整段整段背誦古文獻原文，一字不差，不時被掌聲所打斷。足足講滿兩個課時才結束，人們起立熱烈鼓掌。金老問身旁的人："還行，是不是?"人們高興地對金老説："您身體没問題了。"金老開懷而笑。來此進修之前，我讀過金老公開發表的幾篇論文，對金老嚮慕而神往已久，面聆講授，宿願終於實現。通過這第一堂課，使我感受到金老敬業獻身的人格魅力。

　　兩個星期過後，一天我和一位同學第一次到金宅拜望金老。我向金老介紹了自己過去學習和工作的情況。金老說："文史是可以自修成才的，古今成功之人不少。上大學自然好，因種種原因沒上過大學，一邊工作一邊自修，嚮名家討教，上進修班，都是條道路，目的是求知。做學問，心要靜，獨立思考，功到自然成。我講課是講問題，講我自己的見解，給你們領領路，主要還靠你們自己鑽研，有疑難問題，我再作解答。我讓班上同學每人寫一篇《爲什麼要學習先秦文獻》的文章，目的是瞭解情況，你寫的那篇很好。同學們多數是遠道而來，不容易，希望珍惜時間。"

　　開學一個月之後，我第二次去看金老。我對金老說："胡厚宣先生給我覆信了。他問您好。胡先生信中說：'你能够有機會跟金老進修，實在是幸運的。'"金老聽了很高興，問我："你怎麼認識胡先生的？"我回答："胡先生爲編纂《甲骨文合集》，1963 年率工作組到我館監選甲骨，爲時十幾天。由始至終，我配合工作。就這麼認識的。"金老說："我到胡先生家拜訪過。胡先生是甲骨學著名學者，對甲骨文資料的搜集編纂工作取得了巨大成就。你回去以後，應多向胡先生請教，把你館收藏的甲骨吃透搞精，有了這個功底兒，再見到別家收藏的甲骨，新出土的甲骨，你困難問題就少了。你再給胡先生寫信時，代我問候他。"

　　1984 年進修結業返津前夕，我第十二次到金宅拜望金老。金老流露出惜別之情，語重心長地對我說："天津，長春，兩地相距一千多里，太遠了。你們進修一個學年，時間短，還有許多問題來不及給你們講。講了的，也無非是給你們領領路。今後，還靠你們自己鑽研，有疑難問題，你寫信來。以後我再出新書，給你寄去。"金老把我送出屋，頻頻揮手，目送我下樓。

　　1987 年，我把我在內部刊物發表的一篇關於天津古代文化史的文章，寄給金老審閱。8 月 12 日，金老寫了一封很長的覆信給我，信中對拙作逐段作了點評，最後寫道："總的看，結構嚴密，考證

精詳。長處尤在能從大處落墨，不蹈俗套。"1991年，我又把拙作
《評宋人陸秉對〈周易〉"大衍之數五十其用四十有九"的解説》手稿
寄給金老，請求審閲。10月8日金老覆信説："10月3日函及大作
《評宋人陸秉對〈周易〉'大衍之數五十其用四十有九'的解説》一文
並已讀悉。具見平日苦心鑽研、鈎深抉隱的功力，足慰厚望。我以
前以爲這是我自己的新見解，不知早在北宋已有人語此，可見天下
之大，世人之衆，決不可以一孔之見，即沾沾自喜。然而得此一説，
益信我説之正確。我讀過大作以後，覺得可以發表，不須改動。"
（拙作在山東大學《周易研究》1992年第1期發表時，改名《評宋人
陸秉對（周易）"大衍之數"的解説》）金老再次對我們工作給予肯
定，增强了我工作的信心。金老做學問的科學態度，令人欽佩！

　　1996年7月，我應吉林大學的邀請，赴吉大參加"國際儒學暨
金景芳學術思想研討會"。會前一天，我獨自一人到金宅給金老祝
壽。在書房門口，我高聲喊："金老，您可好啊！"沒有想到，闊別12
年，金老能立刻聽出是我，歡喜地呼着我的名字，站起身來，迎我兩
步，握着我的手，拍着我的臂膀，説："你胖了！"我看到金老消瘦了，
帶着助聽器，眼睛像是患了白內障，但精神矍鑠。坐定之後，金老
親切地詢問了分別後我和我家的情況。我一一回答了。金老滿面
笑容，一字一句地對我説："你的字寫得好，你的文章寫得好。"我
説："如果説有進步，那還不是您指導的結果。"金老説："可是我没
有教你寫字呀。"我説："雖然您没有教過我寫字，但是您過去在自
己綫裝書上的眉批，我看過，我讀了您寫的字，您的用筆、結構的特
點，我悟出來了，我學了。"金老説："我不會寫字。我的老師馬一
浮、謝無量二位先生那真會寫字。你剛才説的'讀字'，是對的。練
字固然重要，讀字更重要。你上過私塾，有練字的基礎；現在博物
館工作，有讀字的好條件。你應該多讀古人墨迹，從中汲取營養。
書法具有實用性和藝術性，可以陶冶性情，抒發感情，是美學範疇
的東西。學校應大力提倡書法教育。"略休息片刻，金老高興地説：

"我們和江澤民總書記合過影。"他説着站起來拿出一張大照片,指着照片説:"在北京開了一次國際性學術會議,江總書記接見了我們。這是江總書記,這是我,這是你熟悉的張岱年先生。"金老手指的人和他説的不一致,這使我發現他的視力很弱了。我説:"這很重要。"金老歡喜地説:"是啊! 是啊!"這時又有幾位金老的學生來了。前客讓後客,我便告辭了。

從 1984 年以來,金老每次正式出版新著,都簽上名寄給我一部。1999 年 1 月 31 日,金老再次把自己正式出版的新著《〈周易·繫辭傳〉新編詳解》簽上名,寄贈給我。書中"大衍之數五十,其用四十有九"標題之下,寫道:"……好在我的學生在這個問題的發掘上,有了新的進展。他們在古書中發現識得'大衍之數五十有五'者,不自我始。"接着分別介紹了郭守信、陳恩林和我在這個問題上發現的新資料。在介紹我的發現時,金老書中寫道:"從我學習過的另一學生郭鴻林(現爲天津市歷史博物館研究館員),則於清人書中得知宋人陸秉也有關於'大衍之數五十有五'的解説"。并且書中錄下我發現的宋人陸秉解説的全文。金老對此問題最後説道:"及門諸君的努力,使我暮年心喜,嘆爲後繼有人,故附記於此,與讀者共享之。"這樣,金老在此書中把我與陳恩林、郭守信二位學者的新發現並提,同樣都給予了肯定,同時都寄予了厚望。

我以進修生忝列金老之門墻,深以爲榮。先生不以我愚鈍而見棄,時賜教誨,是爲我平生之一大幸事。昔日,先生那莊重安詳的風度,時常浮現在我眼前;先生那抑揚頓挫的語調,時常縈繞在我耳輪。先生將永遠活在我心中。

應吉林大學古籍所金景芳教授百年誕辰紀念文集編委會之約,錄下這椿椿往事,權作對金景芳教授百年誕辰的紀念吧。

(《金景芳教授百年誕辰紀念文集》,吉林大學出版社,2002 年)

我的老師金景芳教授

許兆昌

恩師金景芳先生，字曉邨，1902年生於今遼寧省義縣白廟子鄉項家臺村。先生幼年家貧，然天資聰穎，自8歲入小學，學習成績一直名列前茅。

1923年，先生畢業於義縣初級師範，任教於遼寧省鎮東縣及義縣的小學和初中。1929年，遼寧省教育廳公開在全省教育界通過考試選拔教育局局長。先生以第一名的優異成績錄取，任通遼縣教育局局長，旋又調至省教育廳任職，由此得識時任遼寧省教育廳廳長、著名學者金毓黻先生，並深得金毓黻先生賞識。1936年，先生流亡關內，生活難以自給，幸得金毓黻先生照顧，於1938年得任職於流亡關內的東北中學。1940年，先生因爲限制"三青團"在東北中學的派系活動，被國民政府教育部下令撤職，責令立即離校。離開東北中學後，先生前往樂山，投復性書院學習深造。當時書院的導師，除主持人馬一浮先生外，還有謝無量先生與張真如先生等，皆爲當時著名學者、思想家。復性書院的經歷，是先生學術道路的一個重要轉折點。學習期間，先生撰《春秋釋要》，受馬一浮先生稱贊，并親爲題詞。1942年，先生撰寫的《易通》一書，獲國民政府教育部"著作發明及美術獎勵"三等獎，先生因此被聘爲東北大學中文系教授，從此步入主流學術界。

新中國建立後，先生始任東北人民政府文化部文物處研究員，1954年調至長春東北人民大學（今吉林大學），任歷史系教授。此時先生已年過半百，學術思想近乎定型，但他仍以常人難以想象的毅力和精神,刻苦自學馬克思主義經典著作,並由此完成了學術道路的一次重大轉變,從一名出入經史的傳統學者,躍升爲新型的馬克思主義史學家。先生的重要學術作品,如《易論》、《論宗法制度》、《論井田制度》、《中國奴隸社會的幾個問題》等,都是在這一時期完成的,成爲馬克思主義指導下的古史研究的經典作品。

粉碎"四人幫"後,學術研究迎來了新的春天,寬鬆的學術環境使已過古稀之年的先生的學術生命煥發出更強勁的活力。僅在20世紀七十年代末至八十年代初的短暫時期内,先生撰寫了《關於中國原始社會向奴隸社會過渡的討論──答劉文英同志》、《中國古代史分期商榷》、《論中國奴隸社會的階級和階級鬥爭》等一系列重要論文,對有關中國古代史研究的重大理論問題均提出了與權威論點不同的看法,對於當時學術研究的思想解放運動,產生了鉅大的推動作用。

先生的學術道路,頗具傳奇色彩。先生生於20世紀初,在西方學術大量傳入中國的歷史背景下,先生早年却並未接受過系統的大學教育和學術訓練。先生的成長歷程,始終與刻苦自學相伴。在任職於義縣初中時,先生除完成每周18節課時外,課後的時間都用來博覽群書。"九一八"事變後,先生購置了不少因爲戰亂而散失民間的公、私所藏古籍。據先生自己回憶,當時曾購得一部帶有李審用手迹的《三禮古注》,此字裏行間錄有在大學課堂上的聽課筆記,先生自述"讀了以後,仿佛置身於大學課堂聽名教授講課"。先生自經學而史學的學術道路,也正是由此起步。抗戰期間,先生於攟据、窘迫的流亡歲月裏,仍每日勤讀不懈,並在任職東北中學期間,利用課餘及假期,撰成《易通》一書,成爲先生步入學術界之重要起點。

先生不僅著作等身,更是桃李滿天下。在先生95歲壽誕紀念會上,先生曾風趣地稱自己除了没有教過幼兒園外,從小學開始,中學、本科生、碩士生、博士生,都曾教過。確實,先生的一生,是教書育人的一生。從 1923 年錦縣初級師範畢業開始從教,到 2001 年逝於吉林大學終身教授崗位,先生從教的歷程,幾近 80 年。

余生也晚,入先生師門已是 20 世紀九十年代之初。當時先生已是 90 高齡,仍在吉林大學古籍研究所招收博士生。先生除講授課程外,還要求我們至少每兩周必須去他家彙報學習情況。入學以前,我們就曾聽說先生授徒極其嚴格。有時甚至到博士生或碩士生的宿舍檢查功課,如果被發現不在用功,一頓嚴厲的批評是少不了的。九十年代,由於先生行動已不如以往方便,所以我們沒享受到這份“待遇”。但一開始去先生家裏“述職”,心中總是惴惴不安。不過,去了幾次後,發現先生其實十分和善。當然,如果一段時間裏用功不夠,“述職”時沒有什麽實質的内容,心中難免窘迫,個中滋味令人難忘。

我對先生授課印象最深的,是他特別善於從學生的談話中發現新的觀點,有時我自己還沒有意識到,但經過先生的深入分析,並提供相應的材料,才發現原先十分淺顯的想法實際上可以深化爲非常重要的學術課題,可以演化出一篇甚至好幾篇“大文章”。我想,這正是先生爲師之道的精髓所在。除理論上引導外,先生紮實深厚的古文獻功底也給我留下了深刻的印象。有好幾次,先生一邊講授,一邊囑我去書架上找出相應的典籍,告訴我翻至第幾頁,一看,所需要的文獻材料果然就在那裏。現在學術界在呼唤學術大師,但如果浮躁的學風不改變,都坐不住冷板凳,沒有紮實的學術功底,恐怕學術大師祇能離我們越來越遠。

對於我們的畢業論文,先生更是從選擇課題,到撰寫大綱,到分章撰寫,到最後成稿,全程指導。論文交上去,先生審閲後有什麽具體意見,都會逐條工整地寫在紙上,放在文章最前面,一目了然。一次,我的初稿拿回來,發現數處標點的錯誤都得以改正,心中實在感愧。

先生已入道山近六載,但先生自强不息的精神、醇厚嚴謹的學

金景芳全集

風長留人間。每當我懈怠、浮躁的時候，十幾年前去先生家"述職"時惴惴不安的心情便會悄然出現，我想，這正是先生留給我最重要的一筆精神財富吧。

(《吉林日報》2007 年 4 月 14 日)

景行行止　高山仰止

王　雅

業師金景芳先生,字曉邨,以 99 歲高齡含笑赴"諸子之約"已近一年,弟子的心情無以形容。恩師的音容笑貌,恍若眼前:平易嚴謹的大家,老驥伏櫪的學者,剛正不阿的醇儒,坦然生死的老人,寬容慈愛的尊長……太多太多恩師的形象,重重叠叠,駐於一筆,遺落其餘,心意無邊,言詞有限,祇恨自己才疏智淺,不能摹寫出恩師的淵博學識,人格風範。

一、《儀禮》入門

恩師生於 1902 年,成名於四十年代,1954 年後,一直任教於吉林大學,涉獵的領域有經學、史學、社會學史、思想史,是著名的國學大師。記得八十年代剛入吉林大學,同宿舍歷史專業的同學就繪聲繪色地講述許多恩師的傳奇故事。"文革"期間,就剝削階級道德能否批判繼承問題的討論中,他明確主張,剝削階級道德同樣可以批判繼承,並表示願意就此問題展開爭鳴,乃至"大戰三百合";在被告知江青已經講話了,説剝削階級道德不能批判繼承後,當即在會上説:江青算什麽,她説的並不等於就是真理。在被遊街的日子裏,每天早晨自己按要求挂上"孔教徒"的牌子,帶上高帽,晚上回來放好,第二天照樣挂牌、戴帽、遊街,一説還要求他自己敲着銅鑼説"我是孔老二的孝子賢孫"。對孔教徒的指控,恩師在

1994年跟我講了來龍去脈。“文革”前一次在山東開學術研討會，會後學者們參觀孔廟，一些學者給孔子磕頭。“文革”開始後，一學者揭發説當年恩師給孔子磕頭了，加上恩師素來尊孔，自然就成了孔老二的孝子賢孫。他下放農村勞動後，以68歲的年齡，下水田插秧，到大田割高粱，下河套挖沙子，即使這樣，在勞動間歇仍演“易”思孔（子）論老（子）。張松如先生，解放軍軍歌的詞作者，當時與金老下放在一起。1994年前後張松如先生親口給我講述了這段歷史，並説，他的老子研究就是源於那時金老的啟發，所以他一直尊稱金老爲老師。“文革”結束後，他們一個寫出了《周易講座》、《孔子新傳》，一個寫出了《老子校讀》、《老子説解》。

　　“文革”結束後，國家需要大量人才，他老人家以七十多歲的年紀，老當益壯，全身心地投入到教學、科研之中，既搞研究，又帶碩士生、博士生，還堅持給本科生開專題課。搞研究一絲不苟，篇篇學術文章擲地有聲；講課，不管面對本科生，還是博士生，正式上課時總是腰板挺直，不喝水，不抽煙，一站兩個學時。1994年考到恩師門下，親身領教了老人家規範的職業風範。即使祇有一個學生，即使他已是九十多歲，一直到他老人家走前，他都是到上課時間立即挺直腰板，沒有多餘的動作，沒有廢話，條理清晰，語言簡練。1996年，已經95歲的老人，還乘近一個小時的車，從吉大北區到南區，在學術報告廳面向全校文科生作專題講座，講《大學》、《中庸》。課前認真備課，上課時一度想站着講，後在校長的堅持下才坐着講。課後，我陪他從南區回北區的家，在車上他對我説，這次課前準備時沒有考慮到現在的學生古漢語不行，没有給他們印出原文，他們聽起來可能有些吃勁。下次課前要記得把原文印出來發給學生。他帶研究生，要求學生德才兼備。1978年開始恢復研究生招生，一位考生本來成績很好，祇因給他老人家送禮，經他老人家批評後仍不悔改，而被他老人家拒招，於是，這位考生把金老告到國家教委。聽着室友的描述，崇敬之情油然而生。但當時我的專業是哲學，課業繁重，加之對大學者的畏懼，沒敢拜見他老人家。

1991 年，我和二位師兄接了吉林文史出版社的《儀禮》譯注任務，我具體承擔的任務中有一章即第七章"喪服"，其中的思想涉及中國古代社會的宗法問題，金老在這方面是史學界公認的權威。當時我祇是個剛剛碩士畢業的無名青年，此前從未拜訪過他老人家，也不知道該以何種禮節拜訪，祇是在被問題困擾時，貿然敲開了他家的門。他聽了我的來意後，平和地讓我講出我對問題的思考，然後給予詳細的解答。他說《儀禮》是"三禮"中最難的，"喪服"尤其難，但其中包含的思想也是最重要的。臺灣的一個學者講"喪服"，一個"斬衰"就講了一學年還沒講完。他給我開了一個書單，並說以後碰到問題可以隨時來找他。就這樣，因《儀禮》而近似"失禮"的拜見，卻聆聽到一代宗師的廣徵博引的釋疑解惑。此後，就《儀禮》中遇到的問題又多次登門求教，每次他老人家總是耐心地給予解答，不計報酬，不計名利，犧牲自己的寶貴時間對一個普通青年做義務指導。

1993 年，曾於六十年代跟金老學習的徐志銳先生建議我直接考金老的博士，跟他老人家系統學習，掌握點絕活。我雖有此意，但考慮到他老人家從來不招收女學生，一直不敢提出。有關金老不招女學生的說法流傳很廣，他認爲歷史，特別是古代史，太難，女孩子學太辛苦。據說有些女學生跟他聯繫，想考他的碩士、博士，他總是說：女孩子學點別的吧。徐老師說他去問問金老，沒想到金老竟然同意了！"她要考，就考吧！"

二、經史授業

1994 年，我如願考到金老門下。錄取分數一公佈，還沒開學，他老人家就給我開了一個書單，告訴我：十三經不用全讀，但至少要讀出九經；二十四史不能全讀，但至少要讀出前四史。這是基本功。他説抗戰時在四川，一次幾位學者在一起談起十三經，有人説能背下六經，有人説能背下九經，但都不包括《爾雅》。於是一位學者説，誰能背下《爾雅》，他就請客。他一説完這話，馬上有位學者站起來開背，原來這個學者對十三經是倒背如流的。這一故事令我驚慕不已，那些學者的名字金老説得很清楚，衹因我對這些先賢不熟悉，沒有記住他們的尊號，非常遺憾。金老説："現在要求你們背下來是不太可能了，但讀的基本功不可以再少了，這是古代方面，現代方面，就是要瞭解現在社會，瞭解世界大勢，不能因爲我們學歷史就可以不瞭解現在，所以必須養成看報的習慣。當然報紙雜志也不能全都看，但《光明日報》、《參考消息》、《歷史研究》、《中國社會科學》每期要看，掌握社會和學術信息。你以前是學哲學的，對歷史可能不熟悉，以後，我給你開點小竈，補補課。"開學後，金老開的專業課，上課方式是講解、讀書、討論相結合。一般是金老先給講些主要問題，然後回去自己看，看一周討論一次。第一次討論課是在金老家，内容是《詩經》，此前，金老就有關《詩經》的一些問題作了專題講解。所以，開始上課後，金老就要我談原文談理解，可是，剛談了兩句，金老就打斷我説："你沒有讀小字吧？讀經，原文大字要讀，注疏的小字也得讀。小字是多少代人研究成果的匯集，既可以幫助我們理解原文，也可以使我們從中得到啓示，發現值得研究的問題。比如沒有鄭玄的詩序，我們很難瞭解詩的年代，但鄭玄的詩序一律以美什麽什麽、刺什麽什麽來解詩，也不利對詩原義的理解。至於朱熹的《詩集傳》，更是需要批判地看，但不能因此不讀。今天就到這裏，你回去再重讀，然後再討論。"

　　從此師門四年，讀書逐字逐句，不敢偷懶；思考問題探古索今，不敢輕言妄斷。基本上手不釋卷，腦不懈怠，即使這樣，仍然跟不上他老人家的思路。此時，才深深理解恩師不收女弟子的苦心。

三、談禮釋樂

　　1994 年秋冬之交，剛剛入學兩個月的樣子，一天去恩師家上課，他老人家告訴我：北京師範大學成立了禮學研究中心，江蘇人民出版社出版了清人胡培翬的《儀禮正義》。他老人家説，看來對"禮"的研究會成爲學術的熱點，這將是既有理論意義，也有現實意義的一個問題。既然你以前就接觸過《儀禮》，對禮感興趣，你的畢業論文可以寫關於禮的。胡培翬的《儀禮正義》是對《儀禮》解得最好的著作之一，你最好買一套認真讀。我用當時將近一個月的工資，托南京師大的朋友買了這套書，在寫畢業論文時，是手邊的常用書之一。過了一段時間，金老把他寫的一篇《關於禮的幾個問題》的文章拿給我看，要我跟他討論。這篇文章後來發在《歷史研究》上。金老以 94 歲高齡一筆一劃地寫出這篇 6000 字左右的學術文章，手寫稿的復印件我仍保存着。此後金老有意多給我講禮方面的問題，爲我的畢業論文作積累。

　　經過一段時間的研磨，對禮漸漸入門之後發現：最初在周代，禮和樂是不分的，在形式上，行禮必舉樂，舉樂必以禮；在思想、功能上，禮以名分，樂以道和；禮節樂和構成中國古代文化的基本精神。於是想以禮樂文化作爲論文題目。我把這一想法彙報給金老，他老人家非常高興，認爲這確實是值得研究的問題。但同時覺得這個問題比較難，需要下苦功、下大力氣去做。因爲禮本身就已經够複雜的了，而作爲與禮相配的樂早已失傳，荀子的《樂論》和《禮記》中的《樂記》都是論述樂的思想功能，不是對樂本身的記載，所以對樂考證起來更難。他同意我試一試，並給我開了有關樂的書目，把他有關樂的藏書借給我，把他所知道的研究樂的情況講給我。

　　在論文寫作過程中，他老人家要求寫前跟他討論，寫完一章給他讀一章，以便隨時指導，隨時修改。記得在寫西周禮樂的實行及效果時，他老人家覺得應該把西周時禮樂到底是怎樣執行的寫出來，因爲這段歷史一直是一個盲點，史書上祇有"成康之世，刑措四十餘年不用"一句，但在典籍中找不到直接、明確的關於這一時期禮樂如何被運用及效果的記載。他老人家認爲這是一個非常重要的問題，讓我仔細琢磨一下。

我認真地翻閱有關西周的資料，並向幾位已經成名的師兄請教，與呂紹綱老師討論，在没有直接材料的情況下，從大量間接材料中尋找綫索，加以考證，艱難地、但比較可信地推斷出西周時期禮樂實行的大致情境。他老人家聽我讀完，很高興，認爲解決了西周史研究的一個難點問題。

1998 年，歷經 3 年多的指導、討論、寫作，《周代禮樂文化研究》這篇論文終於寫完了。這篇論文從確定題目到具體寫作，他老人家始終走在前面，站在高處，在學術上引領我前行。不滿意的時候嚴格以"禮"督責，攻克難點時心喜"樂"和，可謂扒一層皮，提升一步學養，這也是從師門出來的師兄弟們的共同感受。

四、平易嚴謹

許多早期入門的師兄們説，他們讀書時，金老七十多歲，精力很旺盛，不僅定期檢查讀書筆記，還時常到宿舍檢查是否在學習。如果被他發現没在學習而回家什麽的，就告到研究生院，要給予紀律處分。對畢業論文的要求更是嚴格，眼睛好時自己逐字看，後來年紀大了，眼睛不好了，就要求學生逐字逐句讀給他聽，幾乎大部分學生作論文時，都累得生病，即扒一層皮。他老人家門下的學生很少三年畢業的，他認爲博士生的學習，三年時間太短，不够既學完課程又完成論文。

李景林師兄早我一届，他到金老門下時已是哲學系的副教授，在中國哲學史研究方面有相當造詣，他的畢業論文選題是《先秦人性論》。在論文寫作過程中，關於如何理解《中庸》"天命之謂性，率性之謂道，修道之謂教"，與恩師發生觀點分歧，兩人各有所本，各有解釋。一天我去恩師家談我的論文，恩師跟我說："李景林剛走。他把《中庸》'率性之謂道'的'率'字解釋成因循、因順。我不同意，這是朱熹的觀點，我以前就批評過。依《周易・繫辭傳》和《禮記・學記》的相關文獻，'率性'之'率'應該解釋爲統率。他堅持他的觀點，我們爭論了一陣子，我讓他回去好好讀書。"從恩師家出來，我順路到景林師兄家，想勸勸他，讓他按老師的觀點寫。但他堅持他的觀點，並對我講他的觀點的根據。我勸他說："你現在是寫畢業論文，如果你不改變你的觀點，要老師那麼大年紀改變他的觀點似乎不太可能，你的論文怎麼寫下去？"他說："暫時把這章放下，以後再說，先寫其他章。"大約過了半年多，恩師對我說："這陣子我反復琢磨《中庸》，覺得李景林的說法也有道理，我打電話告訴了他。你來了，我告訴你，《中庸》首句中的'率'字，解爲'因循'也可以解釋得通。"

我非常震驚，沒想到，他老人家以九十六、七歲的高齡，以一代宗師的身份，竟然如此坦白地對自己的學生說自己的觀點錯了，如此高興地接受自己學生的正確觀點！我懂了，大家之所以是大家的所在。

恩師走後，郭守信師兄給我講的一件事，再一次增加了我對恩師嚴謹、認真、平易的大家風範的認識。

2001 年 7 月，我去郭守信師兄家看送恩師時的録像。郭師兄給我看他給恩師出的《〈周易・繫辭傳〉新編詳解》一書中關於"大衍之數五十有五"的解說。關於"大衍之數五十有五"的說法，自漢魏以來，通行的說法都是"大衍之數五十"，恩師於 1939 年著《易通》就指出漢魏唐宋諸易家所釋"大衍之數五十"之非，並得到易學大家高亨的認同，此後恩師始終堅持並闡發這一觀點，但學界和世人對這一問題的認識比較有限。在《〈周易·繫辭傳〉新編詳解》中,恩師詳細介紹了幾位學生在這一問題上作的努力,坦承前人和後學的成果,不居功,不矯飾,祇爲學理昌明而心喜。

寫到這裏,《易傳》中的"天行健,君子以自强不息,地勢坤,君子以厚德載物"涌至筆端,我想用這兩句話概括恩師的治學與爲人應該是比較恰當的,自强、嚴謹、坦盪、包容,大家也哉!

五、剛正不阿

以《儀禮》入門,以禮樂文化出門,前後 6 年,恩師在學業上的教化可謂嘔心瀝血,給我的指導令我受益終生;在做人上,恩師亦以他平實的言行教給我們做人的原則。

恩師生前學術頭銜比較多,其中有一個"國務院古籍整理委員會顧問"。1995 年前後,他收到這個委員會的一封信,信中談到當時任總理的李鵬要整理出版一套"《四庫全書》數術類大全",徵詢他老人家的意見。一般來説,按現在人的看法,這類信都是走走過場而已,沒必要認真。可是他老人家不這樣認爲,他説:"既然我是顧問,他來問我,我就得如實説出我的想法,他知不知道,'數術'這類東西封建帝王都不搞,我們現在動用大量財力搞這些做什麼?對國家有什麼好處? 幾百萬經費,用在國計民生上,實實在在搞點建設不是更好?"他把這些想法親筆寫成一封信,寄了回去。由此我想起了以前聽説的,五十年代金老與當時某位要人的故事。對於 1949 年以前成名的舊知識分子,1949 年以後人民政權中的一些有識之士還是比較看重的,當時東北人民政府中的一位要員提出要跟他學《周易》,在一般人看來,這是在新政權中取得靠山的大好機會,可他卻讓那位要員派來請他的人帶話回去:自古祇聞來學,未聞往教。他要跟我學習就要到我家來,我不能上門去教。

不畏權貴,不阿上附勢,祇服從道和良知,以教書育人爲樂,實是恩師之獨立人格與一生操守。記得在他老人家九五華誕時，面對幾百來賓，其中包括他各個時期的學生，海內外敬重他老人家的學者，國內社會科學界主要學術團體的代表，還有省、市、校的相關領導，他平和、謙虛、幽默地說："感謝大家對我的厚愛，其實，我沒有做過什麼，我祇是一個普普通通的教書匠，教了七十多年的書，教過小學，教過中學，教過大學，祇是沒有教過幼稚園。既然大家讓我做一個跨世紀的老人，我一定不辜負大家的希望，向着 21 世紀努力！"

七十多年的教齡，他老人家可謂桃李滿天下，每個學生都有他老人家不同的故事。有抗戰時期靠他老人家幾十塊大洋的資助完成學業的學生；有"文革"中對他揭發批鬥而他始終以一般學生同樣待之的學生；有高居部長之位而執禮甚恭的學生；有學識建樹名震一方的學生；也有素昧平生的好學青年等私淑學生。對所有的學生，在授業解惑的同時，更把學問之道、做人之道傳給他們，做學問嚴肅認真，做人獨立正直。

六、豁達慈愛

恩師一生，早年顛沛流離，中年經受種種政治風雲，卻享壽百年，其最根本的長壽之道，就是他老人家的豁達。1992 年，師母過世，我和一位他老人家早年的學生去看望他。還沒等我們安慰他，他先告訴我們說："人生七十古來稀，我們活到九十多歲已是多得天年，（師母長恩師二歲，走時 94 歲，也是高齡）走了是正常的事。從生病到去世，找了最好的醫生，用了最好的藥，也盡心盡力了，所以，也沒有什麼難過的。人都是要死的，這是自然規律，誰都不能例外，很正常。"這是我第一次聽人坦言生死，面對生死平靜而安詳，就像討論一個學術問題，客觀而超然。記得一位大哲學家曾經說過，祇有瞭悟生死的人，才可以稱得上是真正有智慧的人，才能成爲真正的哲學家。恩師是不是真正的哲學家，我們暫且不論，但恩師是一位真正的思想家，一代國學大師，是學界所公認的。恩師的生活哲學是完全儒家式的，瞭悟生命，熱愛生活，重視家庭，友愛他人。我每次寒暑假回家，他老人家總要問候我的父母。一次我出差到他老人家抗戰時工作生活過的貴陽花溪，回來給他帶了一點當地的茶葉，他一定要我帶給我的父母，説他有茶喝。1998 年，他老人家搬家，一些弟子和學生幫忙，我一去他就拿錢讓我去買飲料和吃的東西，怕大家渴着、餓着。那時，他已是 97 歲的老人。

恩師一生都保持着旺盛的求知欲，對新事物有着孩子般的好奇心，這也是他老人家一直到最後仍思維敏捷的原因。大約 1998 年，可能因爲我們常跟他説起現在都用電腦寫作的話，所以，幾次仔細問我如何操作電腦，用電腦寫作有什麽好處等有關電腦的情況。而且，不僅問我，也問其他人，那段時間，他老人家簡直對電腦有些着迷，於是吕紹綱老師特意把他老人家接到他家裏看電腦。

恩師晚年四世同堂，長女幾十年長期服侍在側，直到七十多歲仍悉心照顧老父親，是難得的孝女。恩師生病後，外孫女和她的丈夫一直在醫院陪護，安享天倫。

送走恩師後，他老人家的外孫女告訴我，老人家一直到走前仍能説出每個弟子的名字、工作地點和其他情況，包括換了幾個地方的我。聽到這裏，不僅淚眼模糊，連聲説：我對不起他老人家。老人家對我操心太多，我卻没能早點來看他。一直計劃等他老人家百歲華誕，去給他老人家祝壽時，再跟他老人家彙報，没想到，衹差十幾天，他老人家匆匆赴約，留下弟子悔嘆不已。

回想在他老人家身邊執禮受教的幾年，他爲我的成就欣喜，爲我的困難擔憂。1996 年我獲得第四次"全國高校古文獻學獎學金"的最高獎，當時正放暑假，恩師接到通知後，把我找到家裏，告訴我這一消息，並説："這是全國古文獻學的大獎，你能得到最高獎，這是喜事，我非常高興。"當我孤身一人到南方工作的時候，他老人家非常擔心，特意打電話給早期畢業的學生，拜託他照顧我。在他老人家看來，男大當婚，女大當嫁。所以，我三十多歲没結婚成了他老人家的一塊心病，所以他老人家以九十六七歲的高齡，爲我費心尋找合適的婚姻對象。更令我感動的是，他老人家以他的人生智慧，把這份關心像春風化雨、潤物無聲般自然帶過，不使我有任何的感傷與困窘。現在，稍感可以告慰他老人家在天之靈的是，現在我已按他老人家的心意，和一個人品好、有家庭責任感的人成了家，家庭温馨和睦；也回到高校做了教師，從事傳統文化的教學和研究。（畢業後，一是因讀古書有些讀"傷"了，二來也是讀古書讀的時間太長了，接受了太多理想化東西，一度去搞現實問題研究，他老人家雖然没有阻攔，但内心對此是不贊同的。2000 年 8月，他老人家住院期間，我去探望，在病榻上對我説：還是回高校的好。）在教學中，他老人家的思想對教育事業、對學生的熱愛，潛移默化地影響着我，成爲我的精神源泉。在他老人家百年之際，奉上這篇思念感懷之文，願雍容整肅的周代禮樂伴他老人家與諸子燕居。

　　（《金景芳教授百年誕辰紀念文集》，吉林大學出版社，2002年）

更向儒林續逸篇
——記著名史學家金景芳先生

朱紅林

　　吉林大學歷史系教授金景芳先生是中國著名的史學家、孔學家、易學家。現已 96 歲高齡，依然身體强健，勤於著述，不倦地工作。常以孔子"發憤忘食，樂以忘憂，不知老之將至"而自勵。

　　先生 1902 年出生於遼寧省義縣，經歷了清末、民國、新中國三個不同歷史時期，1954 年 1 月始任教於東北人民大學，即今日的吉林大學至今。曾任東北人民大學工會主席、圖書館館長、歷史系主任，現任吉林大學歷史系名譽主任、古籍研究所顧問、博士生導師。先生一生致力於教學和學術研究，"爲人爲學深受學術界的敬重。他爲國家培養了大批中青年學者，都已成爲學術研究的骨幹。這也是他的重大貢獻。像金先生這樣德高望重的學者乃國之重寶。"（任繼愈語）先生對吉林大學的建設和發展有着篳路藍縷之功。

　　先生長於經學，於諸子、史部亦無所不窺。經學之中，於《周易》用力最多，其次是《春秋》、"三禮"，《尚書》、《詩經》亦喜讀；於諸子最喜讀《老》、《莊》，次則《孟》、《荀》、《韓》、《吕覽》。至於史部，前四史、《資治通鑑》頗爲精熟。

　　先生於清代學者最尊顧炎武、黄宗羲、江永、戴震、孫詒讓，近人最尊黄侃、王國維。尤其是王氏在治學方面所繼承的乾嘉學派實事求是、無徵不信的優良學風，敢於突破前人定論，推翻權威學説的精神，素爲先生所推崇。在七十餘年的學術生涯中，先生逐漸形成了文獻學研究、思想史研究、社會史研究相互結合，三位一體的博大精深的學術體系，其中以馬克思主義理論爲指導是這個體系的鮮明特色。

先生是史學大家。他的史學專著《中國奴隸社會史》、《論井田制度》及《論宗法制度》、《中國古代史分期商榷》、《論中國奴隸社會的階級和階級鬥争》等史學論文，都是在馬克思主義指導下的産物，千錘百煉，熠熠生輝。可以説没有馬克思主義就没有先生的史學成就。在對中國奴隸社會的研究中，先生認爲中國奴隸社會是古代東方型的發達的奴隸社會，與古希臘、羅馬不同，後者是古典型的發達的奴隸社會。中國奴隸社會是另一種發達的奴隸社會，其主要勞動者是生活在農村公社中的"庶人"、"野人"，即馬克思説的"普遍奴隸"，不是古希臘、羅馬那種被繩索羈絆着，可以買賣，屬於某個奴隸主私人所有的奴隸。在井田制度問題上，胡適堅決否定井田的存在，郭沫若雖不贊成胡適的意見，卻也不相信《孟子》、《周禮》，而自己主觀構想了一種井田，實際上亦是否定了井田制。先生根據恩格斯《馬爾克》一文和馬克思《給查蘇利奇的第三篇信稿》，肯定了中國古代井田制度的存在，而且認爲它是中國奴隸社會的經濟基礎。對於周代的宗法制度，先生認爲它是當時奴隸社會的支柱之一，僅存在於卿大夫士階層，天子、諸侯無宗法，其實質是維護階級統治的工具。對於奴隸社會的階級與階級鬥争問題，先生説這是他"與權威抗争的一個重要内容"。一般流行的説法把奴隸社會、封建社會的階級與階級鬥争和資本主義社會的階級與階級鬥争等同起來。先生根據馬克思、恩格斯、列寧等無産階級導師的論述證明，資本主義社會的階級是非等級的階級，奴隸社會的階級是等級的階級；資本主義社會的階級鬥争是在兩大直接對立的階級之間進行，而奴隸社會的階級鬥争，如馬克思所説："祇是在享有特權的少數人内部進行，祇是在自由富人和自由窮人之間進行,而從事生産的廣大民衆,即奴隸,則不過爲這些鬥士充當消極的舞臺臺柱。"這種科學而大膽的論斷正確地揭示了中國奴隸社會階級鬥爭的特點,正被越來越多的人所接受。

先生一生都在思考、研究孔子。他與吕紹綱、吕文郁合著的《孔子新傳》,是他幾十年研究孔子的總結,他認爲孔子的偉大貢獻之一,就是爲中華民族留下了一份珍貴的文化遺産——"六經"。認爲《易傳》、《春秋》爲孔子所作,其思想屬於孔子;《詩》、《書》是孔子"論次"的;《禮》、《樂》是孔子"修起"的。他認爲孔子思想的核心有兩個:一是時中,是深層次的,反映孔子唯物論和辯證法的宇宙觀;一是仁義,是從屬性的,反映孔子的人生觀和歷史觀。並獨具慧眼把孔子學説與後世儒學作了明確區分,認爲孔子是個哲學家、思想家,其學説在漢代以後被歪曲、埋没,没有得到闡發;宋明理學家打着孔子的旗號鼓吹自己唯心主義的東西,影響極壞;應將孔學與儒學、新儒學、現代新儒學區分開來。先生對孔子學説作了獨特而又實事求是的評價。他認爲,一般來説,當社會處在革命變革時期,必批判孔學;當社會進入和平建設時期,必提倡孔學,這是正常的,合理的。"五四"時代批判孔子和現在提倡孔子同樣正確。孔子學説是我國傳統思想文化的主幹,它的許多東西有超時代意義,今天仍是真理,我們應當加以繼承,這是建設有中國特色的社會主義所必需的。這一系列精闢的論斷振聾發聵,在孔子研究領域中獨樹一幟,領異標新。1985年,中國孔子基金會成立,先生即被聘爲副會長,1994年,先生赴北京參加紀念孔子誕辰2545年學術討論會暨國際儒學聯合會成立大會,又被國際儒聯聘爲顧問,並受到江澤民主席的親切會見。

先生窮七十餘年之功力對《周易》這部古老而神秘的經典進行全面、深入研究,相繼出版《易通》、《學易四種》、《周易講座》、《周易全解》等一系列《易》學專著,從根本上闡明了《周易》的内涵和實質。先生認爲《周易》是"殷周之際的作品,它是周初統治者利用卜筮的形式表達哲學的内容，藉以統治人民的一種工具"，表現了一個馬克思主義史學家堅持真理的膽識和氣魄。先生治《易》，專攻義理，不務象數，從不語"怪力亂神"。他説："實際上是象數派鼓吹迷信，義理派維護真理。前者於學術無益，於社會有害，後者是進步的。今日中國是社會主義國家，以馬克思主義爲指南，以四項基本原則爲立國之本，研究《周易》還主張象數，宣傳迷信，是根本的錯誤。""我研究《周易》，最重視《易傳》，我認爲《易傳》是瞭解《周易》的鑰匙"。"如果説我在《易》學上做了些有益的工作的話，我以爲第一是揭穿象數派的謬誤，第二是闡發《易傳》的精微。"如今先生經過進一步研究，認爲《周易》一書確是周文王所作，是文王爲推倒商朝而創造的理論，是與以前連山、歸藏"二易"根本不同的。《周易》是用辯證法的理論寫成的，是中國古人在兩千五百餘年前"無意中發現了辯證法"，提出了"《周易》哲學是乾坤哲學"這個獨到而深刻的見解，並寫出了專著《〈繫辭傳〉新編通解》，約 8 萬字，即將出版。同時對朱熹的《大學章句》、《中庸章句》作了深入研究，發現朱熹的解釋大多謬誤，加以系統批判，並提出自己的新見。《易傳》一向被學術界認爲作於戰國，先生通過研究則認爲孔子作《易傳》的傳統説法是正確的。這一觀點已得到了許多學者的贊同和理解。李學勤先生的見解亦與此相同。張岱年先生對先生的觀點表示贊賞，他説："金景芳先生獨抒己見，堅持認爲孔子作《易傳》是歷史事實，也表現了獨立不懼的勇氣。""孔子撰寫《易傳》，從歷史條件來説是完全可能的，古代史的許多歷史事實，不可能有百分之百的證據，但也不容百分之百地加以否定。肯定《易傳》係孔子所著，還是有一定根據的。"趙儷生先生亦説："經二三年之反思，鄙人之認識有所改變。吾人生於近世且習學歷史，不能不受考據派甚深的影響，不知不覺間亦受疑古學派之影響，故對金老孔子三代表作之見解遲遲不能首肯。但倘從'剔抉網羅'之角度進行思考，則《易·繫辭傳》謂爲孔子代表作亦未嘗不可。其下篇中某些語句,謂爲孔子親撰,謂爲非孔子他人無可能代撰,亦完全能在科學上立住脚跟。這樣,將孔子代表作幅面擴大,對孔子思想之論證範圍,亦自必擴大,自人生哲學擴大到宇宙論。至此,孔子之學爲考古派與疑古派縮小而又縮小者,乃臻其原應具有之幅面。金老之功在此,鄙人之局限亦在此。"

先生在舊中國曾輾轉流離,然動盪之時,學志不輟,困厄之際,大作乃出。早在 1939 年,先生讀列寧《談談辯證法的問題》受到啓發,以研究《周易》,遂成《易通》一書。這是中國最早運用馬克思主義理論指導思想來研究《周易》的著作。後經金毓黻、高亨兩先生的推薦,該書獲得國民政府教育部頒發的"著作發明及美術獎勵三等獎"。1941 年,先生在四川樂山復性書院讀書,潛心研讀《春秋》,又成《春秋釋要》一書,得到國學大師馬一浮先生盛贊,親爲題辭。

新中國成立後,他深感躬逢盛世,"欣喜若狂",更加如饑似渴地學習馬列主義理論,全身心投入學術研究,碩果纍纍。至今,先生已出版專著 10 部,發表論文百餘篇,達數百萬字,並大部分是"四人幫"垮臺、80 歲以後寫成的。

七十年代末他發表了與郭沫若論戰的《中國古代史分期商榷》的鉅文。八十年代初出版了《論井田制度》、《中國奴隸社會史》兩部專著,確立了全國先秦史重鎮的地位。隨後又出版了《周易講座》、《周易全解》、《學易四種》和論文集《古史論集》。九十年代筆耕不輟,成果更多更精。主要著述有《孔子新傳》(與呂紹綱、呂文郁合作)、《尚書虞夏書新解》(與呂紹綱合作)和《金景芳古史論集》、《知識老人論學》兩部論文集。其中《周易全解》(與呂紹綱合作)獲 1991 年光明杯榮譽獎、1992 年國家教委高校出版社優秀學術著作優秀獎、1989 年吉林省優秀圖書一等獎。《尚書虞夏書新解》(與呂紹綱合作)獲 1997 年吉林大學第五次人文社會科學優秀獎(最高獎)、《中國奴隸社會史》獲全國高等學校人文社會科學研究優秀成果獎(二等獎)、吉林省首屆社會科學優秀成果獎(特別獎)。

先生自 90 歲以來,又有一部專著問世,又發表論文二十餘篇。並已結集,近日將與讀者見面。目前先生在指導博士生的同時潛心於《〈周易 • 繫辭傳〉新編詳解》一書的著述,雙休日也不休息。曹操詩云:"老驥伏櫪,志在千里。烈士暮年,壯心不已。"先生當之無愧。

先生在學術上的巨大成就,源於他深摯的愛國之心。他在回憶 1932 年至 1936 年在瀋陽第二初級中學任教時說:"當時學日語有極爲方便的條件,但我目睹日軍暴行,心中有抑制不住的仇恨,以爲學日語就是甘願作亡國奴,可恥。我堅決不學。今日思之,還是學好,我不學於日軍何傷。"1941 年 11 月,先生到三臺東北大學任教。一日,校長臧啓芳約金毓黻、高亨、路朝鑾、趙鴻翥等多人到觀音渡涪江水利工程處遊覽,先生亦在其中。臨江宴飲之際,校長提議與宴諸君作詩,先生面對大好河山,聯想到危難中的祖國,賦詩一首:"一水橫筵碧,群峰入眼青。江山非故國,風日似蘭亭。"語驚四座。金毓黻先生將此詩記入《靜晤室日記》,贊曰"寥寥二十字而含情無限,不愧妙作","往日不知小邨能詩,昨日出語極簡,而能壓座,所謂'士別三日,便當刮目相看'者也"。新中國成立後,先生招收碩士及博士研究生,要求德才兼備,如果政治上或品行上有問題,專業知識再好也被拒之門外。對於大學生乃至中學生,先生都無不關心,寄以厚望。他在一篇寫給中學生的文中說:"青少年朋友們,首先請允許我向你們道賀。你們生在新中國,有多麼幸福啊!"他對祖國的花朵諄諄告誡:"我們國家的强盛和人民的幸福是從哪裏來的? 要知道這都是無數無產階級革命家和革命先烈的功勞。你們不要身在福中不知福,不要辜負締造新中國的革命家們的偉大功勞。"在對吉林大學青年學子的演講中則以《學術研究要勇於向權威挑戰》爲題,鼓勵大學生要勇於創新,大膽開拓,爲祖國貢獻力量。

先生治學，"貴創"，"貴精"，"貴平實"，"貴客觀"，力戒標新立異，嘩衆取寵。他在《中國奴隸社會史》一書的序中説："我寫的這部書不可能沒有缺點，但有一點敢奉告讀者，就是我沒有依草附木，隨波逐流。我説的是自己的話，走的是自己的路。"先生做學問，主張唯真理是求，敢於向權威挑戰，絶不人云亦云，這種無所畏懼的精神來自他對馬克思主義的深入理解。正因如此，先生在學術研究中知錯必改。先生早年相信伏羲始作八卦之説，八十年代通過對《堯典》的研究而受到啓發，遂改變看法，認爲八卦不可能作於堯之前，認爲《繫辭傳》"包犧氏始作八卦"一段話係後世竄入。又，先生先前一度認爲《左傳》不傳《春秋》，八十年代初研究《史記·十二諸侯年表》時，認爲孔子"論史記舊聞，興於魯而次《春秋》，上記隱下至哀之獲麟，……魯君子左丘明懼弟子人人異端，各安其意，失其真，故因孔子史記，具論其語，成《左氏春秋》"的記載是可信的，乃改變舊看法，認定《公羊》、《穀梁》、《左氏》都是《春秋》的傳，公、穀以義解《春秋》，《左傳》以事解《春秋》。

先生這種嚴謹的治學態度在他教書育人方面也是一以貫之的。對於考生的録取，先生"堅持德才兼備"這一條。入學考試答卷必須合格，標準不能放寬。政治表現也一樣。考試成績差不多，要看品德怎樣。凡是覺察政治品質有問題的，堅決不要。畢業論文是培養研究生的最後一個也是最重要的一個環節，先生對此制定了三條要求：一是要求必須用馬克思主義理論做指導，必須掌握豐富的史料，説話要有根據，不許講空話。二是要求論文必須是解決問題的，不允許東抄西拼，講別人講過的話。三是要求學生不要受導師的局限，要勇於創新，青出於藍而勝於藍。先生説："我培養研究生，是按標準嚴格要求的，每個環節都嚴格把關，決不含糊。對研究生的學業、生活、思想、紀律等等方面，我都過問，有問題就嚴肅批評，不怕他們對我有意見。這叫對國家負責，對人民負責，也是對他們自己負責。"正由於如此,先生培養出的學生個個功底紮實,學有所長,在各自的學術領域都能獨擋一面。

先生在學術上是大師,在感情上屬"性情中人"。他對"情誼"二字看得極重,經常說人不能没有朋友,獨學而無友,則孤陋寡聞。先生年輕時,受知於東北著名的國學大師金毓黻先生,對其知遇之恩始終銘記於心,不能忘懷。一日,瀋陽遼海書社約稿,請先生爲續編《遼海叢書》寫序,《遼海叢書》原作者正是金毓黻。出版社考慮到先生年事已高,書寫不便,欲請先生助手吕紹綱代勞。先生得知後說,這個序我自己寫。於是先生口述,弟子記録,寫成《向續編〈遼海叢書〉致賀,兼懷念〈遼海叢書〉原作者金毓黻先生》。先生滿懷深情地說:"我本是初級師範本科畢業,没有上過大學,居然在大學教課,做正式教授,顯然是先生(指金毓黻,下引文中同)在暗中起作用。這樣的厚恩我怎能忘懷?"又說:"當時情景宛在目前,而歲月不居,忽忽已六十多年了。先生辭世時,先生的夫人及四子一女俱健在,而今無一存者,言之傷心。"文不足千,卻字字有情,感人淚下。

先生一生清貧,然喜急人之難,傾囊相助,不以爲意。一次,先生偶然對筆者談及他年輕時曾在輾轉流離的途中接濟過一個貧困學生的往事。但談得極簡略,以致於筆者祇記住了那個學生的名字叫李金聲。後來在先生九五誕辰紀念的文集中讀了李金聲的文章後,才得知事情的原委。那是 1939 年至 1940 年間的事了。這個貧困的學生在關鍵時刻得到先生的資助,考入了中央大學(在重慶)哲學系。大學二年級時,先生知他生活艱苦,又寄去 40 元錢。五十多年後的 1994 年,李金聲在讀了先生的《自傳》之後,才知當時先生正在四川復性書院讀書,"院方每月祇供給伙食費 10 元,膏火費(生活津貼)30 元。真的是傾囊相助"。而先生當時的實際生活狀況是:"我在復性書院攻苦食淡,軀體日益消瘦,有不可終日之勢。"這位已七十多歲的老人讀到此"不覺潸然淚下"。1994 年先生去北京參加孔子誕辰 2545 周年紀念大會，住在 21 世紀飯店。李金聲從電視新聞中看見先生出席開幕式的場面，知老師已到北京，但不知住處。乃東問西查，晚上十點多鐘挈妻將女，跑幾十里長路，風風火火趕去看望老師。師生情厚如此，雖喻父子，言何過哉。

　　先生學術博大精深，德操垂範後昆。青山踏遍，先生不老。我愚鈍，惶恐間不能道其萬一。祇好藉李錦全教授爲先生九五壽詩，擅改一字，再次祝先生健康長壽，以此表達我作爲弟子的心聲：

> 九六依然老健身，壽翁學養日常新。
> 曾將鐵筆驚流俗，每把金針渡世人。
> 易理詳參知造化，文心歷煉見精神。
> 儒門道脈傳千古，天地長留草木春。
> 書海邀游不計年，雄心未老志彌堅。
> 已隨學府開新運，更向儒林續逸篇。
> 指點江山添秀色，繽紛桃李賀華筵。
> 文章傳世非無我，得住人間自在天。

　　　（《世紀論評》1998 年第 3 期，署名作"朱紅林"）

懷念我的老師金景芳先生

朱紅林

今年是我的老師、吉林大學教授金景芳先生去世一週年。我在心中深深懷念着他。

我於 1997 年入金老門下，攻讀博士學位。當時他老人家已是96 歲高齡，那一年金老招收的學生有我和關大虹兩人。此前聽張全民師兄說，金老要求學生非常嚴。所以，當我拿到博士研究生錄取通知書，第一次去拜訪金老時，心中忐忑不安。見面以後，金老問我平時都讀過哪些書，又問了問我的家庭情況，我說我讀得不多，很有限。金老說，博士跟碩士不同，需要多讀書、多思考、勤動筆。當時會面的時間很短，我便匆匆告退。但總的印象是，老師似乎並没有傳說的那樣嚴厲，還是很好說話的，這就使我對未來的學業充滿了信心。

我們入學的第一個學年，金老親自爲我們授課。這是非常幸運的。據說此前金老由於身體狀況不佳，已經有幾年没有爲學生講課了。我們這一屆一共有 5 個人。除了我和關大虹之外，還有吕紹綱先生的 3 個弟子武玉環、關曉麗和張羽，此外，李無未先生和張全民師兄有時也來。上課地點是在金老家裏，時間是每周二、周五上午的 8 點到 10 點，這對於一個年近百歲的老人來說，可是不小的工作量。

金老上課非常準時，開始講授之前，他總要看看手錶。然後看一下誰還没來，如果有人没來，他就說："咱們等一會兒，等他來了再講。"如果超過 10 分鐘，他就會說："不等他了，我們開始吧。"知

道了老師的這個習慣之後，我們中再沒有人遲到。講課的内容主
要是金老早年的論文集，也包括他新發表的一些文章。因爲我在
聽課諸人中年齡最小，所以首先由我把全文給大家朗讀一遍，然後
每人發表自己的見解或提出問題，老師進行講解。當時我感覺到
我的朗讀不僅是要給在場的其他幾位師兄師姐聽，更重要是讓老
師聽，而且我必須坐在金老身邊，把書本舉在他的面前，側着身子
讀。實際上我知道老師的視力很差，根本看不清書本上的字，但我
不知怎的一開始就選擇了那種姿勢，以後每次都那樣讀。有時如
果不小心讀錯了字或漏讀了字。金老馬上就會指出。老師的記憶
力驚人，每次上課之前，我都要把將要講解的課文反復讀四五遍，
並針對其中的難解之處查閲各種資料，保證上課時讀文章不出差
錯。這一年下來，不知別的師兄師姐收穫如何，反正我對老師的那
本論文集已經讀得滚瓜爛熟了。

　　剛讀博士不久，金老把我找去，説我們這一届研究生中我年齡
最小，又没結婚，空閑時間多一些，希望我能在他寫文章時做一些
輔助性的工作。我答應了。這樣，在我讀博士的 4 年時間裏，和老
師的接觸就更多一些。後來我結婚成家，借的房子就是金老原來
住的那棟樓，在他的新居對面，向老師求教就更加方便。

　　有一次，中華書局約稿，金老口述，我記録整理，題目是《我和
先秦史》，這是一篇一萬多字的長文，金老足足花了兩周的時間才
口述完畢。在這篇文章的寫作過程中，老師要求在關鍵之處，我的
記録必須一字不差。記得有一次我把一句話中的兩個字記録錯
了，其實意思並不差多少。在整理完畢讀給金老聽的時候，他一下
就覺察到了，立時嚴肅地對我説："這是我在寫文章，你祇是記録，
不能隨便改變我的意思，明白嗎?"我聽了臉一下就紅了，馬上重新
改過又讀了一遍，老師這才點頭。讓我吃驚的是，一萬多字的長文
他口述完一周之後，竟然還記得這樣清楚。儘管我後來非常小心，
其間又出現一次失誤。我記得金老聽到我讀的那句話時勃然大

怒,竟然把我手中的稿子打到了地上。但是等我按照他的説法重新把錯誤之處改正之後,老師又立即恢復了溫和,好像什麽事也没發生一樣。從那以後,我加倍地小心,每次筆錄時都同時錄音,下來之後都要根據錄音細細核對,然後再整理潤色。有時記錄跟不上時,我就説:"老師,您慢點,我跟不上。"金老就會停下等我。有時需要查一項材料的出處,我在書中一時翻不到時,金老就會説:"還是讓我來吧。"甚至在遇到比較生僻的字時,他都耐心地把這個字的筆畫結構説出來。想一想真是慚愧,老師帶我這個博士生像是在帶小學生似的。文章刊出了,在拿到稿費的那一天,老師把我叫去,給我 180 元錢,説:"咱們的文章登出來了,這是給你的。"我連忙推辭,給老師做點事情還能要報酬嗎? 老師堅持要我收下,説:"這是你的勞動所得,你應該要。我也有。"我祇好從命。

　　1997 年底,老師把我和張全民師兄叫去,告訴我們他準備寫一本關於《周易》的書,書名定爲《〈周易·繫辭傳〉新編詳解》,希望我們兩人能幫助。最後決定具體分工是:老師口述大意,張全民記錄整理,然後讀給老師聽,老師同意之後,然後由我再重新謄寫一遍,糾正其中可能出現的錯誤,即成定稿。正式寫作始於 1998 年 3 月,5 月初基本定稿。全書的寫作過程十分緊張,每天上午金老在他的書房裏口述,張全民記錄;下午張全民對記錄稿作整理,第二天上午念給老師聽;在得到老師同意之後,即交給我謄寫,同時繼續下一部分的寫作。在正文寫完之後,由我幫助老師完成了本書的自序和書後的兩個附錄。具體分工是由老師口述,我整理記錄,最後潤色定稿。全書的稿件在 5 月份寄出,1998 年 10 月由遼海出版社出版。這是金老在一年之內出版的第二部著作。此前東北師範大學出版社出版了老師的又一部論文集。在組稿之時,金老曾經決定封筆,以後不再寫文章,準備休息了,因此爲論文集定名爲《知止老人論學》,該書於 1998 年 5 月出版。可是不久又出版了《〈周易·繫辭傳〉新編詳解》。一年之內兩部著作面世,難怪弟子們感嘆:"知止老人不知止!"

金老的書房整潔并且有規律。書籍的擺設向來不喜别人亂動。用他的話來説:"我自己放的東西自己都能記住在哪兒,别人一動我就找不到了。"從舊居搬進院士樓之前,金老曾經對我説,要我在搬家之後幫他把書整理上架。搬家那天,我們很多學生都去幫忙,有人就順便把搬過來的書整理到了書架上,以爲可以幫助老師節省些力氣。誰知搬完之後,金老還是把我叫去把所有的書都從書架上搬下來,按照他的要求,重新整理,按部就班歸位。當時我覺着老師真有點固執,但還是按照他的吩咐去做了。後來在寫《〈周易·繫辭傳〉新編詳解》時,所查閱的各種資料在書架上的具體擺放位置,金老竟然記得一點不差。老師的記憶力驚人,更表現在他對先秦的許多古籍都能爛熟於心,信口吟來,不差分毫。但他從不以此自信,每次在他口述完資料之後,都要讓我再重新核對一遍,讀給他聽,這才放心。

金老的書房也非常簡樸。四壁除了書之外,幾乎没有其他東西。那些書我都翻閱過,没有什麽珍貴的版本,據説老師年輕的時候生活很清苦,買不起貴書。除了書之外,書房裏惟一占地方的就是兩個大沙發。據説這沙發是由於有一次臺灣客人要來拜會老師,老師説我們不能在臺灣同胞面前顯得太窮困了,所以才決定買的。沙發倒是真皮的,這也算是書房中的"奢侈品"了。

金老做學問嚴肅認真但並不保守。在研究中國由原始社會向國家的過渡問題時,他幾十年來的觀點是認爲中國是由軍事民主制的部落聯盟轉變爲國家的,但隨着近年來關於酋邦理論的出現,他經過深入研究之後改變了自己的看法,公開承認自己"在撰寫《中國奴隸社會史》時,由於誤信《史記·三代世表》,把堯舜禹和契、弃都説成是黄帝的子孫,因而斷定當時爲部落聯盟。後來經過仔細研究,始瞭解到這種説法是不正確的"。他得出結論,認爲"堯舜禹時代的部族聯合體是中國在部落聯盟之後產生的一種新的社會組織，是中國從原始社會向國家過渡的一個中心環節”。這一論斷對於研究中國早期國家的形成問題無疑具有很大的啓發意義。

金老的生活十分規律。金老每週要洗一次澡，按慣例都是由每一屆的研究生陪同。輪到我了，金老説：“你陪我洗澡，我請客。以前的學生都是這樣。”陪金老洗澡很簡單，我需要做的工作祇是把老師送進浴缸，洗完後再把他扶出來。他從來都是自己搓洗，自己穿衣，不要我幫忙。

金老已年近百歲，仍然堅持每天早晨 5 點鐘準時起床，洗漱之後，老師的女兒即把早飯呈上。吃完早飯之後，在房間內散步。據老師的女兒講，老師在 90 歲之前，每天早上 5 點鐘都要到室外去散步，風雨無阻。午飯和晚飯都十分有規律，晚飯之後，必看新聞聯播。實際上他已經看不清楚電視畫面，主要是聽，看完之後便睡覺。老師吃飯從不挑食，能吃鷄鴨魚肉，也能吃白菜豆腐。他曾經説道：“喜歡吃的不貪吃，不喜歡的也不少吃。”吃飽就好。正是這良好的飲食習慣，養成了他健康的身體。《詩經》上説：“柔亦不茹，剛亦不吐。不侮矜寡，不畏彊禦。”這是老師的養生之道，也是他的做人之道。

金老做人嚴謹，要求學生也是如此。張全民師兄曾經告訴我：“在金老那兒有什麽拿不準的事兒不要隨便亂説，不然，你説過之後過一段時間你自己忘了，金老可還記得清楚，之後你再提起這件事時，説的跟以前不一樣了，或者金老聽到別人説的跟你不一樣，就會質問你是怎麽回事，那你可就尷尬了。”平時説話是這樣，搞研究做文章也是這樣。慎言、慎行是金老一生的準則，也成了他的學生們的準則。

金老的一生，用“生命不息，奮鬥不止”來概括當之無愧。在他病重住院的當天上午，還應《學術月刊》的約稿，口述一篇關於論中庸之道的文章。我在作記錄的時候，發現他有的話竟然重複了 5遍。到後來，他支持不住了，但仍然堅持把文章大意交代清楚，由我整理潤色成文。當中午我把打印稿送給他審定時,他正在吃午飯,我按照往常的規矩,把稿子全文朗讀了一遍,他點頭之後才最終定稿。當我下午把稿件寄出回到老師家時,他已經病重送進醫院了。《學術月刊》在 2000 年第 6 期刊出了這篇題爲《論〈中庸〉的"中"與"和"及〈大學〉的"格物"與"致知"》的文章,没想到這篇文章竟成了老師的最後一篇文章。

金老在住院期間,仍然惦記着我和張固也的學業,張固也是金老 1998 年招收的博士研究生,也是金老的關門弟子,當時我們兩人都還没有畢業。金老在病床上把這件心事托付給了陳恩林先生。2001 年 5 月 4 日,我敬愛的老師永遠離我們而去了。

金老一生教書育人,潛心學問,共出版學術著作 16 部,發表學術論文一百餘篇。在馬克思主義史學理論研究、孔學研究、易學研究、中國古代典章制度研究、中國古代文獻研究、古代思想文化研究等學術領域均有精深造詣,並做出重要貢獻。先生從教近 80 年,改革開放以來,共培養碩士研究生 17 名,博士研究生 23 名。可謂著作等身,桃李芬芳。

老師永遠活在我們的心中。

(《學問》2002 年第 5 期)

悼念金景芳教授

　　金景芳教授,字曉邨,遼寧義縣人,1902 年 6 月 3 日出生。1923 年以優異的成績畢業於遼寧省立第四師範學校。曾當過家庭教師,小學、初中教員。1929 年任通遼縣教育局長。1931 年調往遼寧省教育廳,任第二科第一股股長兼第四科第二股股長。"九一八"事變後,先生流亡關內,輾轉於北京、陝西、江蘇、安徽、湖北、湖南、貴州、四川等地。先後任東北大學工學院行政秘書,安徽省政府秘書處秘書。1938 年春,到東北中學任教。1940 年 9 月,先生入復性書院學習。復性書院由被譽爲"千年國粹,一代儒宗"的國學大師馬一浮先生主持。熊十力、賀昌群、謝無量、張真如等著名學者當時都曾在該院任教。1941 年年底,先生到四川三臺的東北大學工作,先後任文書組主任、中文系講師、副教授、教授。全國解放後,先生在東北文物管理處任研究員。不久調任東北圖書館研究員兼研究組組長。1954 年 1 月,到東北人民大學(後更名爲吉林大學)工作。先後任歷史系教授、圖書館館長、校工會主席、歷史系主任。1956 年加入中國共產黨。1980 年,先生任歷史系名譽系主任、吉林大學社會科學學術委員會副主任委員、古籍研究所教授、顧問、中國古代史專業博士生導師。兼任國家古籍整理出版規劃小組顧問、中國孔子基金會顧問、國際儒學聯合會顧問、東方易學研究院顧問、中國先秦史學會顧問、吉林省史學會顧問、吉林省周易學會顧問。

　　先生在吉林大學工作凡 47 年,對吉林大學歷史學科、人文社會學科的發展做出了重要貢獻。

　　先生是國內外著名的《易》學專家。1939年撰寫成《易通》一書，這是最早用馬克思主義理論指導研究《周易》的著作之一，也是先生的成名之作。到吉林大學後先生陸續發表了《易論》、《說易》、《關於〈周易〉的作者問題》等易學論文二十餘篇，出版《學易四種》、《周易講座》、《周易全解》、《〈周易·繫辭傳〉新編詳解》等四種易學著作。在海內外易學研究領域獨樹一幟，被稱爲金派。

　　在孔子研究領域先生創獲頗多。先生一直堅定地認爲："中國之有孔子，毋寧説，是中華民族的光榮。"先生研究孔子的代表作《孔子新傳》及相關論文二十餘篇，在學術界產生了重要影響。先生認爲孔子的思想有兩個核心，一個是"時"，一個是"仁義"。先生特別強調：在孔子研究中，應當把孔學與儒學嚴格區別開來，而不應把兩者混爲一談。

　　先生在馬克思主義史學理論研究方面的建樹，主要有四點：其一，在中國古代史分期問題上創立了秦統一封建説。這是中國古代史分期的重要一派。其二，提出了由原始社會發展到文明社會有較長的過渡時期的理論。並依據這一理論論斷夏代雖然建立了國家，但仍具有這種過渡的性質。其三，先生根據馬克思、恩格斯和列寧的相關論述，對中國奴隸社會的階級和階級鬥爭問題提出了新的科學的論斷。指出奴隸社會的階級和階級鬥爭是等級制階級和各等級之間的鬥爭。其四，先生對先秦社會制度史的研究有重要貢獻。先生用馬克思"兩種生產"的理論來解釋宗法問題，認爲宗法是在階級關係充分發展的歷史條件下，統治者對血緣關係加以改造、限制和利用，使之爲維護君權服務的一種制度。這就道破了宗法問題的本質，從而廓清了史學界在這一問題上長期流行的錯誤觀點。先生還以馬克思主義唯物史觀爲指導，指出井田制度實際上就是馬克思和恩格斯所論述的農村公社或馬爾克土地制度在中國的具體表現形式，令人信服地解決了學術界長期爭論不休的井田制度及與井田制密切相關的許多重要課題。

對古代思想文化的研究，也是先生的專長。先生關於中國古代思想淵源、關於西周在哲學上的兩大貢獻、關於商文化起源於我國北方説、關於經學與史學的關係等方面的論述，在學術界都有着廣泛的影響。先生在中國古代思想史研究方面有三個顯著特點：第一，注意文獻學研究與思想史研究的結合；第二，注重經學研究與思想史研究的結合；第三，善於把思想史研究與社會史研究密切結合。先生的研究成果充分顯示他是一位有系統的社會史理論的古史專家和思想史專家。

先生是著名的歷史文獻學家，共出版研究、考辨古代典籍的著作六種，文章近三十篇。在這些論著中，既有對某些古代典籍編撰背景的分析介紹，也有對某一典籍思想底蘊的深入闡發，還有對典籍中疑難問題的詳細考證。這些作品往往新意迭出，發前人所未發，充分顯示了先生在古籍研究考辨方面的深厚功力和卓越貢獻。

先生從教近 80 年，親聆先生教誨的學生多達數千人，爲國家培養了大批本科生、碩士研究生與博士研究生等有用人才。先生畢生潛心學問，共出版學術著作十六部，發表學術論文一百餘篇，在學術上做出了不可磨滅的貢獻。先生以其卓越的學術成就、崇高的道德理念和誨人不倦的精神境界鑄就了一代學術大師的風範，爲後學者樹立了楷模。

先生治學嚴謹，一絲不苟。主張讀書做學問要善於獨立思考，堅持説自己的話，走自己的路，從不依草附木，隨波逐流，敢於堅持真理，勇於向權威挑戰。

金景芳教授的逝世，是吉林大學的重大損失，是吉林省文化教育事業的重大損失，也是中國學術界的一個重大損失。

金景芳教授雖然告別了我們。但是先生的崇高品德和學術成果作爲寶貴財富已經留給了我們。他的治學態度、治學方法與他的學術成就一樣寶貴，我們每一個後學者都應當認真學習並不斷發揚光大!

　　安息吧,金景芳教授!

　　　　　　　　　吉林大學金景芳教授治喪委員會

　　　　　　　　　2001 年 5 月 1 日

金景芳教授逝世後各界發送的
唁電、悼詞、挽聯選錄

吉林大學金景芳教授治喪委員會：

　　驚悉著名歷史學家、文獻學家金景芳先生不幸逝世，深爲震悼。金先生學術造詣精深，著述宏富，嘉惠學林，澤被後人。他的逝世誠爲學界之巨大損失。請代向家屬轉達慰問。肅此電達。

任繼愈

2001 年 5 月 10 日

金景芳先生治喪委員會鑒：

　　驚悉金老不幸逝世，噩耗傳來，我和我的家人都萬分悲痛，以至於無法用言語來表達，謹向其家屬表示我們的深深的哀悼和慰問。

　　我因公出，近期在臺灣講學，一時無法回大陸參加葬禮，祇好遙向金老遺容再叩首。

　　泣上。

　　金景芳先生千古！

後學：李學勤及全家

2002 年 5 月 9 日

吉林大學金景芳教授治喪委員會：

　　驚悉金景芳先生仙逝，不勝悲痛，伯崑代表東方國際易學研究院全體同仁致電表示最深切的哀悼！並向先生的家屬轉達誠摯的慰問。

　　金景芳先生潛心治《易》近八十載，造詣精深，倡導易理學派，反對占卜迷信，傳播科學精神，著作等身，桃李芬芳，爲中國的傳統文化的研究和教育事業做出了杰出的貢獻，在海內外頗有影響。

　　近十年來，先生參加發起中國科學技術發展基金會東方國際易學研究基金委員會并且擔任董事，還受聘東方國際易學研究院顧問，支持用科學精神研究易學的事業，以科學的態度和科學的方法對待傳統文化，爲社會主義精神文明和物質文明建設做出了貢獻。

　　金景芳先生千古！

　　　　　　　　　中國科學技術發展基金會
　　　　　　　　　東方國際易學基金委員會董事長　朱伯崑
　　　　　　　　　東方國際易學研究院院長
　　　　　　　　　　　2001 年 5 月 8 日於北京

吉林大學金景芳教授治喪委員會：

　　驚悉金老曉邨先生不幸逝世，不勝震悼。先生學貫經史，執教數十年，著作累卷帙，嘉惠士林，垂範後學，不愧大家。茲特馳函弔唁，並請向金老家屬轉致悼念及慰問之意。

　　敬禮

　　　　　　　　　　　　　　　　劉家和
　　　　　　　　　　　　　　2001 年 5 月 8 日

吉林大學金景芳教授治喪委員會：

訃告收悉，金老辭世，無限悲痛。金老之喪，爲中國學術界重大損失，亦爲鄙人喪一導師與愛護者。金老以（94）高齡爲鄙著親自撰序，殷殷垂愛，永世難忘。礙於路遠時限，不能拜哭靈前，謹電致悼。

蘭州大學　趙儷生

2001 年 5 月 8 日

吉林大學金景芳教授治喪委員會：

驚悉金老仙逝，不勝悲痛之至，謹致深切哀悼，並向金教授親屬表示誠摯慰問！

一代宗師的逝世，是我國教育戰綫的一大不幸，是我國人文科學事業的重大損失！金老的朋友們、弟子們，在金老人格力量的感召下，定必化悲痛爲力量，沿着金老的治學與育人道路前進，以新鮮的成就告慰金老的英靈！金老精神千古！

中國社會科學院哲學所　辛冠潔

2001 年 5 月 6 日

金景芳教授治喪委員會：

我在吉林大學從教四十年，一貫敬仰金老的爲人和他的實事求是、敢於堅持真理的學風，同時，我從事的學問，雖與金老不同，但從他的巨著中得到教益，受到啓發，長了智慧，一直尊金老爲師。金老逝世，令我悲絶！

金老從教八十載，育人千萬，對中國教育的貢獻，無與倫比。金老巨著等身，爲先秦文獻的研究和先秦史學的發展作出了杰出的貢獻，他對易經、孔子及井田制研究的貢獻舉世無雙。金老是當代著名學者，是吉林省和吉林大學的驕傲，是吉林大學先秦史和先秦文獻的導師，是吉林大學的一面旗幟，對吉林大學有着特殊的貢獻。他的逝世，既是東北也是整個中國學界一大損失，更是吉林大學的慘痛損失。今以如下挽聯，敬於金老靈前，寸表敬仰之情，痛楚之意，悲哉！當世夫子失矣！

　　金景芳老師千古！
　　育人成千萬　　樸學清風剛直不阿傳世
　　講易説井田　　闡釋孔子當世無人問鼎

弟子張忠培敬挽

2001 年 5 月 7 日

金景芳教授治喪委員會：

　　驚悉金景芳教授仙逝，無限哀痛。金先生教書育人，著作等身，爲一代國學宗師，素爲學人所敬仰。作爲後學，曾多次聆聽先生的教誨，耳提面命，受益良多。我願與先生的家屬、學生、朋友一道，化悲痛爲力量，把金先生的未竟事業繼承下來，并發揚光大。

河南大學教授　　朱紹侯

2001 年 5 月 8 日

呂紹綱教授轉呈金景芳先生遺屬：

　　驚聞金景芳先生謝世消息，不勝悲痛。金老的仙逝是中國學術界的重大損失，更是易學界的巨大損失，作爲本學會顧問，我們多年得到金老教誨，當本刊十幾年前創辦之際，金老立即賜稿支持，本"中心"在學術上更不斷得到金老支持，當此悲痛時刻，我們除馳電表達無盡哀思外，更望金老家屬節哀珍重身體。

金老永遠活在我們心中！

中國周易學會

《周易研究》學刊編委會

山東大學易學與中國古代哲學

研究中心全體同仁哀呈

劉大鈞悲撰

2001 年 5 月 9 日

唁　電

驚悉金景芳先生遽歸道山，不勝哀挽。金先生是當代著名歷史學家、文獻學家，於古籍整理研究事業貢獻頗多。先生一生教書育人，潛心學術，道德文章，世之楷模。願先生學術事業薪盡火傳，代有傳人。謹致深切哀悼並祈家屬節哀珍攝。

全國高等院校古籍整理研究工作委員會

2001 年 5 月 8 日

吉林大學金景芳教授治喪委員會：

驚悉金景芳教授不幸逝世，謹致深切哀悼。金景芳教授一切精心治學，著作等身；教書育人，桃李芬芳。他在諸多學術領域造詣精深，貢獻卓著，爲學界所敬仰，他的逝世是中國學術界的重大損失。哲人遠去，偉績永存。

中國史學會

2001 年 5 月 9 日

金景芳先生治喪委員會鑒：

　　頃聞我國著名歷史學家金景芳先生溘然長逝，駭悚莫名，中國社會科學院歷史研究所全體同仁深表哀悼，並向其家屬致以親切慰問。

　　金景芳先生在中國古代史領域研究中，獨樹一幟，造詣精湛，不但給黨和國家培養了大批優秀人才，而且，還爲歷史科學的發展作了重要貢獻。

　　望其家屬節哀。

　　金景芳先生千古！

中國社會科學院歷史研究所

2001 年 5 月 9 日

吉林大學金景芳教授治喪委員會：

　　驚悉著名歷史學家、文獻學家、吉林大學教授金景芳先生因病逝世，深感悲痛。金景芳先生一生教書育人，潛心學問，在馬克思主義史學理論研究、孔學研究、易學研究、中國古代典章制度研究、中國古代文獻研究、古代思想文獻研究等學術領域均有精深造詣，並做出重要貢獻，堪稱一代國學大師。金先生曾在東北大學任教，爲東北大學的建設發展做出了很大貢獻。金景芳先生的逝世是吉林大學的重大損失，也是中國學術界和教育界的重大損失。特致電表示沉痛悼念，並向先生的家人表示深切慰問，望保重身體，節哀順變。

　　金景芳先生千古！

東北大學

2001 年 5 月 8 日

金景芳先生治喪委員會鑒：

驚悉我會原副會長、顧問金景芳先生不幸逝世，中國先秦史學會全體會員萬分悲痛，謹向其家屬表示最深切的哀悼和最誠摯的慰問。

金景芳先生長期從事於先秦史的教學和科研工作，著作宏富，桃李滿天下，堪稱國學大師，一代師表。他的逝世，不僅是我國歷史學界，而且也是整個哲學社會科學界的一個重大損失。我們要化悲痛爲力量，承繼先生的遺志，爲弘揚祖國優秀的傳統文化，繁榮社會科學，振興中華而奮鬥。

望其家屬節哀。

金景芳先生千古！

中國先秦史學會

中國社會科學院

歷史研究所先秦室

2001 年 5 月 9 日

吉林大學古籍所：

驚聞金景芳先生因病逝世，我們全館職工十分悲痛。金老先生於解放初期曾在我館工作，他的嚴謹、務實、不斷進取的作風和學風至今還影響着我們。金老先生是東北、全國乃至世界的著名學者，他的逝世是學術界的鉅大損失。我們要認真地學習和繼承金老先生的作風和學風，使我國的教育事業和文化事業不斷向前發展。

請轉告金老先生的家屬節哀保重。

遼寧省圖書館

2001 年 5 月 3 日

吉林大學金景芳教授治喪委員會:

　　驚悉金景芳先生不幸病逝,深表哀悼。

　　金景芳教授是我國著名的歷史學家、文獻學家、一代國學大師,從教近 80 年,潛心學問,著作等身,桃李芬芳。他的逝世,不僅是吉林大學的重大損失,也是我國學術界的重大損失,作爲先生家鄉的義縣人民,也爲失去先生這位杰出人物而痛惜萬分。先生的品德、操守、業績將永垂青史,並激勵家鄉人民發奮圖强,完成富民興縣的宏偉大業。

　　請轉達家鄉人民的哀悼之意和向先生家屬及子女表示慰問,並望節哀。

　　肅此電達

　　　　　　　　　　　　　　　　遼寧省義縣人民政府

　　　　　　　　　　　　　　　　2001 年 5 月 9 日

古籍所金景芳治喪委員會:

　　驚聞金景芳先生仙逝,我們十分悲痛。金先生是杰出的一代史學大師,在先秦史、經學史和思想史研究領域,成果輝煌,獨步史林,爲海内外學人所崇仰!先生執教數十年,弟子遍天下,在學界已形成風格獨具的"金學"流派,爲學術同行所矚目。先生的逝世,是史學界的一大損失! 謹以我院全體同仁的名義,向金老的逝世表示深切哀悼,並請通過您們轉達對金老家屬的問候!

　　　　　　　　　　　　　　　　四川大學歷史文化學院

金景芳先生治喪委員會:

　　驚聞百歲導師金景芳先生仙逝,涕泗終日;隔海北望,先生獎掖教誨猶在目前。我等揮淚扼腕,誓奮餘烈以告慰先生於九霄。

恩師金景芳先生千古!

煙臺大學

孔慶明　吳葆棠　劉國賓

2001 年 5 月 9 日

吉林大學金景芳教授治喪委員會：

驚悉金景芳教授因病去世，痛悼無比。金景芳先生一生潛心學術，著述等身，對待工作鞠躬盡瘁，提携後學不遺餘力，既是經師，更是人師。他的不幸去世，使吉林大學痛失長者，弟子學生痛失恩師，更使我國學術事業失去了一位領頭人。泰山頹矣，哲人萎矣。如可贖兮，人百其身。

願金先生英靈安息。

南京師範大學文學院

2001 年 5 月 9 日

敬悼知止老人金公景芳先生千古

釋要春秋　知命維怡　碩學蓋籌揮勁筆
專精易繫　立言不朽　斯人風度渺雲山

景德書院山長　施純德率門人泣拜稽顙

吉林大學金景芳教授治喪委員會：

驚悉金景芳先生不幸病逝，不勝悲慟。金先生是現代著名歷史學家、文獻學家、國學大師，在衆多學術領域均有精深造詣，尤其是上古史研究成果卓著，甚得學界稱譽。他的逝世，是中國學術界的重大損失。謹向金先生家屬表示慰問，望節哀順變。

華中師範大學歷史文獻研究所

2001 年 5 月 9 日

金景芳先生治喪委員會鑒：

　　驚悉一代國學大師金景芳先生不幸逝世，清華大學思想文化研究所全體同仁深表哀悼，並向其家屬致以誠摯慰問。

　　金老作爲馬一浮先生的高足，敢於説自己的話，走自己的路，治學嚴謹，宏論達人，創立和形成了金派學術體系，爲中國學術事業作出了巨大貢獻。

　　我們望其家屬節哀。

　　金景芳先生千古！

　　　　　　　　　　　　　　　清華大學思想文化研究所

　　　　　　　　　　　　　　　　2001 年 5 月 9 日

吉林大學金景芳教授治喪委員會：

　　驚悉金先生仙逝，無任悲痛！先生道德文章，冠絶四海，學問人品，播在人口。宗師天下，當之而無愧。遥思風猷，同懷宗仰，哲人其萎，曷勝愴然！謹致最深切哀悼，並請向先生家屬轉致慰問。

　　　　　　　　　　　　　　　南京大學古典文獻研究所

　　　　　　　　　　　　　　　　2001 年 5 月 8 日

吉林大學古籍研究所：

　　驚悉景芳先生於近日在長春病逝，使我們失去一位尊敬的前輩，不勝痛悼。今專函致唁，以慰哀衷。並請轉致金老家屬，略盡慰問之意。

　　　　　　　　　　　　　北京大學歷史系　吳榮曾敬悼

　　　　　　　　　　　　　　　　2001 年 5 月 3 日

金景芳先生治喪委員會：

遽聞金景芳先生辭世，不勝悼念。金先生爲當代治中國文史之大家，翩然仙逝是學界重大損失。謹致沉痛哀悼，並祈家屬節哀。

安平秋

2001 年 5 月 8 日

金景芳教授治喪委員會：

驚悉金景芳教授不幸逝世，不勝悲痛！謹此致以沉痛的哀悼，並向金景芳教授的家屬表示誠摯的慰問。

中山大學哲學系　李錦全　李宗桂

2001 年 5 月 8 日

吉林大學古籍研究所：
吉林大學金景芳先生治喪委員會：

驚悉貴所名譽所長金景芳先生於 5 月 1 日逝世，不勝悲悼。金先生一生勤於治學，勇於探索，在史學，尤其是在先秦史領域取得了杰出成就，堪稱國內著名馬克思主義史學家和教育家。他的逝世不僅是貴所的損失，也是全國史學界的損失。爲此特致電貴所，並請代轉金先生的家屬，以表我們的哀思之情。

遼寧社科院歷史所　關嘉禄　張志强　廖曉晴

2001 年 5 月 8 日於瀋陽

吉林大學金景芳教授治喪委員會：

驚悉金景芳教授逝世，不勝哀痛。金景芳教授一生教書育人，潛心學問，著述等身，爲歷史學、文獻學做出了衆所周知的鉅大貢獻。他的去世，是中國學術界的一大損失。謹致以深切的哀悼，並請代向其家屬致以問候。

暨南大學中國文化史籍研究所
張其凡
2001 年 5 月 9 日於廣州

吉林大學金景芳教授治喪委員會：

　　金景芳教授是我系師生十分崇敬的史學大師，他的不幸逝世，是我國學術界的重大損失，特此表示我們的哀悼，並請向逝者的家屬轉達我們誠摯的問候。

復旦大學歷史系全體師生
2001 年 5 月 9 日

吉林大學金景芳教授治喪委員會：

　　驚悉金景芳先生不幸因病逝世，深表哀悼。先生從事教育事業近 80 年，培養各類學生數千人；桃李滿天下，是貢獻鉅大的教育家；先生治學嚴謹，造詣精深，名聞中外，爲一代國學宗師。先生的逝世是中國學術界教育界的重大損失。我們將以金景芳先生爲楷模，教書育人，發揚光大其學術思想，推動教育事業和學術研究的發展。

　　金景芳先生永垂不朽！

遼寧師範大學歷史系
2001 年 5 月 8 日

吉林大學金景芳先生治喪委員會：

　　驚悉金景芳教授溘然長逝，不勝悼惜。金先生是著名國學大師，《易經》研究專家，經歷世紀風雨的世紀老人，一生著述宏富，人格高尚，育人眾多。金先生曾到遼大講學，至今遼大人猶記其風采。金先生的作古不僅是吉大的損失，也是中國學術界的重大損失。謹表最誠摯的吊慰，並祝願貴我兩校係的友誼與合作進一步發揚光大。

遼寧大學歷史系暨

金先生受業弟子

2001 年 5 月 4 日於瀋陽

吉林大學金景芳教授治喪委員會：

　　金景芳教授教書育人，風範長存；潛心學問，立德立言。他的逝世，是我國學術界、教育界的重大損失，我們謹表哀悼，並向其親屬謹致問候！

湖南人民出版社

2001 年 5 月 8 日

在金景芳教授塑像揭幕儀式上的講話

吉林大學原副校長、教授　申晨星

尊敬的各位領導、各位嘉賓，吉林大學史科的同志們，金先生的家屬和弟子們：

今天在這裏我們舉行隆重的儀式，爲我國著名歷史學家、歷史文獻學家、儒學家與易學家金景芳教授塑像揭幕，作爲金先生的學生，我的心情十分激動。我是吉林大學歷史系 1955 級的學生，是金先生的學生。金先生作爲歷史系的老主任，是我們吉林大學歷史學科十幾代學子的導師，也是吉林大學中青年學人的導師，是吉林大學的驕傲，是吉林大學的一面旗幟。

金先生 1923 年畢業於遼寧省義縣師範學校，歷任小學、中學、大學教員，直到爲碩士生與博士生導師，是一位主要靠自學成才的學者。

自 1954 年，金先生奉調到東北人民大學（今吉林大學）任教以來，直到 2001 年九十九歲辭世，辛勤工作四十有八年，歷任校圖書館館長、歷史系主任、歷史系名譽系主任、古籍所顧問，曾兼中國孔子基金會副理事長、中國先秦史學會副理事長、國家古籍整理規劃小組顧問、中國《周易》學會顧問、吉林省歷史學會副理事長、吉林省《周易》學會名譽會長等社會職務。

金先生數十年來潛心於學術研究與教育事業，他誨人不倦，樂以忘憂，直接教過的學生，包括本科生、培訓生、碩士博士研究生等，多達五百餘人，門人弟子遍佈海內，是國家教育與學術界的一支重要力量。

　　金先生治學嚴謹，勇於堅持真理，敢於向權威挑戰，一貫提倡在學術上要"說自己的話，走自己的路，不隨波逐流，不依草附木"。先生一生著作等身，先後出版有關經學、史學、子學著作 16 部，發表學術論文一百多篇，約五百餘萬字。特別是開創了具有鮮明特點的學術流派——金景芳學派而名聞海内外，在學術界占有重要地位。他以新的史學視角深入解剖的周代宗法制、井田制、禮制等問題，令史學界很多人信服；他澄清了中國奴隸社會的階級結構和階級鬥爭的特點；他深入論證了儒家六經及孔子思想在中國傳統文化中的地位和作用；他的易學著作是當代易學義理學派的代表作。

　　吉林大學是金先生傳道授業的基地，他是吉林大學史科當之無愧的奠基人之一。他對吉林大學歷史學科的建設與發展做出了傑出的貢獻。

　　今天，我們要繼承和弘揚金先生嚴謹治學、精益求精的優良學風，繼承和發揚他那種堅持真理、勇於創新的學術勇氣，爲吉林大學歷史學科在新的歷史發展階段，創造更加繁榮和輝煌的成績吧！謝謝大家！ 祝大家身體健康！

2012 年 9 月 22 日

金景芳師塑像建造之由來

陳恩林

我師金景芳先生是一位把畢生精力都貢獻給中國教育事業的學術大家。自 1923 年起，他在教育講壇上辛勤工作七十八年之久，著作等身，親自傳授的各類學生多達五百餘人，並因在史學界創建了獨具特色的金景芳學派而名聞海內外。

2011 年 5 月，在四川大學舒大剛教授主持的《金景芳全集》編輯工作座談會上，吉林大學呂文郁教授倡議爲金景芳師建造塑像。與會的清華大學廖名春教授、遼寧師範大學常金倉教授、四川大學舒大剛教授、吉林大學陳恩林教授等，無不熱烈響應。會上商定：以民間募捐的形式爲金師塑像籌措資金，並決定把這一任務交給先生晚年執教的吉林大學古籍研究所來承擔。

回長以後，陳恩林把四川會議的精神向有關金門弟子做了轉達，吉大古籍所副所長朱紅林教授也接受了這一任務。陳恩林還以電話形式徵求了部分外地金門弟子的意見，並得到了積極的反應。同時又與吉林大學文學院副院長王劍（歷史科）與文學院歷史系主任楊軍教授協商探求募捐的對象和可行辦法。

7 月初，舒大剛教授出差到長春，辦事之餘在長春紫金花飯店與吉林大學金門弟子陳恩林、呂文郁、張鶴泉、黃也平、許兆昌、朱紅林等聚會，再次商議爲金師塑像事。會上，作了二項決定：一是募捐對象以金景芳師"文革"以後親授的博士、碩士研究生爲主，對金門的再傳弟子及其他人員采取自願形式，捐與不捐，捐多捐少，不做要求；二是確定倡議發起人人選：四川會議參加者，吉大金門一傳弟子,二代弟子吉林大學文學學院歷史系主任楊軍,金師首批博士謝維揚與多次資助金門事業的弟子康學偉等 12 人。

會後,陳恩林與朱紅林起草《倡議書》,並於 7 月上網公佈。

2011 年 9 月,由於古籍所接收了國家重大項目,朱紅林教學、科研與行政事務繁忙起來,特委託陳恩林代表古籍所接手金景芳師塑像的有關工作。陳恩林接手後展開了具體的募捐活動,經過一個多月的聯繫,除少數同學與所裏多年失去聯繫外,絕大多數同學都找到了,並表示積極響應募捐活動。

2012 年 3 月陳恩林委託許兆昌教授用短信通知大家捐款賬號,至 5 月先後募得人民幣十四萬四千元。

他們是金景芳師“文革”前指導的研究生:曹國彥、劉煥曾 2 人;“文革”後培養的博士、碩士研究生:陳恩林、楊英傑、于永玉、謝維揚、呂文郁、孫曉春、葛志毅、張鶴泉、康學偉、宮長爲、廖名春、梁韋弦、黃也平、舒大剛、李景林、商國君、宋立恒、王保國、王振芬、許兆昌、申屠爐明、張全民、王雅、程奇立、朱紅林、張固也等 26 人;金門第二代弟子:吉大文學院歷史系主任楊軍教授(導師呂紹綱),山東濟南大學副校長蔡先金教授(導師陳恩林),四川大學彭華教授(導師謝維揚)等三人,總計 31 人。現在這些人的名字已雕刻在塑像的背面。

在吉林大學行政學院副院長李言的大力幫助下,我們請著名人體雕塑家、吉林藝術學院國懷興教授爲金師塑像。其間,陳恩林、李言、呂文郁、張鶴泉、黃也平、朱紅林、金師之子金慶斌等都親身到過雕塑現場,提出了許多修改意見。

吉林大學校黨委宣傳部與文學院黨委對金師塑像一事極爲關心,校黨委宣傳部鞏英春部長與文學院黨委陳密書記親自配合我們爲金師塑像選址而且積極幫助我們籌劃揭幕的有關程序。校黨委宣傳部鞏英春部長,在藝術學院參加其他活動時,特地抽時間去看金師塑像進展。在修建塑像的過程中,校圖書館也多方爲施工人員提供方便條件。

今天，金景芳師的塑像能聳立在這草木繁茂、鮮花錦簇的美麗校園中，正是校內外許多單位大力幫助的結果。在這裏我對一切關心、支持我們塑像的單位和個人，表示最誠摯的謝意，並致以最崇高的敬禮。

塑像高 1 米左右，加底座全高 3.15 米，塑像正面底座上的碑文由古籍所吕文郁教授撰寫。

各位先生、女士，各位來賓，今年是我校慶祝歷史、文學、物理、化學等學科創建六十週年的喜慶之年，也是我師金景芳先生誕辰一百一十週年。金景芳老師塑像的建成，不僅是先生個人的豐碑，更是吉林大學歷史學科的豐碑，是記錄吉林大學歷史學科從草創到興旺發達的里程碑。吉林大學史科的同仁們，讓我們携起手來，爲共同創造吉林大學歷史學科更加輝煌的前程而努力奮鬥！今天，爲金師塑像揭幕，作爲先生的親傳弟子我感慨良多，特咏七言小詩一首，一以贊金師所創的學派，二以永誌此盛事。詩曰：

> 恩師誕辰百十春，
> 弟子籌資塑金身。
> 生立德言功不朽，
> 逝垂懿範風永淳。
> 景行景仰弘學脈，
> 切磋切責育後人。
> 史苑百花競開放，
> 望眼金派日日新。

謝謝大家！
恭祝秋安！

　　　　　　　　　　　　　　　弟子　陳恩林　敬頌
　　　　　　　　　　　　　　　　　2012.9.22

應邀參加金景芳教授塑像揭幕儀式人員名單

一、校外來賓

上海大學古代文明研究中心主任謝維揚教授

通化師範學院院長康學偉教授

濟南大學副校長蔡先金教授

吉林市外事辦原辦公室主任宋啓明先生

吉林省歷史學會會長、東北師範大學歷史文化學院院長韓東育教授

遼寧師範大學歷史旅遊文化學院原院長楊英杰教授

清華大學歷史系廖名春教授

四川大學國際儒學研究院院長、古籍所所長舒大剛教授

北京師範大學哲學與社會學學院李景林教授

吉林省《周易》學會會長、吉林省社科院哲學所曹福敬研究員

渤海大學劉煥曾教授

吉林文史出版社于永玉編審

吉林文史出版社孟昕伯編審

南開大學周恩來政府管理學院孫曉春教授

吉林省《周易》學會副會長、吉林省社科院《社會科學戰綫》副主編王永平研究員

北華大學歷史文化學院院長、東北亞歷史與文獻研究中心主任鄭毅教授

吉林師範大學歷史文化學院黨委書記王偉教授

吉林省歷史學會副會長、長春師範學院歷史學院院長姜維公教授

遼寧大學哲學與公共管理學院王雅教授

山東師範大學齊魯文化研究中心副主任程奇立教授

北京師範大學歷史文化學院副院長李帆教授

吉林師範大學中國古代思想文化研究所所長薛柏成教授

四平市原政府辦公室幹部肖振綱先生

二、校內來賓

吉林大學副校長吳振武教授

吉林大學原副校長申晨星教授

吉林大學宣傳部鞏英春部長

吉林大學社科處孫長智處長

吉林大學原圖書館館長陳瑞雲教授

吉林大學《人文社會科學學報》主編崔月琴編審

吉林大學《人文社會科學學報》副主編劉文山編審

吉林大學行政學院王家福教授

三、文學院、古籍所領導及部分老教師

吉林大學文學院黨委陳密書記

吉林大學文學院院長張福貴教授

吉林大學文學院副院長徐正考教授

吉林大學文學院陳武軍副院長

吉林大學文學院黨委郝淑媛副書記

吉林大學文學院黨委劉卓副書記

吉林大學歷史系原古代史教研室主任孟昭信教授

吉林大學文學院王劍教授

吉林大學文學院新聞系主任黃也平教授

吉林大學文學院歷史系主任楊軍教授

吉林大學古籍所原所長陳恩林教授

吉林大學古籍所原副所長呂文郁教授

吉林大學古籍所所長馮勝君教授

吉林大學古籍所副所長朱紅林教授

古籍所全體教師，歷史系全體教授，及來校參加歷史學科建立六十週年慶典的部分校友等二百餘人

金景芳教授家屬金慶斌、王繼華

以及文學院、古籍所安排的歷史學科的部分研究生

金景芳教授塑像揭幕儀式活動日程

一、時間：2012 年 9 月 22 日 10：00

地點：吉林大學前衛南校區圖書館樓北側草坪

主持人：吉林大學古籍研究所所長馮勝君教授

二、程序：

1.介紹應邀參加儀式的來賓

2.塑像揭幕式揭幕人：

吉林大學副校長吳振武教授

吉林大學原副校長申晨星教授

吉林大學文學院院長張福貴教授

吉林大學古籍研究所原所長陳恩林教授

上海大學古代文明研究中心主任謝維揚教授

清華大學歷史系廖名春教授

3.全體同志向金景芳教授塑像三鞠躬致敬

4.致辭

吉林大學原副校長申晨星教授

吉林大學古籍研究所原所長陳恩林教授

東北師範大學歷史文化學院院長韓東育教授

四川大學國際儒學研究院院長兼古籍所所長舒大剛教授

5.合影留念

三、招待酒會

時間：12：00—13：30

地點：吉林大學友誼會館餐廳

宴請校內外來賓，古籍所全體教師與文學院歷史系教師

在金老銅像落成揭幕儀式上的發言(一)

吉 林 省 史 學 會 會 長
東北師大歷史文化學院院長   韓東育

尊敬的各位專家、各位領導、各位來賓,老師們、同學們:

大家好!

今天,我懷着十分崇敬的心情,參加金景芳先生的塑像落成儀式。首先,請允許我代表吉林省歷史學會和東北師範大學歷史文化學院全體師生,追思這位享譽中外的學術泰斗,緬懷他的豐功偉績和一代大師的厚德高風,同時也藉此機會,向吉林大學各位賢達的如此美舉,表示崇高的敬意。

金景芳先生是我國 20 世紀著名歷史學家、文獻學家、儒學家與易學家,曾受業於馬一浮、謝無量、熊十力等學界名宿。"九一八"事變後,先生不願做亡國奴,於 1936 年潛離瀋陽入關。1954 年,先生奉調東北人民大學(今吉林大學)歷史系任教,直到九十九歲辭世。先後任歷史系教授、主任,校圖書館館長,古籍研究所顧問,首批部評中國古代史專業博士生導師,兼任國家古籍整理出版工作領導小組顧問、中國孔子基金會顧問、中國先秦史學會顧問、吉林省史學會顧問、吉林省《周易》學會顧問等。先生潛心於學術與教育數十年,是吉林大學歷史學、文獻學專業的重要奠基人和帶頭人之一,先生以畢生精力所開創的具有鮮明學術特色的"金景芳學派"在國內外中國古史學界享有盛譽,他培養和帶出了一批在該領域有成就有影響的學者,是國家學術界的一支重要力量;他的專著與文章至今仍被國內外青年學者所廣泛徵引,歷久彌新……

　　"斯人已去，高風永存。"在今天這個特殊的日子裏，我們懷着誠意和敬意，緬懷和感謝金景芳先生及其弟子們爲中國學術界做出的不朽貢獻。我們真誠地期待和相信，金景芳先生所開拓的事業，會得到進一步發揚光大，也期望吉林大學會有更多的大師級學者的出現，不斷攀登學術高峰，爲中國學界創造輝煌，鑄就偉業。

　　金景芳先生的精神將永遠激勵着後學求真務實，開拓進取，奮勇向前！

　　謝謝大家！

2012 年 9 月 22 日

在金老銅像落成揭幕儀式上的發言(二)

各位領導、各位師兄弟、各位來賓:大家好!

今天風和日麗,氣象一新,真是天公作美,天人同慶,共爲一代宗師金景芳先生銅像落成而喜慶! 我等身爲金先生的親傳弟子,懷着無比激動的心情,迎來這一盛事。在此謹向爲銅像落成給予支持和作出努力的各位領導和師兄弟,表示衷心感謝!

荀子説:"有師法者,人之大寶也;無師法者,人之大殃也。"對於中國學術而言,尤其講究師承,没有師承,讀書雖多,終是亂讀。吾儕生而有幸,在 20 世紀這個西學肆行、國學式微的時代裏,還能及金老之門,讀金老之書,跟金老問學。幸而有金老這一輩博學鴻儒,在古學放絶、斯文掃地的嚴峻時刻,爲往聖繼絶學,爲萬世開新業,將不絶如縷的國學傳承了下來,真是天未喪斯文、生德於此老呵! 作爲幸附驥尾、欣參末座的我等,得仰先生之青光、步先生之香塵,與聞久違之大道,能不備感慶幸麽?

韓愈曾説:"師者,傳道、授業、解惑也。"世人每每泛泛引用這兩句話,其實多未得其要領,也很少有人能够真正做到。祇有結合金老這樣的大家名師的育人實踐來考察,才會真正覺得這句話大有深意,大可玩味。

所謂"傳道"者,乃傳天地之正道、孔孟之聖道。金老自幼熟讀儒家經典,服膺孔孟學説,無疑是位典型的當代儒者。梁漱溟曾評價先生之師馬一浮爲"千年國粹,一代儒宗",用來形容金老也不過分。金老精熟六經,貫穿子史,無疑是繼馬先生之後又一位儒宗。

在那烏雲壓城、是非顛倒、傳統丟失、聖道晦暗的時代裏，金老頂住許多壓力，仍然堅信自己的判斷，從不依草附木，人云亦云，更不做政治弄潮兒、學術應聲蟲。他所信守的道，正是他向弟子傳授的天地之正道。沒有這個修養，是談不上"傳道"的。

所謂"授業"者，乃授先生精熟的六藝之業、古史研究之業。金老早年通經，中年治史，晚年談哲學，是典型的"自經學入史學"的一代純儒。他既不像疑古派那樣大搞文化虛無主義，無書不疑、無史可信，也不像孔教派那樣盲目崇拜，食古不化，而是理性地對待經典，科學地研究古史，從而建立起成就卓然的"金氏學派"。他以六經爲折衷，以史實爲依歸，在中國古史分期、奴隸社會階級結構、宗法制度、井田制度、禮制、商人起源等重大學術問題上，在孔子研究、《周易》研究、諸子研究、古史考辨等諸多領域，都有自己獨到的見解，取得超越倫輩的突破。他的許多論斷，已經被越來越多的出土文獻和最新研究成果所證實。金老這些學術造詣，成爲了他培養弟子、傳遞薪火的真理之言和經驗之談，也成了我們金門弟子在各自崗位信守的基業，更成爲我們追求立言、立功和立德的學術根柢。

"解惑"云者，乃方法論問題。如果説"道"和"業"是果的話，那麼"解惑"才是因，解惑是取得事業成功和通達大道的橋梁。孔子曰："可與共學，未可與適道；可與適道，未可與立；可與立，未可與權。"這個"權"就是正確靈活的方法。俗語説："錦繡鴛鴦任君看，莫把金針度與人。"又説："授人以魚，不如授人以漁。"都強調方法之於成功、聞道的重要性。金老正是以其成功的經歷、堂堂正正的立場、正大光明的方法，爲我們樹立了不走偏鋒、不獵怪奇的榜樣。金老往往在與學生的交談中，片言解惑，隻語釋疑，爲學生指明正確的方向和方法。記得我剛剛拜入金老門牆時，金老讓我自己制訂一個學習計劃，我揣摸金老的治學特點寫了一個呈上，金老一方面給予熱情鼓勵，另一方面又從中予以點撥，爲我端正了態度和方法,使我終生受益。

　　總之,像金老這樣的老一代學者才是真正的傳道、授業、解惑的良師、名師、大師。先生之道如日月經天,是光明之道、正大之道;先生之業如江河行地,是長盛之業、久昌之業;先生解惑,如醍醐灌頂,是金針度與、授人以漁。與先生言,望之儼然,及之也溫,有如沐春風、渙然冰釋之快。先生可謂"聖學史學普世學,經師人師天下師"。我們緬懷先生,就是要傳先生之道;我們紀念先生,就是要繼先生之業;我們景仰先生,就是要循先生之法,執先生之金針,繡最美的圖案。余雖不才,願與諸位師兄共勉,團結一致,以弘揚先生未盡之業。

　　謝謝大家!

賀　信

金景芳教授塑像揭幕儀式籌備組：

　　欣聞金景芳教授塑像揭幕儀式在久負盛名的高等學府吉林大學隆重舉行，中國先秦史學會暨中國先秦史學會名譽會長李學勤先生、會長宋鎮豪先生、顧問孟世凱先生謹向您們致以最熱烈的祝賀，並借此機會，謹向出席金景芳教授塑像揭幕儀式的各位領導、各位來賓、金景芳教授的弟子，以及社會各界人士致以最誠摯的問候！

　　金景芳教授是 20 世紀以來我國最具有影響力的著名歷史學家、文獻學家、思想史家和教育家之一，長期致力於中國古代文明的教學和科研工作，一生著述宏富，桃李滿天下，爲我國的文化教育事業作出了卓越貢獻，受到黨和國家各級領導的高度贊譽，也受到社會各界的廣泛敬仰。

　　金景芳教授曾長期擔任中國先秦史學會副會長、顧問等職，爲中國先秦史學會的發展，爲中國古代文明研究，鞠躬盡瘁，死而後已。我們將永遠懷念金景芳教授，秉承先生遺志，爲弘揚中華民族優秀傳統文化，爲偉大的中華民族復興，再做貢獻。

　　請代表我們在金景芳教授塑像前佇立、拜首！

　　謹向金景芳教授親屬問候！

　　預祝金景芳教授塑像揭幕儀式圓滿成功！

　　謝謝各位！

中國先秦史學會

中國先秦史學會名譽會長李學勤

中國先秦史學會會長宋鎮豪

中國先秦史學會顧問孟世凱

2012 年 9 月 22 日

編 後 記

舒　星

懷着十分崇敬而又忐忑的心情,歷經了兩個寒暑的編纂校訂,現在終於可以在電腦前爲所有工作做一番總結陳詞了。

在正式承接這一項工作之前,未曾想到,收集編纂一代大師金景芳先生的《全集》的工作,竟然由筆者這樣才疏學淺的後輩來執行。也算有緣,二十年前的一個夏天,我曾有幸跟隨正在長春師從金老攻讀博士學位的父親,拜見過這位"師公",當時我年僅九歲,什麽也不懂,祇是隨大人的指引向金老行了禮。有誰想到,二十年後的今天,自己竟有幸成爲金老著作全集的收集者和編校者?想來,或許是二十年前的那一次覲見,使我與學養深厚、眉目慈祥、令人崇敬的老人結下了不解之緣。

説起金老,有谁不知他學風純正、領域寬廣、成就非凡?在先秦史、古代思想史、歷史文獻學、經學、易學和先秦諸子等諸多領域,金老都勤於著述,卓有建樹。金老一生讀書教書著書,兢兢業業育人八十餘年,循循善誘、因材施教,所培養之門生弟子也大多專業紮實,治學嚴謹,且不拘一格、縱橫開拓,分別活躍在先秦歷史和制度、先秦文獻與古代思想學術等領域,儼然成爲學術界不可小視的學術生力軍,贏得"金門"之稱。荀子曰:"有師法者,人之大寶也;無師法者,人之大殃也。"從由陳恩林、舒大剛、康學偉主編,線裝書局 2004 年出版的《金景芳學案》(三册),到"金門"弟子自發結集、黑龍江人民出版社 2006 年以來陸續出版的《金景芳師傳學者文庫》,再到由舒大剛主編、筆者和彭丹選編、四川大學出版社

2010 年出版的《金景芳儒學論集》（二册），分佈四方、各守師業的金門弟子從不敢忘記恩師教誨，不斷總結、回溯和探究金老學術和教育思想的脈絡和精髓，不斷完善着金門學術系統和思想體系。而今天，在吕文郁、舒大剛二位先生的支持和鼓勵下，編輯金老《全集》這一設想最終實現，也可謂是爲金老及金門的學術總結盡綿薄之力。

爲金老編輯全集，這一夙願由來已久。在此次全集編纂工作之前，金老已有若干文集出版，如《古史論集》、《金景芳古史論集》、《學易四種》、《知止老人論學》、《金景芳自選集》等，其選文和編輯均從一個側面體現了金老及編者高度的學術修養和水準，但唯一不足的是，諸集收錄金老文章著作均不甚全面，因而無法從經學、歷史、文教等各方面綜合而立體地體現金老高深博大的學術造詣。因此，爲金老編輯《全集》一直是金門弟子的一大願望。

此前，陳恩林先生、吕文郁先生等金老身邊的掌門弟子就曾多次呼籲和籌措金老《全集》的編纂，均因各種各樣的問題而遺憾擱淺。而這些問題中，首當其衝的就是搜集不易、經費困難和出版不易的問題。今天這項工程之所以得以正式啓動，端由陳恩林、吕文郁與舒大剛三位先生的首推之功，而其他諸多金門學人的全力支持和推動也同樣功不可没：首先，陳、吕二位先生在全集編纂正式啓動前，已經做了不少鋪墊工作。其次，舒先生爲了不忘師恩、爲金派立學，在瞭解到編輯出版全集的諸多困難後，主動牽頭，與上海古籍出版社正式達成出版協議，并毅然調用自己的科研團隊和私人科研經費，正式承接了金老全集的編纂整理、排版校對工作——從初稿的搜集整理到激光照排、再到勘對審校，均一身親爲，不辭其難；而筆者則因曾編輯《金景芳儒學論集》再次有幸地成爲該工程的主要負責人和編校者。因此，此番能夠以綿薄之力，承擔起金老全集的編輯和整理工作，首先要感謝主編吕文郁和舒大剛二位先生能夠給予的寶貴機會。

　　回想起來,全集的編纂有兩大難點,其一爲收錄全面之難,其二爲編校精審之難。

　　衆所周知,整理全集、尤其學術全集殊非易事。此番金老《全集》的收錄對象不僅包括金老已經發表的論著文章,其他許多尚未發表但極具學術價值的論文及授課講義亦在整理收錄範圍。此外,全集還擬收錄金老詩詞、部份重要學術及生活手札、信函,以及金老講友及後學的紀念之文。因此,整個編輯工作的重點和難點,當然是竭盡所能地全面收錄所有相關論著文章。

　　金老一生著述頗豐,據此前做過的較全面的統計和著錄,已發表著作、文集十七種,論文更達一百餘篇。由此可見,整部文集在文類和字數上均可謂規模浩大。而其未發表的手札信函、授課講義,也因歷時久遠和親友學生的屢次搬遷而難以尋訪……這些無疑增加了我們整理收錄的難度。

　　在此,非常慶幸的是筆者此前編有《金景芳儒學論集》(收入"20世紀儒學大師文庫",四川大學出版社,2010年)一書,此項工作無形中爲金老全集的編纂做了一個良好的前期鋪墊,該論集收錄了金老除大型論著以外的所有儒學及相關領域的論著和文章,總字數達一百二十餘萬字,約占全集總字數的三分之一。在今看來,該論集雖尚有諸多不盡如人意之處,但其搜集和編輯的過程無疑使筆者對金老論著有了一個初步的、大體上的梳理、瞭解和把握。而且,更值得一提的是,此次編輯工作中,該儒學論集中的文字均被全文采用、彙編入全集,如此一來無疑大大減輕了金老儒學類文章的編審工作量。此外,筆者藉助國圖、川大圖書館等一流圖書館館藏資源,以及全文期刊網的信息庫資源,進一步補充完善了全集總目,查找到了多篇未見著錄的金老已發論文。

　　同時,陳恩林先生提供了金老交他保存的《論周易繫辭傳的學派歸屬》文稿。呂文郁先生及其弟子則在文章的收錄和整理方面做出了鉅大貢獻,因其坐擁地利人和之便,取得金老後人金慶斌及其家人的支持,承擔了大量搜尋整理金老未發表授課講義、論文手稿和信劄等方面的工作,搜集整理了授課講義《先秦思想史》(油印,1957 年,約十萬字)、《先秦思想史專題講授提綱》(油印,1962 年 8 月,約七萬餘字)、《經學概論》(上半部手稿,約於 1940 年代初,約八萬字)。未正式發表的論文三篇:《談談我對於剝削階級道德能否批判繼承問題的看法》(蠟刻油印稿,1966 年 2 月 18 日)、《論孟子思想》(打字油印稿,約 1960 年代"文革"前夕)、《平凡的歷程》(手稿,應於 1996 年)。其他論文二篇:《一個學者的緬懷》、《從抗日戰爭時期的復性書院談起》。負責整理稿件的呂先生弟子分別爲田勇、周粟、蘇勇、孫希國等。《六經與中國文化》、《全民所有制與國家所有制》、《評侯紹莊先生怎樣理解郭沫若同志的古代史分期學説》、《對馬雍〈論長沙馬王堆一號漢墓出土帛畫的名稱和作用〉一文的意見》、《春秋人物志略》(殘)(後五篇由筆者整理)。衆所周知,手稿的整理尤爲不易,除了辨析字迹,還須對手稿中的引文批注——詳加審核校對,其難度及工作量可想而知。因此,金老全集的順利結集出版,與他們的努力和支持亦密不可分。而從查漏補闕、整理未刊的角度而言,他們的工作更是全集整理工作中至爲關鍵的一筆,補充了以往所有金老文集未曾發表過的學術文獻。呂文郁先生還廣搜逸事,編撰了金老《年譜》,由於篇幅過大,將單行制版。

全集編纂的第二大難點則是審校勘對,全書近五百萬字均采用繁體字排版,而金老大部份已出版發表的論著文章都問世於 1960 年以後的簡體字時代,因此審校過程中繁簡字的替換和校對成爲一大難點,其人力和財力的消耗也超過一般的審校工作。幸而有四川大學古籍所歷史文獻學和儒學專業師生的深厚積澱作爲依靠,整個審校工作進展較爲順利。但基於全集字數的龐大浩繁,儘管整個審校過程已是慎之又慎,但其間難免有漏誤疏忽之處,在此亦希望業内大家不吝賜教,多多包涵。

今年恰好是金老誕辰一百一十周年，自金老去世的 2001 年已十一年有餘，能將《金景芳全集》編成出版，無異金門弟子及其後學的心馨之祭。望金老在天之靈，能感受到二十年前曾有幸與他有過一面之緣的小丫頭對他由衷的敬仰和致敬，並能對她的工作之不足予以諒解。

全集的編纂亦得到了陳恩林先生、謝維揚先生、常金倉先生、康學偉先生、廖名春先生等金門弟子的大力支持。特別是上海古籍出版社前後社長王興康先生、高克勤先生，總編輯呂健先生的大力支持，在此筆者謹代表金老《全集》編纂組向他們的深情厚誼致以深切的謝意。其有未備，還望識者多多指教。

後學晚孫舒星百拜萬福
2012 年 11 月 17 日

此外，《全集》清樣又經金老親轉弟子廖名春、梁韋弦、張全民、許兆昌、申屠爐明、李景林、程奇立、朱紅林、張固也（按《全集》分冊的順序排列）最後審讀，糾正了原編的許多錯誤，使《全集》以盡可能准確的面貌面對學人。呂文郁先生指導的研究生夏保國、周粟、蘇勇、張錚、林榮、陳衛、孫希國、曲文、趙萍等，舒大剛先生指導的研究生鄭偉、鍾雅瓊、任利榮、汪舒旋、富察貴嘏、方蒙石、陳立軍、劉洋、申婷婷、王小褋、王芳、尤瀟瀟等，博士後陳倫敦在資料搜集、清樣校對等方面，都給予了熱情幫助，謹在此一並表示謝意。群策群力，克兢克勤，協心成事，真是善莫大焉。

筆者又及
2014 年 10 月 15 日